松皐集

권영옥 저
권순열 역

도서출판 월인

역자 서문

우리 집에는 언제나 전설이 감돌고 있었다. 그것은 증조부 송고 선생에 대한 이야기들이었다. 어른들께서 틈이 있을 때마다 선생에 대한 이야기를 들려주었다. 선생은 우리 집안의 동력이었고 신앙이었다. 그래서 나는 선생에 대한 전설적 분위기 속에서 어린 날을 보냈다. 그분과 1년간의 만남이 있었지만 젖먹이 시절이라 기억에 남아 있는 것은 하나도 없었다. 그분의 체취만 겨우 느낄 정도였다. 선생이 만년에 거처하시던 윗방에는 한적(漢籍)들이 즐비했고 오래된 물건들도 많았다. 어린아이 눈에는 알 수 없는 세계였고 그저 신기하기만 했다.

선생은 어린 시절에는 가학으로 학문의 기초를 닦았고 장년이 되어서는 면암(勉菴) 최익현(崔益鉉) 선생께 나아가 집지(執贄)를 하였다. 면암께서 대마도에서 절사(絶死)하신 후로는 스승의 유지를 받드는 것으로 생의 좌표를 삼고 살았다. 그러나 선생에게 밀어닥친 현실은 가혹한 시련의 연속이었다. 자신의 뜻을 이어 가문을 이끌고 갈 장자(長子)가 죽고 뒤이어 가난이 밀려들었다. 선생에게 있어서 가난은 경제적 고통이 아니라 생활이었고 주위를 맴도는 그림자였다. 그런데 어둠의 시대인지라 선생의 아픔은 물질적 고통으로만 끝나지 않았다. 조국을 빼앗은 원수와 하늘을 함께 이고 산다는 것 자체가 견딜 수 없는 치욕이었다. 그렇다고 해서 스승의 유지를 받들어 나라의 원수를 갚을 수 있는 상황도 아니었다. 하지만 가만히 있을 수만도 없었다. 무언가 새로운 씨앗을 뿌릴 필요가 있었다.

선생이 기거하시던 사랑채는 당신의 서재이자 서당이기도 했다. 그곳에서 손자들을 가르치기도 하고 풍월을 읊기도 했다. 교육의 장소임을 드러내기 위해 은행나무를 심었고, 늘 선비의 정신을 간직하고자 매화를 바라보고 대나무를 길렀다. 벽오동을 심고 여러 약초와 약재의 나무를 가꾼 것을 보면 은자(隱者)의 꿈을 안고 머지않아 도래할 미래를 준비하고 있었던 것 같다.

1987년 여름 선친 후송(後松) 공께서 작은 보따리를 가져오셨다. 『송고집』 필사본이었다. 증조부의 체취가 물씬 느껴졌다. 자세히 보니 여기저기 원고가 마모되어 있었다. 당신이 직접 인출해야 하는데 자식에게 그 일을 떠넘기게 되어 미안하다고 했다. 그러나 나에게는 전설처럼 들어오던 증조부의 체취를 접하게 되어 무어라 말할 수 없는 감격이었다.

1998년 봄부터 『송고집』 번역을 시작했다. 해독하기 어려운 행초, 당시 지방 유림들 사이에서만 통용되던 생소한 언어, 마모된 글자, 어느 것 하나 쉬운 것이 없었다. 그런데 겨울 들어 건강이 몹시 악화되어 독감으로 심한 고통을 겪었다. 기침과 고통으로 거의 잠을 잘 수 없었다. 등만 붙이면 기침이 나와 하는 수 없이 이불을 뒤집어쓰고 앉아 있을 수밖에 없었다. 그러면 조금 기침이 가라앉았다. 무작정 앉아 있기도 뭣해 『송고집』을 번역하면서 긴 밤을 보냈다. 그러다 새벽 4시쯤이 되면 나도 모르게 잠이 들곤 했다. 고통의 연속이었다. 이런 생활을 겨울 내내 반복하다 보니 번역 작업도 거의 끝났다. 예정보다 약 3개월을 앞당겨 마쳤다. 어쩌면 독감에 걸리지 않았더라면 도저히 할 수 없는 작업량이었다. 주위 사람들 중에는 번역 작업을 빨리 하도록 신이 독감이라는 시련을 준 것 아니냐고 농담도 했다. 약 1년간의 고생 끝에 겨우 번역을 마치고 1999년 봄부터는 주석과 윤문 작업을 시작했다.

선생은 조상 대대로 살아온 학천에서 일생을 마쳤다. 일제 강점기라고 하는 어두운 시대에 학문을 위해 일본으로 가지도 않았고, 의기의 실천을 위해 만주로 가지도 않았다. 오직 민족과 함께 비원을 안고 살았다. 일찍 자식을 잃은 비운 속에서도 손자를 돌보며 머지않아 오게 될 새로운 시대에 대한 준비를 통해 은자(隱者)의 꿈을 이루고자 했다. 이번 번역으로 선생에 관한 작업이 끝난 것이 아니다. 선생에 대한 본격적인 연구의 시작이라고 할 수 있다. 모든 것이 미진한 상태에 있지만 그래도 기초 작업은 한 셈이다. 앞으로 연보를 만들기 위한 작업도 진행하고, 선생의 유작, 선생과 관련된 기록들을 채집할 생각이다. 이러한 노력이 선생이 이룩하고자 했던 꿈을 실현하고 일제강점기하 지식인들의 삶의 궤적을 연구하는 데 적은 보탬이라도 되기를 기대한다.

2006년 제야에 증손 순열 삼가 기록함.

目次

七言絶句

五言律詩

七言律詩

銘

書

記

祭文

序文

說

上樑文

雜著

附錄

古詩

1. 次尤庵先生掃塵錄韻(우암 선생 소진록의 시를 따라 짓다)

盛德不能忘하니	성대한 덕을 잊지 못해
有斐興衛竹이라	아름다운 위풍 죽간 시에서 감흥을 느꼈네.
舊亭杞菊春하니	옛 정자의 구기자와 국화에는 봄이 왔고
采采幾盈掬이라	뜯고 뜯으니 거의 손에 가득하네.
蘇華泉石新이요	소화의 산수는 새롭고
屋漏明幽獨이라	천장 깊숙한 곳까지 환하네.
叵耐互鄉言이	견디지 못하겠네 호향의 말
雌黃怨怒宿이라	시비와 원망이 그전부터 있었네.
遺篇筆削嚴하니	유편의 필삭이 엄정해
不待替言卜이라	대신 점을 말하기를 기다릴 것이 없네.
莫續報壇心하니	대보단의 마음을 이은 이가 없으니
無人能獨復이라	홀로 회복할 사람이 없네.
天蹶尙何言가	하늘이 망치고 있으니 오히려 무엇을 말하랴
呂炎嗟僨覆이라	진나라 분서가 개탄스럽게도 망쳐버렸네.

嗚呼不喪斯하니	아아 사문을 없애지 아니하니
伏壁幷要熟이라	복생의 벽중경을 모두 숙독해야 하네.

* 衛竹(위죽): 『시경』 위풍 죽간(竹竿) 시를 말함인 듯. 泉石(천석): 샘과 돌. 곧, 산수의 경치를 이름. 屋漏(옥루): 방안의 서북 귀퉁이에서 중류(中霤)의 신을 제사지내는 곳. 사람이 잘 보지 않는 구석진 곳을 이른다. 여기서는 '천장(天障)'으로 번역했다. 叵(파): 합음사(合音詞)로서 '不可(불가하다)'와 같다. 豆鄕(호향): 지금의 강소성(江蘇省) 패현(沛縣). 옛날에 풍기가 문란했던 곳이라 한다. 雌黃(자황): 유황(硫黃)과 비소(砒素)와의 화합물. 옛날 황지(黃紙)에 글씨를 쓰고 잘못된 곳은 자황을 발라 지우고 그 위에 다시 썼으므로, 시문(詩文)을 개찬(改竄)함을 이르는 말. 여기서는 시비(是非)의 의미인 듯. 報壇(보단): 대보단(大報壇: 창덕궁 옆에 있던, 명나라의 태조, 신종, 의종을 제사지내던 사우). 呂炎(여염): 진(秦)나라에서 서적을 불살라 없앤 것을 말함. 진시황(秦始皇)이 여불위(呂不韋)의 자식이라 하여 '呂'라 한 것임. 伏壁(복벽): 복생(伏生)의 벽중경(壁中經). 진시황이 서적을 불사르자 상서(尙書)를 벽 속에 감추었음. 뒤에 29편만을 찾음.

2. 庚午除夕(경오년 제석에) 何字韻 三十句(하자 운 30구)

寂寞松窓下에	적막한 소나무 창 아래
屼然獨坐何오	높이 홀로 앉아 있으니 어이하리오.
空谷跫音絶이요	빈 골짜기에는 발자국 소리 그치고
風聲欺我何오	바람 소리가 나를 속이니 어이하리오.
不惜今宵盡이요	오늘 밤이 다한 것을 아까워하지 않으니
千愁萬念何오	일천 수심과 일만 생각을 어이하리오.
哀哉蟣蝨物이	슬프다 서캐와 이 같은 물건이
病且老之何오	병들고 늙은 것을 어이하리오.
殿屎未到符하고	신음하고 있는 중에 아직 병부만 오지 않았는데
費送光陰何오	세월을 허비해 보냈으니 어이하리오.
雖云添一齒나	비록 한 살을 더한다고 하더라도
咀嚼益難何오	씹어 먹기가 더욱 어려우니 어이하리오.
歲去憂難去요	해는 가지만 근심은 가기 어려운데
星星白髮何오	성성한 백발을 어이하리오.
春來喜不至요	봄은 왔어도 기쁨은 이르지 아니하고
觸目傷心何오	눈에 부딪치는 것마다 속을 상하게 하니 어이하리오.
老妻索命哭하니	늙은 아내는 살려 달라 곡을 하니
不忍聞之何오	차마 들을 수 없는 것을 어이하리오.
女孫呼父恨하니	손녀는 아비를 부르며 한탄하니
一去覓之何오	한번 가매 찾은들 어이하리오.
用夷變夏世하니	오랑캐의 풍속으로 중국의 세상을 바꾸려 하니
教子義方何오	자식을 옳은 방향으로 가르치기를 어이하리오.

門前督債者를	문전의 빚을 독촉하는 자들을
無策答之何오	대책이 없으니 대답을 어이하리오.
十餘人口活을	십여 식구의 살길을
借款問誰何리오	빚을 내자니 누구에게 묻기를 어이하리오.
恩讐兩難事요	은혜와 원수 둘 섬기기가 어렵고
此生未報何오	이 세상에서 갚지 못하니 어이하리오.
明朝應有賢이나	내일 아침 응당 현인이 있을 것이나
無酒待之何오	술이 없으니 대접하기를 어이하리오.
思家無棹船이요	집안을 생각하매 노 없는 배요
泛泛中流何오	중류에 표류하고 있으니 어이하리오.
庭前梅含態하니	뜰 앞 매화나무가 자태를 머금고
爲報春信何오	봄소식을 알려주는데 어이하리오.
歲月忘之久하니	세월을 잊은 지 오래 되었으니
去不去將何오	간들 아니 간들 장차 어이하리오.
碌碌人間業이	능력 없는 사람의 일이
西疇耕作何오	서쪽 밭의 경작을 어이하리오.
蒼生魚肉慘이요	백성들은 짐승처럼 비참한데
濟世經綸何오	세상을 건질 경륜을 어이하리오.
黑漆虎狼輩가	검은 칠을 한 호랑이 같은 무리가
莫敢有誰何오	감히 어떻다고 말하는 이 없는 것을 어이하리오.
晩將橫騖志나	늦게나마 치달리는 뜻을 가졌으나
家事付之何오	집안 일 맡기기를 어이하리오.
瞻彼彼西窟하니	저 피서굴을 바라보니
其於維持何오	그 유지를 어이하리오.

吾師遠大慮하니	우리 스승은 멀리 크게 생각하였는데
國讐報之何오	나라의 원수 갚기를 어이하리오.
曲阜今生變하니	곡부도 이제 변이 생겼으니
至寃極痛何오	지극히 분하고 억울함을 어이하리오.
願聞泗上叟하니	듣기를 원하노니 사수가의 늙은이
體節近如何오	안부가 요즘은 어떠한고.
吾聖君先祖니	우리 성인이 그대의 선조니
至靈慰所何오	지극한 분을 위안할 곳이 어디리오.
翻然天下事가	뒤집어진 천하의 일은
無復可爲何오	다시 할 수 없으니 어이하리오.
蜵蜎心內事를	꾸물거리는 마음속의 일을
一笑一盃何오	한번 웃고 한 잔 하니 어이하리오.
遠村鷄一唱하니	먼 곳의 닭이 한번 우니
送舊迎新何오	옛 해를 보내고 새해를 맞이함을 어이하리오.

* 除夕(제석): 섣달 그믐날 밤. 蟣蝨(기슬): 서캐와 이. 사람 몸의 해충. 殿屎(전시): 신음하다. 끙끙거리며 앓다. 殿屎未到符(전시미도부): 병이 깊었는데 아직 저승에서 오라는 기별이 도착하지 않았다는 뜻. 咀嚼(저작): 잘 씹음. 잘 음미함. 星星(성성): 머리털이 희뜩희뜩한 모양. 索命哭(색명곡): 명을 찾아 곡을 하다. 아파서 살려 달라 울다. 泛泛(범범): 표류하는 모양. 碌碌(녹록): 평범한 모양. 독립성이 없이 남을 붙좇는 모양. 泗上叟(사상수): 사수가의 늙은이라는 말로 공자를 지칭함. 至靈(지령): 더할 나위 없이 영묘함. 蜵蜎(연연): 장구벌레 따위가 꾸물거리는 모양.

3. 挽査生尹桓卿(사돈 윤환경을 만하다)

奕葉坡州族이	대대로 이어온 파주족이
興城運更昌이라	흥덕에 와서 운이 다시 창성하였네.
美哉文學烈이어	아름답다 문학의 빛이여
兩世入鄕庠이라	양대에 걸쳐 향교에 들어갔네.
平生修厥德이요	평생토록 그 덕을 닦고
閭里頼生光이라	마을이 힘을 입어 빛이 났네.
千聖大韓國이	수많은 성군이 지켜온 대한민국이
一朝胡虜壃이라	하루아침에 오랑캐의 진영이 되었네.
遯荒南浦地하여	남쪽 포구로 멀리 은둔하여
倏忽幾星霜고	갑자기 몇 년이나 지났는고.
難違否泰理요	비태의 이치를 어기기 어려워
生疾沮洳場이라	낮고 물기 많은 곳에 병이 생겼네.
今春再踵門하니	금년 봄에 다시 집을 방문하여
彼此共悲傷이라	피차 서로 슬픔을 함께 하였네.
人間未盡恨이요	인간 세상에 한이 아직 다하지 않아
欲語更蒼黃이라	말을 하려 하니 다시 창황해지네.
揮毫心手戰하니	붓을 휘두르니 마음과 손이 떨려
不忍屬殘章이라	차마 남은 만장을 이을 수가 없네.

* 奕葉(혁엽): 대대(代代). 누대(累代). 興城(흥성): 전북 고창군 흥덕면을 말함. 否泰(비태): 막힌 운수와 터진 운수. 불운과 행운. 沮洳(저여): 낮고 물기가 많은 땅, 또는 수초가 있는 곳. 저택(沮澤). 蒼黃(창황): 허둥지둥하는 모양. 당황해하는 모양.

4. 泛湖亭(범호정)

富不取萬金積이요	부유해도 만금 쌓는 것을 취하지 않고
貧不愁五鬼笑라	가난해도 다섯 귀신이 웃는 것을 수심하지 않네.
但願佳山與美水에	다만 아름다운 산과 아름다운 물가
誅茅卜居于巖竅라	바위틈에 띠를 베고 거처를 정하기를 원하네.
去矣脫塵間하여	떠날지어다 세속을 벗어나
悠然遊物表라	유연히 세상 밖에서 노네.
有苓壽可延이요	봉령이 있어 수명을 연장할 수 있고
有芝飢可療라	지초가 있어 굶주림을 면할 수 있네.
或臨檻撫琴하고	혹 난간에 임하여 거문고를 어루만지고
尋溪垂釣라	계곡을 찾아가 낚시를 드리우기도 하네.
嶺雲岩花助醉興이요	고개의 구름과 바위틈의 꽃이 취흥을 돋우고
松風蘿月供詩料라	솔바람과 나월은 시의 자료를 제공해 주네.
孫登旣作隣이요	손등이 이미 이웃이 되었고
子陵可同調라	자릉이 동조를 하고 있네.
雲林高蹈任逍遙요	운림에서 은거하며 마음대로 노닐고
劃然長嘯天地老라	획연히 길게 휘파람 부는데 천지도 늙어버렸네.
有興則吟倦則眠하니	흥이 나면 시를 읊고 피곤하면 잠을 자니
萬鍾於我秋毫少라	만종의 녹도 나에게는 가을의 터럭만큼이나 적네.

* 五鬼(오귀): 다섯 가지의 궁한 귀신. 곧 지궁(智窮)·학궁(學窮)·문궁(文窮)·명궁(命窮)·교궁(交窮). 蘿月(나월): 담쟁이덩굴 사이로 바라보이는 달. 孫登(손등): 진(晋)나라 공(共) 땅 사람. 자는 공화(公和). 소문산(蘇門山)에 은거하여 역(易)

을 읽었고, 완적(阮籍)·혜강(嵇康)과 교유하였다. 子陵(자릉): 후한(後漢) 엄광(嚴光)의 자(字). 高蹈(고도): 세속을 떠나 몸을 깨끗하게 보존함. 은거함. 劃然(획연): 시원스러움. 문이 열리거나 물건을 쪼갤 때 나는 소리. 갑자기.

五言絶句

5. 挽龍塢鄭上舍官源(용오 정진사 관원을 만하다)

吾鄕大小事는	우리 고을 크고 작은 일은
上舍龍塢存이라	진사 용오가 있었기 때문이었네.
上舍龍塢去하니	진사 용오가 서거하니
臨事向誰論고	일을 당해 누구와 의논할 것인가.

* 向(향): 전치사로 '…에', '…에게'로 번역할 수 있으나, 여기서는 '…과(와)'로 번역하는 것이 좋을 듯함.

6. 逢省菴趙愚植口呼(성암 조우식을 만나 입으로 부르다)

西來一短筇을	서쪽에서 온 한 짧은 지팡이를
逢晩聞已深이라	만나기는 늦게 했으나 듣기는 아주 오래되었네.
他夜空山谷에	다른 날 밤 빈 산 골짜기에서
喜聽君跫音이라	그대의 발자국 소리를 반갑게 들으리.

* 筇(공): 지팡이. 跫音(공음): 발자국 소리.

7. 絶吟(절구) 二首(2수)

一杖禪雲路에	한 줄기 선운사 길에
二三同志同이라	두세 동지와 함께 했네.
未了名區興하니	명산의 흥취가 다하지 않았는데
斜陽細雨中이라	석양에 가는 비가 오네.

小菴山腰臍요	작은 암자는 산허리의 배꼽 같고
怪石水中脣이라	괴이한 돌은 물속의 입술 같네.
步步奇形地에	기이한 지형을 걷고 걸으며
又聞好鳥春이라	또 아름다운 새의 봄 소리를 듣네.

8. 奉和萬齋族弟瓊章(만재 족제의 옥같이 아름다운 문장에 받들어 화답하다) 二首(2수)

竹寒生碧語요　　대나무가 차가워 푸른 말이 생기고
葉落有紅心이라　　나뭇잎이 떨어지니 붉은 마음이 있네.
昏衢誰秉燭고　　어두운 거리에 누가 촛불을 잡을까
天地一窮陰이라　　천지가 한꺼번에 엄동이 되었네.

鳥止誰家屋고　　새는 누구 집 지붕에 머무는가
鴈來故國聲이라　　기러기가 고국에 돌아오는 소리가 나네.
晩生仙李世하여　　늦게 조선 왕조의 세상에 태어나니
義重泰山輕이라　　의는 중하고 태산은 가볍네.

* 瓊章(경장): 옥같이 아름다운 문장. 남의 글의 미칭. 窮陰(궁음): 음기(陰氣)의 엄동(嚴冬). 겨울의 마지막. 몹시 음침한 날씨. 仙李(선리): 조선시대. 왕가(王家)의 성(姓)인 이씨를 높이어 이르던 말.

附(부)

原韻(원시) 二首(2수)

縱無袛金力이나　　비록 무기를 베고 잘 힘은 없으나
猶有咏柏心이라　　오히려 잣나무를 읊을 마음은 있네.
衛鶴能羞死하고　　위나라 학은 능히 부끄러워 죽을 것이고
一陽復純陰이라　　하나의 양이 순 음 속에서 회복하네.

* 衛鶴(위학): 위나라 학. 위나라 이공(彝公)은 무엇보다 학을 사랑했다. 전쟁이 일어나자 병사들은 이공에게 말하길 학으로 하여금 싸우게 하라고 했다.

遷喬經重世하니　　교목으로 옮겨가 여러 세대를 지냈는데
猶且保越聲이라　　오히려 월나라 소리를 그대로 간직하고 있네.
念先從此篤하니　　선조를 생각함이 이로부터 돈독해지리니
不恨雪山輕이라　　설산이 가벼워진 것을 한하지 않네.

* 重世(중세): 여러 세대. 대대(代代).

9. 謹次錦山水心臺重修韻(삼가 금산 수심대 중수시를 따라 짓다) 重峰趙先生祠宇(중봉 조선생의 사우)

我國古文明인대	우리나라는 옛날 문명한 나라인데
先生大放聲이라	선생이 크게 소리를 내었네.
建祠增舊制요	사우를 세워 옛 제도를 더해
尊慕出於情이라	숭앙하는 뜻이 마음에서 나오네.

10. 寒山臘雪顧色歸情(한산의 섣달 눈 속에서 경치를 바라보며 집에 돌아가는 심정)

去年作此別이러니	작년에 이렇게 이별을 했는데
今年又此別이라	금년에 또 이렇게 이별하네.
年年作此別하니	해마다 이렇게 이별을 했는데
白髮從此別이라	백발들이 또 이렇게 이별하네.

11. 宿鎭川族人泰文書齋(진천 족인 태문의 서재에서 자면서)

砌竹超塵態요	섬돌의 대나무는 세속의 모습을 벗었고
庭塘開海心이라	뜰의 연못에는 바다 같은 마음이 열렸네.
寶樹四英結이요	보배로운 나무에는 꽃 네 봉오리가 맺혔고
吾門獨受陰이라	우리 문중에서 홀로 음덕을 받았네.

* 寶樹四英結(보수사영결): 보배로운 나무에는 꽃 네 봉오리가 맺혔다는 것은 '아들 넷을 두었다'는 의미.

12. 挽警庵(경암을 만하다)

瞻彼皇山高하니	저 높은 황산을 바라보니
吾兄才德高라	형의 재주와 덕이 높네.
痛矣吾兄去하니	애통하도다 형이 가버리니
皇山似不高라	황산도 높지 않은 것 같네.

13. 丙子仲春與金忍齋公爕和吟(병자년 중춘에 인재 김공섭과 더불어 화답해 읊다)

青松二月時에	청송 이월의 때에
天冷有誰知오	날씨 추움을 누가 알리오.
祝土酹神酒요	흙에 강신주를 붓고
埋賢多挽詩라	현인을 장사함에 만시가 많네.

* 酹神酒(뇌신주): 강신(降神) 술을 모사(茅沙)에 붓거나 땅에 뿌림.

14. 恒齋葬日歸吟(항재 장례일에 돌아오며 읊다)

山河沴氣漲이요	산하에는 몹쓸 기운이 넘치고
風雪春光遲라	풍설 속에는 봄빛이 더디네.
人人歸去路나	사람마다 돌아가는 길이지만
皆有愀然思라	모두 초연한 생각이 있네.

* 沴氣(여기): 재해를 일으키는 나쁜 기운. 악기(惡氣). 愀然(초연): 얼굴빛이 변하는 모양. 근심하는 모양.

15. 挽金恒齋德文(항재 김덕문을 만하다)

氛祲宇宙塞하니	몹쓸 기운에 우주가 꽉 막혀
謂我燒陳篇이라	우리에게 묵은 책은 태워버리라 하네.
先子隧前石에	조상의 묘 앞 비석에
揮毫百世傳이라	휘호가 백세에 전하리.

* 氛祲(분침): 요악스러운 기운. 先子(선자): 돌아가신 아버지. 조상.

七言絶句

16. 謹次安亭(삼가 안정의 시를 따라 짓다) 狂字韻(광자운)

狂不自狂是眞狂이요	미치고도 스스로 미치지 않았다 하니 이는 참으로 미친 것인데
斯世何人能不狂가	이 세상에서 어떤 사람이 미치지 않을 수 있겠는가.
君能自狂因以號하니	그대가 스스로 미친 줄 알고 그것으로 호를 삼았으니
吾謂君狂不是狂이라	내 보기에 그대의 미침은 미친 것이 아니네.

17. 蓬萊歸雲(봉래산으로 가는 구름)

蓬萊朝暮有雲歸하고	봉래산은 아침저녁으로 구름이 떠가고
郁郁英英五彩依라	아름답고 가벼운 오색 빛이 아른거리네.
不是無心常出峀니	무심히 항상 산봉우리에서 나오는 것이 아니니
從龍氣勢在天飛라	용을 따르려는 기세가 하늘에 있어 나는 것이네.

* 郁郁(욱욱): 무늬가 찬란한 모양. 英英(영영): 구름이 가볍고 밝은 모양. 아름다운 모양.

18. 寒山霽月(한산의 비 개인 뒤의 달)

雲端出沒三四峯이　　구름 끝에 나왔다 들어갔다 하는 서너 봉우리

庶見其間隱者容이라　　그 사이로 은자의 얼굴이 보일 듯하네.

慇懃霽月照心地에　　은근히 맑은 달이 마음을 비추고 있는데

遙聞孤菴禮佛鍾이라　　외로운 암자에서 예불하는 종소리 아련히 들리네.

19. 釣洞眠鷺(조동의 잠자는 해오라기)

雪衣玉爪點苔蒼하여	눈 같은 옷에 옥 같은 발로 푸른 이끼에 점을 찍고
白晝平安一夢長이라	대낮에 평안히 한 꿈을 길게 꾸고 있네.
早晩吾當從爾去하여	조만간 나도 마땅히 너를 따라가
紛紛世慮共相忘이라	어지러운 세상 생각을 함께 잊으리.

20. 鶴洞老松(학동의 늙은 솔)

澗邊含翠立遲遲하니	솔이 시냇가에 푸른빛을 머금고 오래오래 서 있는데
巢鶴千年有好期라	둥우리 튼 학이 천년 동안 좋은 짝을 이루네.
請看滔滔今世態하라	도도히 흐르는 지금 세상의 모습을 보라
歲寒高節似渠誰오	날씨가 추울 때 높은 절개 그 같은 이 누구인가.

* 渠(거): 그. 그 사람.

21. 鯨燈返照(경등의 낙조)

夕照返含朝日紅하니	저녁 빛이 반사해 비치니 아침 해처럼 붉어
看來還似幻西東이라	바라보니 다시금 서와 동이 바뀐 것 같네.
忽然鯨燈增光彩하니	홀연히 고래잡이배에 광채가 더하니
恐或狂濤起晩風이라	혹시라도 미친 파도 늦은 바람에 일어날까 두렵네.

* 鯨燈(경등): 지명인 듯. 返照(반조): 빛이 되비침. 낙조. 석양. 저녁 햇빛.

22. 笭峯晩風(영봉의 석양 바람)

一笠漁翁久坐閒하니　한 삿갓 쓴 어옹이 오래 한가로이 앉아
晩風寒雨不須還이라　늦은 바람 찬 비에도 돌아가려고 하지 않네.
也知直針無鉤舌하니　알건대 곧은 바늘에 갈고리 없이
長把空笭掛碧山이라　오래 빈 광주리를 푸른 산에 걸어두고 있네.

23. 魚林暮煙(어림의 저녁연기)

一帶橫烟晩夕曛하니　　한 줄기 옆으로 깔린 연기가 석양에 비치니
牽風嬝嬝合還分이라　　바람에 끌려 하늘하늘 합했다가 다시 나누어지네.
非雲非霧難名狀하니　　구름도 아니고 안개도 아니어서 표현하기 어려운데
濃似蒼波淡似紋이라　　짙기는 푸른 물결 같고 맑기는 무늬와 같네.

24. 鳧泉冽水(부천의 시원한 물)

夏冷冬溫可敵罇하니	여름에는 시원 겨울에는 따뜻 술동이를 대적할 만한데
使人一啑洗胸煩이라	사람에게 한번 마시게 하면 가슴의 번뇌를 씻게 하네.
晝宵不舍盈科進하니	밤낮으로 그치지 않고 웅덩이를 채우고 나아가니
只爲其中有活源이라	다만 그 속에 살아 있는 근원이 있기 때문이네.

* 17~24까지는 추양재 벽 위에 쓴 시이다(題秋陽齋壁上).

25. 綾州三忠祠絶唫(능주 삼충사에서 절구를 읊다)

綾城風物畵如錦하고 능주의 경치는 아름답기 비단 같고
悔我今遊太晩來라 내 지금 노니는데 너무 늦게 온 것을 후회하네.
峯環百里層岩立하니 봉우리는 백 리를 둘러 있고 층층 바위는 서 있는데
地待三忠別界開라 땅은 세 충신을 기다려 별세계를 펼쳤네.

* 綾州三忠祠(능주삼충사): 일휴당 최경회, 월헌 조현, 경암 문홍헌 등 삼충신을 표창한 능주의 삼충각을 말함. 唫(음): 읊조리다. 노래를 부르다. '吟(음)'과 같음.

26. 興陽八影山吟韻(고흥 팔영산에서 시를 읊다)

南涯勝償賴吾宗하니	남쪽 가 좋은 구경 우리 일가에게 힘입었는데
風物又重冠海禺이라	경치는 또 교묘해 바닷가의 으뜸이 되었네.
昔聞十圍胡僧種이러니	옛날 열 아름의 나무를 호승이 심었다고 들었는데
初見千尋八影松이라	처음으로 천 길 팔영산 소나무를 보았네.

* 興陽(흥양): 전라남도 고흥의 옛 이름. 禺(우): 구역. 지역. 尋(심): 발(두 팔을 벌린 길이).

27. 南原屯德里書齋吟(남원 둔덕리 서재에서 읊다)

此洞風烟亦曰休하니	이 마을 경치가 또한 아름답다고 하니
不來應有未來愁라	오지 않았다면 아마 미래에 근심이었을 것이네.
一場朋酒情猶薄하여	한 차례 두 통의 술로도 정이 오히려 박해
更以詩聯挽客留라	다시 시의 주련으로 객을 만류해 머무르게 하네.

* 朋酒(붕주): 두 통의 술. 詩聯(시련): 시로 된 주련(柱聯: 기둥이나 벽에 장식으로 그림이나 글귀를 쓰거나 새겨 드리우는 물건).

28. 旅窓滯雨偶吟(객사의 창가에서 비에 막혀 우연히 읊다)

一路三行或後前하니	한 길에 세 사람이 가며 혹 앞서거니 뒤서거니
不謨同進盡同年이라	상의하지 않고도 함께 나섰는데 모두 동갑이었네.
天心尙厭淸遊事하여	하늘의 마음이 오히려 고상하게 노는 것을 싫어하여
卒地風盲雨滿川이라	갑자기 바람이 세차게 불어 비가 개울을 가득 채우네.

* 淸遊(청유): 속세를 떠난 깨끗한 놀이. 고상한 놀이.

29. 挽族叔石樵先生斗熙氏(족숙 석초 선생 두희 씨를 만하다) 二首(2수)

湖雲嶺月路悠悠러니　호남의 구름 영남의 달 길이 멀고멀더니
幸得今春花樹遊라　다행히 금년 봄에 화수회로 교유했네.
誰知一別永爲別이오　누가 한번 이별이 영원히 이별이 될 줄 알았으리
赤壁無人水自流라　적벽에 사람은 없고 물만 스스로 흐르네.

瑤臺昔日列仙伴이　좋은 누각에 옛날 여러 신선의 무리가
謫下人間江上樓라　인간 세상 강가 누각에 귀양왔네.
六十五年還召去하니　육십오 년만에 다시 불려가니
上帝重修白玉樓라　옥황상제가 백옥루를 중수했는가 보네.

30. 謹呈智隱崔先生寓座下(삼가 지은 최선생의 임시 거처에 올리다) 在智島時(지도에 계실 때임)

荒涼風雨滿西城하니　　황량한 비바람이 서쪽 성에 가득한데
中夜起聞征馬聲이라　　밤중에 일어나 가는 말발굽 소리를 듣네.
離亭落日言堪贈하니　　이별하던 정자의 해질녘 말을 할 만하니
此路光華烈士行이라　　이 길은 빛나고 빛나는 열사의 행차라네.

31. 謹誄秀南先生詞(삼가 수남 선생을 만하는 글) 代作(대신해 짓다) 二首(2수)

師兮敎我父兮生하니　스승은 나를 가르치고 부모는 나를 낳으니
生我敎吾不異情이라　나를 낳은 이와 나를 가르친 이의 정이 다르지 않네.
情豈忘乎恩亦厚하니　정을 어찌 잊으리오만 은혜 또한 두터우니
父師一體氣同聲이라　부모와 스승은 일체요 기와 소리도 한 가지네.

不朽其名死亦生이요　그 이름 썩지 않는다면 죽어도 또 살아 있어
文章功德感人情이라　문장과 공덕이 사람의 정을 감동시키네.
擧天下痛誰加此오　온 천하의 비통함이 누가 이에 더하리오
血淚盪腸哭失聲이라　피눈물이 창자에 넘치고 곡은 소리를 잃었네.

* 盪(탕): 씻다. 흔들거리다.

32. 法浦歸路訪儒洞鄭主事書齋(법성포에서 돌아오는 길에 유동의 정주사 서재를 방문하다)

法浦歸程意有餘하여	법성포에서 돌아오는 길에 뜻에 남음이 있어
殷勤訪入故人廬라	은근히 친구 집으로 찾아 들어갔네.
滔滔天下何時界오	도도히 흐르는 천하는 어떤 시국인가
感謝深林不撤書라	깊은 숲에서 책을 거두지 않는 것을 감사히 여기네.

33. 口呼呈忍齋金坤(입으로 불러 인재 김곤에게 주다)

江南三月雨支離하니　강남의 삼월에 비가 지리하게 내리는데
天借佳緣二夜期라　하늘이 좋은 인연을 빌려주어 이틀 밤을 함께 했네.
挺身未得遂素志하여　몸을 희생해 평소의 뜻을 이루지 못하고
致此殷勤一絶詩라　이렇게 은근한 절구 한 수를 이루었네.

34. 挽警庵(경암을 만하다)

庚午生身庚午亡하니　경오생의 몸이 경오년에 죽으니
人間六十一何忙가　인간의 육십 생애가 어찌 그리 바쁜가.
五子群孫皆嶷嶷하니　많은 자손들이 모두 훌륭하니
泉堂今日莫心喪하라　황천에 가는 오늘 근심하지 말라.

* 嶷嶷(억억): 덕이 높은 모양.

又

九皇山下曲溪上에　구황산 아래 곡계가에
高臥百年風月身이라　평생 풍류객이 고상하게 살았네.
謫仙去後且公去하니　이태백이 간 후 또 공이 가니
空向青天悵我神이라　속절없이 푸른 하늘을 향해 내 슬프기만 하네.

* 高臥(고와): 그 뜻을 고상하게 지니고 세속을 초월하여 생활함. 또는 은거하여 벼슬하지 아니함.

35. 挽月軒鄭寬燾小祥時(월헌 정관도의 소상시에 만하다) 甲戌臘月(갑술 섣달)

思君不忍見高山하니 그대를 생각하매 차마 고산을 보지 못하니
若我苟生死亦閒이라 나같이 구차하게 산다면 죽는 것이 또한 한가롭네.
惝惘新龍溪上月이여 쓸쓸하다 신용리 냇가의 달이여
我來君去一年間이라 내가 오고 그대 간 지 일 년이 되었네.

* 甲戌(갑술): 여기서는 1934년을 말함. 惝惘(창망): 실의한 모양. 놀라는 모양.

36. 安東太師廟抵謁(안동 태사묘에 이르러 배알하다)

自少經營老此行하니	젊어서 생각했던 것을 늙어서 이렇게 행차했는데
東方第一永嘉城이라	동방에서 제일가는 안동이라네.
太師公廟傳千古요	태사공의 묘는 오래 전부터 전해오고
爲裔晩瞻恨未誠이라	후예가 되어 늦게 뵙게 되니 성의 없음이 한스럽네.

* 永嘉(영가): 경상북도 안동(安東)의 옛 이름.

37. 挽金恒齋德文(항재 김덕문을 만하다)

屹立頹波志氣雄하고	무너지는 물결에 우뚝 선 뜻과 기개가 컸고
繼開先業有眞功이라	선대의 학업을 이어 참된 공부가 있었네.
大明天下腥羶臭요	환하게 밝은 천지에 누린내가 나는데
晩睡堂前鄒魯風이라	만수당 앞에는 공맹의 유풍이 남아 있네.

* 腥羶(성전): 누린내가 남. 외국인을 욕하여 이르는 말.

又

蘊抱經綸龍臥澤이요	품은 경륜은 용이 못에 드러누운 것 같고
軒昂氣像鳳栖桐이라	높은 기상은 봉이 오동나무에 깃들인 것 같네.
歲寒然後知高節하니	날씨가 추워진 연후에야 높은 절개를 알아
鬱彼靑松葬我公이라	울창한 저 푸른 소나무 밑에 공을 장사지내네.

* 蘊抱(온포): 머릿속에 재주를 간직함. 또는 깊이 품은 재주. 軒昂(헌앙): 의기가 양양한 모습. 사물의 기세가 왕성한 모습.

38. 謹挽再從叔達中(삼가 재종숙 달중을 만하다)

丹旐飄飄午不明하고　붉은 명정이 나부끼어 낮에도 날이 밝지 못하고
一門老少哭傷情이라　한 문중의 늙은이나 젊은이가 울면서 슬퍼하네.
性過廉潔心仁愛하고　성품은 지나치게 청렴결백하고 마음은 인자해
早業歸虛有此行이라　젊은 날의 학업은 헛되고 이렇게 저승으로 가고 있네.

* 旐(조): 운구(運柩) 때 앞세우는 기. 有此行(유차행): 이 행함이 있네. 여기서는 '이렇게 저승으로 가고 있네.' 정도의 의미인 듯.

39. 新月(초생달)

半輪新影掛西峀하니	반달의 새 그림자 서쪽 산봉우리에 걸리고
日落長沙雨露時라	해 진 긴 모래밭에 비와 이슬이 내리네.
雖非圓象淸如許요	비록 둥근 모습은 아니지만 맑기가 저렇거늘
花下遊人恐未知라	꽃 아래 노는 사람들은 알지 못할까 싶네.

40. 次邊安亭三狂詩(변안정의 삼광시를 따라 짓다)

狂不佯狂是眞狂이니	미친 것이 거짓 미침이 아닌 것은 참 미친 것이니
此世何人能不狂가	이 세상에 어떤 사람이 미치지 않을 수 있는가.
君是佯狂因以號하니	그대는 거짓 미쳐 그걸로 호를 삼았으니
我謂君狂不是狂이라	나는 그대의 미침은 진실한 미침이 아니라고 보네.

41. 翌日泛舟湖上(다음날 호수에 배를 띄우다)

招招舟子柁先開하니	뱃사공을 부르고 불러 키를 먼저 여니
三七僊如天上來라	이십여 명의 신선이 하늘에서 온 것 같네.
酌盡春波無限酒하니	봄 물결 위에서 한없는 술을 부어 다하니
煙塵不到醉醒盃라	연기와 먼지가 취했다 깼다 하는 술잔에는 이르지 않네.

* 柁(타): 키. 煙塵(연진): 연기와 먼지. 전장에서 일어나는 풍진(風塵). 병란을 이름. 여기서는 세속적인 것.
* 이 시는 인산(仁山)에서 정축년 봄 모임(丁丑春會) 후에 쓴 것으로 보임.

五言律詩

42. 沙浦吟(사포에서 읊다) 戊申(무신년)

一節山海路에	한 줄기 바닷가 산길에
兩兩步詩仙이라	짝짝으로 시선이 걸어가네.
石出峰回地요	봉우리가 휘감는 땅에 돌들은 나왔고
沙明水盡天이라	물이 다하는 하늘에 모래는 깨끗하네.
島名看竹處요	섬의 이름은 대나무를 바라보는 곳이며
嶽號登瀛邊이라	산의 이름은 바다에 오르는 해변이네.
滿目風烟裡에	눈 가득히 들어오는 경치 속에
惟有飮者傳이라	오직 술 마시는 사람의 이름만이 전하네.

* 戊申(무신): 여기서는 1908년을 말함.

43. 庚午臘月立春感淚而作(경오년 섣달 입춘에 감격해 눈물을 흘리며 짓다)

嗚乎身不死하여　　아아 내 몸이 죽지 아니하여
春到萬愁悠라　　봄이 오니 만 가지 수심으로 아득하네.
世情多苦海요　　세상 물정은 괴로운 일이 많고
家事泛虛舟라　　집안 일은 빈 배를 띄워 놓은 것 같네.
遯跡無眞境이요　　종적을 감추었으나 참된 곳은 없고
出門有勝州라　　문을 나서니 아름다운 고을이 있네.
可憐隨一杖하여　　가련하게도 한 지팡이를 따라서
欲學子長遊라　　사마천의 유람을 배우고 싶네.

* 庚午(경오): 여기서는 1930년을 말함. 眞境(진경): 조금도 더럽혀지지 않은 깨끗한 곳. 신선이 사는 땅. 子長(자장): 사마천(司馬遷)의 자(字).

44. 與忍齋和吟(인재와 더불어 화답해 읊다)

談笑我如愚요	담소하는 나는 어리석은 것 같은데
知君特百夫라	그대는 여러 사내 중에 특별했음을 알겠네.
世同三國鬪요	세상은 삼국이 싸울 때와 같고
身似一帆孤라	몸은 한 돛대와 같이 외롭네.
長天橫北斗하고	먼 하늘에는 북두성이 비껴 있고
明月滿西湖라	밝은 달은 서쪽 호수에 가득하네.
客廉減主弊하니	객이 청렴해 주인의 괴로움을 줄이려고
不向青帘沽라	술집에 술을 사게 하지 않네.

* 青帘(청렴): 술집. 술집에 꽂는 기. 청패(青旆).

45. 次金心齋夔鉉韻(심재 김기현의 시를 따라 짓다)

鰲背黃龍里에　　자라를 등에 진 황룡리에
隱居其樂陶라　　은거하는데 그 즐거움이 도도하네.
學問澹蘆裔요　　학문은 담재와 노사의 후예요
文章李杜豪라　　문장은 이백과 두보같이 호걸스럽네.
心同霽月白이요　　마음은 밝은 달과 같이 희고
氣與秋山高라　　기백은 가을 산과 같이 높네.
誰知遐躅在오　　누가 먼 자취가 있음을 알리오
上下鶴鳴皐라　　오르내리며 학이 언덕에서 우네.

* 鰲背(오배): 전남 장성을 말함인 듯. 陶(도): 화락(和樂)하는 모양. 수면이 광대한 모양. 도도(陶陶). 澹蘆(담노): 담재(澹齋) 김인후(金麟厚)와 노사(蘆沙) 기정진(奇正鎭). 霽月(제월): 비가 갠 하늘의 밝은 달.

46. 和吟(화답해 읊다)

身老空事業이요　몸이 늙어 하는 일이 없고
家貧薄衣裳이라　집이 가난해 옷가지가 없네.
浮去雲無跡이요　떠가는 구름은 자취가 없고
數飛鳥發狂이라　자주 나는 새는 발광을 하네.
客來論世況이요　손이 오니 세상일을 의논하고
鶴唳似仙鄕이라　학이 우니 신선의 고을 같네.
高臥羲皇界하니　높이 복희 황제의 세계에 누워 있는데
詩窓倒夕陽이라　시 짓는 창가에 석양이 깃드네.

又

身世舊難復이요　신세는 옛날을 회복하기 어렵고
光陰挽不留라　시간은 붙잡아도 머물지 않네.
擲金鶯富貴요　금을 던지는 꾀꼬리는 부귀스럽고
浴水鷺風流라　물에 목욕하는 해오라기는 멋스럽네.
節序當榴花요　계절의 흐름은 석류꽃 피는 여름을 당했고
艱情待麥秋라　어려운 실정은 보리 익는 가을을 기다리네.
年添春又去하니　나이가 더해 봄이 또 가니
惆悵雪盈頭라　슬프게도 흰 눈이 머리에 가득하네.

又

惆悵厭塵俗이요　슬프게도 먼지 낀 세속이 싫어
徘徊立晩風이라　배회하면서 석양 바람을 쐬고 있네.

濟世誰作楫고	세상을 구제하는데 누가 노가 되리오
驅雀世爲叢이라	참새를 모니 세상은 그 숲이 되네.
花落三春去요	꽃이 떨어지니 봄이 가버리고
身衰萬事空이라	몸이 늙으니 만사가 부질없네.
看今行冠禮하니	이제 관례 행하는 것을 보니
多賀主人翁이라	주인 늙은이를 많이 축하하네.

又

芻山當戶出이요	추산은 문을 향해 솟았는데
看看特分明이라	보고 보니 아주 분명하네.
物有先天色이요	물건에는 옛날의 빛깔이 있고
人無太古情이라	사람에게는 옛날의 정이 없네.
樹陰鶯管領이요	나무 그늘은 꾀꼬리가 차지하고
江水鷺平生이라	강물에는 해오라기가 일평생을 보내네.
千世聖王遠하니	천년 동안 성군이 멀어졌으니
何時河一清고	어느 때에나 황하가 한번 맑아질 것인가.

又

日旱心先苦요	날이 가물어 마음이 먼저 괴롭고
風來樓自淸이라	바람이 부니 누각이 저절로 시원하네.
人將隨俗變하니	사람이 장차 세속을 따라 변하니
誰不待時明가	누가 시대가 밝아지기를 기다리지 않으리오.
淨水魚鱗躍이요	고요한 물에 물고기가 뛰고
晚林鳥語生이라	저녁 숲에 새들의 지저귐이 시작되네.

或傳方外說하니	어떤 자가 세상 밖의 말을 전하는데
一聽一番驚이라	한번 들으면 한번 놀라게 되네.

47. 和吟(화답해 읊다)

風俗多乖亂하니	풍속은 어긋나고 어지러운 것이 많아
光陰見瞬如라	세월은 눈 깜박임을 보는 것 같네.
客來樽有酒하고	객이 찾아오니 동이에는 술이 있고
聖遠案留書라	성인은 멀어졌지만 책상에는 책이 남아 있네.
野旱耕人苦요	들이 가물어서 밭을 가는 사람이 괴로워하고
庭荒隱者居라	뜰이 거칠어도 은자가 거처하고 있네.
吾堂嗟小子아	아 내 서당의 아이들아
勤讀用三餘하라	부지런히 삼여를 이용해 글을 읽을지어다.

* 三餘(삼여): 공부하기에 좋은 세 때. 곧 겨울(歲之餘)과 밤(日之餘)과 비오는 때(時之餘).

48. 喜雨(반가운 비)

今日一番雨하니	오늘 한 차례 비가 오니
方知歲不空이라	비로소 올해가 헛되지 않을 것을 알았네.
耕夫因地力이요	농부는 땅의 힘에 의지하고
詩客頌天功이라	시 짓는 객은 하늘의 공을 칭송하네.
愁濕鶯喉潤이요	습기를 걱정하는 꾀꼬리의 목은 부드럽고
合泥燕路通이라	진흙을 물고 오는 제비의 길은 통해 있네.
此亭多喜樂하니	이 정자에는 즐거움이 많아
千古憶蘇翁이라	먼 옛날 소동파를 생각하네.

* 喜雨(희우): 오랜 가뭄 끝에 오는 반가운 비. 또는 단비가 오는 것을 기뻐함.

49. 久雨未洽(오래 비가 왔으나 흡족하지 않다)

久雨田無洽하니	오래 비가 왔으나 논에 흡족하지 못했는데
薄雲日不淸이라	엷은 구름에 해는 맑지 못하네.
麥朽減民食이요	보리가 썩어 백성들의 식량이 감소되고
路泥愴客情이라	길이 질어 나그네의 마음을 슬프게 하네.
霧光猶散合이요	안개의 빛은 오히려 흩어졌다 합해지고
山色未不明이라	산의 빛깔은 아직 분명하지 않네.
秧時可謂晩하니	모심는 시기가 늦다고 할 수 있어
上下野人爭이라	위아래에서 농부들이 다투고 있네.

50. 泛湖亭(범호정)

處士家何在오	처사의 집은 어디에 있는가
城南蓬作門이라	성남의 쑥대가 문이 되었네.
琴書同栗里요	거문고와 책은 율리와 같고
鷄犬似桃源이라	닭과 개들은 무릉도원과 같네.
有興詩千首요	흥이 있어 시를 천 수나 짓고
排愁酒一樽이라	술 한 동이로 수심을 물리치네.
生涯有如此하니	생애가 이와 같으니
餘兮不須論이라	나머지는 논할 것이 없네.

* 栗里(율리): 도연명이 살던 마을.

51. 己卯秋會(기묘년 가을 모임) 鶴天里(학천리)

箕聖出吾東하니	기자 성인이 우리 동방에 나왔으니
文風鄒魯同이라	문화와 풍물이 추나라 노나라와 한가지네.
宜多天降瑞요	마땅히 하늘에서 내린 상서로움이 많고
何乏歲成功가	어찌 해가 공을 이룬 것이 없겠는가.
羣仙尋菊逕이요	여러 신선들이 국화의 길을 찾아오고
孤鶴下松風이라	외로운 학은 소나무 바람에 내리네.
此會雖爲美나	이 모임이 비록 아름다우나
却憂鮮克終이라	문득 끝을 마친 이가 적을까 걱정스럽네.

七言律詩

52. 次眞泉精舍韻이라(진천정사의 시를 따라 짓다) 金明華라(주인은 김명화이다)

原泉混混舊傳名하고	원천이 콸콸 쏟아져 옛날부터 이름이 전해왔는데
掃盡荒蕪眞冽淸이라	거친 것을 모두 쓸 정도로 참으로 세차고 맑네.
地接古城秋樹掩이요	땅이 옛 성에 접해 있어 가을 나무들이 가리고
門臨西浦夕陽明이라	문은 서쪽 포구에 임해 있어 석양이 환하네.
心存流峙兼仁智요	마음에 물과 산을 두고 있어 인과 지를 겸했고
家素貧窮且讀耕이라	집안이 평소 가난해 또 글을 읽다 농사를 짓기도 하네.
樽酒招朋詩滿架하니	동이의 술로 벗을 부르고 시가 선반에 가득하니
一堂和氣自然生이라	온 집안에 부드러운 기운이 자연스레 피어나네.

* 流峙(유치): 흐르는 물과 높은 언덕. 산과 내를 이름.

53. 次陽齋朴處士韻(양재 박처사의 시를 따라 짓다)

鳳翼爲山屬霽空하니	봉의 날개가 산이 되어 갠 하늘에 닿아 있어
道人庭宇碧雲中이라	도인의 뜰과 집이 푸른 하늘 가운데 있네.
焚香獨坐聽溪怒하고	향을 피우고 홀로 앉아 성난 시냇물 소리를 들으며
戴笠終身擬竹叢이라	삿갓을 쓰고 일생을 마치니 대나무 밭에 비유해 보네.
蒔菊東籬陶靖節이요	동쪽 울타리 밑에 국화를 심는 도연명과 같고
採薇西峀伯夷風이라	서산에서 고사리를 뜯는 백이의 풍류가 있네.
南州多士貢詩賦하니	남쪽 고을의 많은 선비들이 시와 부를 바치니
不死滄桑後此翁이라	상전벽해가 된 뒤에도 이 늙은이는 죽지 아니하리.

* 竹叢(죽총): 대밭. 蒔(시): 모종을 내다. 심다.

54. 次平齋韻(평재의 시를 따라 짓다)

德川西出抱村郭하니	덕천이 서쪽으로 나와 마을 둘레를 안고 도니
中有高人杖屨安이라	그 마을에 고상한 사람이 있는데 신세가 편안하네.
先世積陰今顯達이요	선대에 덕을 쌓아 오늘에 현달하게 되었고
老年多福素貧寒이라	노년에 복이 많으나 본래는 가난했었네.
闢異深藏朱泚笏이요	이단을 물리치며 깊이 주체를 친 홀기를 간직하고
望君久慕太公竿이라	임금을 바라보며 오래 강태공의 낚싯대를 흠모했네.
竊取平平因以號하니	살며시 평평함을 취해 호를 삼으니
信知大學八條看이라	참으로 대학의 팔조목을 본 것을 알 수 있네.

* 杖屨(장구): 지팡이와 짚신. 웃어른의 소지품이란 뜻으로, 어른에 대한 높임말. 朱泚笏(주체홀): 주체를 친 홀. 단수실(段秀實)이 참위(僭位)에 대하여 이야기하는 주체의 머리를 홀로 쳤다. 주체는 당나라 덕종(德宗) 때 난병(亂兵)에 의해 황제에 추대되었으나, 이성(李晟)에게 쫓겨 달아나다 살해되었다. 홀격(笏擊).

55. 戊申上元偶吟(무신년 정월 대보름에 우연히 읊다)

月是元霄酒耳明이라	달은 정월 하늘에 떠 있고 술은 이명주라
胸衿泄吐聽休輕하라	흉금을 털어놓을 터이니 듣고 가벼이 여기지 말라.
將無淨地君安適가	장차 깨끗한 땅이 없을 것인데 그대가 어디로 갈까
不共讐天我已盟이라	원수와 하늘을 함께 하지 않을 것을 내 이미 맹세했네.
呂老肯垂渭東釣아	강태공은 즐겨 위수 동쪽에서 낚시를 드리울까
阿衡應掇有莘耕이라	이윤도 아마 유신 땅에서 농사를 그만두리.
彼哉林藪果忘者가	저들은 숲 속에서 참으로 세상을 잊은 자들인가
妄托世間傳道名이라	망령되이 세상에 의탁해 도명만을 전하네.

* 戊申(무신): 여기서 무신은 1908년임. 上元(상원): 음력 정월 보름날. 霄(소): 하늘. 구름. 밤. 耳明(이명): 여기서는 이명주(耳明酒)를 말함. 음력 정월 보름날 아침에 마시는 술. 이날 아침에 술을 마시면 귀가 밝아진다고 함. 귀밝이술. 呂老(여로): 강태공(姜太公)을 말함. 본명은 여상(呂尙). 阿衡(아형): 은(殷)나라 때의 벼슬 이름. 이윤(伊尹)이 이 벼슬에 임명되었던 데서, 이윤을 말함.

56. 鶴洞雅會(학동에서의 좋은 모임)

隨柳訪花近午天에	정오 가까운 때에 버들을 따르고 꽃을 찾던
古人心事至今傳이라	고인의 심사가 지금까지 전해지고 있네.
幡然畎畝誰莘摯오	논도랑에서 뜻을 바꾼 신 땅의 이윤이 누구인고
樂亦簞瓢或子淵이라	단표가 또한 즐거우니 혹 안회일지 모르겠네.
三萬六千幾箇日이요	백년은 얼마나 되는 세월인가
五旬有剩不多年이라	오십 남짓은 많은 나이가 아니네.
玆遊何幸腥塵世에	이번 놀이로 비린내 나는 세상에서
不是詩豪卽酒仙고	시호가 아니면 곧 주선이 된 것이 얼마나 다행인가.

* 幡然(번연): 선뜻 태도를 바꾸는 모양. 깨끗이 번의(翻意)하는 모양. 畎畝(견묘): 밭의 고랑과 이랑. 시골. 전원. 摯(지): 이윤의 이름. 子淵(자연): 안회(顔回)의 자(字).

57. 次三希齋韻(삼희재의 시를 따라 짓다)

儒門實踐在精微하니	유가의 실천은 정미함에 있으니
天與聖賢是所希라	하늘과 성현이 바라는 것이네.
騏馬遠存千里志하고	기마는 멀리 천리의 뜻을 가지고 있고
鳳凰高出百禽飛라	봉황은 높이 온갖 새 가운데 솟아나네.
乾行不息宜爲法이요	하늘의 운행은 쉬지 않으니 마땅히 법을 삼고
蒙養成功可與歸라	어린이를 길러 성공하면 함께 돌아갈 수 있네.
願得伊顔同出處하여	이윤과 안연 같은 이를 얻어 출처를 함께 하여
斯文前後被光輝라	유교의 전후에 영예를 입히고 싶네.

* 騏馬(기마): 좋은 말. 준마(駿馬). 光輝(광휘): 빛. 영예(榮譽).

58. 秋陽齋重修韻(추양재 중수시)

陟降先靈髣髴來하고	오르내리는 선조의 신령이 오시는 것 같고
四間齋閣八窓開라	사간 재각에 여덟 문이 열렸네.
但將素履追芳武요	다만 검소한 생활로 아름다운 발자취를 따르고
必使黃流注玉杯라	반드시 황류를 옥배에 부어야 하네.
子葉孫枝知一本이요	떡잎과 곁가지가 한 뿌리임을 아니
秋霜春露思千回라	가을 서리와 봄 이슬에 생각이 천 번이나 나네.
吾門隆替猶時運하니	우리 문중의 흥함과 쇠함은 시운과 같으니
喜聽今年動地雷라	금년 지하에서 우레가 움직임을 듣게 됨을 기뻐하네.

* 素履(소리): 검소한 생활을 함. 본분을 좇아 만족함. 武(무): 자취. 유업. 黃流(황류): 술. 주(酒)의 다른 이름. 子葉(자엽): 움이 트면 떡잎이 되는 식물의 씨에 붙은 맨 처음의 잎. 孫枝(손지): 가지에서 다시 돋은 곁가지.

59. 盆蕉吟(화분의 파초를 읊다) 丁未(정미년)

稟質元來慣怕寒하니　타고난 바탕이 원래 추위를 두려워해
較他盆卉酷爲難이라　다른 화분의 꽃과 비교해 대단히 키우기 어렵네.
薄言灌水移溫突하고　잠시 물을 주려고 온돌방에 옮기고
或者晞陽凭曲欄이라　혹은 햇빛을 쪼이려고 굽은 난간에 기대네.
體未半圍憐弱植이요　몸뚱이는 반 아름도 못되는 약한 식물이 가련해
心纔一寸見仁端이라　근심은 겨우 한 치이나 인의 실마리를 볼 수 있네.
那時大作青羅扇가　어느 때나 커서 청라선이 되려는가
題得名賢做好官이라　명현들의 이름을 써 가지고 좋은 벼슬을 삼으려네.

* 丁未(정미): 여기서 정미년은 1907년임. 青羅扇(청라선): 푸른 비단을 바른 부채.

60. 唫孔夫子示兒曹(공부자를 읊어 아이들에게 보이다)

蠡看滄海莽看山하니	조개만큼 바다를 보고 덤불만큼 산을 바라보니
浩浩其天難得攀이라	넓고 넓어 그 하늘을 오르기 어렵네.
朽木無階今晝宰하고	썩은 나무는 여망이 없으니 낮잠 자는 재여 같고
勿旗登岸獨稱顔이라	물자 기로 공부를 해 도를 얻은 안연을 홀로 일컬었네.
統承五帝三王上이요	계통은 오제 삼왕의 전대를 이었고
學啓千秋萬世間이라	학문은 천추 만세 사이를 열었네.
此日榛蕪誰復闢고	오늘날 묵고 거칠어졌으니 누가 다시 열고
嚴防設處若重關이라	엄한 방비를 베푼 곳이 겹겹의 관문과 같네.

* 勿旗(물기): 안연(顔淵)이 행동 지침으로 삼았던 '勿' 字가 깃발과 비슷하여 勿旗라 한 것임.

61. 逢玉壺李承會吟(옥호 이승회를 만나 읊다)

江鷰飛飛江草深하니	강의 제비는 날아오르고 강의 풀은 우거졌는데
春光滿帶故人衿이라	봄빛이 고인의 옷깃에 가득히 띠어 있네.
騁懷千里雲俱逝요	천리에 회포를 달리니 구름도 함께 가고
拭目前宵月共臨이라	전날 밤 눈을 닦고 달을 함께 임했네.
謝眺青山環屋角이요	사조의 청산은 집 모퉁이에 둘러 있고
元章老石鎭庭心이라	원장의 늙은 돌은 뜰 가운데에 눌러 있네.
讀書只是要經濟니	글 읽는 것은 다만 경세제민을 하고자 하는 것이니
安事飄花過鳥音이리오	어찌 바람에 날리는 꽃 지나는 새소리를 일삼으리.

* 拭目(식목): 눈을 비비고 봄. 곧 간절히 바라거나 주시함. 經濟(경제): 나라를 다스려 백성을 구제함. 경세제민(經世濟民)의 준말.

62. 丁未春偶吟(정미년 봄에 우연히 읊다)

能令叔季免寥寥하니	말세에 적막함을 면하게 하니
不信試看來去潮하라	믿지 못하겠거든 오고가는 조수를 보라.
採薇須隱首陽峀요	고사리를 뜯으며 모름지기 수양산 봉우리에 숨고
仗義當思善竹橋라	정의로써 일을 행하며 마땅히 선죽교를 생각했네.
交結英雄長策振이요	영웅들과 사귀어 긴 지팡이를 떨치고
掃淸塵穢宿憂消라	티끌과 먼지를 씻어 깨끗이 하고 묵은 근심을 없앴네.
嗟我同遊二三子아	아 우리 함께 노는 그대들이여
傾肝吐膽意挑挑라	간을 기울고 쓸개를 토해내어 뜻을 돋고 돋우세.

* 丁未(정미): 여기서는 1907년을 말함. 仗義(장의): 정의로써 일을 행함. 叔季(숙계): 쇠퇴하고 혼란하여 망하게 될 세상. 숙세(叔世).

63. 與鎭海族人和吟(진해 일가와 더불어 화답해 읊다) 辛酉(신유년)

辛酉春鎭海族人이 來訪하여 共唫見上 附族人韻이라(신유년 봄에 진해 족친들이 내방하여 함께 읊었다. 위에 나타나 있다. 족친들의 시를 부기한다)

千里帶來二月春하니　　천리 길에 이월의 봄을 가지고 오니
始見文章子是眞이라　　비로소 문장은 그대가 참인 것을 알았네.
花園寂寂斜陽鳥요　　화원은 적적한데 석양에 새가 울고
柳岸靑靑細雨人이라　　버들 언덕은 푸른데 가랑비 속에 사람이 가네.
海瘴茂林雖云遠이나　　바다의 독한 기운과 무성한 숲이 비록 멀다고 하나
嶺雲湖月好爲隣이라　　영남의 구름 호남의 달이 좋게 이웃이 되었네.
詩罷方聞今世俗하니　　시회가 파하여 바야흐로 지금 세상의 풍속을 들으니
不如江上白鷗親이라　　강가의 흰 갈매기와 친한 것만 같지 못하네.

* 辛酉(신유): 여기서 신유년은 1921년임. 海瘴(해장): 바다의 습기와 열기로 생긴 독기(毒氣).

杜宇峯前正値春하니　　두우봉 앞에서 바로 봄을 만나니
西遊笻屐偶尋眞이라　　서쪽으로 놀러온 노인들이 우연히 진경을 찾았네.
門戶繁昌知右族이요　　문호가 번창하니 귀족임을 알겠고
淵源溯及感先人이라　　연원을 소급하니 선인을 생각하네.
十里山平松作蔭이요　　십리 되는 산은 평평해 소나무가 그늘을 만들었고
百年村古鶴相隣이라　　백년 된 마을은 예스러워 학이 서로 이웃이 되었네.
明朝分手陽關路하니　　내일 아침에는 양관길에서 이별하리니
況復難情百代親아　　하물며 형제의 정 백대의 친함이랴.

右權寧福(앞의 시는 권영복의 작이다)

* 難情(난정): 형제간의 정.

歸來日暖正當春하니 돌아가는 날이 따뜻해 정히 봄을 만났는데
景裡秋山第一眞이라 경치에는 가을 산이 제일 진경이네.
逢時無面爲行客이요 때를 만나 나그네 된 것이 면목이 없으나
終夜論情作故人이라 밤새껏 정을 논하며 친구가 되었네.
如何半島分湖界오 어찌 반도에서 호의 경계를 나눌까
只恨多年未宅隣이라 다만 여러 해 이웃이 되지 못한 것이 한이네.
花樹此筵無後約하니 화수회 이 자리에 뒤의 약속이 없으니
願言諸族更相親이라 여러 족친이 더욱 친하기를 원하네.
右權寧可(앞의 시는 권영가의 작이다)

64. 遊警菴李恭元氏書室(경암 이공원씨 서재에서 놀다) 丁未(정미년)

小少不羈任去留하니	젊어서는 얽매이지 않고 마음대로 가고 머물렀으니
青雲勢位若將求리오	고위고관을 어떻게 장차 구하리오.
纘先美蹟還韜彩하고	선조의 아름다운 행적을 이어 도리어 채색을 감추고
勉子勤工別起樓라	자식에게 공부를 부지런히 하라고 따로 정자를 지었네.
遠志蹇騰同櫪騏요	먼 뜻에 절고 뛰는 것은 마구간의 천리마와 같고
閑情淡泊伴沙鷗라	한가한 정취는 담담히 백사장의 갈매기를 짝했네.
蘭庭學業能繩武하니	자손의 학업이 능히 선조의 발자취를 이으니
孝悌家聲百世休라	효도하고 공손해 하는 명성이 백세에 아름답네.

* 丁未(정미): 여기서는 1907년을 말함. 青雲勢位(청운세위): 고위고관(高位高官). 蘭庭(난정): 자손. 후손. 武(무): 자취. 업적. 家聲(가성): 그 집안의 명성.

65. 端午與諸益共唫(단오에 여러 친구들과 함께 읊다) 己未(기미년)

序屬端陽適好時에	계절의 순서가 단오에 닿아 마침 좋은 때에
高攀仙躅不相移라	높이 신선의 발자취에 올라 서로 떠나지를 않네.
活畵滿庭交竹葉이요	산 그림이 뜰에 가득하고 댓잎은 사귀어 있으며
鳴琴出院下松技라	우는 거문고 소리 뜰에서 나와 솔가지에서 내려오네.
多年競渡猶前事요	여러 해 물 건너기를 다투는 것이 전일과 같고
是日贈櫻更後期라	이날 앵두를 보내주고 다시 후일의 기약을 하네.
回看塵寰長歎息하니	속세를 바라보며 길게 탄식하노니
斯間清趣有誰知오	이 사이의 맑은 정취를 누가 알겠는가.

* 己未(기미): 여기서 기미년은 1919년임. 端陽(단양): 단오. 序(서): 절서(節序: 계절의 변하는 순서). 塵寰(진환): 속세. 티끌 세상.

66. 奉和智隱先生(지은 선생에게 받들어 화답하다)

草屋深深日未晴하니　초가는 깊고 깊은데 날은 아직 개지 않으니
無端心事夢難成이라　무단한 심사로 꿈을 이루기 어렵네.
時當正饁聞鷄唱하고　때는 한낮 들밥 낼 때를 당해 닭 울음소리 들리고
年有其占報雨聲이라　해는 풍년이 들려고 빗소리 들리네.
愧吾不下東山屐이요　부끄럽다, 내가 동산극보다 뒤지지 않는데
嗟孰空依北斗城고　아, 누가 공연히 북두성이 드리운 성에 의지할까.
冥行擿埴何誰咎리오　어둠 속을 가면서 더듬으매 어찌 누구를 허물할 것인가
一尺之身是腐生이라　한 자의 내 몸이 쓸모없는 유생인 것을.

* 東山屐(동산극): 진(晋)의 사안(謝安)을 말함. 腐生(부생): 쓸모없는 학자. 冥行擿埴(명행적식): '冥行'은 깜깜한 길을 감이요, '擿埴'은 장님이 땅을 더듬어 감이니, 곧 '학문을 함에 있어서 그 방도를 모름'을 비유하여 이르는 말.

67. 謹次雲齋先生壽筵韻(삼가 운재 선생의 수연시를 시를 따라 짓다) 代作(대신해 짓다) 己未(기미년)

鐵檀春色再回東하니 철나무 봄빛이 다시 동쪽으로 돌아오니
萬化新生一氣中이라 온갖 변화가 새로이 한 기운 가운데서 생기네.
斗北華聞傳代久요 태산북두 화려한 소문 대대로 전해진지 오래고
河南遺訓許心同이라 정자의 끼친 훈계는 마음을 한가지로 하기를 허락했네.
爲仁已是登遐壽하니 인을 행하여 이미 하수에 오르고
明道何曾計近功가 도를 밝히매 어찌 일찍이 가까운 공을 계산하리오.
滔滔流俗將歸厚하니 도도히 흐르는 풍속이 장차 후한 곳으로 돌아가니
彌仰先生百世風이라 선생의 길이 숭앙될 인품을 더욱 우러르네.

* 己未(기미): 여기서는 1919년을 말함. 鐵檀(철단): 철수(鐵樹). 전설상의 나무로 60년만에 한번씩 꽃이 핀다고 함. 遐壽(하수): 오래 삶. 하년(遐年).

68. 謹次龍塢亭韻(삼가 용오정의 시를 따라 짓다) 壬戌(임술년)

上舍元來氣韻淸하여　진사는 원래 기상과 운치가 맑아
暮年有意此亭成이라　만년에 뜻이 있어 이 정자를 이루었네.
自今泉石欣逢主요　이제부터 산천이 주인 만남을 기뻐하고
終古風烟盛有聲이라　예로부터 이곳 경치는 대단한 소문이 있었네.
游意斯間忘世界하니　이 사이에다 뜻을 두어 세상을 잊으려 하니
翹頭何處望京城고　어느 곳에서 머리를 들고 서울을 바라볼 것인가.
莫言遺躅將寥寂하라　남긴 자취가 장차 고요해진다고 말하지 말라
肯構賢孫繼繼生이라　즐겨 집을 지을 어진 손자가 계속해서 태어나리.

* 壬戌(임술): 여기서는 1922년을 말함. 游意(유의): 사물에 마음을 기울임. 마음을 경주함. 終古(종고): 영구히. 항상.

69. 與智隱鶴南省菴共唫(지은 · 학남 · 성암과 더불어 함께 읊다)

平生大義讀春秋하니	평생 대의로 춘추를 읽었는데
肯與時人混濁流아	즐겨 시속 사람들과 더불어 혼탁하게 흐르랴.
烈士丹衷懷古國이요	열사의 붉은 충정은 고국을 생각하고
尊師畵像築新樓라	스승의 영정을 높여 새 누각을 지었네.
咸豊遠路山何險가	함풍의 먼 길에 산은 어찌 험한가
逆旅今宵雨正愁라	여관은 오늘 밤 비가 와 정히 쓸쓸하네.
梧枝瑞鳳椎黃鶴하니	오동나무 가지에 앉은 상서로운 봉이 황학루를 부수니
認是崔詩在上頭라	알건대 최호의 시가 맨 머리에 있었기 때문이네.

* 咸豊(함풍): 현 이름. 전라남도 함평군(咸平郡)의 일부 지역에 있었다. 梧枝瑞鳳(오지서봉): 오동나무 가지에 앉은 상서로운 봉. 여기서는 당나라 이백(李白)을 말함. 崔詩(최시): 당나라 최호(崔顥)의 시 황학루(黃鶴樓)를 말함.

70. 禪雲寺兜率韻(선운사 도솔시) 庚戌(경술년)

雲出禪岑兜出天하니	구름은 선운산에서 나오고 도솔암은 하늘에 솟았는데
道僧坐數驅龍年이라	도승은 앉아서 용을 몰던 햇수를 헤아려 보네.
俯臨靑海蓮舟下하고	굽어 푸른 바다 연주봉 아래에 임하여
仰見丹崖桂棟懸이라	우러러 붉은 벼랑에 계수나무 들보 매달린 것을 보네.
石面深藏經八萬이요	돌 속에 깊이 팔만대장경을 보관하고
菴名高掛地三千이라	암자 이름은 지상 삼천 척 높이에 매달려 있네.
蒼然古瓦皆功塔이니	창연한 옛 기와는 모두 공든 탑인데
其上閑情釋氏僊이라	그 위에 한가로운 부처가 신선이네.

* 禪雲寺(선운사): 전라북도 고창군 아산면 삼인리 도솔산 북쪽 기슭에 있는 절. 조계종 제24교구 본사이다. 兜率(도솔): 여기서는 선운사의 도솔암을 말함. 庚戌(경술): 여기서는 1910년을 말함.

71. 水多洞書齋吟(수다동 서재에서 읊다)

吾行偶爾此堂臨하니	나의 걸음이 우연히 이 집에 이르니
處士幽庄慰客心이라	처사는 고요한 집에서 객의 마음을 달래네.
天以別區開墨墨하고	하늘은 외딴 지역으로 고요함을 열고
地因人傑擅詩音하니	땅은 인걸로 인해 시의 소리를 드러내네.
村名水洞魚遊海요	마을 이름이 물 마을이라 고기는 바다에 놀러가고
山號螽峰鳥習林이라	산 이름이 메뚜기 봉이라 새들이 숲에 익숙하네.
鼓角騷壇知己少한대	시를 경쟁하는 문단에는 나를 알아주는 이가 적은데
重逢何日共牙琴아	어느 날 다시 만나 백아의 거문고를 함께 들을까.

* 騷壇(소단): 예문계(藝文界)를 이름. 문단(文壇).

72. 光山風詠亭韻(광산 풍영정시) 辛亥(신해년)

盡日吾行幸得休하니	하루를 다 간 나의 걸음이 다행히 쉴 곳을 얻었는데
湖山魚鳥自忘愁라	산수의 고기와 새들은 스스로 수심을 잊네.
地因淸債開眞界요	땅은 빚을 갚음으로 인해 참된 세계를 열고
石戴前塵立暮洲라	돌은 옛 먼지를 이고 저문 물가에 서 있네.
十景峨洋邀客醉하고	십 경의 산과 물은 객을 맞이해 취하게 하고
百朋章句使人留라	백 량의 글귀는 사람으로 하여금 머물게 하네.
風乎詠矣名亭上하니	유명한 정자 위에서 바람도 쐬고 읊기도 하며
正是沂陽新沐秋라	바로 이 기수의 남쪽에서 가을에 새로이 목욕을 하네.

* 辛亥(신해): 여기서는 1911년을 말함. 淸債(청채): 빚을 모조리 갚음. 百朋(백붕): 매우 많은 돈. '朋'은 고대의 화폐 단위.

73. 扶安茁浦吟(부안 줄포에서 읊다) 戊申(무신년)

忽上湖南第一洲하니　문득 호남에서 제일가는 물가에 오르니
不來應存未來愁라　오지 않았다면 아마 미래의 근심을 두었을 것이네.
邊嶽重重環海立이요　해변 산악은 겹겹이 바다를 둘러 서 있고
長江滾滾抱村流라　긴 강은 도도히 마을을 안고 흐르네.
遊魚有意沉還躍이요　헤엄치는 물고기는 마음대로 잠수했다가 또 뛰고
泛鷺多情去復留라　떠 있는 백로는 정이 많아 갔다가 다시 머무네.
岸楓溪月雖云樂이나　언덕의 단풍과 시내의 달을 비록 즐겁다고 말하나
何似明春雙笛遊오　내년 봄 쌍 피리를 불며 노는 것과는 어떨까.

* 戊申(무신): 여기서 무신은 1908년임.

74. 挹淸亭會話(읍청정에서 모여 이야기하다) 在赤壁江中(적벽강 속에 있다) 癸亥(계해년)

挹淸亭下日蒼蒼이요 읍청정 아래에 날이 맑고 맑은데
曳杖南來道路長이라 지팡이 끌고 남으로 오니 길은 머네.
景中水石屛難畵요 경치 속에 수석은 병풍으로 그리기 어렵고
座上文章鬢奈霜가 자리의 문장들은 머리털이 서리 같은 것을 어이할까.
絶閣書聲如太古요 절벽 누각에서 글 읽는 소리는 태고 때 같고
滿庭花氣似仙鄕이라 뜰에 가득한 꽃향기는 신선의 고을 같네.
也識主人風味足하니 주인의 풍류가 족한 줄을 알겠나니
家醪山菜口傳香이라 가주와 산채로 입에서 향기가 전해지네.

* 癸亥(계해): 여기서 계해는 1923년임. 蒼蒼(창창): 봄 하늘의 푸른 빛. 맑게 갠 하늘의 형용.

又

雨宿風高夢不成하니 비가 머물고 바람이 높아 꿈을 이루지 못하니
嶺湖千里幾山城고 영호남 천리에 산성은 몇이나 되는고.
孤樓吟客鶯喉試하고 외로운 누각에서 읊는 객은 꾀꼬리 같은 목을 시험해 보고
新路行人鳥步生이라 새로 난 길을 가는 사람들은 새 걸음으로 가네.
四時花色眞仙境이니 사계절 꽃의 색은 참으로 신선의 세계니
一帶江流遠世情이라 한 줄기 강 흐름이 세상의 정을 멀리 하네.
主翁心事多餘蔭하니 주인의 마음과 행실은 은덕이 많아

後學繼承大放聲이라 　후학들이 계승하여 크게 소리를 내리라.

* 餘蔭(여음): 넉넉한 그늘. 바뀌어 은덕(恩德).

附(부)

共唫(함께 읊다) 六首(6수)

同病踈狂老且蒼이 같이 소광을 앓아 늙고 푸른데
偶逢江舍所懷長이라 우연히 강루에서 만나니 생각한 바가 장구하네.
偏憎荊棘爭繁雨요 가시가 빗속에 다투어 번성한 것을 매우 미워하고
只喜葱葭洽受霜이라 갈대가 흡족히 서리 받은 것을 다만 기뻐하네.
萬邦物態徒蛮俗이요 만방의 물태는 한갓 오랑캐의 풍속이며
此地書聲獨魯鄕이라 이 땅의 글소리는 홀로 노나라 고을 같네.
貶水評花無外事하여 물을 평하고 꽃을 평하며 다른 일은 없으니
君多牙頰自生香이라 그대의 입에 자연 향기가 남이 많네.
右李海叟(앞의 시는 이해수의 작이다)

* 踈狂(소광): 자유분방하여 얽매이지 않는 모양. 物態(물태): 사물의 형태. 牙頰(아협): 치아와 뺨.

平郊麥浪漲新蒼한대 평평한 들 보리 물결에 새 푸르름이 넘치는데
林閣陰深白日長이라 숲 집에 그늘은 짙고 해는 기네.
來自方壺眉帶氣요 방호산으로부터 와 눈썹은 신선 기운을 띠었고
相逢尊酒髮垂霜이라 서로 술동이 앞에 만나니 머리는 서리를 드리웠네.
孰能此世回天力가 누가 능히 이 세상에 하늘의 힘을 돌릴까
空使浮雲蔽帝鄕이라 공연히 뜬구름으로 하여금 제향을 가리게 하네.
莫道今年春事晩하라 금년에 봄이 늦었다고 말하지 마라

墻花猶發拾遺香이라 담장의 꽃이 아직도 두습유의 향기를 뿜고 있네.
右權畏菴(앞의 시는 권외암의 작이다) 亭主人(정자의 주인이다)

* 拾遺(습유): 벼슬 이름. 당나라 측천무후(則天武后) 때 좌우 습유를 두어 간쟁(諫爭)을 맡게 하였다. 두보(杜甫)가 좌습유를 지낸 적이 있어 두보를 '두습유(杜拾遺)'라고 부르기도 한다.

雨餘赤壁繞靑蒼하니 비온 뒤에 적벽에 푸르름이 둘렀으니
往蹟依俙水逝長이라 지나간 자취는 희미하고 물은 가기를 길게 하네.
庭畔灵芝經歲月이요 뜰가의 신령한 지초는 세월을 지냈고
壇邊古否老風霜이라 담가의 옛 살구나무는 풍상에 늙었네.
行尋雲鶴遊仙境하고 거닐며 구름과 학을 찾아 선경에 놀고
看盡春花返醉鄕이라 봄의 꽃을 다 보고 취향으로 돌아오네.
何幸詩筵師友在하여 어찌 다행히 시 짓는 자리에 사우가 있어
挹淸鎭日焫心香이라 진종일 맑은 기운을 안고 마음의 향을 사르네.
右鄭晩存(앞의 시는 정만존의 작이다)

* 焫(설): 불을 붙이다. 불사르다. 心香(심향): 마음의 분향(焚香). 마음으로 쏟는 정성이 부처를 받들며 향을 피우고 큰 절을 올리는 것과 같음을 이르는 말.

費送離懷意芼蒼하니 이별의 회포 보내느라 뜻이 아스라하니
每教遐想入雲長이라 매양 먼 생각으로 하여금 구름에 길게 들게 하네.
三生過夢憐泡沫이요 삼생의 지나간 꿈은 물거품처럼 가련하고
百惻餘舟受物霜이라 오래된 배에는 서리가 내렸네.

語及昇平悲故國하고　말이 승평에 미치매 고국을 슬퍼하고
逢多邂逅似他鄕이라　만나기는 우연이 많으매 타향과 같네.
聞君來自名山寺하니　그대가 명산의 절로부터 왔다고 들어서인지
收拾烟霞滿袖香이라　연하를 수습하여 소매 가득 향기가 나네.
右川后(앞의 시는 천후의 작이다)

* 百恸餘舟受物霜(백겁여주수물상): 백 겁을 지난 배는 서리를 받았네. '오래된 배에는 서리가 내렸네' 정도의 의미인 듯. 餘(여): 뒤의 뜻. '後'와 같음. 物霜(물상): 그냥 '서리'로 번역했다. 여기서 '物'은 별 의미가 없는 것 같음.

竹色山光帶雨蒼하고　대 빛과 산 빛이 비를 띠어 푸르고
名園瀟洒晝陰長이라　좋은 동산 시원하여 낮 그늘이 기네.
壁間題字流虹月이요　벽 사이에 쓴 글씨는 무지개와 달이 흐르고
樓外寒江勒雪霜이라　누각 밖의 차가운 강은 눈과 서리가 서려 있네.
十里桑痲圍綠野요　십리에 뽕나무와 삼나무는 푸른 들판을 둘렀고
百年日月臥丹鄕이라　백년 세월은 단향에 누웠네.
逢君好作留筵計하니　그대를 만나 자리에 만류할 꾀를 기꺼이 만드니
尊酒新詩一味香이라　동이의 술 새로운 시가 한결같이 향기롭네.
右李晦山(앞의 시는 이회산의 작이다)

挹淸槐柳共蒼蒼하고　맑은 기운 안은 홰나무 버드나무 함께 푸르고
細雨聲中客夢長이라　가랑비 소리 속에 객의 꿈이 기네.
赤壁江鳴千古勢요　적벽강 우는 것은 천고의 형세요
黃梅山屹幾時霜고　황매산 높으니 얼마의 세월 지났는고.

名園小集依蘭社하니 좋은 동산에 조금 모여 난사와 같이 하고
此地重來似故鄕이라 이 땅에 거듭 오니 고향과 같네.
石囱烹茶因溫酒하니 돌 아궁이에 차를 끓이고 인하여 술도 대우니
主人鷄黍正堪香이라 주인의 닭과 기장밥이 참으로 향기롭네.
右鄭菊圃(앞의 시는 정국포의 작이다)

* 囱(인): 굴뚝. 赤壁江鳴千古勢(적벽강명천고세): 적벽강 우는 것은 천고의 형세이다. 적벽강 물은 천년토록 울다.

附(부)

共唫(함께 읊다)

殘紅飛落綠初成하니 남은 꽃이 날아 떨어지고 푸름이 처음 이루어지니
適有高人訪故城이라 때마침 고상한 사람이 옛 성을 찾아왔네.
秉燭遊節春後促이요 촛불 들고 노는 늙은이들이 봄 뒤에 재촉하고
衰翁豪氣酒餘生이라 쇠한 늙은이의 호기는 술 뒤에 생기네.
四圍蒼壁千年色이요 사방에 두른 암벽은 천년의 빛이요
一帶澄江萬里情이라 일대의 맑은 강은 만리를 가는 심정이네.
諸君莫謝風情苦하라 제군들은 멋있는 정취의 안타까움을 말하지 마라
花事怱怱付鳥聲이라 꽃놀이는 바쁘니 새 소리에 부쳐두자.
右權畏菴(앞의 시는 권외암의 작이다)

* 風情(풍정): 고상하고 멋있는 정취. 花事(화사): 봄날의 꽃놀이. 怱怱(총총): 갑작스레 바빠짐. 분주한 모양.

少別關懷夢不成하니 잠깐 이별함이 생각에 걸려 꿈이 이루어지지 않아
侵晨回櫂晋陽城이라 새벽 들자 진양성에서 노를 돌렸네.
江天雲日船頭暮요 강 하늘의 구름낀 날은 뱃머리에 저물고
仙閣茶烟竹外生이라 신선 집 차 연기는 대나무밖에 생기네.
風雨新潮無着處요 비바람 같은 새 조류는 부칠 곳이 없고
峨洋舊調不禁情이라 아양의 옛 곡조에 정을 금할 수 없네.
山花故院春將盡하니 산꽃이 핀 옛 정원에 봄이 장차 다하려 하니

遙夜那堪杜宇聲가　깊은 밤에 소쩍새 소리를 어떻게 견딜까.
右李海叟(앞의 시는 이해수의 작이다)

爲惜春歸夢不成하여　봄 가는 것을 아끼기 때문에 꿈이 이루어지지 않아
偶扶笻屐出林城이라　지팡이와 나막신을 붙잡고 숲의 성을 나왔네.
多時紅雨花心盡하고.　많은 시간의 붉은 비에 꽃술이 다하고
遙野靑波麥氣生이라　먼 들에 푸른 물결처럼 보리 기운이 생기네.
客路相逢如有約이요　여로에 서로 만나니 약속이 있는 듯하고
衰年難別莫爲情이라　노년에 이별하기 어려워 정을 가눌 수 없네.
如何到老神猶健고　어찌하여 늙도록 정신이 아직도 건강한가
晨起彷徨學楚聲이라　새벽에 일어나 서성거리며 초성을 배우네.
右川后(앞의 시는 천후의 작이다)

* 楚聲(초성): 초사(楚辭).

丹邱誰復鍊丹成고　단구에서 누가 다시 선약을 구워 이룰까
客子行吟過故城이라　나그네가 거닐고 읊조리며 옛 성을 지나네.
天地縱橫豪健士요　천지에서 호걸스런 선비가 종횡을 하고
江山邂逅老書生이라　강산에서 늙은 서생을 우연히 만났네.
黃州千載風流事요　천년 전 황주의 풍류스런 일 같은데
白首孤臣感慨情이라　흰머리 외로운 신하는 안타깝기만 하네.
故人惜別春將盡하니　고인이 이별을 아끼는데 봄이 다하려 하니
四月黃鸝更有聲이라　사월의 꾀꼬리가 다시 울고 있네.
右晦山(앞의 시는 회산의 작이다)

* 黃州(황주): 소동파가 귀양가 적벽부를 지었던 곳. 黃州千載風流事(황주천재풍류사): 황주의 천년 전 풍류스런 일 같다.

小少淸狂癖已成하니 젊어서 청광한 버릇이 이미 이루어지니
遠遊不可唾靑城이라 멀리 노는데 선계에 침을 뱉을 수 없네.
山光海色隨雙屐하고 산 빛 바다 빛은 두 나막신을 따르고
酒榼詩筒廢一生이라 술그릇과 시통으로 일생을 폐했네.
北斗每依舊國恨이요 북두성은 매양 옛 조국의 한을 의지하고
恒沙難數故人情이라 항하의 모래로도 고인의 정을 헤아릴 수 없네.
如何不寐餞春夕에 잠 못 이루며 봄 보내는 밤에
啼血空林杜宇聲고 피 토하며 우는 빈 숲의 두견새 소리를 어찌할까.
右晩存(앞의 시는 만존의 작이다)

* 恒沙(항사): 항하(恒河)의 모래알처럼 셀 수 없을 정도로 많은 수량.

媿矣此身無一成하여 부끄럽다 이 몸이 한 가지도 이룬 것이 없어
空然棲息古鄕城이라 공연히 고향의 성에서 살고 있네.
殘泥宿雨苔痕漲하고 남은 진흙이 밤비로 이끼 흔적이 불어났고
掬樹名亭瑞氣生이라 나무 두른 좋은 정자에 서리가 생겼네.
衰暮堪憐多別恨이요 노년에 이별의 한이 많은 것이 가련하고
他時相憶倍傷情이라 뒷날 생각하면 배나 속이 상하리.
嶺湖幷坐尊前醉하니 영호남 사람 함께 앉아 동이 앞에서 취하니
上下嚶嚶喚友聲이라 오르고 내리며 꾀꼬리는 벗을 부르네.
右菊圃(앞의 시는 국포의 작이다)

* 上下嚶嚶喚友聲(상하앵앵환우성): 오르고 내리며 우는 벗을 부르는 소리.

75. 新安社餞春韻(신안사에서 봄을 보내며 지은 시) 在丹城(단성에 있다)

新安精舍海之東에	신안 정사가 바다의 동쪽에 있는데
二姓玆鄕慕聖同이라	두 성씨가 이 고을에서 함께 성인을 사모했네.
諸賢文字封塵壁이요	여러 현인의 문장은 먼지 낀 벽에 붙었고
後學衣冠遺古風이라	후학들의 의관은 고풍이 남아 있네.
飛泉碎玉鳴簷外요	폭포는 옥을 부수며 처마 밖에서 울리고
遠峀削金入望中이라	먼 산봉우리는 쇠를 깎아 놓은 듯 전망 속에 들어오네.
淸詩題罷殘春景하니	맑은 시로 남은 봄의 경치를 쓰고 나니
座上列仙孰最雄고	자리의 여러 신선들은 누가 가장 훌륭한고.

* 餞春(전춘): 봄을 보냄. 가는 봄을 아쉬워하며 주연을 베풀어 즐거이 놂. 飛泉(비천): 폭포. 세차게 솟아오르는 샘.

76. 踏靑赤壁江(적벽강에서 답청을 하다)

朝會支離帶暮烟하고　아침에 모여 지리했는데 저녁연기까지 끼었고
回看時事幾悽然고　당시의 일을 돌아보니 얼마나 슬픈고.
鄕懷千里雲中樹요　천 리 고향 생각에 구름 속의 나무를 바라보니
勝景二洲壁上天이라　두 물가 암벽 위 하늘이 아름다운 경치를 이루고 있네.
俗客遠遊逢實地요　속객은 멀리 놀러와 현지에서 만났고
詩仙載送係虛船이라　시선은 실어 보내고 빈 배만 매놨네.
昨日餞春今踏綠하니　어제는 봄을 전별하고 오늘은 푸른 풀을 밟으니
丹邱風物正堪憐이라　신선 세계의 경치가 참으로 좋아할 만하네.

* 踏靑(답청): 봄날 야외로 소풍가는 일. 3월 3일의 곡수(曲水)의 잔치. 丹邱(단구): 신선이 산다는 가상적인 곳.

77. 檜溪齋壁上韻(회계재의 벽상시) 在鎭海(진해에 있다)

檜溪齋上春風暮하니	회계재 위에 봄바람이 저무니
晩到傍孫倍感心이라	늦게 도착한 방손은 배나 마음이 느껴지네.
學海千年魚自躍요	배움의 바다에 천 년 동안 물고기는 저절로 뛰고
仙原十里柏相森이라	신선의 세계 십 리에는 잣나무가 서로 마주서 있네.
會宗連席衣冠古요	종중이 모여 자리를 연하니 의관이 예스럽고
分派何時歲月深이라	파가 나누어진 것이 어느 때인가 세월이 깊어졌네.
坐料月岩先享祀하니	앉아서 월암에 있는 선조의 제사를 생각하니
悽然世事淚零衿이라	슬픈 세상사에 눈물이 옷깃에 떨어지네.

78. 雙石亭會話(쌍석정에서 모여서 이야기하다) 在三嘉松亭(삼가의 송정리에 있다)

緣何筇屐度今春고　　어찌하여 노인장들이 함께 금년 봄을 지내는고
始見嶺南文物新이라　　비로소 영남의 문물이 새로운 것을 보았네.
四月樹陰鶯影子요　　사월 나무 그늘은 꾀꼬리 그림자며
三山雲態鶴精神이라　　세 산의 구름 모습은 학의 정신이네.
雨急松簷苦逆旅요　　비가 소나무 처마에 급히 쏟아지니 객사가 괴롭고
烟生岩穴遠風塵이라　　연기가 바위틈에서 나오니 속세가 머네.
有誰願覓桃原路아　　누가 도원의 길을 찾기를 원하는가
八景石亭醉主人이라　　팔경 석정의 주인이 취해 있네.

* 筇屐(공극): 지팡이와 나막신이라는 뜻으로 노인을 이르는 말. 風塵(풍진): 인간 세상. 속세.

附(부)

仙駕招尋六十春이러니	신선을 부르고 찾은 육십 년에
三山物色倍生新이라	삼신산의 경치가 배나 싱싱하고 새롭네.
衣冠渾染烟霞像이요	의관에는 완전히 연하의 형상이 물들었고
義氣應藏雪月神이라	의기는 아마도 설월 같은 정신을 간직했으리.
拭眼名詩多濶潑이요	명시가 매우 활기차 눈을 씻고 보고
對顔花樹遠風塵이라	화수회에서 낯을 대하니 풍진을 멀리 하네.
如吾踈慵情難極하니	나같이 소용한 사람은 정을 다하기 어려워
未期堪愧韋宗人이라	기약을 못하니 위종인에게 부끄럽네.

右 權雙石(앞의 시는 권쌍석의 작이다)

* 雪月(설월): 눈과 달. 밝은 달. 韋宗人(위종인): 당나라 때 화수회를 처음 만든 위원외랑(韋員外郎)을 말함.

79. 謹次挹清亭板上韻(삼가 읍청정 현판 위의 시를 따라 짓다) 在丹城(단성에 있다)

石樵高士在江樓러니 석초라는 높은 선비가 강루에 있었는데
人去樓空江自流라 사람은 가고 누는 비고 강은 스스로 흐르네.
地如孤島環三面이요 땅은 외딴 섬같이 삼 면을 두르고
天作名區放一頭라 하늘은 명승지를 만들어 한 지역에 놔두었네.
山深細雨黃梅節이요 산이 깊어 가는 비 내리는 황매절에
水落層岩赤壁秋라 물이 층암에 떨어지는 적벽은 가을이네.
千里丹城明月夜에 천 리 단성 달 밝은 밤에
有誰知我夢登遊아 내가 꿈속에 올라가 노는 것을 누가 아는가.

* 黃梅節(황매절): 매화가 누렇게 익어 가는 음력 5월경.

80. 吟良馬(좋은 말을 읊다) 己酉(기유년)

冀北從來必有名러니	기주 북쪽에는 본래부터 반드시 명마가 있었는데
誰知當世價高聲가	누가 당세에 값이 높은 소문을 알았으리.
馳驅不失王良御요	달리고 달릴 때는 왕량의 어거를 잃지 않고
優劣難欺伯樂明이라	우열은 백락의 밝음을 속이기 어렵네.
身使多年雖伏櫪이나	여러 해 몸을 부리고 비록 마구에 엎드려 있으나
力能千里欲登程이라	힘은 천 리를 달릴 수 있어 길을 나서고자 하네.
彭彭四牡前頭事를	달려가는 네 마리 말의 앞으로의 일을
願以和鑾節奏成이라	방울 소리로 절주를 이루기 바라네.

* 己酉(기유): 여기서 기유은 1909년임. 彭彭(방방): 많이 가는 모양. 和鑾(화란): 수레에 단 방울. 節奏(절주): 악곡의 꺾이는 마디. 리듬.

81. 追賀蓮下柳丈還婚禮韻(연하 유장의 환혼례를 뒤늦게 축하하는 시) 井邑丹谷(정읍 단곡)

昔年此日始婚開러니 옛 해 이날에 비로소 혼례가 열렸더니
又是今年此日廻라 또 금년에 이날이 돌아왔네.
笑將白髮支紗帽요 웃으면서 백발로 사모를 지탱하고
羞飾紅粧掩鏡坮라 부끄러워 붉은 화장을 꾸미며 경대를 덮었네.
南極精光經八耋이요 남극성의 밝은 빛이 팔십을 지나고
東床醮禮更三盃라 동상 초례에서 다시 세 잔의 술을 들었네.
丹溪何似蟠桃海오 단곡은 반도해와 어떻게 같은가
王母佳緣青雀來라 서왕모의 아름다운 인연에 청작이 왔네.

* 東床(동상): 동상례(혼례를 치른 뒤에 신랑이 신부의 집에서 마을 사람이나 친구들에게 음식을 대접하는 일). 醮禮(초례): 혼인 예식. 혼례(婚禮). 蟠桃(반도): 삼천 년만에 한 번씩 열매가 열린다는 선경에 있는 복숭아. 青雀(청작): 서왕모(西王母)의 심부름을 하였다는 새.

82. 口呼示兒曺(입으로 불러 아이들에게 보이다) 二首(2수) 己酉(기유년)

天生孔聖大靈豪니　하늘이 공자 성인을 내매 크게 신령하고 호걸다웠는데
恭儉溫良不染毫라　공손 검소 온화 진실해서 털끝만큼도 오염되지 않았네.
杏壇明月千秋色이요　행단의 밝은 달은 천 년의 모습 같고
泗水春風萬古濤라　사수의 봄바람은 만고에 물결치네.
道學宏箴時雨化하고　도학을 크게 경계하여 때에 맞는 비처럼 교화하고
文章盛德泰山高라　문장과 성한 덕은 태산처럼 높았네.
世人不識貫之理하고　세인들은 일관된 이치를 알지 못하고
歸墨歸楊醉濁醪라　묵적에게 가기도 하고 양주에게도 가 탁한 술에 취했네.

* 己酉(기유): 여기서는 1909년을 말함.

海陬遠瞻海石潭하니　바닷가에서 멀리 해주의 석담을 바라보니
潭邊霽月照心丹이라　못가의 밝은 달이 마음을 비춰 붉게 하네.
文章登日通中國이요　문장으로 등용된 날에는 중국에까지 알려졌고
道學千秋化漠南이라　도학은 천 년 동안 사막의 남쪽까지 교화시켰네.
居巷簞瓢顏氏一이요　누항에서 검소하게 생활한 것은 안연과 한가지였고
首身度律子輿三이라　마음과 몸을 바르게 한 것은 증자같이 세 번 하였네.
敬將要訣洋洋誦하니　공경히 격몽요결을 가지고 편안히 외니
和氣春風滿面酣이라　화한 기운이 봄바람같이 만면에 즐겁네.

* 石潭(석담): 율곡(栗谷) 이이(李珥)의 호. 子輿(자여): 증삼(曾參)의 자. 맹자(孟子)의 자. 여기서는 증삼을 말함. 洋洋(양양): 흉중에 걸림이 없이 편한 모양. 득의한 모양. 광대한 모양.

83. 謹次永新齋原韻(삼가 영신재의 원시를 따라 짓다)

一生致意蓼莪詩하고	일생 동안 육아 시에 뜻을 다하고
無廢先人所肇基라	선인이 시작한 바의 터를 폐하지 않았네.
枕下寒聲雙澗潔이요	베개 아래 차가운 소리 쌍계가 깨끗하고
檻前秀色衆峰奇라	난간 앞 수려한 경치 많은 봉우리가 기이하네.
谷遷陵變猶爲識이요	골짜기 바뀌고 구릉 변한 것은 오히려 알 수 있으나
春祀秋蒸不盡期라	봄 제사 가을 제사는 한없는 기약이네.
揭額永新深義在하니	영신이라 액자를 건 것은 깊은 뜻이 있으니
後孫盍亦鑑於斯오	후손들은 어찌 또한 이것을 보지 아니하는가.

* 蓼莪詩(육아시): 부역(賦役)으로 멀리 나가 있어 어버이를 봉양하지 못하고, 사후에 돌아와 그 슬픔을 읊은 시경(詩經) 육아편(蓼莪篇)의 시.

84. 奉賀晩閒堂尹丈晬席韻(만한당 윤장의 생일 자리를 받들어 축하하는 시)

六旬花甲再回春에	육순 화갑 지나고 다시 돌아오는 봄
令子賢孫喜懼新이라	착한 자식과 어진 손자들의 기쁨과 두려움이 새롭네.
白髮年光黃髮齒요	백발의 나이요 황발의 나이니
先天度數後天人이라	선천의 도수를 지내고 후천을 사는 사람이네.
神降松嶽超今俗하고	신이 송악에 내리니 지금의 풍속을 초월하고
籌下絳縣接古隣이라	주가 강현에 내리니 옛 이웃에 접했네.
觀感衆賓咸頌德하니	보고 느낀 여러 손님들이 모두 덕을 칭송하니
口碑百歲永無塵하리라	입으로 백세에 전해 영원히 먼지가 묻지 않으리.

* 先天度數(선천도수): 선천적으로 정해진 나이. 육십을 말함. 後天人(후천인): 장수한 사람. 籌(주): 산가지. 여기서는 나이를 세던 산가지를 말함. 絳縣(강현): 진(晉)나라의 도읍.

85. 謹賀雲齋先生壽筵韻(삼가 운재 선생의 수연을 축하하는 시) 代作(대신해 짓다)

銕檀春色再廻東하니	철단에 봄빛이 다시 동으로 돌아오니
萬化新生一氣中이라	일만 변화가 새로이 한 기운 속에 생기네.
斗北華聞傳代久하고	북두성 같은 화려한 소문 대를 전한 지 오래고
河南遺訓許心同이라	하남 유훈이 마음을 함께 하기를 허락했네.
爲仁已是登遐壽요	인을 행해 이미 장수함에 올랐고
明道何當計近功가	도를 밝혀 어찌 마땅히 가까운 공을 계획하리오.
滔滔流俗將歸厚하니	도도히 흐르는 풍속이 장차 후한 데로 흐르니
彌仰先生百世風이라	더욱 선생의 백세 풍을 우러르네.

* 銕檀(철단): 철수(鐵樹). 전설상의 나무로 60년만에 한번씩 꽃이 핀다고 함.

86. 觀海唫(바다를 보고 읊다) 與諸益同入法聖(여러 친구들과 더불어 법성포에 들어가다)

漠漠漁舟海路微하니	아득하고 아득한 고깃배에 바닷길은 희미한데
烟波萬里白鷗飛라	물안개 낀 만리에 흰 갈매기가 날고 있네.
行人藜杖惱霖雨요	나그네는 명아주 지팡이 짚고 장맛비에 피곤하고
採女蔬筐帶夕暉라	나물 캐는 여자들은 광주리에 석양빛을 담고 오네.
滿目風情沽酒醉요	눈에 가득한 풍정은 받아온 술에 취했고
入脣美味膾魚肥라	입에 들어온 좋은 맛은 회생선이 살져서네.
諸君誘我江湖樂하니	제군들이 나를 달래어 강호에서 즐기니
心事蕩然却忘歸라	마음이 자유로와 문득 돌아갈 것을 잊어버리네.

* 烟波(연파): 연하(烟霞)가 낀 수면, 또는 먼 수면에 안개가 낀 것처럼 희미한 모양. 물안개. 蕩然(탕연): 허무한 모양. 제멋대로 하는 모양.

87. 法聖霽月亭餞春唫(법성포 제월정에서 봄을 보내며 읊다)

芳艸和烟綠滿天하니	꽃다운 풀이 연기와 더불어 푸른 하늘에 가득해
東君九十去如川이라	봄 구십 일이 냇물처럼 흘러가네.
豈違賓主來時約가	어찌 손과 주인이 오겠다는 약속 어길 수 있겠는가
應寂江山別後筵이라	아마 강산의 이별한 후의 자리는 적막하리.
花事支難殘夢裏요	꽃구경했던 일은 남은 꿈속에 오래 간직되고
春光逆旅百憂邊이라	봄날 여관에서 온갖 근심을 하고 있네.
長程萬里歸無恙하니	만리 먼 여정에 돌아가고픈 마음이 없어
弟待良辰又翌年이라	다만 좋은 시절 또 다음 해를 기다리네.

* 東君(동군): 봄의 신. 태양신, 또는 태양. 주인. 남편.

88. 遊法聖浦口號(법성포에서 놀면서 입으로 부르다)

綠陰芳艸夕陽天에	녹음 우거지고 향기로운 꽃이 핀 석양에
大放扁舟法浦前이라	크게 조각배를 법성포 앞에 띄웠네.
白鷗波上浮還沒이요	갈매기는 파도 위에서 떴다 또 가라앉고
黃霧山頭斷復連이라	누런 안개는 산정에서 끊어졌다 또 이어지네.
細和麥謠桑陌右요	맥수지가를 뽕나무 밭길에서 가늘게 화답하고
共留梅約月窓邊이라	매화꽃 필 때 달뜬 창가에서 만나자고 함께 약속했네.
臥牛峯轉名亭下하니	와우봉 유명한 정자 아래를 돌아가는데
屹屹繫岩老幾年고	높고 높은 배를 메는 바위는 몇 년이나 되었는고.

* 麥謠(맥요): 맥수지가(麥秀之歌).

89. 次白鷗亭韻(백구정의 시를 따라 짓다)

背岩高閣壓江頭하니	바위를 등지고 있는 높은 누각이 강가를 누르고 있는데
指點行人問白鵁라	행인을 일일이 가리키며 흰 갈매기에게 물어보네.
漁笛數聲明月在요	어부의 피리 두어 소리 속에 밝은 달은 떠 있고
樵歌一曲碧山幽라	목동의 노래 한 곡조에 푸른 산은 깊숙하네.
畵舃鳧仙如夢境이요	아름다운 신을 신은 오리 신선은 꿈속의 일 같고
尋盟鶴氅暇公遊라	맹세를 찾은 학창의 입은 몸이 공무의 여가에 노네.
錦瑟斷絃秋草宿하니	아름다운 거문고에 줄이 끊어지고 가을 풀은 묵었는데
墳菴落日下西洲라	해 저문 재각에서 서쪽 물가로 내려가네.

* 指點(지점): 일일이 손가락으로 가리켜 보임. 墳菴(분암): 재각(齋閣).

90. 吟鞦韆(그네를 읊다)

百尺垂絲繫兩邊하니　백 척이나 드리운 줄을 양쪽에 매니
槐陰如水柳如烟이라　홰나무 그늘은 물 같고 버들은 연기 같네.
不知墮履輕飜地요　떨어진 신이 가벼이 땅에 뒤집힌 것을 알지 못하고
只喜飄裙遠接天이라　다만 나부끼는 치마 멀리 하늘에 닿는 것만 기뻐하네.
掠鷰高低芳艸上이요　스쳐가는 제비는 방초 위를 구비치 듯 지나가고
飛花來去晩風前이라　날아다니는 꽃잎은 늦은 바람 앞에 왔다갔다하네.
浪浪玉語相稱賀하니　낭랑한 옥 같은 목소리는 서로 칭찬하는데
蹴藝歡情勝旧年이라　그네 타는 기쁜 정은 작년보다도 낫네.

91. 寒山臘雪顧色歸情(한산의 섣달 눈 속에서 경치를 바라보며 집에 돌아가는 심정)

石凍雪殘鷲嶺頭에	돌 얼고 눈 녹은 취령 위에서
送人較計短長遊라	사람을 보내며 길고 짧은 행차를 헤아려 보네.
東西地異雖同月이나	동서가 땅은 다르나 달은 함께 보고
南北人歸獨自樓라	남북으로 사람들은 돌아가고 홀로 누각에 남았네.
憐爾衰頹無意緖요	그대 쇠퇴해 아무 생각 없는 것이 가련하지만
視諸少壯足風流라	젊은이에 비교하면 풍류가 넉넉하네.
戰兢獨木橋中過하니	조심조심 외나무다리 가운데를 지나가며
恐虧此生百歲秋라	이 생애 백년을 그르칠까 두렵네.

* 爾(이): 그대. 당신. 여기서는 ‘자신’을 객관화한 것임.

92. 宿溪堂書齋(계당 서재에서 자다)

爲送忍齋宿此堂하니	인재를 보내기 위해 이 당에서 묵으며
長沙城外問牟陽이라	장사성 밖에서 고창을 물어보네.
子國有顔今叔度요	그대의 나라에 안회가 있으니 지금의 숙도이며
吾師非友是仇香이라	구향은 나의 스승이지 벗이 아니라네.
美柳多條風力緊이요	아름다운 버들에는 가지가 많아 바람의 힘이 강하고
孤桐如盖雨聲長이라	외로운 오동나무는 우산과 같아 빗소리가 기네.
雲溪愼勿同流逝하라	운계여 신중히 해 함께 흘러가지 말라
末路人情太濫傷이라	말세의 인정은 너무나 얕다네.

* 雲溪(운계): 서재 주인의 호인 듯. 牟陽(모양): 전라북도 고창(高敞)의 옛 이름. 叔度(숙도): 후한(後漢) 황헌(黃憲)의 자(字). 仇香(구향): 후한(後漢) 때 구남(仇覽). 덕으로 사람을 감화시켰다. 곽태(郭泰)가 '구향은 나의 스승이지 벗이 아니라네.'라고 말한 적이 있음.

93. 吟松皐(송고를 읊다)

洞闢鶴天傳世基요	마을을 학천에 열어 대대로의 터전을 전해왔는데
松盤皐疊一般奇라	솔은 서리고 언덕은 첩첩한 것이 한가지로 기이하네.
道士羽衣翩擧日이요	도사의 날개옷이 펄럭이는 날
高人石枕夢爛時라	은자의 돌베개에 꿈이 무르녹으리.
風淸虛檻琴乎韻이요	바람 시원한 빈 난간에 거문고는 소리를 내고
雲出荒園嘯也詩라	구름이 황량한 동산에서 나오니 휘파람 불며 시를 짓네.
自遨自樂雖居此나	스스로 노닐고 스스로 즐기면서 비록 여기에 거처하나
這箇寬心莫我知라	이 편한 마음 나를 아는 이가 없네.

* 松盤(송반): 반송(盤松: 키는 작으나 가지가 옆으로 퍼진 소나무). 高人(고인): 뜻이 높고 지조가 굳은 사람. 재야(在野)의 은군자(隱君子).

94. 敬次農隱亭韻(농은정의 시를 삼가 따라 짓다)

隱淪趣意固如城하여	은자의 뜻이 굳기가 성과 같아
入海居岩各率情이라	바다에 들어간 것이나 암곡에 사는 것 각기 실정을 따랐네.
狂浪他時知勇退요	미친 물결에 뒷날 용퇴한 이를 알 것이며
亂塵今日樂全生이라	어지러운 세상인 오늘날 온전한 생애를 즐기네.
繞山細雨藏龍氣요	산을 두른 가랑비는 용의 기운을 감추었고
滿稻斜陽送鳥聲이라	논 가득한 석양빛은 새 소리를 보내네.
若寫春秋傾菊露면	만약 춘추를 베끼면서 국화 이슬을 기울인다면
肯辭偃息晋淵明가	어찌 숨어 지낸 진의 도연명을 빼놓을 것인가.

* 隱淪(은륜): 영락(零落)함. 선인(仙人)을 이름. 은자(隱者)를 이름. 偃息(언식): 누워서 쉼. 편안하게 쉼.

95. 龍湫雅會(용추의 좋은 모임)

龍湫雅會宿前期니	용추의 좋은 모임은 전부터 약속이 되어 있어
濟濟濃情笑上眉라	여러 사람들의 짙은 정으로 웃음이 눈썹에 오르네.
覓路問花三月暮요	길을 찾고 꽃을 물으니 삼월이 저물어 가고
坐林對酒一年遲라	숲에 앉아 술을 대하니 일 년이 더디 가네.
澗瀑飛流金嶂壁이요	시내의 폭포는 금장벽에 날아 흐르고
山禽啼下玉梅枝라	산새는 옥매화 가지에 울면서 내려앉네.
丈丈彩絲那係日하여	길고 긴 채색 실로 어떻게 해를 얽어
淸遊無復散歸時오	고상한 모임 다시 흩어져 돌아가지 않았으면.

* 淸遊無復散歸時(청유무부산귀시): 깨끗한 놀음이 다시 흩어져 돌아갈 때가 없게 할까.

96. 梧陽齋韻(오양재시)

孫謨祖德聿脩成하니　자손의 교육과 조상의 덕을 마침내 닦아 이루니
梧谷深深春復生이라　오동나무 계곡이 깊고 깊어 봄기운이 다시 일어나네.
桑梓千年宜用敬이요　뽕나무 자나무를 천년 동안 마땅히 공경하려 하고
源流百世貴傳淸이라　근원의 흐름을 백세토록 맑게 전함이 드무네.
豈云堂構能吾事오　어찌 당 지은 것만으로 내 일을 다했다 하리오
所畏腥塵墜厥聲이라　누린내 먼지가 가문의 명성 떨어뜨릴까 두렵네.
可恨嶺湖厓角遠하니　한스러운 것은 영남과 호남의 지역이 멀어
苾芬歲歲莫追誠이라　제사에 해마다 정성을 드리지 못하는 것이라네.

* 桑梓(상자): 뽕나무와 가래나무. 옛날에는 집 담 밑에 뽕나무와 가래나무를 심어 두어 후세 자손들에게 조상을 생각하게 했다는 데서 '고향의 집', 또는 '고향'을 이르는 말. 腥塵(성진): 누린내가 나는 먼지. 여기서는 서양의 문화를 말함인 듯. 厓角(애각): 궁벽하고 먼 땅. 苾芬(필분): 향기로운 모양. 제물(祭物)의 향기.

97. 梧陽齋韻(오양재시) 壬申臘月又作(임신년 섣달에 또 짓다)

谷深址舊齋新成하니	깊은 골짜기 옛 터에 집이 새로 이룩되니
梧葉靑靑雛鳳生이라	오동잎은 푸르고 새끼 봉이 태어났네.
山碧入簾如太古요	산의 푸름이 주렴 사이로 들어오니 태고 세상 같고
溪流抱枕學河淸이라	계곡 흐름이 베개를 감고 돌아 황하수 맑음을 배우네.
仰謨先祖餘陰德하니	우러러 선조의 남은 음덕을 생각하니
應有後昆大放聲이라	응당 후손 중에 크게 명성을 낸 이가 있으리.
嶺外路修三百里니	고개 너머 길이 삼백 리나 멀어
年年霜露恨無誠이라	해마다 상로철에 성의 없음이 한스럽네.

* 壬申(임신): 여기서는 1932년을 말함. 後昆(후곤): 후손(後孫).

98. 泗山祠僉會所韻(사산사에서 여러 분이 모였을 때의 시) 癸亥二月十七 (계해 2월 17일)

一片泗山獨載天하니　　한 조각 사산이 홀로 하늘을 이고 있는데
更將吾道倡何年고　　다시 우리의 도를 어느 해에 외칠 것인가.
秪悅蘆南懸日月이요　　다만 노령 남쪽에 해와 달이 걸린 것을 기뻐하고
肯愁滿北沒塵烟가　　만주 북쪽이 먼지 속에 파묻힌 것을 수심하랴.
享儀克守春秋魯요　　제향을 지내는 예절은 춘추의 노나라를 지키고 있고
儒訓堪羞大小連이라　　선비의 가르침은 대련 소련에게 부끄럽네.
遠近士趨隨世薄이요　　원근 선비의 취향은 세상을 따라 박해져 가고
豆籩菲物轉悽然이라　　제사에 박한 제물이 더욱 쓸쓸하네.

* 泗山祠(사산사): 전남 장성군에 있는 사원으로 공자・자사・주자・안자・증자・맹자를 음력 8월 27일에 향사하고 있음. 塵烟(진연): 연기처럼 일어나는 티끌. 癸亥(계해): 여기서는 1923년을 말함. 大小連(대소련): 대련(大連)과 소련(小連). 동이족의 자식으로 거상하기를 잘하여 부모가 죽은 지 3일 동안 게을리 하지 않았으며, 3개월 동안 (빈소에서) 게을리 하지 않았으며, 1년 동안 슬퍼하였으며, 3년 동안 근심하였다(禮記 雜記下). 菲(비): 보잘것없다.

99. 謹次海陽吟社韻(삼가 해양음사시를 따라 짓다)

三角山頭萬樹春하니	삼각산 봉우리 수많은 나무에 봄이 왔는데
雲林堂榭泓江隣이라	운림당 정자는 큰 강가에 자리잡고 있네.
占營仁智挑今俗하고	산수를 차지했으니 지금의 풍속에 뛰어났고
超選文章倣古人이라	뛰어난 문장도 옛 사람과 비슷하네.
鹿洞詞臣唐後哲이요	녹동의 글짓는 선비들은 당나라 이후의 현철들이며
龍岡謀士漢前塵이라	용강의 모사는 한나라 전대의 먼지라네.
海社聚吟誰所使오	해사에서 모아 시를 읊는 것은 누가 시킨 것인가
天將啓學日惟新이라	하늘이 장차 학문을 열려고 날로 더욱 새로워지네.

* 榭(사): 정자. 鹿洞(녹동): 주자가 정사를 지어 강학하던 곳. 龍岡(용강): 제갈공명이 살던 곳.

100. 甲戌除夕續和蓮上韻字(갑술년 섣달 그믐날 밤 연상의 운자를 이어 화답하다)

非昨雖知難是今하니	지난 잘못은 비록 알지라도 지금 것은 알기 어려우니
胡爲體認古人心고	어떻게 옛 사람의 마음을 확인할 수 있겠는가.
梅腮春動將成玉이요	매화의 뺨에 봄기운이 동하여 장차 옥을 이루려 하고
松鬚籟生謾奏琴이라	소나무 잎에 바람이 이니 부질없이 거문고를 연주하네.
坐久仮眠歸厚夜요	오래 앉아 새우잠을 자다 깊은 밤이 되었는데
感悠稽迬幾光陰고	느낌이 길어 과거를 헤아려 보니 몇 년이나 되었는고.
順又一添無德齒하니	육십일 세가 되었으나 덕과 연치도 없는데
送迎何樂但愁深이라	송구영신에 무엇이 즐거우랴 다만 근심만 깊네.

* 甲戌(갑술): 여기서는 1934년을 말함. 體認(체인): 확실히 인정함. 확인함. 迬(왕): 往(왕)의 고자(古字).

101. 續和智隱獨鮮齋韻(지은의 독선재 시를 이어 화답하다)

茅屋獨鮮大老居하니	띠집에 독선대로가 거하는데
國恩未報寸心餘라	나라의 은혜 갚지 못했으나 일촌단심은 남아 있었네.
氣概雖高安疾騖리오	기개가 비록 높으나 어찌 빨리 달리기만 하리오
經綸嗟晩靜觀魚라	경륜이 늦은 것을 탄식하며 고요히 물고기를 바라보았네.
凜然授受存心法하니	늠연히 주고받은 심법이 있으니
休矣繼承遺訓書라	아름답다 계승한 훈서가 남아 있네.
生平記實無依託하니	평생의 실기를 의탁할 곳이 없어
每侍語舒飾比余라	매번 모시면 천천히 말하며 수식을 나에게 부탁했네.

* 比(비): 의탁하다. 기탁하다.

102. 題寒碧堂韻(한벽당에 쓴 시)

層岩磐礴抉猊頭요　거대한 층층 바위 성난 사자의 머리 같고
寒碧堂臨豊沛州라　한벽당은 전주 고을에 임해 있네.
俯聽魚龍江寂寞이라　구부려 물고기와 용의 소리 들어보니 강은 적막하고
坐看麋鹿洞閒幽라　앉아서 고라니 사슴을 보니 마을은 한가롭고 그윽하네.
二朝浩刦今非古요　두 조정의 큰 난리 이제 옛 세상이 아니며
五月淸凉夏亦秋라　오월이 시원해 여름이 또한 가을 같네.
往事蒼茫無問處하니　지난 일이 창망하여 물어볼 곳이 없는데
乾坤日夜獨浮樓라　천지에 밤낮으로 누각만 홀로 떠 있네.

* 磐礴(반박): 광대한 모양. 抉(결): 도려내다. 후벼내다. 豊沛(풍패): 전주(全州)를 말한다. 豊沛는 한고조(漢高祖)의 고향이다. 그런데 이태조(李太祖)의 고향이 전주이기 때문에 전주를 '豊沛'라고도 쓴다.

103. 輓潭陽李光雨(담양 이광우를 만하다)

遊潭大義克攘夷하니　담양에서 지내며 큰 의리로 오랑캐를 물리치니
湖左衣冠競奬推라　호좌의 선비들이 다투어 칭송하고 추앙하네.
宋瑞泣霜拘虜日이요　송서는 오랑캐에 붙잡힌 날 서리를 보고 울고
魯連蹈海帝秦時라　노중련은 진을 황제로 모실 때 바다에 빠져 죽겠다네.
三韓綱紀扶危髮이요　삼한의 강기는 위태로운 털을 붙잡고
萬國憂愁攢兩眉라　만국은 근심에 두 눈썹을 찌푸리네.
視死如歸應有所하니　죽음 보기를 응당 돌아갈 자리같이 여기니
勉翁淵老是吾師라　최면암과 송연재가 우리의 스승이라네.

* 宋瑞(송서): 송(宋)나라 문천상(文天祥). '宋瑞'는 그의 자(字). 魯連(노련): 전국(戰國) 시대 제(齊)나라 노중련(魯仲連).

104. 謹次道峰書林精舍韻(삼가 도봉 서림정사의 시를 따라 짓다)

書林精舍傍雲林하니 서림정사가 운림 곁에 있어
占取高人遐遯心이라 고상한 사람이 멀리 숨어사는 마음을 찾아 취했네.
岩級千籤堆錦繡요 천 첨의 바위 층계는 비단 수를 쌓아 놓은 것 같고
苔痕一逕掛墻陰이라 이끼 위에 한 길 흔적이 담장 그늘에 걸려 있네.
墾園種菜春風入이요 정원을 개간해 채소를 심으니 봄바람이 불어오고
拂榻燒香客子尋이라 평상을 쓸고 향을 피우니 손님이 찾아오네.
送盡悲歡無箇事하니 슬픔과 기쁨을 다 보내고 한 가지 일도 없으니
看今湖海日西沈이라 지금의 세상을 바라보니 해가 서쪽으로 기울고 있네.

* 籤(첨): 심지. 제비. 산가지. 산대. 찌.

105. 丙子仲春與金忍齋公燮和吟(병자년 중춘에 인재 김공섭과 더불어 화답해 읊다)

箕子以來道在東하니 기자 이래로 도가 동방에 있으니
前賢沒後與誰同고 전현이 죽은 후로 누구와 함께 할까.
先天已去濂溪月이요 선천은 이미 염계의 달에 가 버렸고
後學難逢泗水風이라 후학은 사수의 바람을 만나기 어렵네.
世擧傷倫何樣物가 세상이 온통 윤기를 상하니 무슨 모양의 물건인가
人皆沈慾鬪全功이라 사람들이 모두 욕심에 빠져 완전한 공을 다투네.
勉爾諸生格致業하노니 너희 제생들은 격물치지 학업을 힘쓰게 하노니
戰兢心事淵氷中하라 전전긍긍한 심사를 연못과 얼음 속처럼 하라.

* 丙子(병자): 여기서는 1936년을 말함. 淵氷(연빙): 깊은 못과 엷은 얼음이라는 뜻으로, '위험함'을 이르는 말.

又

流峙相交左右逢하니 물과 산이 서로 교차해 좌우에서 만나니
茂南幽致畵難容이라 무남의 그윽한 경치는 그림으로도 형용하기 어렵네.
洞稱飛鶴如仙閣이요 마을에서는 나는 학의 터가 신선의 집 같다 이르고
基作回龍案祖峰이라 마을 터는 회룡으로 조봉을 향하고 있네.
彌月乖寒人受病이요 한 달간 계속된 괴이한 추위에 사람들이 병들고
發陽和氣蟄開蟲이라 양이 발한 따뜻한 기운에 움츠렸던 벌레가 나오네.
柴門寂寂無人到하니 사립문이 적적해 사람이 이르지 않으니
漫向書窓月再從이라 부질없이 서당으로 달마다 두 번씩 찾아가네.

106. 與忍齋和吟(인재와 더불어 화답해 읊다)

幽関荒庭固掩扉하니　깊숙하고 거친 뜰에 사립문을 굳게 닫아 놓으니
寒梅痩竹影相依라　차가운 매화와 수척한 대 그림자 서로 의지하고 있네.
中原有事如碁局하고　중원의 일은 바둑판과 같고
東國無人臥布衣라　동국에는 사람이 없어 백성들이 드러누워 있네.
月輒穿雲當戶出이요　달은 문득 구름을 뚫고 문 앞으로 나오고
風多驅雪戾天飛라　바람은 많이 눈을 몰아 하늘에 다다르게 날리네.
幽情無夜聽尨吠인대　그윽한 정이 밤마다 삽살개 짖는 소리 듣지 못하는데
空有跫音警我歸라　공연한 발자국 소리는 나의 돌아옴을 알리네.

又

書屋深深與子偕하니　서재가 깊고 깊은데 그대와 더불어 함께 하며
暮年詩話但舒懷라　만년에 시 이야기로 다만 회포를 푸네.
地分五嶽皆諸夏요　땅은 다섯 산으로 나뉘었으나 모두 중국이며
天列三星具泰階라　하늘에는 삼성이 나란히 있어 태계가 갖추어졌네.
外國風塵皆北出이요　외국의 소문은 모두 북쪽으로부터 들어오고
吾鄕山水自南佳라　우리 고을 산수는 남쪽으로부터 아름다워지네.
筆巖叅祭眞儒事니　필암서원 제사에 참여함은 참으로 선비들의 일로
志在慕賢謹致齋라　뜻이 선현을 사모하는데 있어 삼가 재계를 이루네.

* 諸夏(제하): 중국. 風塵(풍진): 나쁜 평판이나 소문. 泰階(태계): 별자리 이름.

107. 次崔春汀閏燮回甲韻(춘정 최윤섭의 회갑시를 따라 짓다)

汀濘世途獨守春하니 흐린 세상길에 홀로 봄을 지키고
先天雨露保心眞이라 선천의 비이슬 속에 참 마음을 지니고 있네.
閑雨瀛上來仙子요 한가로운 비는 영수에서 온 신선 같고
明月江南夢故人이라 밝은 달빛은 강남에서 친구를 꿈꾸는 것 같네.
蓬矢懸門還似舊요 쑥대 화살을 문에 걸어 놓으니 도리어 옛날 같고
金罍設席幾多親고 금 술잔 자리에 베푸니 얼마나 많은 친척들이 왔는고.
又兼令抱三加禮하니 또 손자의 삼가례를 겸하는데
字以爲名德日新이라 자로써 이름을 삼으니 덕이 날로 새롭네.

* 汀濘(정녕): 진흙. 흙탕물. 진흙탕. 蓬矢(봉시): 쑥대로 만든 화살. 사기(邪氣)를 쫓는다고 한다. 金罍(금뢰): 금으로 꾸민, 운뢰(雲雷)의 무늬를 그린 술통. 여기서는 훌륭한 잔치를 말함. 令抱(영포): 남을 높이어 그의 '손자'를 이르는 말. 영손(令孫). 三加禮(삼가례): 관례(冠禮).

108. 次奇貞度梅史原韻(정도 기매사의 원시를 따라 짓다)

奇偉文章梅谷里에	기이하고 위대한 문장이 사는 매곡리에서
昔年借種大明城이라	거년에 종자를 빌려다가 대명성에 심었네.
淸閑韻致琴三尺이요	맑고 한가한 운치는 삼척의 거문고요
灑落衿懷丹一生이라	깨끗한 생각은 참다운 일생이었네.
綽約寒葩香遠聞이요	곱고 차가운 꽃향기는 멀리 퍼지고
橫斜淡影畵難成이라	옆으로 기운 담담한 그림자 그리기 어렵네.
惟君花譜是東史니	오직 그대의 화보는 우리나라의 사기니
誰作鹽羹調世情고	누가 염갱을 빚어 세상의 인정을 요리할까.

* 灑落(쇄락): 인품이 깨끗하고 시원함. 鹽羹(염갱): 국을 조리한다는 뜻으로, '국가의 경영'을 말함. 경륜.

109. 與忍齋和吟(인재와 더불어 화답해 읊다)

日從書塾學偸閒하여　　날마다 글방에서 한가함을 취하기를 배워
夢寐遽然出世間이라　　꿈에 문득 세상일에서 벗어났네.
月照淡淡皆白水요　　달이 비추니 담담해서 모두 하얀 물과 같고
雪飛薄薄半靑山이라　　눈이 휘날리니 광대해서 푸른 산의 반을 가리네.
泥程送盡春何晩가　　진흙 길에 다 보내버린 봄은 어찌 더딘가
凍杖扶吾夜亦還이라　　언 지팡이로 나를 부축해 밤에 또한 돌아오네.
白首奔忙奚所事오　　늙은이가 바삐 무엇을 하고자 하는가
付於詩酒摠無關이라　　시와 술에 맡겨 버리고 나머지는 모두 상관하지 않네.

* 偸閒(투한): 바쁜 가운데 잠시 틈을 냄. 薄薄(박박): 광대한 모양.

110. 次朴氏月山齋韻(박씨의 월산재시를 따라 짓다)

月下經營與日深이요	월산 아래에 짓기 시작해서 해로 더불어 깊었고
孫模祖德盡誠心이라	자손의 계획 조상의 덕이 성심을 다했네.
杉松四面涓涓水요	삼나무 소나무 사면에 물은 졸졸 흐르고
桑梓千年簇簇林이라	뽕나무 자나무가 천년 동안 빽빽하게 숲을 이루었네.
改貫中朝公以號요	중종조에 관향을 고쳐 공이 그것으로 호를 삼고
隱蹤遐士孰知音고	자취를 먼 곳에 숨겼으니 누가 알아줄 사람인가.
如吾過此秋城路하면	만약 내가 이 추성의 길을 지난다면
滿壁聯詩次第尋하리라	벽에 가득한 연시들을 차례로 찾아보리.

* 簇簇(주주): 빽빽하게 많이 모인 모양. 秋城(추성): 전라남도 담양(潭陽)을 말함. 聯詩(연시): 여기서는 대구(對句)를 나누어 써서 좌우의 기둥에 상대하여 걸어놓은 한시의 연구(聯句)를 말함. 次第(차제): 차례. 순서.

111. 和吟(화답해 읊다)

人人各有性中天하니	사람마다 각기 성품 속에 하늘을 가지고 있어
雖智雖愚未百年이라	비록 지혜롭고 비록 어리석더라도 백년도 못 가네.
憐爾靑春沾雨露요	너의 청춘 비와 이슬에 젖은 것을 가련히 여기고
愧吾白髮老風煙이라	나의 백발 바람과 연기 속에 늙어버린 것이 부끄럽네.
竹知守節依窓下하여	대나무는 절개를 지킬 줄 알아 창 아래에 의지해 있고
柳欲生心立水邊이라	버드나무는 속잎이 나려 하며 물가에 섰네.
童稚用功猶似舊하니	어린아이 공부하는 것은 오히려 옛날과 같아
大明日月此齋傳이라	명나라의 해와 달이 이 집에 전해지네.

* 大明日月此齋傳(대명일월차재전): 공맹의 의리를 찾는 학문이 이 집에 전해지고 있다는 의미인 듯.

又

窮壑無風寂寂宵에	궁벽한 골짜기 바람 없는 적적한 밤에
翛然散步爲誰招오	시원히 산보하는데 누가 불러서일까.
人心敵手看碁局이요	사람 마음의 적수는 바둑판을 보면 알고
世態渡頭有彴橋라	세태는 건널목에 외나무다리가 있는 격이네.
勤者三冬魂幾鑠가	부지런한 자는 삼동에 혼이 얼마나 녹아날까
故人千里夢相遙라	친구는 천리나 떨어져 꿈속에서마저 서로 머네.
愉愉萬念無涯地한대	근심스런 수많은 상념이 한량이 없는데
細雨聲中坐達朝라	가랑비 소리 속에 아침까지 앉아 있네.

* 彴橋(작교): 외나무다리. 愉愉(유유): 근심함. 근심하는 모양.

又

昨日山城雨乍過하니	어제 산성에 비가 잠깐 지나가니
陽春和氣眼前多라	봄날의 부드러운 기운이 눈앞에 많네.
楚江莫作懷沙賦하라	초강에서 장사를 생각하는 부를 짓지 마라
燕市猶存擊筑歌라	연나라 저자에는 아직도 격축가가 있네.
知節新鴻隨北陸하고	계절의 흐름을 아는 기러기는 북쪽 길을 따라가고
思鄕獨鳥夢南柯라	고향을 그리워하는 외로운 새는 남쪽 가지를 꿈꾸네.
由來先業無餘地하니	전해오는 조상의 재산에 남은 땅이 없으니
十口生涯且奈何오	열 식구의 생애가 장차 어떻게 될 것인고.

* 懷沙賦(회사부): 가의가 장사에 귀양을 가 굴원(屈原)을 생각하며 '조굴원부(弔屈原賦)'를 지었음.

112. 八音詩(팔음시)

金玉其人學紫陽하니 금과 옥 같은 그 사람이 주자를 배우고
石門暮掩碧蘿長이라 저녁에 돌문을 닫으니 푸른 덩굴이 길게 뻗어 있네.
絲巾織葛同元亮이요 실로 짠 두건과 갈옷은 도연명과 같고
竹管如篪少季方이라 대피리는 지와 같은데 아우는 없네.
匏瓜精需猶美饌이요 박과 오이로 정성들인 것이 오히려 좋은 찬이며
土墳堀起似高岡이라 흙무덤이 들쭉날쭉해 높은 산과 같네.
革斯舊習從蠻俗하니 옛 풍속을 고치고 오랑캐의 풍속을 따르니
木火焦心我發狂이라 나무의 불이 마음을 태워 내가 미칠 것 같네.

* 八音詩(팔음시): 쇠(金:鐘)・돌(石:磬)・실(絲:絃)・대(竹:管)・박(匏:笙)・흙(土:壎)・가죽(革:鼓)・나무(木:柷敔)의 여덟 가지를 넣어 지은 시. 絲巾(사건): 실로 짠 두건. 篪(지): 피리. 가로 부는 관악기의 한 가지. 少季方(소계방): 계방이 모자라네. 훌륭한 아우는 없네. '季方'은 원방(元方)의 아우. 난형난제(難兄難弟) 참조.

113. 訪梧井洞醫師不遇(오정동 의사를 방문했으나 만나지 못함)

曳杖涉溪越脊峨러니	지팡이를 이끌고 내를 건너고 험한 산을 넘어왔는데
醫家無主數童哦라	약방에 주인은 없고 몇몇 아이들만 울고 있네.
訪羊只在山雲疊이요	양을 찾으니 다만 첩첩한 구름 속에 있고
題鳳須看砌竹多라	주인은 못 만나고 섬돌에 대나무만 많은 것을 보았네.
借得隣廚亭午飯하고	이웃 부엌에서 점심밥을 얻어먹고
伴過樵路夕陽歌라	나무꾼의 길에 동반해 가며 석양에 노래부르네.
人間求藥非方外하여	인간 세상에서 약을 구하매 방외가 아니니
梧井華如玉井何오	오정의 정화수와 옥정이 어떻게 하겠는가.

* 亭午(정오): 낮 12시. 정오(正午). 題鳳(제봉): 봉이라고 쓰다. 어떤 사람을 방문했는데, 마침 그 사람이 없는 경우 쓰는 글자이다. 혜강(嵇康)과 여안(呂安)은 친해서 매번 생각이 나면 천리 길도 수레를 몰고 갔다. 여안이 뒤에 찾아왔는데, 혜강이 없었다. 그래서 혜강의 형인 혜희(嵇喜)가 문을 나와 그를 맞이하였다. 여안은 들어가지 않고 다만 문 위에다 '鳳'자만 써 놓고 가 버렸다. 혜희는 그 뜻을 알지 못하고 오히려 기쁘게 생각했다. 여안이 고의로 '鳳'이라고 쓴 것은 평범한 새(凡鳥)라는 뜻이었다. (『世說新語』 參照) 人間求藥非方外(인간구약비방외): 인간 세상에서 약을 구하매 방외가 아니다. 인간 세상에서 약을 구하는데 정해진 방법대로 한다는 의미. 方外(방외): 구역이나 범위의 밖. 세속 예법의 밖. 중이나 도사 같은 세속을 떠난 사람. 玉井(옥정): 아름다운 우물.

114. 與李石泉文卿和吟(석천 이문경과 화답해 읊다) 六首(6수)

俄者靑春今白頭하니	조금 전의 청춘이 이제 흰머리가 되었으니
六旬虛送茂松州라	육십 년을 무송 고을에서 헛되이 보냈네.
鵑歇數聲山寂寞이요	두견새가 소리 몇 번 그치니 산은 적막하고
鶴遊一隻洞深幽라	학 한 마리가 노니 마을이 고요하네.
香風留客同花夕이요	향기로운 바람이 객을 붙잡으니 저녁을 꽃과 함께 하고
喜雨活人待麥秋라	반가운 비가 사람을 살리니 보리 가을이 기다려지네.
嗟乎窮獨胡如此오	슬프다 궁핍하고 홀로 된 것이 어찌 이와 같은고
哿矣富人金玉樓라	부자들은 아름다운 누각에 있는 것이 좋을 것이네.

又

檀君初創海之東하니	단군이 처음으로 발해의 동쪽에 나라를 여니
今幾千年王事空이라	이제 몇 천년이 되었는데 나라가 망했네.
三韓日月無光裏요	삼한은 해와 달이 빛이 없는 속에 있고
萬國風塵變態中이라	여러 나라의 전쟁은 변태 속에 있네.
人遭昏夜家家黑이요	사람들은 어둔 밤을 만나 집집마다 캄캄하고
花識芳春處處紅이라	꽃은 한창인 봄을 알아 곳곳마다 붉네.
寸丹激至難言地하니	붉은 단심은 격렬해 말하기 어려운 처지에 이르러
將計取功與子同하리라	장차 공을 취하기를 그대와 함께 하리.

* 芳春(방춘): 꽃이 한창인 봄.

又

野鶴南來闢洞天하니	야생 학이 남쪽으로 내려와 마을이 하늘에 열렸으니
吾家世業幾何年고	우리 가문 대대로 이어온 역사가 몇 년이나 되었는고.
窮且求生元理外요	궁해도 원리 밖에서 살길을 구하며
老而無事浪吟邊이라	늙어 일이 없어 부질없이 읊고 있네.
青春寓意栽私圃하고	젊어 뜻을 두어 사사로운 포전에 심고
白髮生顔進酒筵이라	흰머리 얼굴에 나면서부터 술자리에 나아갔네.
斯文都喪洪流日에	유교가 홍수 흐르는 날에 다 없어져
大義東方孰有傳고	대의를 동방에 누가 전할까.

* 老而無事浪吟邊(노이무사낭음변): 늙어 읊조리는 곳에는 일이 없네. '邊'은 '어떤 장소', '어떤 곳' 정도로 보는 것이 좋을 듯.

又

南陽大略早窮耕하니	남양에서 큰 계략을 가지고 일찍이 몸소 밭을 갈며
遇主以前隱姓名이라	주인을 만나기 전까지는 성명을 감추고 있었네.
天理循環星北斗요	하늘의 이치가 순환해 북두성이 걸쳐 있고
生涯淡泊茂東城이라	내 생애는 담박하게 무장 동쪽 성에 살고 있네.
馬逢樂顧方高價요	말은 백락의 돌아봄을 만나면 바야흐로 값이 오르고
琴遇鍾知便好聲이라	거문고는 종자기의 알아줌을 만나면 소리가 좋아지네.
斯民魚肉孰能濟오	이 백성이 어육이 되었는데 누가 구하리오
佇見黃河千一淸이라	황하가 천년에 한번 맑아짐을 가만히 기다려 보리.

又

水自洋洋山自峨하니　물은 스스로 도도히 흐르고 산은 스스로 높아
牙琴去後但淸哦라　백아의 거문고 떠난 후 다만 맑게 읊어보네.
攘夷天下經綸少요　천하에 오랑캐를 물리칠 경륜이 적고
憂國心中慷慨多라　나라를 근심하는 마음속엔 의분이 많네.
壯士盍成書與劒이리오　장사는 어찌 글과 검을 이루지 아니하리오
俠人相遇筑而歌라　협객들은 서로 만나면 축을 연주하고 노래도 부르네.
桑楡身世殘工蔑하니　만년의 신세는 남은 공부도 없어져 버리고
每到吟窓意澁何오　매번 시 읊는 창가에 이르면 뜻 거칠어짐을 어이하리.

又

竹裏小堂松下欄에　대밭 작은 집 소나무 아래 난간에서
却從籬角烟霞看이라　문득 울타리 끝의 경치를 바라보네.
花香觸鼻三春度요　꽃향기 코끝을 간질이더니 삼춘은 지났고
水氣當胸五月寒이라　물 기운 가슴에 와 닿으니 오월이 차갑네.
天降烝民同耳目이요　하늘이 여러 백성을 내렸는데 이목을 같이 했고
世交列國各衣冠이라　세상에는 여러 나라가 사귀는데 문물이 다르네.
如今世俗苛秦政하니　지금 같은 세상 풍속은 진나라 정치보다 가혹하니
依舊吾人行路難이라　여전히 우리들은 살아갈 길이 어렵게 되었네.

* 烟霞(연하): 연기와 놀. 산수의 경치를 이름.

又

剛翁新屋勝名亭하니　강옹의 새집이 유명한 정자보다 훌륭해

松栢陰陰洞鶴靑라	소나무 잣나무 우거져 청학동과 같네.
汗漫風塵無用老요	길고 긴 풍진 속에 쓸데없이 늙어 버렸고
支離春夢喚愁醒라	지리한 봄꿈은 수심을 불러 깨우네.
蹴花燕影來飛箭이요	꽃을 차는 제비의 그림자는 날아오는 화살 같고
粘草螢光落細星이라	풀에 엉긴 반딧불은 가는 별이 떨어진 것 같네.
幸得今年知己友하니	다행히 금년에는 나를 알아주는 벗을 얻어
衿懷每寫月明汀이라	회포를 매양 달 밝은 물가에서 쏟네.

* 陰陰(음음): 나무가 우거져 어둠침침한 모양. 汗漫(한만): 아득히 넓은 모양. 방랑(放浪)하여 다잡음이 없음. 들떠 있어 절실함이 없음.

115. 己亥除夕追步勉菴先生韻(기해년 섣달 그믐에 면암 선생의 시를 뒤늦게 따라 짓다)

先世創基四百年에	선대에 가문을 시작한 지 사백 년에
少而不學老耕田이라	젊어 배우지 않아 늙어 농사를 짓네.
身空事業無餘地요	몸에는 사업이 비어 남은 땅이 없고
骨到飢寒豈怨天가	뼈에까지 사무친 기한 어찌 하늘을 원망하리.
欲聞善道求三益이요	선한 도를 듣고자 삼익의 친구를 구하고
未報劬恩愧二連이라	어버이 은혜를 갚지 못해 이련에 부끄럽네.
長夜人生皆魍魎인댄	긴 밤 인생이 모두 도깨비들인데
何時日出大東邊고	어느 때에나 해가 우리나라에 뜰 것인가.

* 己亥(기해): 여기서는 1899년을 말함. 劬恩(구은): 자기를 낳아 기른 어버이의 은덕. 구로지은(劬勞之恩). 二連(이련): 소련(小連)과 대련(大連).

116. 又步蘆沙先生韻(또 노사 선생의 시를 따라 짓다)

身勢飄颻雨復風하니　신세가 나부끼어 비오고 또 바람이 부니
皇天不恤獨而窮이라　하늘이 도와주지 않아 홀로 되고 또 궁해졌네.
穉孫放意詩文業이요　어린 손자는 시문에 뜻을 방탕히 하고
嫠婦勞心紡績功이라　홀로 된 며늘아기는 길쌈에 노심하고 있네.
遐土衣冠隨俗變이요　먼 나라의 문물은 시속을 따라 변하고
先天日月至今同이라　태초의 해와 달은 지금에 이르도록 변함이 없네.
榮辱元來皆由命이니　영욕은 원래 천명으로 말미암은 것인데
胡然此夜萬愁中고　어찌 이 밤 만 가지 수심 속에 있는고.

* 飄颻(표요): 바람에 펄럭이는 모양.

117. 與忍齋和吟(인재와 더불어 화답해 읊다)

故人儀表盡鮮明하니	친구들의 모습이 모두 선명한데
積歲聯衿百感生이라	여러 해 동안 마주 앉으니 온갖 감회가 이네.
勤讀力農眞事業이요	부지런한 독서와 애쓰는 농사가 참 사업이지
附讐竊祿豈功名가	원수에 붙어 녹을 도둑질하는 것이 어찌 공명이리오.
谷風吹竹影相亂이요	골짜기 바람이 대나무에 부니 그림자가 어지럽고
春雪拂梅魂復驚이라	봄눈이 매화를 흔드니 꽃이 다시 피네.
萬國腥塵兼異敎하니	만국에 비린내 먼지가 일고 또 이단이 퍼져
惟賢惟智道難行이라	현인과 지혜로운 사람이라도 도를 행하기 어렵네.

* 魂復驚(혼부경): 혼이 다시 놀라네. 여기서는 '매화에 꽃이 핀다'는 의미. 腥塵(성진): '전쟁'을 비유.

又

修竹猗猗獨也靑하니	긴 대나무가 무성하고 홀로 푸르러
四時春色補虛庭이라	사시절 봄빛이 빈 뜰을 채워주고 있네.
師勞誰有障東水리오	스승이 수고로우매 누가 동으로 가는 물을 막으리오
忠義惟看拱北星이라	충의는 오직 북두성을 향함을 볼 수 있네.
蕩子狐裘憎俗態요	방탕한 자식의 호백구는 세속의 태도가 밉고
故人鶴髮降仙靈이라	친구의 흰머리는 신선이 내려온 것 같네.
聊知有客山陰雪하니	애오라지 산음의 눈 속에 객이 있는 것을 알겠는데
安道門前夜不扃이라	대안도의 문 앞에는 밤에도 문을 닫지 않고 있네.

* 猗猗(의의): 아름답고 성한 모양. 많고 성한 모양. 安道(안도): 진(晋)나라 대규(戴逵)의 자. 성품이 고결하였다. 시문과 서화에 능하고 금(琴)을 잘 탔다. 여러 번 무제(武帝)의 부름을 받았으나 끝내 벼슬하지 않았다.

118. 和吟(화답해 읊다)

誰調靈藥採金灯고　누가 영약을 조제하기 위해 금등을 채취할까
癘疫今年醫不能이라　전염병이 돈 금년에는 의원도 고칠 수 없네.
風塵滿世妖氣漲이요　바람과 먼지가 세상에 가득해 요사스런 기운이 넘치고
日月失躔晦色增이라　해와 달이 궤도를 잃어 어두운 빛이 더해지네.
每聞惡報因詩瀉하고　매번 나쁜 소식을 들을 때마다 시를 쓰며
須欲忘憂喚酒澄이라　모름지기 근심을 잊고자 하면 맑은 술을 부르네.
人命都關糊口策하니　사람의 목숨이 모두 호구책과 관계가 되는데
胡爲米價最高騰고　어찌하여 쌀값이 최고로 올라가는고.

* 金灯(금등): 약명인 듯. 躔(전): 궤도. 자취.

又

松下千年隱鶴樓에　소나무 아래 천년 동안 학이 숨은 누각에서
伴仙來坐摠閒愁라　신선과 더불어 와 앉아 한가로이 수심하고 있네.
寡鰥孤獨傷心日이요　외롭고 의지할 데 없는 사람들이 상심하고
魍魎魑魅得意秋라　가지가지 온갖 도깨비들이 놀아나고 있네.
洛北青雲如夢裏요　한양에서 벼슬하려던 것은 꿈속의 일이 되고
江南白髮未歸洲라　강남의 늙은이는 고향으로 돌아가지도 못하네.
勤耕課讀惟吾事요　부지런히 농사짓고 글 읽는 것이 나의 일인데
何必營營物外求아　하필 바삐 서둘러 속세 밖에서 구할 것인가.

* 寡鰥孤獨(과환고독): 과부와 홀아비와 고아와 늙어서 자식 없는 사람. 맹자는 이

들을 천하의 궁민(窮民)이라 하였다. 營營(영영): 부지런히 일하는 모양. 物外(물외): 물질에 얽매이지 않는 세계. 속세를 벗어난 곳.

又

晏朝不見日竿三하니　늦은 아침 해가 세 길 장대 높이 뜨도록 보지 못했는데
霾雨陰陰瘴起南이라　황사로 침침해 몹쓸 기운이 남쪽에서 일어나네.
擧世人心皆戰慄이요　온 세상의 인심이 모두 무서워 벌벌 떨고
至今世態盡伽藍이라　오늘날의 세태는 모두 불교에 빠져 있네.
時寒萬樹難生蘖이요　시절이 추워 모든 나무에 싹트기 어렵고
春旱百川未作潭이라　봄이 가물어 모든 냇물이 못이 되지 못하네.
鼿卼此身無定所하니　고생스런 이 몸이 안정된 곳이 없는데
豈能無事黑甛甘이리오　어찌 일없이 낮잠을 달게 잘 수 있으리오.

* 瘴(장): 열병을 앓게 하는 산천의 나쁜 기운. 장기(瘴氣). 黑甛(흑첨): 낮잠. 鼿卼(얼올): 편하지 아니함. 불안함.

又

一門童子集來咸하니　한 문중의 아이들이 모여 모두 오는데
黓昧其裳淺綠衫이라　회색 하의와 옅은 녹색 상의를 입었네.
翠竹有聲風便瑟이요　푸른 대가 소리가 나니 바람이 문득 비파가 되고
靑山到影水中巖이라　푸른 산이 거꾸로 드리워 물속에 바위가 있네.
花園春色年年復이요　꽃동산의 푸른색은 해마다 반복되고
苦海人情事事鹹이라　괴로운 바다의 인정은 일마다 짜네.
漂泊此身長嘯立하니　떠도는 이 몸이 길게 휘파람 불며 서 있으니

送君南浦掛孤帆이라　그대를 보내는 남포에는 외로운 돛대만 걸려 있네.

* 黖昧(알매): 짙은 흑색. 심흑(深黑).

又

蘭社猗猗世不知하니　난들이 무성해도 세상에서 알지 못해
含薰千古入朱詩라　향기를 머금어 오래 전에 주자의 시에 들었네.
轉眸奇觀靑春到하고　기이한 경관을 바라보니 푸른 봄이 돌아왔고
倦步支離白日遲라　지리하게 천천히 걸으니 해가 더디 가네.
國亂難修良士筆이요　국가가 어지러워 어진 선비도 글을 쓰기 어렵고
家貧每欠故人巵라　집이 가난하니 친구가 와도 매번 술이 없네.
六旬如夢風塵際에　꿈과 같은 육십 평생 바람 먼지 속에 보낼 때
迷路何多二達岐오　희미한 길에 어찌 두 가지 갈래 길이 많은고.

又

岸柳牆花入望新하니　언덕의 버들과 담장의 꽃이 눈에 새롭게 들어오는데
東風三月景中人이라　봄바람 부는 삼월 경치 가운데 사람들이 있네.
慆慆塵慮長如夜요　근심스런 속세에 대한 생각이 오래 밤과 같고
喀喀咳聲久達晨이라　콜록콜록 기침하는 소리가 오래 새벽에 이르네.
流水古松尋鶴洞이요　흐르는 물 옛 소나무 있는 학이 사는 마을을 찾아가고
微風踈雨問鷗濱이라　산들바람 가랑비 속에 갈매기 노는 물가를 알아보네.
書生勤苦將成業이면　선비가 부지런히 애써 장차 학업을 이루면
後世皆稱輔弼隣이라　후세에 모두 보필의 동류라 말하리.

119. 和吟(화답해 읊다)

花成錦繡若成文이요	꽃이 비단처럼 아름다워 무늬를 이룬 것 같고
書屋幽幽少見聞이라	서당이 매우 깊숙해 보고 듣는 것이 적네.
燕子來時多細雨하고	제비가 올 때에 가랑비가 많이 내리고
鴈聲高處落孤雲이라	기러기 소리 높은 곳에 외로운 구름이 떨어지네.
竹園日永逢僧語하고	대나무 정원에 해는 길어 스님을 만나 이야기하며
藥圃春深命子耘이라	약초밭에 봄이 깊어 자식에게 김을 매도록 하네.
白髮於焉空事業하니	어언간 백발이 되었는데 하는 일이 없으니
光陰六十豈多云가	육십 년의 세월을 어찌 많다고 하리.

又

吾家世世素淸寒하니	우리 집은 대대로 본디 청렴하고 가난해
每念時危寢不安이라	매번 시절의 위태로움을 생각하매 잠이 편치 못하네.
酒酌兩人賓主好요	술을 따르는 두 사람 손님과 주인이 좋고
詩逢三子弟兄難이라	시는 세 사람을 만났는데 서로 난형난제로세.
鳥嫌春寂朝喧樹요	새는 봄이 고요할까봐 아침에 나무에서 지저귀고
魚得雨情暮上灘이라	고기는 비의 기세를 얻어 저물게 여울을 올라가네.
有五佳辰今日又하니	다섯 아름다운 때가 있는데 금일에 또 돌아오니
群鴉啄啄誰家餐고	여러 갈까마귀가 누구 집의 먹이를 쪼고 있는고.

120. 逢柳相淑安明五和吟(유상숙과 안명오를 만나 화답해 읊다)

客來昨日至今宵하니	손님이 어제 와서 오늘 밤까지 묵는데
風雨爲緣興不寥라	비바람 때문에 흥취가 적막하지 않네.
詩魂如夢生春草요	시혼은 꿈과 같이 봄풀이 돋아나고
酒國有春醉碧桃라	술 나라에 봄이 되어 푸른 복숭아에 취했네.
淸儀超俗顔如玉이요	맑은 모습은 세속을 초월해 얼굴이 옥과 같고
惡報驚人心佩刀라	나쁜 소식은 사람을 놀라게 해 마음에 칼을 차고 있네.
嗟乎世俗何多變고	슬프다 세상 풍속이 어찌 변고가 많은고
夷險前途未易料라	평탄하고 험한 앞길을 쉽게 헤아리지 못하겠네.

* 夷險(이험): 토지의 평탄함과 험함. 순경(順境)과 역경(逆境).

121. 和吟(화답해 읊다)

松邊脩竹竹邊家에　소나무 옆 긴 대나무밭 옆집에
滿地烟霞半日遮라　땅에 가득한 연하가 반나절 동안 가리고 있네.
散步雲衢頭戴月이요　구름 낀 거리를 산보하며 머리에 달을 이고
遙看春樹眼生花라　멀리 봄 나무를 바라보니 눈에 꽃이 생기네.
孤舟心事惟漂泊이요　외로운 배의 심사는 오직 떠돌기만 하고
實地工夫遠侈奢라　실지의 공부는 사치를 멀리 하네.
到此猶存蘭菊臭하니　여기에 이르니 오히려 국화와 난초의 향기가 있어
東風不欲向人誇라　동풍에 사람을 향해 자랑하려 하지 않네.

* 烟霞(연하): 연기와 놀. 眼生花(안생화): 눈에 꽃이 생긴다는 것은, '눈이 침침함'을 의미.

又

今春無事坐書黌하니　올 봄에 일없이 서당에 앉아 있는데
君唱佳詩心忽驚이라　그대가 아름다운 시를 부르니 마음이 문득 놀래지네.
春暮桃花紅雨滴이요　봄이 저물어 복사꽃은 붉은 비가 떨어진 것 같고
山深杜宇白雲鳴이라　산이 깊어 소쩍새는 흰 구름 속에서 우네.
人皆堯舜心應善이요　사람마다 요순이 될 수 있으니 마음이 응당 선하며
世遠程朱道不明이라　세계는 정주가 멀어지니 도가 밝지 못하네.
仙夢蘧然塵夢又하니　선계의 꿈을 깨고 세속의 꿈을 다시 꾸니
長天北斗向西傾라　긴 하늘에 북두칠성은 서쪽을 향해 기울고 있네.

* 書黌(서횡): 서당. 글방. 蘧然(거연): 놀라고 기뻐하는 모양. 형체가 있는 모양. 꿈을 깨는 모양.

又

吾何髮白子衿靑고　　나는 어찌 머리가 희어지고 그대의 옷깃은 푸른고
勿過妙齡勤讀經하라　　젊은 때를 헛되이 보내지 말고 부지런히 공부하라.
南北風塵相鬪勢요　　남과 북의 풍진은 서로 싸우려는 형세며
萬千紅紫各成形이라　　천만 가지 홍색과 자색이 각기 형체를 이루고 있네.
自發孝心烏反哺요　　스스로 효심을 발한 까마귀는 반포를 하고
願遵聖訓鯉趨庭이라　　성인의 가르침을 따르려는 공이는 뜰에서 빨리 가네.
身世飄飄浮苦海하니　　신세는 나부끼며 괴로운 바다에 떠 있으니
不知何日一帆停고　　어느 날에나 돛을 한번 멈출지 알지 못하겠네.

* 紅紫(홍자): 붉은 빛과 보라빛. 울긋불긋한 빛. 反哺(반포): 까마귀 새끼가 자란 뒤에 늙은 어미에게 먹을 것을 물어다 준다는 데서, '자식이 부모의 은혜를 갚음'을 비유하여 이르는 말. 鯉(이): 공자(孔子)의 아들 공이(孔鯉). 자(字)는 백어(伯魚). 소공(昭公)이 잉어를 선사하여 탄생을 축하하자 영광으로 여겨 지은 이름. 50세에 공자보다 먼저 죽었다. 趨庭(추정): 아들이 아버지의 가르침을 받듦. 과정(過庭). 공자(孔子)의 아들 이(鯉)가 종종걸음으로 뜰을 지나가다가, 공자로부터 '예(禮)와 시(詩)를 배워야 한다'는 말을 듣고 물러가 예와 시를 배웠다는 고사.

122. 丙子三月參新山三九會因和其韻(병자년 삼월 신산의 삼구회에 참석하여 그 시에 화답하다)

茂南山水儘高淸하니	무장 남쪽 산수가 참으로 높고 맑아
陟岵庭前和氣生이라	산에 오르니 뜰 앞에 부드러운 기운이 이네.
良友金蘭修禊事요	좋은 친구들이 금란처럼 계사를 닦고
主人玉樹繼家聲이라	주인의 훌륭한 자손들은 집안의 명성을 잇네.
幽情月印閑花塢요	그윽한 정은 달이 한가로운 꽃동산에 비추고
寒意風梳細草程이라	차가운 뜻은 바람이 가는 풀의 길목을 빗질하네.
何幸此身如附驥하여	무슨 행운으로 이 몸이 천리마에 붙은 것같이
華筵詩酒共題名이라	화려한 잔치에 시와 술로 이름을 함께 쓰게 되었네.

* 丙子(병자): 여기서는 1936년을 말함. 陟岵(척호): 시경(詩經) 위풍(魏風)의 편명(篇名). 효자가 타향에 있어, 산에 올라가 고향의 어버이를 사모한 노래. '岵'는 초목이 많은 산. 거기에 올라간다는 뜻. 金蘭(금란): 합심하면 그 날카로움이 금과 같고 그 향기로움이 난초와 같다는 뜻으로, '붕우간의 두터운 정의'를 이르는 말. 禊事(계사): 죄나 부정을 씻기 위하여 목욕 재계하는 일. 玉樹(옥수): 훌륭한 자손.
* 이 시는 병자년 봄 신산에서 있었던 삼구회 모임에서 쓴 시임.

123. 次康蘭波晬筵韻(강난파의 수연시를 따라 짓다)

如仙鶴髮醉長春하니	신선 같은 흰머리가 긴 봄에 취해
晬宴紅醪喚四隣이라	수연에 붉은 술로 사방 이웃을 불렀네.
桃熟西池添壽老요	복숭아가 서쪽 연못에서 익으니 수를 더해 늙고
星回南極降精身이라	별이 남극에 돌아오매 정기가 몸에 내렸네.
舞班當日趨諸子요	색동옷 입고 춤추는 그날 모든 자식들이 달려오고
詠蓼平生慕二人이라	평생 육아시를 읊으며 부모님을 사모했네.
更與詩朋占上巳하여	다시 시 짓는 벗과 더불어 상사일을 잡아
良辰此會賀重新이라	좋는 이 모임에서 하례를 거듭 새롭게 하네.

* 晬宴(수연): 생일 잔치. 또는 환갑 잔치. 蓼(육): 부역(賦役)으로 멀리 나가 있어 어버이를 봉양하지 못하고, 사후에 돌아와 그 슬픔을 읊은 시경 육아편(蓼莪篇)의 시. 二人(이인): 부모. 부부. 上巳(상사): 음력 3월의 첫 사일(巳日). 이날 흐르는 물가에 가서 재앙을 떠는 풍속이 있었다. 뒤에 3월 3일로 바뀌었다.

124. 次蘭波陟岵亭韻(난파의 척호정 시를 따라 짓다)

百行之原聖訓深하니	백행의 근원이라고 하는 성인의 가르침이 깊어
孝惟罕古況于今가	효도는 오직 옛날에도 드물었는데 하물며 지금이랴.
藥山月出先天色이요	약산에 달이 뜨니 태초의 색과 같고
茁洞水流太古心이라	줄동에 물이 흐르니 태고의 마음과 같네.
一代聲名連玉樹요	한 세대의 명성은 아들까지 이어지고
三間棟宇出雲林이라	세 칸의 집은 운림 속에 솟았네.
鄕隣矜式於斯在하니	고을 이웃이 존경하여 본받을 사람이 여기에 있으니
知與不知日共尋이라	아는 사람 모르는 사람이 날마다 함께 찾아오네.

* 玉樹(옥수): 훌륭한 자손. 雲林(운림): 구름이 끼어 있는 숲. 矜式(긍식): 존경하여 모범으로 삼음.

125. 和吟(화답해 읊다)

鶴南故宅日相尋하니	학남 선생의 옛 집을 날마다 찾으니
松水涓涓芳草潯이라	소나무 아래 물은 방초가에서 졸졸 흐르네.
此世生涯多苦海요	이 세상 생애는 괴로운 바다가 많은데
何年保養秀穹林가	어느 해에 무성하고 큰 숲을 보호해 길렀는고.
詩心如鑿開山斧하고	시심은 산을 뚫는 개산부 같은데
人慾難醫刺病針이라	사람 욕심은 병에 찌르는 침으로도 낫기 어렵다네.
偶得此身閒半日하여	우연히 이 몸이 한가로운 반나절을 얻어
與君對酒故遲斟이라	그대와 더불어 술을 대하여 짐짓 천천히 따르네.

* 開山斧(개산부): 산림을 개척할 때 사용하는 초승달 모양의 큰 도끼.

又

武靈以北茂松南에	무령 이북 무송 남쪽에
惟有故人心共諳이라	오직 친구가 있어 마음을 함께 알았네.
杜鵑寃痛啼紅樹하고	소쩍새는 원통해서 붉은 나무에서 울고
佳木層生滴翠嵐이라	고운 나무는 층층이 낳는데 푸른 안개가 떨어지네.
老去生涯空帛肉하고	늙어 가는 생애는 비단과 고기가 없고
貧來活計在農蠶이라	가난해 생활의 방편은 농사와 잠업에 달려 있네.
文章貨殖非能事어늘	문장과 재물을 늘리는 것은 능한 일이 아니거늘
可笑今人但利耽이라	가소롭다 지금 사람은 다만 이익만을 탐하네.

* 翠嵐(취람): 푸른 산기(山氣). 푸르스름한 이내. 수목이 푸른 모양.

又

同學少年尊視瞻하니	동학의 소년들이 보는 것을 존중히 하여
戰兢此世守頭尖이라	두려운 이 세상에서 상투를 지키고 있네.
每嫌俗客朝關戶요	매양 세속적인 손님을 싫어해 아침에 문을 닫고
自愛名山午捲簾이라	스스로 명산을 사랑해 낮에는 주렴을 걷네.
烟生茶竈避靑鶴이요	차 끓이는 부뚜막에 연기 나니 푸른 학이 피해 가고
水注硯田傾玉蟾이라	물을 연적에 부으려고 옥두꺼비를 기울이네.
殘民活計從何得고	가난한 백성의 생활 방도를 어디로부터 얻을까
歉歲窮春月又添이라	흉년이 든 궁핍한 봄에 한 달이 또 더해졌네.

* 歉歲(겸세): 흉년(凶年). 月又添(월우첨): 한 달이 또 더해졌다는 것은, '윤달이 들었다'는 의미.

又

暮年得友共書函하니	만년에 친구를 얻어 서고를 함께 쓰니
童七冠三盡敬諴이라	아이 일곱 어른 셋이 공경과 정성을 다하네.
鷺夢平湖香社若이요	해오라기가 잔잔한 호수를 꿈꾸니 향산사와 같고
鶴巢舊址碧松杉이라	학은 옛 터인 푸른 소나무 삼나무에 둥지를 틀었네.
逍遙陋巷詩心拙이요	누추한 마을에서 소요하니 시심이 졸렬하고
生長海隅世味鹹이라	바닷가에서 성장해 세상맛이 짜네.
須識啞聾爲上策하라	모름지기 귀먹고 벙어리 된 것이 상책임을 알라
不如謹愼口常緘이라	근신하며 입을 항상 다문 것만한 것이 없다네.

* 書函(서함): 책을 넣는 상자. 편지. 諴(함): 정성. 香社(향사): 향산사(香山社). 백

락천(白樂天) 등 9인이 만든 단체. 鹹(함): 짜다.

又

人生窮達在持躬하니　인생의 궁함과 영달은 몸가짐에 달려 있으니
目欲其明耳欲聰이라　눈은 밝고자 하고 귀는 잘 듣고자 하네.
色透溪邊生臥柳요　색은 시냇가에 살아 누워 있는 버들에 통했고
聲來雲末落歸鴻이라　소리는 구름 끝에서 와서 돌아가는 기러기에 떨어지네.
當時患亂心難定이요　지금의 어지러움에 마음을 정하기 어렵고
窮處工夫道可通이라　궁한 곳에서 공부를 해도 도를 통할 수 있네.
勸勉諸生須克復하여　모든 생도에게 권면하니 반드시 극기복례하고
容儀愼勿急充充하라　태도를 신중히 해 자만을 서두르지 말라.

* 色透溪邊生臥柳(색투계변생와류): 색은 시냇가에 살아 누워 있는 버들에 통했다는 것은 '봄이 시냇가에 누워 있는 버들에까지 왔다'는 의미인 듯. 克復(극복): 극기복례(克己復禮: 사사로운 욕심을 누르고 예의 범절을 좇음)의 준말. 적과 싸워 이겨 국토를 되찾음. 充充(충충): 근심이 있는 모양. 근심에 싸여 어찌할 바를 몰라 하는 모양.

又

東方聖遠道衰微하니　동방에 성인이 멀어 도가 쇠미해지니
孰啓後生善指揮요　누가 후생을 계몽해 잘 지휘하리오.
栗里猶存看晋菊이요　율리가 아직도 현존해 진나라 국화를 볼 수 있고
首陽無復採殷薇라　수양산에는 다시 은나라 고사리를 꺾는 이가 없네.
雨中燕語來風際요　빗속에 제비 소식은 바람 불 때에 오고

雲裏樵歌下夕暉라　　구름 속에 목동의 노래는 석양에 내려오네.
病屐遲遲悄悵立하니　　병든 몸이 나막신 신고 천천히 가다 쓸쓸히 서 있으니
野花岸柳鬪芳菲라　　들의 꽃과 언덕의 버들이 아름다움을 다투고 있네.

* 栗里(율리): 도연명이 살던 마을. 芳菲(방비): 향기로운 꽃, 또는 그 풀. 풀이 새파랗게 나고 꽃이 곱게 피어 향기로움.

又

嘉言善行是眞儒니　　아름다운 말과 착한 행실이 참된 선비인데
可歎今人學識無라　　통탄스럽게도 지금 사람은 학식이 없네.
涉世恍如逢虎猿이요　　세상을 살아가는 것은 혼란함이 맹수를 만난 것 같고
慕賢誰復敬蜘蛛오　　현인을 사모해 누가 다시 거미를 공경하리오.
貧惟看麥如過嶺이요　　가난해 오직 보리를 보니 고개를 넘은 것 같은데
富亦貪財會式株라　　부하여도 또한 재물을 탐해 주식을 모으고들 있네.
晩歲生涯靡定處요　　만년의 생애가 일정하게 정한 곳이 없어
悠悠萬念曰嗚呼라　　아득히 여러 잡념에 탄식을 하고 있네.

* 敬蜘蛛(경지주): 거미를 공경하다. 주자(朱子)의 '朱'와 음이 같은 蛛(주: 거미)만 보아도 주자를 생각한다(見蛛思朱)는 것에서 온 말.

126. 和唫(화답해 읊다)

此世揚名返不佳하니	이 세상에 이름을 떨친 것이 도리어 좋지 못하니
隱居莫近四通街하라	숨어살며 번잡한 곳을 가까이 하지 말라.
牧丹花發前春色이요	모란이 꽃을 피웠는데 지난봄과 같은 색을 띠고
杜宇聲多故國懷라	두견새 소리에는 고국에 대한 회포가 많네.
月輒照林驚宿鳥하고	달빛이 문득 숲에 비쳐 자는 새를 놀라게 하고
雨常添水亂鳴蛙라	비는 항상 물을 더해 어지럽게 개구리를 울게 하네.
三旬所樂知誰賜오	삼십 일 동안의 즐거운 것이 누가 준 것인지 알겠는가
白首靑衿共笑諧라	늙은이와 젊은이가 함께 웃고 즐기네.

127. 春雨(봄비)

萬物生生春又回하니	만물이 생성하고 생성해 봄이 다시 돌아오니
循環歲事此中催라	순환하는 연중의 일이 이 속에서 재촉하네.
江山膏澤先沾露요	강산의 기름진 윤택함이 먼저 이슬을 적셔주고
天地精神乃發雷라	천지의 정신이 마침내 뇌성을 발하네.
爲惜落花終夜歎이요	떨어진 꽃이 애석해 밤새도록 탄식하고
始營播穀適時裁라	비로소 곡식을 뿌려 때에 맞춰 심네.
如油沛下三旬足하니	기름과 같이 쏟아져 한 달 동안 족하게 내리니
路上行人曰苦哉라	길가 행인들이 괴롭다고 하네.

* 歲事(세사): 연중 행사. 농사. 세월.

128. 閏春登芻山和吟(윤춘에 추산에 올라 화답해 읊다)

春服不勝三月寒하니	봄옷을 입고도 삼월의 추위를 이기지 못하는데
看花聞鳥興猶闌이라	꽃을 보고 새 소리를 들으니 흥취가 오히려 무르녹네.
坐傍高處千層石이요	높은 곳에 앉아 있으니 천 층의 돌이 쌓였고
行盡渡頭七里灘이라	나루터를 다 가니 칠십 리의 여울이네.
滄海西通今日眼이요	푸른 바다는 서쪽으로 눈앞에 펼쳐 있고
京華北望舊時冠이라	서울은 북으로 바라보니 옛 모습 그대로네.
願將此地三盃酒하여	원컨대 이 땅에 석 잔의 술을 가지고
一洗風塵國泰安이라	한번 풍진을 씻어 버리고 나라가 편안했으면.

* 渡頭(도두): 나루터. 風塵(풍진): 바람과 티끌. 세상의 소란. 전란.

129. 落花(낙화)

李白桃紅鬪盛繁하니	오얏꽃과 복숭아꽃이 성하고 번성함을 다투니
片時妖艶盡東園이라	한때의 요염함이 동쪽 정원에 다했네.
蜂隨墜朶中間抱요	벌들은 떨어진 꽃송이를 따라서 중간에서 안고
鳥入空枝上下喧이라	새들은 빈 가지에 들어가 오르내리며 우네.
風雨夜來多少地요	비바람이 밤에 땅에 약간 몰아쳐
江山春去寂寥村이라	강산에 봄은 지나 마을은 적막하기만 하네.
幽人爲惜林間宿하니	은자가 봄을 아껴 숲 속에서 잠을 자며
詩酒多年幾討論고	시와 술로 다년간 얼마나 토론했던고.

* 片時(편시): 짧은 시간. 잠시. 幽人(유인): 세상을 피하여 숨어사는 사람. 은자(隱者).

130. 逢鄭友善基和吟(친구 정선기를 만나 화답해 읊다)

生面客來似舊交하니　생면부지의 손이 왔는데 옛 친구 같아
山齋一話世情抛라　산속 집에서 한번 이야기하며 세상의 정을 버렸네.
君惟今日尋安道요　그대는 오직 금일 안도를 찾아왔고
我柰明朝送孟郊아　나는 내일 아침 맹교를 보내는 것을 어이하리.
千里往還鶯出谷이요　천리에 가고 오니 꾀꼬리가 골짜기에서 나온 것 같고
一笻忽遽燕歸巢라　한 지팡이 바쁜 걸 보니 제비가 집에 돌아온 것 같네.
嚴顔若問平安字면　어르신께서 만약 평안의 문자를 물어보면
莫說貧家欠酒肴하라　가난한 집에 술과 안주가 없다고 말하지 마오.

* 嚴顔(엄안): 엄숙하거나 준엄한 낯빛. 여기서는 친구의 아버지를 지칭하는 것으로 보는 것이 좋을 듯함.

131. 和吟(화답해 읊다)

東方聖遠道尤微하니　동방에 성인이 멀어 도가 더욱 미약하니
有口奚論人是非아　입이 있다고 사람이 어찌 시비를 논하랴.
月下詩熟君自瘦요　달 아래 시가 이루어지니 그대는 수척해지고
酒中春意我猶肥라　술 가운데 봄의 뜻이 있어 내가 오히려 살이 쪘네.
苔痕雨後先濡蠟하고　이끼의 흔적은 비 온 후에 먼저 나막신을 적시고
花落風前便拂衣라　꽃이 바람에 떨어지며 문득 옷에 나부끼며 지나가네.
萬思悠悠中夜起하니　만 가지 생각이 아득히 밤중에 일어나니
忍聞杜宇不如歸아　차마 소쩍새의 울음소리를 들을 수가 있겠는가.

* 蠟(납): 여기서는 '초를 칠해 윤이 나게 한 나막신'을 말함.

132. 次草山修契韻(초산 수계시를 따라 짓다)

春晚草山掩翠微하니　　봄이 늦어가니 초산에 푸른 산이 덮어지고
適時雅會世情非라　　때에 맞은 좋은 모임은 세상의 정은 아니네.
無心花鳥詩中瘦요　　무심한 꽃과 새는 시 속에서 수척해지고
滿目桑麻雨後肥라　　눈에 가득한 뽕과 삼은 비 온 후에 살쪘네.
岩刻湯盤遺士蹟이요　　바위에 새겨진 탕의 반명에는 선비의 자취가 남아 있고
堂尊釋佛供娑衣라　　당에 부처를 모셔 놓고 가사를 바치고 있네.
浮生偶得仙區味하니　　하루살이 인생이 우연히 선계의 맛을 얻으니
收拾烟霧竟忘歸라　　연하를 수습하면서 마침내 돌아가기를 잊어 버렸네.

133. 和吟(화답해 읊다)

與君忘世酒中留하니	그대와 더불어 세상을 잊고 술 가운데 머물러 있으니
醉則願醒醒則憂라	술이 취하면 깨기를 원하고 깨면 근심을 하게 되네.
花謝陰繁方至夏요	꽃이 떨어지고 그늘이 짙어지면 바야흐로 여름이 되고
雨餘風急便生秋라	비 온 뒤 바람이 급히 부니 문득 가을 기운이 생기네.
衰毛對鏡憐癯鶴이요	센머리에 거울을 대하니 여윈 학이 가련하고
短律聯篇愧拙鳩라	짧은 시를 연속하니 서툰 비둘기가 부끄럽네.
自發微忱依北斗하니	스스로 작은 정성을 발하여 북두에 의지하니
京華千里路悠悠라	번화한 서울 천리 길이 멀고도 머네.

* 癯(구): 여위다. 파리하다. 拙鳩(졸구): 비둘기를 이름. 비둘기는 집을 짓는 것이 몹시 서투른 데서 온 말. 京華(경화): 번화한 서울. 서울의 화려함.

又

有朋來遠日相尋하니	벗이 있어 멀리서 와서 날로 서로 찾으니
別地烟霞隱士林이라	별당 연하 속에 사림들이 숨었네.
花夕多風知晩節이요	꽃피는 저녁에 바람이 많으니 철이 늦은 것을 알겠고
麥春欲雨是甘霖이라	보리 자라는 봄에 비가 오려 하더니 단비가 오네.
過貪不識金浮氣하고	지나친 탐욕에 금의 뜬 기운을 알지 못하고
自孼難治石刺箴이라	스스로 지은 재앙은 돌침으로도 치료하기 어렵네.
空作人間無事客하여	공연히 인간 세상의 일없는 객이 되어
鬢邊白髮意沈沈이라	귀밑가 백발에 뜻은 침착하기만 하네.

* 過貪不識金浮氣(과탐불식금부기): 땅에 묻힌 금의 기운이 위로 떠 있는 것을 지나친 탐욕에 사로잡힌 사람은 보지 못한다는 의미인 듯. 沈沈(침침): 그윽하고 고요한 모양. 초목이 무성한 모양. 침착하고 말이 없는 모양. 箴(침): 침(鍼).

134. 聞辛晩松克吉逢變吟(만송 신극길이 변을 당했다는 소식을 듣고 읊다)

君亦堂堂義氣男으로	그대 또한 당당한 의기의 남아로
一生未遇老書菴이라	일생 동안 시대를 만나지 못해 서재에서 늙어 버렸네.
談經昨日心相合이러니	글을 이야기하던 어제는 마음이 서로 맞았는데
聞變當時味不甘이라	변고를 들은 당시에는 맛이 달지를 않았네.
唫賦歸來陶臥北이요	부를 읊고 돌아와서 도연명은 북창에 누웠고
管雲早晩陳圖南이라	진도남은 아침저녁으로 구름을 관리하고 있네.
千秋高節猶如此하니	천추에 높은 절개가 오히려 이와 같은데
徒死何爲憤莫含이라	그냥 죽으니 어이하리 분을 머금을 수가 없네.

* 陳圖南(진도남): 송나라의 저명한 도사인 진단(陳摶). '圖南'은 그의 자(字). 호는 부요자(扶搖子)・청허처사(淸虛處士)・목암도인(木巖道人)・희이선생(希夷先生). 무당산(武當山)의 구실암(九室巖)에 은거하며 신선술을 연구하였다. 후에 화산(華山)으로 옮겨 살면서 은사(隱士)인 이기(李琪)・여동헌(呂洞憲)과 교유하였다. 유・불・도 삼교의 종지(宗旨)를 조화시키고자 노력하였다.

135. 和吟(화답해 읊다)

五畝桑麻隱我家하니	오 묘의 뽕과 삼 밭에 우리 집이 숨겨 있어
繁華物色眼前加라	번화한 경치가 눈앞에 더해지네.
落花寂寂春風暮요	낙화는 쓸쓸한데 봄바람은 저물어 가고
芳草萋萋夜雨多라	방초는 무성한데 밤비가 많이 내리네.
山客伶仃來牧笛하고	산 속의 객이 홀로 걷는데 목동의 피리 소리 들리고
江鷗出沒逐漁蓑라	강의 갈매기는 출몰하며 어부의 도롱이를 따르네.
四時佳景至今在요	사시의 아름다움은 지금에 와서 있는 것이 아니니
弟待秋天見落霞하리라	다만 가을 하늘을 기다려 저녁놀을 보리.

* 伶仃(영정): 홀로 걷는 모양. 고독한 모양. 실의한 모양. 落霞(낙하): 저녁놀.

136. 餞春(봄을 보내다)

今年添閏似春長하니	금년에는 윤달이 더해 봄이 긴 것 같고
天意人心何相忙고	하늘의 뜻과 사람의 마음은 어찌 서로 바쁜고.
楊柳陰陰沾雨露요	버드나무는 우거져 비와 이슬이 젖었고
桃花片片盡文章이라	복사꽃은 잎마다 모두 무늬를 이루네.
惜紅此夜須持燭이요	꽃을 아끼는 오늘 밤에는 모름지기 촛불을 잡고
拾翠明朝更擧觴이라	푸른 잎 줍는 내일 아침에는 다시 술잔을 들 것이네.
有事故鄕君且去하고	고향에 일이 있어 그대는 또 가고
餞懷別恨兩難忘이라	보내는 마음 이별의 슬픔 모두 잊기 어렵네.

* 陰陰(음음): 나무가 우거져 어둠침침한 모양.

137. 和吟(화답해 읊다)

門前鶴立碧松柯하니	문 앞의 학은 푸른 솔가지에 섰고
流水浮雲依舊多라	흐르는 물과 뜬구름은 옛날과 같이 많네.
墻下殘花春已晩이요	담 아래 시든 꽃 봄은 이미 늦었고
鬢邊白雪老將何오	귀밑가의 하얀 눈 늙음을 장차 어이하리.
客鞭路馬摧楊柳하고	객은 길을 가는 말을 채찍질하기 위해 버들을 꺾고
兒逐江鷗採芰荷라	아이들은 강의 갈매기를 쫓기 위해 마름과 연을 캐네.
無事人間狂浪客이	일없는 세상의 미쳐 방랑하는 객이
日從書塾課吟哦라	날마다 서당에서 시 읊는 것을 일삼고 있네.

* 芰荷(기하): 마름과 연.

138. 和吟(화답해 읊다)

毫無事業髮先衰하니	터럭만큼의 하는 일도 없이 머리만 먼저 세어
不顧世人知不知라	세상 사람이 알고 모르는 것을 돌아보지 않네.
閣異當如洪水患이요	이단을 물리치기를 마땅히 홍수의 화와 같이 하고
爭雄誰有洞庭詩오	웅장함을 다투기는 누가 등악양루 같은 시가 있는고.
貧來只恨經綸少요	가난이 찾아오니 다만 경륜이 적음이 한스럽고
難極還愁歲月遲라	어려움이 심해 도리어 세월이 더디감을 근심하네.
芳草閒窓春已去하니	꽃다운 풀 우거진 한가로운 창에 봄은 이미 가버려
與君相對落花巵라	그대와 더불어 낙화의 술잔을 서로 대하네.

* 閣(각): 멈추다. 중지하다. 洞庭詩(동정시): 두보의 시 '등악양루(登岳陽樓)'를 말함인 듯.

139. 逢金可軒世炳(가헌 김세병을 만나다)

年過六十愧去生하니	나이가 육십이 지나매 지난 생애가 부끄러워
到此逢君仮一鳴이라	여기에 이르러 그대를 만나 한번 울어 보네.
狼藉盃盤交誼重이요	술자리가 거나해 사귄 정의가 무겁고
支離讀笑午陰輕이라	지리하게 담소를 하니 오후의 그늘이 가볍네.
杉松千歲猶全色이요	삼나무 소나무는 천 살을 먹고도 온전한 색을 지니고
風雨三宵不絶聲이라	비바람은 삼 일 밤을 불고도 소리가 그치지 않네.
嘉客能知山水樂하니	아름다운 나그네는 자연의 즐거움을 아니
聞之清爽使人驚이라	들어보니 맑고 상쾌해 사람을 놀라게 하네.

又

數旬霖雨長園林하니	수십 일 장마에 동산의 숲이 자라
脩竹青梧高十尋이라	곧은 대 푸른 오동이 높이가 열 길이나 되었네.
萬物生生分造化요	만물이 낳고 낳아 조화를 나누었고
一身鬱鬱作狂吟이라	한 몸이 답답해 미친 노래를 짓네.
曉窓月掛天然燭이요	새벽 창문에 달이 걸려 있으니 천연의 촛불이요
風檻梧鳴有意琴이라	바람 부는 난간에 오동나무가 우니 뜻있는 거문고라네.
明日應看諸友軸하리니	내일은 응당 모든 친구들의 시축을 볼 것이니
離群獨處我何心가	무리를 떠나 홀로 있을 때 내가 무슨 마음일까.

140. 逢金後山在貞和吟(후산 김재정을 만나 화답해 읊다)

樂彼世情好怪奇하니　저 세상의 인정이 괴이한 것을 좋아함을 즐기니
誰能守舊奈天時요　누가 옛 것을 지키려 해도 천시를 어이하리오.
野塘蛙亂應千谷이요　들 못에 개구리가 요란해 많은 골짜기가 울리고
庭樹鶯來借一枝라　정원 나무에 꾀꼬리가 와서 한 가지를 차지하네.
有事經難然後悔요　일이 있어 어려움을 경험한 후에 후회를 하고
正心格物可先知라　마음을 바로 하고 사물을 궁구하면 먼저 알 수 있네.
惟君休說忙歸路하라　오직 그대는 돌아갈 길이 바쁘다고 말하지 말라
主有酒兮我有詩라　주인은 술이 있고 나는 시가 있으니.

141. 梅花(매화)

種自大明移海東하니	종자가 명나라로부터 해동으로 옮겨오니
花時不與衆芳同이라	꽃을 필 때는 여러 다른 꽃과는 같지를 않네.
暗香初動昏衢月이요	그윽한 향기가 처음으로 달 뜬 어두운 거리에 움직이고
春意早生雪家風이라	봄의 뜻은 일찍이 바람 부는 겨울 집에서 일어나네.
含態腮如冰梨白이요	자태를 머금은 빰은 싸늘한 흰 배꽃 같고
成形骨奪玉桃紅이라	형태를 이룬 뼈는 옥같이 붉은 복숭아를 닮았네.
絶澗古查人未識하니	시내를 가로지른 옛 그루터기를 사람들이 알지 못해
萬事無心此世中이라	이 세상 모든 일에 마음이 없네.

* 查(사): 그루터기.

142. 菊花(국화)

春花落盡此秋花니	봄꽃이 다 떨어진 뒤 이 가을꽃이 또 피니
正色尤奇紅白加라	정색이 기특한데 붉은 색 흰색이 더해졌네.
釀酒香傳陶令宅이요	술을 빚은 향기는 도연명의 집에 전해지고
調餐味入屈平家라	밥을 지은 맛은 굴원의 집에 들어갔네.
氣凌半夜寒霜立하고	기운은 밤중에 찬 서리를 능멸하며 섰고
影帶重陽片月斜라	그림자는 중양절의 기운 조각달을 띠고 있네.
獨也好生君子院하니	홀로 군자의 뜰에 나기를 좋아해
東風不欲向人誇라	봄바람에 사람을 향해 자랑하고자 하지 않네.

143. 蘭草(난초)

春生幽谷夏而長하니　봄철에 깊은 골짜기에서 나서 여름에 성장하니
布德仁天調雨陽이라　덕을 편 어진 하늘이 비와 볕을 고르게 했네.
夫子咏來尤絶操요　공자께서 읊어 더욱 뛰어난 곡조가 되었고
屈平佩去尙餘香이라　굴원이 차고 갔는데도 아직도 향기가 남아 있네.
葉時風度光交翠요　잎이 필 때 바람이 지나니 빛이 푸름을 사귀고
花夕秋生味覺涼이라　꽃피는 저녁 가을 기운이 생겨 풍미 시원함을 느끼네.
借得嘉名衿契重하니　아름다운 이름을 빌려 회포에 맞음을 중히 여기니
晋亭盛事復何忘가　난정의 성대한 일을 다시 어찌 잊을 것인가.

* 晋亭(진정): 진나라의 난정(蘭亭).

144. 煮伏(복다림)

斯亭宴伏擇三庚하니	이 정자에서 삼경을 택해 복다림하니
愧我身微言發輕이라	내가 몸은 작으면서 말은 가벼이 낸 것이 부끄럽네.
一陣凉風當夜發이요	한바탕 서늘한 바람이 밤이 되어 부니
兩旬苦雨適時晴이라	이십 일 동안의 괴로운 비가 마침 개었네.
年形不見禾中鷺요	올해의 형편은 벼 속의 해오라기가 보이지 않고
詩格先聞樹上鶯이라	시의 격조는 먼저 나무 위의 꾀꼬리 소리를 듣네.
如此良辰難煮犬하니	이와 같이 좋은 때에 복다림하기 어려우니
雖云物薄厚交情이라	비록 물건은 박하다 하지만 사귄 정은 두텁네.

145. 僧(승)

入山修道謂之僧하니	산에 들어가 수도하는 이를 스님이라 하니
百事人間無一能이라	백 가지 인간의 일 가운데 하나도 능한 것이 없네.
緇衣髡髮形先變요	옷을 검게 입고 머리를 깎으니 모습이 먼저 변하고
絶嗣離家罪漸增이라	후손을 끊고 집을 떠나니 죄가 점점 많아졌네.
銅像亂華由釋氏요	동상으로 중국을 어지럽힌 것은 석가로 말미암았고
鉢蓮作怪笑圖澄이라	바리때 연꽃으로 괴이하게 하니 도징이 우습네.
平生禮佛求何得가	평생에 예불하여 구한 것 중에 무엇을 얻었는가
未信天堂爾自登이라	천당에 그대 스스로 올라갔다는 것을 믿을 수가 없네.

* 圖澄(도징): 불도징(佛圖澄). 서역 구자국 사람. 속성은 백(帛). 어려서 출가하여 경문(經文) 수백만 자를 외우고, 글의 뜻도 통달했다. 뒤에 훌륭한 스승을 만나 가르침을 받고, 310년에 중국 낙양에 왔다. 대법을 널리 펴고 신이한 것을 나타내어 사람들을 교화했다. 그때 후조(後趙)의 석륵(石勒)이 그에게 귀의하여 남달리 존중했으며, 아들들을 보내어 양육케 했다. 333년 석륵이 죽은 뒤에 석호(石虎)가 임금이 되어 역시 스승으로 섬기며, 대전에 올라와서 정사에 참여케 했다.

146. 次忍兄見寄(인형이 부쳐준 것을 보고 따라 짓다)

觀詩忘却幾時逢하니	시를 보니 언제 만났는가를 잊어 버렸는데
賓示先之主不恭이라	손이 먼저 보여주니 주인이 공손치 못한 것이 되었네.
歸故應多賢子候요	고향에 돌아가면 응당 어진 아이들이 기다릴 것이며
還齋或見鄙孫從이라	집으로 가면 혹 내 손자가 시중드는 것을 볼 것이네.
生凉春雁如移陣이요	서늘한 기운이 나니 봄 기러기는 진을 옮긴 것 같고
隨俗秋蠶可入農이라	시속을 따라 가을누에를 치니 한철 농사가 되네.
咫尺泥程千里隔하니	지척의 진흙길이 천리나 막혀 있으니
有醪獨酌豈開胸가	술이 있어 홀로 따르나 어찌 가슴이 열릴 것인가.

* 還齋或見鄙孫從(환재혹견비손종): 집으로 가면 혹 내 손자가 시중드는 것을 볼 것이네. 송고의 손자 후송이 인재에게 공부를 하고 있는 것을 말함.

147. 懶婦(게으른 부인네)

緩步循村午睡遲하니	천천히 걸어서 마을을 돌다가 늦게 낮잠을 자며
平生不學畵蛾眉라	평생 눈썹 그리기는 배우지 않았네.
飢夫索飯方濡米요	배고픈 지아비가 밥을 찾을 때 바야흐로 쌀을 담그고
寒子求衣始織絲라	추위에 떤 자식이 옷을 찾을 때 비로소 실을 짜네.
一臥不驚雷霆夜요	한번 드러누우면 천둥 벼락치는 밤에도 놀래지 않고
三行常復雨風時라	세 번이나 나들이를 항상 비바람 칠 때 반복하네.
雖然少有勤孜處하니	비록 약간 부지런한 곳이 있다 하지만
男覡女巫見則隨라	남자 무당 여자 무당을 보기만 하면 따라다니네.

148. 和吟(화답해 읊다)

聖人不作道衰微하니	성인이 일어나지 아니하여 도가 쇠미하니
東國誰能辨是非요	동국에 누가 시비를 분별할 수 있으리오.
長夜惡聲風飁飁하고	긴긴 밤 사나운 소리로 바람이 솔솔 불며
荒年消息雨霏霏라	흉년의 소식에 비만 보슬보슬 내리네.
盖朝嘆日當混世하고	온 조정이 탄식하는 날 어두운 세상을 당했는데
促織鳴秋上廢機라	귀뚜라미는 가을에 울며 버려 둔 베틀에 오르네.
目下子孫愚且魯하니	목하의 자손들이 어리석고 또 우둔하니
頹齡活計向何依오	노년의 생활 어디를 향해 의지할 것인고.

* 飁飁(습습): 바람이 솔솔 부는 모양. 促織(촉직): 날이 차가워지니 빨리 베를 짜라고 재촉하여 우는 벌레란 뜻으로, '귀뚜라미'를 이르는 말.

又

隨風卽欲擧輕裾하니	바람을 따라서 곧 가벼운 옷깃을 들고자 하니
碌碌人間虛世余라	평범한 인간으로 헛된 세상을 사는 나로세.
髮禿可憎頭戴鶴이요	머리털이 빠져 머리에 학을 이고 있는 것이 가증스럽고
腸枯每歎食無魚라	창자는 말라 매번 밥에 고기 없는 것을 탄식하네.
齊家本意由賢出이요	집을 가지런히 한 본 뜻이 현인으로 통해 나왔는데
守舊何心與世疏아	구식을 지킨 것이 어찌 세상과 멀어짐을 생각하랴.
未報劬恩餘寸悔하니	부모의 은혜를 갚지 못해 작은 뉘우침만 남았으니
後生難忘此生初라	후생에는 차생의 처음을 잊기 어렵겠네.

* 碌碌(녹록): 평범한 모양. 독립성이 없이 남을 붙좇는 모양. 劬恩(구은): 자기를 낳아 기른 어버이의 은혜. 구로지은(劬勞之恩).

又

入樹風聲劫單衫하니 나무에 부는 바람 소리가 짧은 적삼을 겁나게 하니
騷窓遠客最先聞이라 글 짓는 창에 먼 곳의 객이 가장 먼저 듣네.
春深高閣來棲燕이요 봄이 깊으니 높은 집에는 깃들였던 제비가 오고
夜冷疏簾破送蚊이라 밤이 차가워 성긴 주렴은 모기를 처서 보내네.
斟酌酒量傾十斗하니 술의 양을 짐작해 열 말을 기울이지만
尋常詩債重千斤이라 언제나 시의 빚은 무게가 천 근이나 되네.
秋天再熱多霖雨요 가을 날씨가 다시 더워지면서 장맛비가 많아
草木千山更欲欣이라 초목 우거진 여러 산들이 다시 기뻐하네.

又

雨旱不均病濕乾하니 비와 가뭄이 고르지 못해 젖고 마른 것이 병이 되니
蒼生歸咎作天難이라 모든 백성이 허물을 돌려 하늘 되기도 어렵네.
秋江寂寞分魚鴈이요 가을의 강이 적막해 물고기와 기러기가 나누어지고
夏界騷然擧鳳鸞이라 여름철은 소란스러워 봉조와 난새가 다 일어나네.
爲賀君家多玉樹요 그대의 집에 자손이 많은 것을 축하하고
莫忘吾契結金蘭하라 우리 계를 금란같이 맺은 것을 잊지 마오.
斯民若得無懷氏면 이 백성이 만약 무회씨의 세상을 만난다면
第見朝廷鳥記看하리라 조정에서 새를 가지고 관직명을 기록하는 것을 보리.

* 蒼生(창생): 모든 백성. 만민. 玉樹(옥수): 자손. 金蘭(금란): 금란지교(金蘭之交:

합심하면 그 날카로움이 쇠와 같고 그 향기로움이 난초와 같은 사귐). 鳥記(조기): 소호씨(少皞氏) 때 새의 이름으로 벼슬을 기록한 일. 천문·역수를 관장하는 벼슬인 역정(曆正)을 봉조씨(鳳鳥氏)라 하는 따위. 조기(鳥紀).

又

蒼生此歲爲何愆가	일반 백성이 이 해에 무슨 허물이 되는가
苦雨三旬行必褰이라	장마가 한 달 계속되니 다닐 때 꼭 옷을 추어올리네.
先敗木綿如脫體요	먼저 무명을 망쳐 벗어버린 몸과 같고
終無土實但勞肩이라	끝내 흙의 열매는 없고 다만 어깨만 수고롭게 하네.
暴風撲地山多壞하고	폭풍이 땅을 치니 산이 무너진 곳이 많고
陰靄連天水自涓이라	어두운 안개가 하늘에 닿아 물이 저절로 흐르네.
芊芊聲來滂沛裏하고	우렁찬 소리는 물 쏟아지는 속에서 들리고
草中開道衆兒牽이라	풀 가운데 열린 길로 여러 아이들이 손을 잡고 가네.

* 苦雨(고우): 장마. 芊芊(천천): 풀이 무성한 모양. 푸른 모양. 滂沛(방패): 소나기가 오는 모양. 물이 넓고 먼 모양. 기운이 성한 모양.

149. 贈別忍兄(인형하고 이별하며 주다)

不遇良朋意不平하니	어진 벗을 만나지 못해 뜻이 편하지 못하고
春風秋雨滯吾城이라	봄바람 가을비에 우리 고을에 머물고 있네.
相分踪跡如千里요	서로 헤어지니 종적이 천리와 같고
恒着容顏願一生이라	항상 얼굴 대하기를 일생 동안 원했네.
莫忘守狗窓前睡요	지키던 개가 창 앞에서 자던 것을 잊을 수 없고
忍聽歸鴻塞外聲가	차마 변방으로 돌아가는 기러기 소리 들을 수 있는가.
紛紛毁譽何須說가	어지럽게 헐뜯고 칭찬하는 것을 어찌 말할 것인가
留約槐黃月又明이라	홰나무 노랗고 달 또 밝으면 만나기로 하세.

150. 和吟(화답해 읊다)

詩中魁傑酒中豪요	시 가운데서는 괴걸이요 술 가운데서는 호걸이며
幷出塵間意氣高라	모두 속세에서 뛰어나 뜻과 기개가 높네.
臨事腸鳴三斗血이요	일을 당하면 창자에서 세 말 피가 끓고
營私舌嘬萬人膏라	사사로움을 경영하면 혀로 만인의 기름을 빠네.
迎風倚檻先覘標요	바람을 맞아 난간에 기대면 먼저 의표를 보고
載月登船已進蒿라	달을 싣고 배에 올라 이미 삿대를 젓네.
可笑自家年老趣요	우습다 나의 만년의 취미는
孤松獨立鶴飛皐라	고송의 우뚝함과 학이 언덕으로 날아가는 것을 보는 것이라네.

* 皐(고): 언덕.

151. 秋吟(가을에 읊다)

何聲四壁始生虫이요 무슨 소리인가 사방 벽에서 비로소 벌레 소리 나고
園竹庭松策策風이라 정원의 대와 뜰의 솔에도 획획 바람이 부네.
野稻成功人苦後요 들의 곡식은 사람이 고생한 후에 성공했고
窓燈漏影獨愁中이라 창 등불은 홀로 수심하는 가운데 그림자 새어 나오네.
閑雲出岫千林暮요 한가한 구름이 봉우리에서 나오니 많은 숲은 저물었고
孤鴈橫天萬里空이라 외로운 기러기는 머나먼 만리의 하늘을 가로질러 가네.
秋意古今多慷慨하니 가을의 뜻은 예로부터 강개함이 많으니
無書無劍少英雄이라 글도 없고 검도 없고 영웅도 적네.

* 策策(책책): 바람 소리. 낙엽이 떨어지는 소리.

152. 丁丑春會(정축년 봄 모임) 仁山(인산)

斯稧於今最率眞하니	이 수계가 지금에 와서 가장 진실해
座上風流白髮新이라	자리 위 풍류 남아의 백발이 새롭네.
千山杜宇聲聲蜀이요	천 산의 두견새는 소리마다 귀촉도요
萬樹桃花箇箇春이라	수많은 복사꽃은 낱낱이 봄이네.
客子閑笻穿雨路하고	나그네 한가로운 지팡이는 빗길을 뚫고 왔고
主人高閣壓江濱이라	주인의 높은 누각은 강가를 누르고 있네.
晩來叅案君休說하라	늦게 와 모임에 참석한 것을 그대는 말하지 말라
願使淸心不染塵이라	원컨대 마음을 맑게 하고 속세에 물들지 않고자 함이네.

* 丁丑(정축): 여기서는 1925년을 말함. 客子(객자): 나그네.

153. 丁丑秋會(정축년 가을 모임) 儀邨(의촌)

今華山似舊龍山하니 지금의 화산은 옛 용산과 같아
樂與主翁偸日閒이라 즐거이 주옹과 더불어 한가로운 날을 가졌네.
一代文章皆白髮이요 한 시대의 문장은 모두가 백발이 되었고
三盃醒醉半紅顔이라 석 잔 술에 취했다 깨니 절반은 홍안이 되었네.
賞楓滿壑金風散이요 구경하는 단풍이 가득한 골짜기에 서풍이 흩어지고
盥水通溪玉石刪이라 세수한 물이 흐르는 시내 옥과 돌을 깎아놓은 것 같네.
百里武城多隱者하니 백 리의 무성에는 은자가 많아
芒鞋藜杖每相還이라 짚신과 명아주 지팡이로 매양 서로 찾아오네.

* 偸(투): 취하다. 가지다. 武城(무성): 광주(光州).

154. 戊寅春會(무인년 봄 모임) 佳五山(가오산)

鳩笻伴蝶借風流하니	비둘기 지팡이가 나비를 짝해 풍류를 빌리니
剩得仙緣佳五留라	넉넉히 신선의 인연을 얻어 가오에 머무네.
鷰影日高芳草路요	제비의 그림자는 날로 방초의 길에 높이 뜨고
鵑聲夜歇落花樓라	두견새 소리는 밤에 낙화루에 그치네.
論詩恍若三生夢이요	시를 의논하니 어렴풋이 삼생의 꿈을 꾼 것 같고
對酒能消萬古愁라	술을 대하니 만고의 수심을 녹일 수 있네.
稧事從今無定主하고	계사는 이제부터 정해진 주인이 없으니
菊黃何處更期遊오	국화 노랗게 핀 어느 곳에서 다시 놀기를 기약할까.

* 戊寅(무인): 여기서는 1938년을 말함.

155. 己卯春會(기묘년 봄 모임) 弓洞(궁동)

可憐白髮舊靑春이	가련하다 백발이 난 옛 청춘이
修禊良辰學古人이라	좋은 때에 계를 닦으면서 옛 사람을 배우네.
終日盃盤登座足이요	종일토록 잔과 소반을 상대해 자리에 올라 족하고
隨時花草滿庭新이라	때에 따른 화초는 뜰에 가득 새롭네.
樓高自納溪山氣요	누각은 높아 저절로 계곡과 산의 기운을 받아들이고
地僻無關世界塵이라	땅은 궁벽해 세상의 티끌과 관계가 없네.
偸得篔城仙子樂하니	오성 땅 신선의 즐거움을 취해 얻었으니
南飛孤鶴夢耶眞가	남으로 나는 외로운 학은 꿈인가 참인가.

＊ 己卯(기묘): 여기서는 1939년을 말함.

156. 庚辰秋會(경신년 가을 모임) 弓洞(궁동)

黃花九月客登欄하니 노란 국화 피는 구월에 객들이 난간에 올라
景物依俙次第看이라 경치를 아스라이 차례차례 바라보네.
山稻千林開鳥道하고 밭벼와 많은 숲에는 새의 길이 열리고
野舂十里渴魚灘이라 들 방아 십 리 길에는 물고기 사는 여울이 말랐네.
世皆後義綱倫斁요 세상이 다 의리를 뒤로 하니 강상의 윤리 무너져
士或成仁志氣寒이라 선비가 혹 인을 이루매 지기가 매섭네.
嶺上孤松眞可愛니 고개 위의 외로운 소나무는 참으로 사랑스러우니
秦官不染自平安이라 진나라 벼슬에 물들지 않고 스스로 평안하네.

* 依俙(의희): 어렴풋함. 분명하지 않음. 山稻(산도): 밭벼. 斁(두): 부수다. 깨다.

157. 辛巳春會(신사년 봄 모임) 芝山(지산)

結誼山高與水深하니	우의를 맺은 것이 산처럼 높고 물처럼 깊으니
每逢相照一生心이라	매번 만날 때마다 서로 일생의 마음을 비춰 주네.
何傷白髮由公道요	어찌 백발을 슬퍼하리 공도로 말미암은 것인데
只羡青春把子衿이라	다만 청춘이 부러워 그대의 옷깃을 잡아보네.
届節借巢來客鷰이요	계절이 이르니 집을 빌리러 나그네 제비가 오고
採芝招隱報仙禽이라	지초 캐러 은자를 부르러 학에게 알리네.
新成茅屋通西海하니	새로 이루어진 초가집이 서쪽 바다로 통하니
收拾風光興不禁이라	풍광을 수습하매 흥취를 금할 수가 없네.

* 辛巳(신사): 여기서는 1941년을 말함. 届(계): 이르다. 다다르다. 客鷰(객연): 제비가 철새이기 때문에 이렇게 말한 것으로 보임. 仙禽(선금): 학(鶴)의 이명(異名). 선학(仙鶴). 風光(풍광): 경치.

158. 辛巳秋會(신사년 가을 모임) 夢江 李讚信家(몽강의 이찬신가)

千里回笻渡錦江하니	천리 길에 지팡이를 돌려 금강을 건너가니
夢山此日闢詩窓이라	몽산의 이날에 시의 창이 열렸네.
藿苗經雨停歸馬하고	콩의 싹에 비가 지나니 가는 말을 멈추게 하고
松子流風驚睡尨이라	솔방울에 바람이 흐리니 조는 삽살개를 놀라게 하네.
雅會猶傳千歲史요	아름다운 모임은 오히려 천세의 사기에 전하고
寒談未了半宵釭이라	차가운 밤 이야기는 밤중의 등잔불에 다하지 않네.
諸君莫道紛紜事하라	그대들은 시끄러운 세상일을 말하지 말라
別有人間注血腔이라	피가 창자에 쏟아지는 특별한 세상이 있다네.

* 辛巳(신사): 여기서는 1941년을 말함. 釭(강): 등잔. 別有人間(별유인간): 속계와 동떨어져 있는 별다른 세계. 별유천지(別有天地).

159. 壬午秋會(임오년 가을 모임) 楓巖(풍암)

主翁福地德山陽에	주인 늙은이의 복스런 땅 덕산의 남쪽에
儒旺泉聲道味長이라	유왕 냇물 소리에 도의 맛이 유장하네.
箇箇圖書千歲寶요	낱낱의 도서는 천 년의 보배요
層層花木四時香이라	층층으로 덮인 화목은 사시에 향기롭네.
士當板蕩須持節이요	선비가 판탕의 세상을 만났으니 절개를 지켜야 하는데
民値歉荒未築場이라	백성들은 흉년을 당해 마당을 돋우지 못하네.
起賀家風方樹立하니	가풍을 바야흐로 수립한 것을 일어나 축하하니
日臻休瑞應三光이라	날이 아름다운 상서를 이르게 해 삼광에 응하네.

* 壬午(임오): 여기서는 1942년을 말함. 板蕩(판탕): 나라가 어지러워 흔들림. 세상이 어지러움. 歉荒(겸황): 흉년이 들어 곡식이 안 됨.

160. 癸未春會(계미년 봄 모임) 下沙(하사)

稧會今春海上村하니	계모임을 금년 봄에는 바닷가 마을에서 하는데
有情相對反無言이라	정이 있어도 서로 대하여 도리어 말이 없네.
鄕風北到人心厚요	시골 풍습은 북으로부터 이르니 인심이 후하고
花事南先地氣溫이라	꽃피는 일은 남쪽이 앞서는데 지기가 따뜻해서네.
庭柳新抽遮屋角이요	뜰의 버들은 새로 자라 집 모서리를 가리고
岸沙飛合護山根이라	언덕의 모래는 날라 합하여 산기슭에 쌓이네.
主翁淸福爲多謝하니	주인의 맑은 복을 많이 사례하노니
岐渭祥雲豈可諼가	기산과 위수의 상서로운 구름을 어찌 잊을 수 있으리.

* 癸未(계미): 여기서는 1943년을 말함. 山根(산근): 산기슭. 岐渭(기위): 주나라가 기산에서 일어났고, 위수가에서 강태공을 만나 중국을 통일했음. 祥雲(상운): 상서로운 구름. 기주(岐周)의 문왕과 위수(渭水)의 강태공이 만나는 상서로운 기운. 성군과 현신이 만나는 아름다운 징조. 諼(훤): 잊다.

161. 癸未秋會(계미년 가을 모임) 華山(화산)

春三秋九喜相逢하니	봄 삼월 가을 구월에 반갑게 서로 만나니
白髮青衿守舊容이라	백발에 푸른 옷을 입고 옛 모습을 기키고 있네.
松戶鎖深迷草路요	소나무 아래 문을 깊이 잠그니 풀 길이 희미하고
菊籬編短露花峯이라	국화 옆 울타리 짧게 엮어 놓아 꽃봉오리 드러났네.
詩經夜睡才偏拙이요	시는 밤잠을 지나 지으니 재주가 유달리 졸하고
話到塵紛口可封이라	화제가 세상의 시끄러운 일에 이르매 입을 봉하네.
今世仙源知在此하니	지금 세상의 신선 세계가 여기에 있는 것을 알겠나니
更宜伴鶴有時從하리라	다시 마땅히 학을 짝해 때때로 상대하리.

162. 甲申秋會(갑신년 가을 모임) 溪亭(계정)

主翁世業聞南州하니　　주인의 세업이 남쪽 고을에 소문이 났으니
疎竹長松黑石頭라　　성긴 대나무와 큰 소나무가 흑석가에 있네.
濊濊寒泉窓外夜요　　졸졸 흐르는 한천은 창 밖 밤에 흐르고
蕭蕭落葉檻前秋라　　쓸쓸한 낙엽은 난간 앞 가을에 떨어지네.
同心耆老先香社요　　마음을 함께 한 노인들은 옛날 향산의 모임과 같고
敵手文章又鶴樓라　　맞수가 되는 문장들은 또 황학루에 모였네.
此地三山眞物外니　　이 땅의 삼산은 참으로 세상 밖에 있으니
一宵談話送塵愁라　　하룻밤 이야기를 하며 진세의 수심을 다 보내네.

* 甲申(갑신): 여기서는 1944년을 말함. 濊濊(괵괵): 물소리.

163. 乙酉春會(을유년 봄 모임) 福洞(복동)

主人福地別開天하니	주인의 복스런 땅에 따로 하늘이 열려
舊屋新修設此筵이라	옛 집을 새로 단장해 이 잔치를 베풀었네.
稧事春秋元定日이요	계를 닦는 일은 봄가을 원래 정해진 날에
交情老少頓忘年이라	사귀는 정은 노소가 갑자기 나이를 잊네.
雲歸蟹嶺花容露요	구름이 해령으로 돌아가니 꽃 모습이 드러나고
雨歇蟾郊草色連이라	비가 그치니 섬교에 풀빛이 연해 있네.
泉菊兩兄難復見하니	후천과 국사 두 형을 다시 보기 어려우니
蒼天不憖理胡然고	푸른 하늘이 아껴주지 않았으니 이치가 어찌 그러한고.

* 乙酉(을유): 여기서는 1945년을 말함. 憖(은): 근심하다. 마음 아파하다. 아끼다.

164. 丙戌春會(병술년 봄 모임) 弓山(궁산)

修稧年年此日新하니	계를 닦기 위해 해마다 이날을 새롭게 하니
莫松兩郡好成鄰이라	오와 송 두 고을이 좋은 이웃이 이루어졌네.
煙雲聚氣千家雨요	연기와 구름이 기를 모아 일 천 집에 비가 내리고
桃李含胎萬樹春이라	복숭아 오얏이 태를 머금어 일 만의 나무가 봄이네.
斷斷儀容依舊俗이요	한결같은 모습은 옛 풍습을 의지하고
星星鬢髮刦風塵이라	희끗희끗한 수염과 머리는 난리에 겁을 먹었네.
吾儕誰有詠歸志하여	우리 무리 중에 영귀의 뜻이 있어
能使冠童整服巾고	능히 아동으로 하여금 복건을 바르게 하겠는가.

* 丙戌(병술): 여기서는 1946년을 말함. 斷斷(단단): 전일(專一)한 모양. 지키어 변하지 않는 모양. 星星(성성): 머리털이 희끗희끗한 모양. 詠歸(영귀): 교외의 풍경을 완상하고 시를 읊으며 돌아옴. '풍류를 즐김'을 이름.

165. 丙戌重陽(병술년 중양절) 城底泗泉齋(성 밑 사천재)

愚智本皆性受天하니	어리석음과 지혜 본래 다 천성을 하늘에서 받았으니
有誰能戒樂流連고	누가 있어 능히 유련을 즐기는 것을 경계할까.
蒼茫樹色通蟾野요	아스라한 나무 빛은 섬야에 통해 있고
汩濺溪聲出泗泉이라	졸졸 흐르는 시내 소리는 사천에서 나오네.
老去塵寰愁不盡이요	티끌 같은 세상에 늙어가니 수심이 다하지 않고
閒來仙境興無邊이라	한가로이 신선의 세계에 오니 흥이 가없네.
主人特設今秋會하니	주인이 금년 가을의 모임을 특별히 베푸니
開豁胸衿自泰然이라	넓은 가슴이 저절로 태연해지네.

* 流連(유련): 놀이에 빠져 돌아감을 잊음. 汩濺(골괵): 물소리. 開豁(개활): 앞이 탁 트이어 시야가 넓음. 마음이 넓고 여유가 있음. 도량이 큼.

166. 丁亥春會(정해년 봄 모임) 佳五山(가오산)

佳山翠滴日斜天하고	가산의 푸르름이 뚝뚝 지는데 해는 하늘에 지고
片片桃花臺後前이라	펄럭이는 복사꽃은 누대의 앞과 뒤에 떨어지네.
佛甲江深千谷水요	불갑의 강이 깊어 일천 골짜기에 물이 가득하고
靈城郡大萬家烟이라	영광의 고을이 커 일만 가의 집에 연기가 나네.
浮虛名利灰心上이요	허망한 명예와 이익은 마음 위에서 재가 되었고
慷慨男兒雪鬢邊이라	강개한 남아는 귀밑가가 눈처럼 희어졌네.
爲謝主人深厚誼하노니	주인의 깊고 후한 정의를 사례하노니
三修稧事設斯筵이라	세 번이나 계사를 닦느라 이 자리를 베풀었네.

* 丁亥(정해): 여기서는 1947년을 말함. 片片(편편): 가볍게 나는 모양. 浮虛(부허): 마음이 들떠서 미덥지 못함.

銘

167. 秋山銘(추산명)

不曰春山하고	춘산이라 하지 않고
胡爲秋山고	어찌하여 추산이라 했는고.
秋屬于義하니	추는 의리에 속하니
義士降間이라	의사가 그 사이에서 태어났네.

書

168. 上秀南先生書(수남 선생께 올리는 글)

日月如駛하여 國練이 奄過하니 臣庶痛悼가 普率惟均이라 拜候閱月에 抽身無路하니 未得遂意하여 日益慕仰而已라 伏不審臘沍에 道體起居候가 何以堪居오 玉滋蘭茁하여 對時安侍否아 區區不任淺誠之至라 侍生은 依劣이나 而兒豚이 一自軒屏歸後로 懶與病謀하여 日事刀圭하고 至於看書等事에는 別無半分意思하고 虛費三冬하니 爲之一歎이라 月初에 奄遭乳兒之慘하니 自顧自怛에 奈其氣數之所關에 何오 就伏請컨대 楸齋記는 心念不穩하니 倘未能泚筆耶아 如或致思면 則此便에 惠擲하여 以被光紫若何오 伏切無比라 進拜之期는 似在明正이라 然이나 滾汨人事에 未可預卜하니 惟祝餞迓多祉하고 衛道保重하소서

세월이 질주하는 말과 같아 나라의 소상이 문득 지났습니다. 신하와 백성들의 슬픔이 온 천하가 같습니다. 뵙고 문안한 지가 한 달이 지났는데 몸을 빼어 갈 길이 없습니다. 뜻을 이루지 못해 날로 사모하고 우러를 따름입니다.

엎드려 살피지 못하건대 선달 추위에 도체의 안부는 어떠하십니까. 아들

도 잘 있고 손자도 잘 있어 때를 따라서 편히 모시고 있습니까. 저는 옅은 성의의 지극함을 이기지 못하고 있습니다. 시생은 못난 대로 지내는데 자식이 한번 헌병으로부터 돌아온 후로 게으름이 병으로 더불어 합해서, 날마다 약만 먹고 글을 보는 등의 일에 이르러서는 별로 절반의 뜻도 없고, 삼동을 허비하니 그를 위해 매우 탄식하고 있습니다. 월초에 갑자기 젖 먹는 애의 죽음을 당하니 스스로 돌아보고 스스로 슬퍼함에, 그 운수의 소관이 된 것을 어찌할 것입니까.

엎드려 청하건대 추재기는 마음이 편치 못하니 혹 붓을 적시지 못하고 계십니까. 만약 혹 생각하시게 되면 이번에 던져 주어 영광스럽게 해 주는 것이 어떻겠습니까. 엎드려 간절하기가 비할 데가 없습니다. 나아가 뵈올 기약은 내년 정월에 있을 것 같습니다. 그러나 인간사에 몹시 바빠 미리 점칠 수는 없으니, 오직 송구영신에 복이 많고, 도를 지키며 몸을 보중하기를 기원합니다.

* 駛(사): 질주하는 말. 빨리 달리는 말. 普率(보솔): 넓은 하늘 밑, 땅이 이어져 있는 한계. 천하의 것 죄다. 普天之下率土之濱(보천지하솔토지빈)의 준말. '率'은 循, '濱'은 涯의 뜻. 國練(국련): 나라의 소상(小祥). 閱月(열월): 한 달을 지남. 달포를 지남. 抽身(추신): 어떤 자리에서 몸을 빼어 떠남. 道體(도체): 옥체(玉體). 천자의 몸. 도를 지닌 사람. 덕 있는 사람. 일반적으로 제자가 스승에게 쓰는 말. 玉滋蘭茁(옥자난줄): 옥처럼 불어나고 난처럼 무성함. '훌륭한 자손'을 말함. 區區(구구): 저. 소인. 작다. 가지각색이다. 軒屛(헌병): 마루의 난간과 방안에 둘러친 병풍이란 뜻으로, 어른의 가까운 곁을 이르는 말. 刀圭(도규): 약을 뜨는 숟가락. 의약. 의술. 氣數(기수): 운수. 운명. 就(취): 곧. 이에. 餞迓(전아): 묵은해를 보내고 새해를 맞이함. 송구영신(送舊迎新).

169. 上雲齋先生書(운재 선생께 올리는 글)

侍生이 一哭先先生几筵而歸로 自後汨沒世況하여 末由晋候하여 迨今追想에 已爲十三年光陰矣라 其間에 天地飜覆하고 冠履倒置하여 人類將爲鬼魅라 第於此日에 稍有彛性者가 其所以仰慕先師倚望門下者를 尤當何如哉아 而顧以澳劣無狀이 匏繫遐陬하여 尙未得一次承誨하여 以開蒙蔀하니 是可曰有彛性也哉아 側聞今月十九日은 卽先生嶽降之日也라 子孫獻壽之儀와 賓客頌禱之節이 可謂希世盛筵也라 當於伊日에 晋參席末이나 而拘於先事하여 未克遂忱하니 不得已兒子替送하니 兒子卽豚犬也라 雖然이나 以先生之含容大德으로 幸勿斥外하고 特下頂針之敎하여 俾得成人之地를 千萬伏望이라 餘在兒白키로 不備하고 只祝衛道自重하여 以慰詹仰하소서

시생이 한번 선선생의 영전에 곡하고 돌아온 뒤로 그 후로부터 세상의 형편에 빠져 나아가서 안부를 물을 수가 없었습니다. 지금에 이르도록 지난 일을 생각하니 이미 13년의 세월이 되었습니다. 그 사이에 천지가 뒤집혀 엎어지고 갓과 신이 거꾸로 되어 인류가 장차 도깨비가 되려고 하고 있습니다. 다만 이날에 조금이라도 떳떳한 성품을 가진 자가 선사를 우러러 사모하며 문하를 의지하고 바라는 것을 더욱 마땅히 어떻게 하겠습니까. 그런데 도리어 못나고 못나 형편없는 사람이 아주 먼 곳에서 박처럼 매여 있어, 아직까지도 한 차례 가르침을 받아 어리석음을 깨우치지 못하였으니 이것을 떳떳한 성품이 있다고 하겠습니까.

옆에서 들으니 이달 19일은 바로 선생이 탄생한 날이라고 합니다. 자손들이 헌수하는 예의와 손님들이 칭송하는 절차가 세상에 드문 성대한 잔치라고 말할 수 있을 것입니다. 마땅히 그 날에 나아가서 말석에라도 참석해야 할 것인데 조상의 일에 얽매여 능히 제 정성을 이루지 못합니다. 부득이해

서 아이를 대신 보냅니다. 아이는 곧 제 자식입니다. 비록 그러하나 선생의 감싸주는 큰 덕으로 다행히 밖으로 내치지 말고, 특별히 정침의 가르침을 내려 주어, 하여금 사람이 될 수 있는 경지를 얻게 하기를 천만번 엎드려 바랍니다. 나머지는 아이가 아뢸 것이므로 갖추지 않고, 다만 도를 지키고 자중하여, (여러 사람들이) 우러르는 마음을 달래주기를 빕니다.

* 先先生(선선생): 선생을 앞선 사람이니, 여기서는 면암 최익현 선생을 말하는 듯함. 几筵(궤연): 안석과 자리. '几'는 제향 때 희생을 올려놓는 기구, '筵'은 제향 때 땅에 펴는 것. 先師(선사): 선대의 훌륭한 스승. 세상을 떠난 스승. 공자를 이르는 말. 遐陬(하추): 먼 곳에 있는 땅.

170. 答寒泉齋幹事僉族書(한천재의 일을 맡은 여러 족인들에게 답하는 글) 在慶南三嘉郡城里(경남 삼가군 성리에 있다)

去年至月書를 奉讀再三하고 齋書修謝나 而今奉此書하니 一不見答云하니 是何故也오 無奈洪喬之歎也歟아 然이나 不付金而但付書하니 則是謂無答이라도 亦可也라 伏惟新元에 僉候萬福가 不任鄙私라 族下는 依劣耳라 第門事는 數次通奇하니 不知其事勢가 緣於勢不得已하여 遷延至於改歲하니 甘當僉族之誅責이나 而不知措何辭而爲謝라 然이나 不得已背義仰告라 鄙派도 亦有年前重修楸齋하니 府君奉祀之所라 以若鄙派之事도 亦莫重巨刱이요 其所役之餘에 舊債를 尙不報온 而況此金不可容易辦出이라 故로 姑至此耳라 今者略干文式을 各排名下하여 從速收捧爲計하니 能恕諒也否아 則掌有司가 見苦云하니 聞不勝驚愕이라 近見解放否아 想業解矣라 小解胸寒耳라 餘言不盡意하고 姑此不備라

지난해 동짓달에 보내준 편지를 재삼 봉독하고 한천재의 편지에 답장을 하였습니다. 그런데 이번에 편지를 받들어 보니 한번도 답장을 보지 못했다고 하니 이 무슨 연고입니까. 어찌 홍교의 탄식이 아니겠습니까.

그러나 돈은 부치지 않고 다만 편지만 부쳤으니 이는 답장이 없다고 해도 옳을 것이다. 엎드려 생각건대 새해 정월에 여러분의 기체후는 만복하십니까. 사사로운 마음을 이길 수 없습니다. 저는 못난 형편 그대로입니다. 그런데 문중의 일은 여러 차례 기별을 했으나 일의 형편을 알지 못했던 것은 형세가 부득이해서 미루어 해가 바뀌는 데까지 이르렀습니다. 여러 족인들의 꾸지람을 달게 받겠습니다. 그런데 무슨 말을 해서 사죄를 해야 할지 모르겠습니다. 그러나 부득이해서 의리를 배신한 것을 우러러 고합니다.

우리 파도 또한 몇 해 전에 추재를 중수하였습니다. (이곳은) 조상을 받

들어 제사하는 곳입니다. 이러한 우리 파의 일도 또한 막중하고도 거창한 일이었습니다. 그 일한 나머지 옛 빚을 아직 갚지 못하고 있습니다. 더군다나 이 금액은 쉽게 마련할 수도 없습니다. 때문에 잠시 여기에 이른 것입니다.

이제 약간의 돈의 액수를 각각 이름 앞에 배정하여 속히 거둬들일 작정을 하고 있으니 능히 용서하고 이해해 주시겠습니까. 맡은 유사가 괴로움을 당한다고 하니 듣고는 놀라움을 이길 수 없었습니다. 근래에 풀려났습니까. 생각건대 이미 풀렸을 것 같습니다. 조금 가슴에 맺힌 것이 풀린 것 같습니다. 나머지는 말로 뜻을 다하지 못하고 우선 이렇게 예를 갖추지 못합니다.

* 洪喬之歎(홍교지탄): 홍교는 진(晋)나라 은선(殷羡)의 자(字). 홍교가 부탁받은 편지 백여 통을 가라앉을 것은 가라앉고 뜰 것은 뜨라 하고 편지를 물에 던져버리고 전달하지 않아 소식이 두절된 것을 말함. 鄙私(비사): 저의 생각. 저의 마음. 文式(문식): 돈의 규정된 액수.

171. 與慶南咸陽鄭在烘書(경남 함양 정재홍에게 드리는 글)

光陰이 不爲世人留하고 而如水之東하여 奄過太皇帝大期하니 臣民千古之痛을 言不盡喩라 魚鴈이 俱阻에 問候莫憑하니 懷仰政勤이라 謹未審컨대 新正에 體節이 迓新萬安하고 寶覃도 歸仁가 遠外溯仰區區且祝이라 弟는 匏繫窮蔀하여 一是腐物이라 無足仰煩者耳라 當此新年하여 不可無隻字修候키로 姑此하고 惟祝德養體候享新年之淸福하여 以慰遠外之望하노이다

세월이 세상 사람을 위해 머물지 않고 물이 동으로 흐르는 것 같습니다. 문득 태황제의 대상이 지났으니 신하와 백성들의 영원한 슬픔을 말로써 다 표현할 수가 없습니다. 소식이 서로 막혀 안부를 아뢸 길이 없으니, 생각하고 우러름이 매우 많습니다.

삼가 살피지 못하건대 신정에 몸이 새해를 맞이해 두루 편안하고 귀댁도 다 인하십니까. 먼 외지에서 더듬어 우러르기를 구구히 하고 또 빕니다. 저는 박이 가난한 집에 얽매인 것처럼 한결같이 썩은 물건입니다. 족히 우러러 번거롭게 할 것이 없습니다. 이 새해를 맞아 한 자 문후를 닦지 않을 수 없어, 우선 이렇게 하고, 오직 덕으로 수양한 몸이 새해의 맑은 복을 누려서 먼 외지의 소망을 위안해 주기를 빕니다.

* 太皇帝(태황제): 임금 아버지의 존칭. 여기서는 '고종'을 말함. 魚鴈(어안): 물고기와 기러기. 편지. 體節(체절): 남의 안부를 물을 때, 그의 起居(기거)를 이르는 말. 체후(體候). 寶覃(보담): 상대방의 집안을 아름답게 이르는 말. '寶'는 접두어. 弟(제): 아우. 자기의 겸칭. 窮蔀(궁부): 가난한 집. 궁려(窮廬).

172. 檜溪齋答通(회계재에서 온 통문에 대한 답) 在慶南鎭海郡竹谷(경남 진해군 죽곡에 있다)

重江複嶺에 成五百里遼濶하여 無花樹之樂은 屬歇后語라 以替零殘族으로 一番展省先墓之稀罕이 不特爲晨星啻니 其罪其恨이 雖十子貢日三語之라도 莫可白解하여 殆不容於納納之間이라 若而矧年來에 各處墓閣을 新刱重建하고 墓沓之新且更易也에 費許多心力하고 用數千金하니 可仰僉族의 爲先之誠이 尤出尋常萬萬이라 起欽詎旣리오 殘族은 則曾無一人相役하고 一錢出義하여 而果如來意의 所謂越視秦瘠이라 至於送人하여 而始知其本末之詳하니 亦爲形極勢禁하여 不能送一人去하고 若干金을 僅辦汗納하니 吾祖先之靈이 其可曰孫乎아 僉族이 其可曰族乎아 自視하면 則其可曰人乎아 惶汗浹背하여 不知云喩라 惟所獻賀者는 僉體候가 以先靈冥騭로 各各康福하니 所頌祝者는 僉體候가 隨時康旺耳라 餘在族人口達키로 不備謝禮하고 伏惟尊照하고 狀上하노이다

거듭된 강과 겹겹한 봉우리에 5백 리 먼 거리가 이루어져, 족친의 즐거움이 없다는 것은 헐후한 말에 속하게 되었습니다. 영락한 우리 씨족은, 한번 조상의 묘에 성묘한 드묾이 다만 새벽 별 같을 뿐만이 아닙니다. 그 죄와 그 한이 비록 열 자공이 하루에 세 번씩 말을 할지라도, 아뢰어 풀 수 없어, 거의 천지의 사이에 용납되지 못할 듯합니다. 그런데 하물며 근년에 각처에서 묘각을 새로 시작하고 중건하며, 묘답을 새롭게 하고 또 다시 바꿀 때에, 많은 마음과 힘을 쓰고 수천금을 썼으니, 여러 친족들의 조상을 위하는 정성이 더욱 보통보다 훨씬 뛰어난 것을 존경할 만합니다. 흠모함을 일으키기를 어찌 다할 수 있겠습니까.

우리 씨족은 일찍이 한 사람이라도 일을 도와주거나 일전이라도 의연금

을 낸 사람이 없어, 과연 보내온 편지 뜻에서 이른바 월나라 사람이 진나라 땅 메마른 것을 본 듯이 한다는 것과 같게 되었습니다. 사람을 보냄에 이르러 비로소 그 본말의 자세함을 알게 되었습니다. 또한 형편이 어려워 한 사람도 보내지 못하고, 약간의 돈을 겨우 마련하여 부끄러워 땀을 흘리며 바치니, 우리 조상의 혼령이 자손이라고 말하겠습니까. 여러 족친이 족친이라고 말하겠습니까. 스스로 볼 때 사람이라고 말하겠습니까. 두려워 흘리는 땀이 등을 적셔 말할 바를 알지 못하겠습니다.

오직 축하를 드리는 것은 모든 분들이 선조의 혼령이 은밀히 도와줌으로 각각 편안하고 복되다는 것이며, 송축할 것은 모든 분들이 때를 따라 편안하고 건강하다는 것뿐입니다. 나머지는 족인이 입으로 전달할 것이므로, 답하는 예를 갖추지 못하고, 엎드려 귀하의 살핌을 바라며 글을 올립니다.

* 花樹(화수): 동성동본의 일가를 비유하여 이르는 말. 歇后(헐후): 어떤 성어(成語)에서 아랫부분의 말을 생략하고 윗부분의 말만으로 전체의 뜻을 나타내는 일종의 은어를 만드는 일. 논어(論語) 위정(爲政)편에 나오는 '友于兄弟'란 성어에서 '兄弟'는 생략하고 '友于'만으로 전체의 뜻을 나타내는 따위. 殘族(잔족): '살아 남은 겨레'란 말로 여기서는 자신의 씨족을 겸손하게 일컬은 말이다. 展省(전성): 성묘. 越視秦瘠(월시진척): 월나라 사람이 진나라 땅 메마른 것을 본 듯이 한다는 뜻으로, '남의 환난을 범연히 보아 넘김'을 이르는 말. 形極勢禁(형극세금): 형세가 거지(拒止)됨. 곧 행동을 자유롭게 할 수 없게 됨. 형격세금(形格勢禁). 僉體(첨체): 여러 사람. 여러분. 冥騭(명즐): 은밀히 도와줌.

173. 檜溪齋僉斯文答通(회계재의 여러 사문에게 답하는 통문)

相居越省에 途塗云遠하니 曾不以姓名으로 相通于僉尊執事하고 跧伏窮山하여 與樵牧爲伍하여 而仰揖聲光하니 甚恨拙夫居地僻陋者有年이러니 不意今者에 鄙族之遠枉에 特垂以不恒之厚意하고 先施之以崇牘하고 惠之以龍耳窩集하니 顧此無似가 何以得此於僉尊也耶아 其爲篆感이 更僕難數라 謹更審건대 書后日富에 僉尊體震艮衛道有相가 區區仰祝無任賤誠이라 龍耳窩先生은 雖未嘗摳衣於當日이나 其所尊仰이 奚但以山斗而已哉아 其遺集之刊印은 寔出僉執事의 尊師之苦血心誠하니 而未是不斯文之幸과 吾徒之光也라 而今奉玩屢回하니 殆若侍先生於德儀中하여 敬承咳唾하니 有所興感하여 消除鄙吝之心者가 多矣라 此豈非剝上一爻가 終變爲復初九之漸耶아 多謝多賀하여 不容形喩라 所上若干金은 非敢曰出義라 只塞一時騂顔之資니 幸不以物之厚薄을 視之하고 以其情義視之若何오 餘는 續后源源키로 不備하고 伏惟照亮이라

서로 사는 곳이 고을을 넘게 되어, 길이 멀고멀다고 하니, 일찍이 성명을 여러 집사에게 서로 통하지 못하였습니다. 궁벽한 산에 엎드리고 살면서, 초동·목부와 짝이 되어 우러러 소리와 빛을 존경하였습니다. 졸부의 거처가 궁벽하고 누추한 것을 여러 해 동안 심히 한하였는데, 뜻밖에도 이번에 우리 족친이 멀리 찾아와 특별히 보통이 아닌 후한 뜻을 베풀어주고, 먼저 높은 편지를 베풀어주며, 『용이와집』을 주셨습니다. 돌아보건대 이 형편없는 사람이 어떻게 이것을 여러분에게 얻을 수 있겠습니까. 그 감명은 시중드는 사람을 바꾸어도 셀 수가 없습니다.

삼가 다시 살피건대 편지 온 후로 날이 오래되었습니다. 여러분께서는 동정이 도를 지키면서 도움이 있습니까. 구구히 우러러 빌며 엳은 정성을 이

길 수 없습니다. 용이와 선생은 비록 일찍이 당일에 스승으로 모시지는 못했으나, 존경한 바가 어찌 다만 태산북두로만 여겼겠습니까.

그 유집의 간행은 참으로 여러 집사들의 스승을 높이는 수고로움을 다하는 지극한 정성에서 나왔으니, 유가의 행복과 우리들의 광영이 아님이 아닙니다. 이제 감상하기를 여러 차례를 하니, 거의 선생을 덕의 가운데 모시고 공경히 가르침을 받은 것 같아 감동한 바가 있어, 더러운 마음을 씻은 것이 많습니다. 이것이 어찌 박괘 위의 한 효가 마침내 변해서 복괘 초구의 시작이 되는 것이 아니겠습니까. 많이 감사하고 많이 축하하여 형용하여 말할 바를 모르겠습니다. 바친 바 약간의 돈은 감히 의연금을 냈다고 할 수는 없습니다. 다만 한 때의 부끄러운 얼굴을 막으려는 자료이니, 바라건대 물건의 후박으로써 보지 말고 정의로써 보는 것이 어떠하겠습니까. 나머지는 뒤를 이어 계속하기로 하고, 살피고 헤아려 주시기를 엎드려 바랍니다.

* 篆感(전감): 감명(感銘). 更僕難數(경복난수): '시중드는 사람을 바꾸어도 셀 수가 없다'는 말은 너무 감격스러워 시중드는 사람으로 하여금 교대로 그 감명을 세게 해도 셀 수 없다는 뜻. 震艮(진간): 동정(動靜). '震'은 동괘(動卦)며 '艮'은 정괘(靜卦)임. 摳衣(구의): 옷자락을 추어올림. 옛 경례. 여기서는 스승으로 모시는 것을 말함. 苦血心誠(고혈심성): 수고로움을 다하는 지극한 정성. 剝卦(박괘)는 위의 한 효만 양이고 전부 음이며, 復卦(복괘)는 밑에서 양이 회복되고 있는 괘임. 騂顔(성안): 얼굴을 붉힘. 源源(원원): 물이 끊임없이 흐르는 모양. 사물이 끊임없이 이어지는 모양.

174. 上智隱先生書(지은 선생에게 올리는 글)

天涯地角에 拜候無路하여 下懷伏悵하니 實非他時라 伏不審컨대 菊辰에 僑中氣力若何堪居오 愛君憂國之誠이 充溢于中하여 事不如意하니 倘在恒攝中矣라 文山之於冷山과 蘇武之於海上에 亦如是窮矣라 窮何可言가 先德이 旣曰 烈士不困行不彰이라하니 此豈非好事耶아 用心寬恕하여 無至失寧하여 以待河淸之日하여 翱翔自適하면 則洗其前日胸煩하리니 若何오 是爲吾儕之妙計也라 天地之間에 人孰無秉彛之性이리오 顧此淟劣이 滾汨塵寰하여 日與村叟輩로 爲知己友하여 只作圈中物하여 末由抽身하여 無一慰未伸之精誠하고 浪吟旅館寒燈獨不眠之句而已라 自歎自歎之奈何오 適因胤兄謁省之行하여 不可無隻字修候라 故로 玆奉片紙하고 浪題一首詩하여 伏呈하니 庶或作旅案一笑之資耶아 辭縮에 只此不備禮候라

아주 멀리 떨어진 곳에서 뵙고 문후할 길이 없어서, 저의 심정이 궁금하고 섭섭하여 실로 다른 때와 달랐습니다. 엎드려 살피지 못하옵건대 국화 피는 철에 객지에 있는 동안 기력이 어떻게 지낼 만합니까. 임금을 사랑하고 나라를 걱정하는 정성이 가슴속에 차고 넘쳐, 일이 뜻과 같지 아니하니, 항상 근심 중에 계시겠지요.

문천상은 냉산에서, 소무는 해상에서 또한 이와 같이 궁했던 것입니다. (그러니) 궁함을 어찌 말할 수 있겠습니까. 덕이 많은 선배가 이미 말하기를, “열사는 곤궁하지 않으면, 행실이 드러나지 않는다.”고 했으니, 이 어찌 좋은 일이 아니겠습니까. 마음 쓰기를 너그럽게 하여, 편안함을 잃는데 이르지 아니하여, 황하수가 맑아질 날을 기다려, 활개를 치고 스스로 편안하면, 전일의 가슴에 답답한 것을 씻을 것이니 어떠합니까. 이것이 우리들의 묘한 계책입니다.

천지의 사이에 사람이 누구인들 떳떳한 도리를 지키는 성품이 없겠습니까. 돌아보건대 이 못난 사람이 세상일에 바빠 날마다 촌 늙은이들과 더불어 자기를 알아주는 친구를 삼아 다만 우리 속의 물건이 되었습니다. 몸을 빼어 나설 수가 없어 한번도 펴지 못한 정성을 위로하지 못하고, '여관의 차가운 등불 아래 홀로 잠 못 이루네.'라는 시구를 헛되이 읊조릴 따름입니다. 자탄하고 자탄함을 어찌하겠습니까.

마침 윤형이 아버지를 보러 가는 여행을 통해, 한 마디 문후를 닦지 않아서는 안 될 것 같습니다. 그러므로 이에 편지를 받들고 부질없이 한 수의 시를 써서 엎드려 받치니, 혹 여행길에서 한번이라도 웃을 자료가 될까요. 말이 움츠러들어 다만 이렇게 예후를 갖추지 못합니다.

* 天涯地角(천애지각): 하늘의 가와 땅의 끝이라는 뜻으로, '아주 멀리 떨어진 곳'을 이르는 말. 下懷(하회): 어른에 대하여, '자신의 심정이나 뜻'을 낮추어 이르는 말. 하정(下情). 伏悵(복창): 궁금하고 섭섭하다. 僑中(교중): 타향에 있는 동안. 객중(客中). 文山(문산): 송나라 충신인 문천상(文天祥)의 호. 원나라 군대가 침입했을 때 강화 사절로 갔다가 붙잡혔으나 간신히 도망했다. 뒤에 원나라 군대와 싸웠으나 대패하였으며, 적장 장홍범(張弘範)에게 사로잡혀 피살되었다. 죽을 무렵에 지은 정기가(正氣歌)가 후대에 회자된다. 河淸(하청): 황하의 물이 맑아지는 일. 황하의 물은 항상 흐려 있으나 천년에 한번 맑아진다고 한다. 여기서는 '현성(賢聖)한 임금이 나타나 세상을 태평스럽게 다스리는 때'를 말함. 滾汨(곤골): 세상일에 몹시 바쁨.

175. 與昌原族人書(창원의 족인에게 드리는 글) 寧可寧福其名也(영가와 영복이 그들의 이름이다)

春間에 不遠千里而惠枉陋地하니 寔出料外라 可見其花樹之間親睦之篤厚러니 而未旣情話하고 仙駕遽動하니 顧乏郭公之風하여 難登司隷之門側하니 仰望不及이요 只挹山川之精采而已라 謹未審컨대 返旆利涉하고 而劬經日新又新하며 仁庇도 歸吉否아 溯與祝並이라 族下는 劣狀依昔이라 而近得孫兒에 資格頗有可望하여 豈非緣私愛之所致耶아 不旬間에 又得豚兒하니 鄙門慶私가 莫此若이라 奉呵奉呵라 第羅洞門事는 如何處理乎아 去月宗中書簡來到에 謹悉辭意하니 此是無信之責이라 是何故也오 抑細額不能到達耶아 或路遠無便之故也歟아 未嘗不訝鬱者多矣라 此處形便은 吾人已見之昭陵也라 更可冒廉詳悉仰達하여 以副遠外區區之望을 切仰이라 不備禮하나이다

봄 사이에 천리를 멀리 여기지 않고 누추한 곳을 찾아오셨으니, 실로 생각 밖입니다. 동족 사이의 친목의 돈독함을 볼 수 있습니다. 그런데 정다운 이야기를 다하지 못하고, 신선의 수레가 갑자기 움직이니, 곽태(郭太)의 기풍이 없어 이응(李膺)의 문 옆에 올라가기 어려워, 우러러 바라보아도 미치지 못하고, 다만 산천의 정채만 안을 따름이었습니다.

삼가 살피지 못하건대 돌아간 깃발이 잘 가고 글(경서를)을 공부한 것이 날로 새로우며, 집안도 잘 지내십니까. 궁금함과 축하를 함께 합니다. 저는 못난 모습이 전과 같습니다. 근자에 손자를 얻었는데 타고난 바탕이 가망이 있으니, 어찌 사사로운 사랑으로 인연한 소치가 아니겠습니까. 열흘이 못되어 또 아들을 얻었으니, 제 가문의 사사로운 경사가 이와 같을 수가 없습니다. 기쁘고 기쁩니다.

그런데 나동의 문중 일은 어떻게 처리하였습니까. 지난 달 종중의 편지가 왔는데, 삼가 말뜻을 모두 알아보니, 이것은 신의가 없다는 질책이었습니다. 이 무슨 연고입니까. 아니면 적은 액수라 해서 도달하지 못한 것입니까. 혹은 길이 멀어 인편이 없는 연고 때문이었습니까. 아닌 게 아니라 의아하고 답답한 점이 많습니다. 이곳 형편은 우리가 이미 알고 있습니다. 다시 염치를 무릅쓰고 속속들이 알아내어 우러러 아뢰어, 원외의 구구한 바람에 부응하기를 간절히 바랍니다. 예를 갖추지 못합니다.

* 惠枉(혜왕): 남을 높이여 그가 '자기를 방문하여 줌'을 이르는 말. 혜고(惠顧). 仙駕(선가): 임금 또는 신선의 수레. 여기서는 상대방의 출발을 미화하여 한 말이다. 司隷(사예): 이응(李膺)을 말함. 그의 벼슬이 사예였다. 精采(정채): 광채(光采). 발랄한 기상. 선인(仙人)이 지나가면 산이 정채가 난다고 함. 仁庇(인비): 상대방의 집안을 아름답게 표현한 것임.

176. 答省菴趙愚植書(성암 조우직에게 답하는 글) 谷城人(곡성 사람이다)

序屬暮春에 仙駕光顧하니 顧此無似가 感蒙不我遐棄之厚意라 數夜奉晤하니 勝讀十年書라 一自別後로 茹悵之懷가 曷有其極가 夜夢極吉하여 如有喜事러니 南鴈嗈嗈에 驚奉惠書하니 悚先於感이라 再三展讀하니 宛若對討하여 稍解停雲之思라 卽欲修謝矣러니 奈其塵間人事何오 是罪是罪라 謹未審컨대 月已改矣에 侍餘德養起居候가 隨序萬旺하고 而想硏理之工이 一如庭前荼蘼花가 有根에 一日長盛如一日矣라 諸節均泰아 並仰溯하여 不以尋常比라 弟狀은 依劣이요 而家豚은 無撓返巢라 然이나 紫蛙世界의 華麗乾坤中에 一無所業하고 虛費月餘者가 其心散亂하니 倘不無悠泛度了라 只作別品人類하니 其終未可信이라 朝暮獨往于吾之齋閣하니 其所爲不知何許라 是亦足以解慮者耳라 第拱컨대 盛敎는 隨力仰副爲計라 但恨無知村氓이 疑惑多端하여 不能如意하니 若是之輩를 何足算也리오 爲之一歎耳라 近間에 或有書中辨義利否아 向枉之時에 已有所貢愚나 而又思之컨대 事機好機가 百無一二나 而專用前書하니 則似近於狎諂이라 竊恐大賢吾兄之所不爲也라 惟更加深思之若何아 不備謝라

절서가 늦봄인데 신선의 수레가 영광스럽게 찾아오니, 돌아보건대 이 못난 사람은 저를 멀리 버리지 아니한 후의를 무릅씀을 느꼈습니다. 며칠 밤을 모시고 이야기를 하니 십 년 동안 글을 읽은 것보다 나았습니다. 한번 이별한 후로부터 서운함을 머금은 회포가 어찌 끝이 있겠습니까. 간 밤 꿈이 아주 길하여 기쁜 일이 있을 것 같았습니다. 남쪽 기러기가 울고 울더니 깜짝 놀라게 편지를 받드니, 죄송한 마음이 감격한 마음보다 앞섭니다.

재차 삼차 펴서 읽어보니 완연히 상대하여 토론하는 것 같아, 조금은 벗을 그리는 생각을 풀었습니다. 즉시 답장을 쓰고자 했는데, 세속 인간의 일

을 어찌하리오. 이것이 죄입니다, 이것이 죄입니다. 삼가 살피지 못하건대, 달이 이미 바뀌었습니다. 부모를 모시고 남은 덕으로 수양하는 안부는 절서를 따라 아주 편안하고, 그리고 생각건대 도리를 연구하는 공부도 꼭 뜰 앞 도미화 뿌리처럼 하루에 하루만큼 장성할 것입니다.

집안의 모든 분들도 고루 편안하십니까. 모두 우러러 궁금하여 평범한 것으로는 비교할 수가 없습니다. 저의 모습은 못난 그대로이고 자식은 아무 탈 없이 집에 돌아왔습니다. 그러나 오랑캐 세계의 화려한 세상 속에서 하나도 일삼는 바가 없고, 한 달여를 허비하고도 그 마음이 산란하니, 아직도 들떠서 보내지 않음이 없습니다. 다만 별다른 인간이 되었으니 그 끝을 믿을 수가 없습니다.

아침저녁으로 홀로 우리 재각에 가는데, 그 하는 바가 무엇인지 알지 못하겠습니다. 이 또한 염려를 풀 수 있는 것일 따름입니다. 그러나 아뢰건대 당신의 가르침은 힘닿는 대로 우러러 맞출 계획입니다. 다만 한스러워하건대 아는 것 없는 시골 백성이 의혹됨이 가지 수가 많아 뜻과 같이 할 수 없으니, 이와 같은 무리를 어찌 셀 수 있겠습니까. 그 때문에 매우 탄식할 따름입니다.

근간에 혹 편지 중에 의리와 이익을 분별함이 있었습니까. 전번에 오셨을 때에 이미 어리석은 소견을 바친 바가 있습니다. 그러나 또 생각하건대 일에 좋은 기회가 백에 한둘도 없는데 전적으로 앞의 글을 썼으니, 아첨에 가까운 것 같습니다. 살며시 두려워하건대 대현인 그대는 하지 아니할 바인 것 같습니다. 다시 더 깊이 생각해 보는 것이 어떻겠습니까. 갖추지 않고 답장합니다.

* 無似(무사): 현인을 닮지 못함. 곧 자기를 낮추어 못난 사람이라고 쓰는 겸사. 停

雲(정운): 친한 벗을 생각하는 정을 이름. 머물러 있는 구름. 萬旺(만왕): 신기(身氣)가 매우 왕성함. 아주 편안함. 諸節(제절): 윗사람을 높이어 '그의 기거동작(起居動作)'을 이르는 말. 상대방을 높여 그의 집안의 모든 사람의 기거동작의 안부.

177. 答寒泉齋通文(한천재의 통문에 답함)

郵使叩門하여 忽墜一書하니 看封에 知是族從間書式이라 不詳其兩地名字러니 却看裏許하니 乃是尊函이라 驚奉屢回에 可見不遐棄之厚誼하니 感悚交至라 惟我先祖妣 淑夫人玄和之藏이 在於綾羅洞하니 雖是不肖之孫이 非不知나 而緣於誠薄路遠하여 曾未能躬進省楸하고 僉族座下에도 亦未能齋書修候하니 是可曰 追遠之誠存乎아 花樹之誼存乎아 不覺愧汗泚顙이라 就拱經始之事는 叔世罕有之美擧也라 于斯世也에 報本之論이 一時刱出에 萬口合和云하니 惟吾門內之盛事요 亦可見民德將歸厚矣라 可仰可敬이라 遣書迸到合席共商云云하니 是亦不屑之敎나 而誅責深切矣라 然이나 滄桑浩劫이 于今幾年고 如有間隙이면 抽身爲計나 而世與年加하여 去去益深하여 營此年而未遂하고 志來月而亦未得하여 賤齒가 將至於五旬之境하니 奈其無結果者에 事何오 只自咄歎이라 年來所營之中에 兼蒙千金之盛敎하고 惟命是從이라 今秋薦香之時에 期欲展省하여 仰副所命하고 亦自償夙昔之願이요 至於俳物事는 自有私量하니 仰惟僉族은 稱衡其可堪經費하여 從速落成之地를 千萬千萬이라

우체부가 문을 두드리고 홀연히 편지 하나를 떨어뜨려, 봉투를 보고 이는 종족간의 서식이라는 것을 알았습니다. 양쪽 땅의 이름을 알지 못했는데, 문득 속을 보니 마침내 그대의 편지였습니다. 여러 차례 놀라 받들어 봄에 멀리하고 버리지 않는 후의를 볼 수 있으니, 감사함과 송구스러움이 아울러 이릅니다.

오직 우리 선조 할머니 숙부인의 시신을 모신 것이 능라동에 있습니다. 비록 이 불초한 자손이 모르는 것은 아닙니다. 그러나 정성이 박하고 길이 먼 것으로 인연하여 일찍이 몸소 가서 성묘를 가지 못하고, 여러 족친의 자

리에도 또한 편지를 써서 안부를 닦지 못하였습니다. 이것을 조상을 추사하는 정성이 있고, 종족간의 우의가 있다고 말하겠습니까. 깨닫지 못하는 사이에 부끄러운 땀이 이마에 흐릅니다.

나아가 아뢰건대 경영하여 시작한 일은 말세에 드물게 있는 아름다운 일입니다. 이런 세상에서 근본에 보답하자는 의론이 일시에 처음으로 생겨나 일만 입이 화합하였습니다. 참으로 우리 가문 내의 성대한 일이요, 또한 백성의 덕이 장차 후한 곳으로 돌아가리라 봅니다. 우러를 만하고 공경할 만합니다. 보낸 편지에 맞이하여 합석해 함께 생각하자고 하니, 이 또한 불설지교나, 꾸짖고 책망함이 깊고 절실합니다.

그러나 창해상전의 큰 재난이 지금까지 몇 년입니까. 만약 틈이 있으면 몸을 빼내 갈 계획을 했습니다. 그러나 세상이 해로 더불어 더하여, 가면 갈수록 더욱 깊어져, 이 해에 할까 하다가 이루지 못하고 다음 달에나 할까 뜻했다가 또한 이루지 못하였습니다. 천한 나이가 장차 오십의 경지에 이르니, 그 결과가 없는 일을 어찌하겠습니까. 다만 스스로 혀를 차면서 탄식할 뿐입니다. 여러 해 동안 경영하는 중에 겸하여 천금의 성대한 가르침을 입었으니, 오직 명을 따르겠습니다.

금년 가을 향을 올릴 때에 성묘를 하려고 기약하여 우러러 명한 바에 부응하고, 또한 오랜 소원도 풀려고 하였습니다. 물건을 배당한 일에 이르러서는, 스스로 사사로이 헤아리고 있는 바가 있습니다. 우러러 생각하건대 여러 족친께서는 감당할 만한 경비를 저울질하십시오. 속히 낙성하기를(낙성의 경지를) 천번만번 바랍니다.

* 尊函(존함): 남을 높이어 그의 '편지'를 이르는 말. 존한(尊翰). 玄和(현화): 죽은 사람의 흰 뼈를 이르는 말. 叔世(숙세): 정치·도덕·풍속 등이 쇠태하여 망해 가는

시대. 말세. 不屑之教(불설지교): 개의하지 않고 돌보지 않음으로써 도리어 그 사람을 분기하게 하여 스스로 깨닫게 하는 교훈. 불설지교회(不屑之教誨). 浩劫(호겁): 인간의 큰 재난.

178. 答鄭在烘書(정재홍에게 답하는 글) 咸陽人(함양 사람이다)

朋友는 交之以德하고 輔之以仁이니 是謂明人倫也어늘 而兄之於弟에 可謂晩交也나 而何若是綢密耶아 同庚同德도 猶可爲難이요 況同月乎아 地有嶺湖之分하되 情無早晩之別이라 萬東廟의 三宵奉話는 勝讀十年書나 而知音相逢하여 擬其有久留之樂이러니 無知火輪이 不爲吾人留하여 而遽作南北之分하니 悵結之心이 一如去車之指南하여 不勝菀悒라 際玆에 先施惠問하여 得拜承候安하니 私心小解하여 不知云喩라 奉聞方在淵齋先生緬葬會所하니 山崩之痛이 倘如新矣라 盖此事는 寔出僉君子誠心이요 而能占牛眠之地矣라 先生陟降之靈이 莞爾於冥冥之中하여 輔佑斯文하여 以報其淸厚之福矣리라 慰賀者實非尋常比라 弟亦趨參爲計러니 及其時也에 路毒復肆하고 兼以兒苦로 不可遠離라 坐此停之하여 而無奈懶慵者하니 兄我之間이 其勤慢이 奚止三十里哉아 自愧自歎이라 惟祝體候萬旺하고 安行葬事하여 以副遠外區區之望하라 不宣謝狀이라

친구는 덕으로써 사귀고 인으로써 도우니, 이것이 인륜을 밝히는 것이라고 합니다. 형은 아우에 대해서 사귐이 늦었다고 할 만합니다. 그런데 어찌 이와 같이 주밀하단 말입니까. 나이를 같이 하고 덕을 같이 하는 것도 오히려 어렵다고 할 수 있는데, 하물며 (태어난) 달을 같이 했음에랴. 땅은 영남 호남으로 나눠지되, 정은 이름과 늦음의 구별이 없습니다.

만동의 사당에서 삼일 저녁 모시고 이야기한 것은 십 년 동안 책을 읽은 것보다 나았습니다. 친구를 서로 만나 오래 머물러 있는 즐거움이 있을까 했는데, 아는 것이 없는 해가 우리를 위해 머물러 주지 않아, 갑자기 남북으로 나누어지게 되었습니다. 서운한 마음은 꼭 떠나가는 수레가 남쪽을 향함과 같아, 답답한 마음을 이길 수 없었습니다.

요즘에 이르러 먼저 물음을 베풀어 주어, 안부가 편안하다는 것을 들으니, 사사로운 마음이 조금은 풀어져 말할 바를 알지 못하겠습니다. 받들어 들으니 바야흐로 연재 선생의 면장하는 모임의 자리가 있다고 합니다. 산이 무너지는 아픔이 아마도 새로울 것입니다. 대개 이 일은 실로 여러 군자들의 성심에서 나온 것으로 명당자리를 잡을 수 있을 것입니다. 선생의 오르내리는 신령이 어둡고 어두운 속에서 빙그레 웃으며, 사문을 도와 맑고 후한 복으로 보답할 것입니다. 위로하고 축하하는 것이 실로 보통의 것으로 비교할 것이 아닙니다.

저도 또한 달려가 참석할 계획을 했습니다. 그런데 그때에 이르러 노독이 다시 극도에 달하고, 겸하여 아이의 병 때문에 멀리 떠날 수가 없었습니다. 이로 말미암아 정지하여 게으른 자는 어찌할 수 없게 되었으니, 형과 나의 사이는 부지런함과 게으름이 어찌 삼십 리에 그치겠습니까. 스스로 부끄러워 스스로 탄식을 합니다. 오직 몸이 건강하고, 장사를 편히 잘 지내서, 먼 곳의 조그마한 소망에 부응해 주십시오. 다 적지 못하고 답장을 올립니다.

* 同庚(동경): 동갑(同甲). 牛眠之地(우면지지): 썩 좋은 묘자리. 명당(明堂). 斯文(사문): 유학자. 유교의 학문.

179. 與鄭在烘書(정재홍에게 드리는 글)

吾儕離索이 自昔賢已然이온 而況嶺湖間之合簪之樂이 雖不得頻頻이나 聲息往復에 勞此毛楮二生이 可以足矣라 何故로 斯人이 有何所事하여 若是久不聞蘭臭오 懷仰耿結하여 尤不能自已라 伏詢秋高에 養德林樊하여 別無大損하고 所得이 幾何오 溯洄憧憧이 實不淺鮮이라 弟狀은 依劣하니 幸也라 何言가 適此貴鄕鄙族斗鉉甫이 惠顧하여 臨其歸也에 敢呈數字하여 仰溷雅鑑하니 望恕燭하라

우리 무리들이 이별하여 떨어져 쓸쓸하게 지냈던 것은 옛 현인으로부터 이미 그랬습니다. 하물며 영남과 호남 사이의 만났던 즐거움은 비록 자주자주 하지는 못하지만, 소식이 왕복하매 붓과 종이 두 가지를 수고롭게 함이 족할 만합니다. 무슨 까닭으로 이 사람이 무슨 일한 것이 있어, 이렇게 오랫동안 난의 향기를 맡지 못하게 되었습니까. 생각하고 우러름이 가슴에 맺혀, 더욱 스스로 그만둘 수가 없습니다.

엎드려 묻나니 가을 기운이 높은 때에, 숲에서 덕을 수양하면서 별로 크게 손상됨이 없이, 얻은 바가 얼마나 됩니까. 궁금하여 자꾸 생각됨이 실로 엷거나 적지 않습니다. 저의 모습은 못난 그대로니 다행입니다. 무슨 말을 하겠습니까. 마침 이때 그대의 고향에 사는 저의 일가 두현이 찾아왔습니다. 그가 돌아감에 임하여 감히 몇 자를 바쳐 귀하의 보심을 우러러 더럽히노니, 바라건대 이해하고 살피십시오.

* 溯洄(소회): 물을 거슬러 올라감. 돌이켜 생각하며 그리워함. 궁금함. 憧憧(동동): 높은 모양.

180. 與鎭海檜溪齋僉宗中(진해 회계재 여러 종중에게 줌)

前書는 想已照覽矣라 而尙無回音하니 抑或浮沈而然耶아 可盃可盃이라 伏惟辰下에 僉體候隨時錦安가 溯洄憧憧이라 族從은 依劣耳라 第羅洞排錢은 何若是多端耶아 三嘉督促을 非止一二는 僉族도 亦已知之나 而使遠外之族으로 徒置虛誕之境하여 坐受恥辱이 若是之甚耶아 設使路人授受라도 固不如是也리니 是可曰 花樹之間親睦之道耶아 諺所謂切親間易生怒心이라 前言固不枚陳也라 躬進敍懷는 非不有志나 而日寒路長하여 未遂初志하고 玆奉字而替面하니 覽之后에 都合領送하여 俾無爻象이면 則此可謂愛護之道矣라 是所顒望耳라 餘萬은 惟竢后遞하고 謹不備禮라

전에 보낸 편지는 생각건대 이미 보았을 것입니다. 그런데 아직 회답이 없는데, 아니 혹 중간에 전해지지 않아서 그런 것입니까. 답답하고 답답합니다. 엎드려 생각하건대 요즈음 여러분께서는 때로 편안하기도 하십니까. 궁금함이 많고 많습니다. 족종은 못난 그대로입니다.

그런데 나동에다가 돈을 배정한 것은 어찌 이렇게 가지 수가 많습니까. 삼가에서 독촉한 것이 한두 번에 그치지 않은 것은 여러 족친들께서도 이미 알 것입니다. 그런데 먼 밖의 족친으로 하여금, 한갓 거짓을 하는 처지에 놓이게 하여, 앉아서 치욕을 받게 하는 것이, 이와 같이 심하게 할 수 있습니까.

가령 길가는 행인이 주고받더라도 참으로 이와 같지는 않을 것입니다. 이것을 친족간의 친목의 도리라고 할 수 있습니까. 속담에 이른바 아주 친한 사이에 성난 마음이 생기기 쉽다고 했습니다. 과거의 말은 참으로 낱낱이 진술할 수 없을 것입니다.

몸소 나아가 생각을 서술할 뜻이 있지 않은 것은 아닙니다. 그러나 날씨

가 춥고 길이 멀어 처음 뜻을 이루지 못하고, 글을 받들어 만남을 대신합니다. 보고난 뒤에 모두 합하여 보내 주시어, 이런저런 말이 없게 하여 주신다면 이것을 아끼고 보호하는 도라 할 수 있을 것입니다. 이것이 크게 바라는 바입니다. 나머지 여러가지는 오직 다음 편지를 기다리며 삼가 예를 갖추지 못합니다.

* 浮沈(부침): 전해지지 않은 편지.

181. 與三嘉族人載春書(삼가에 있는 족친 재춘에게 드리는 글)

向於金溝墓祀之時에 逢寧鎬族하여 悉聞僉族動止一二나 而遽爾分張하니 悵仰如結이라 謹更詢比寒乖戾에 尊體候가 連衛保重가 遠外仰溯하여 不以山川相間이라 族從은 印昔耳라 就拱컨대 春間에 鎭海族人寧可寧福甫가 不遠路而光臨하고 兼以宗中通文으로 示意하니 謹悉而鄙門所排가 亦爲鎭海所關하여 業爲充數付納云이라 故로 卽其歸也에 極力辦送이라 羅洞齋閣建築費貳拾圓은 梧洞谷墓畓開拓費와 合卄拾圓也라 其後奉夏間書하여 始知其未納하니 是何故也오 有司專無諉造之意하고 宗中書印과 檜溪齋圖章을 推此可坐以知矣라 窃想貴族이 以爲鄙門이 推諉鎭海하여 遷延至於此乎아 致書問由하면 則此亦不辨而自明矣요 自量事勢하면 則當躬進明白이나 但恨路遠不能如意하니 是罪是罪라 惟願尊座는 勿以坐屈爲嫌하고 或可遣人하면 則伴呈此去書하여 付達하리니 若何오 敬聞컨대 惟我先祖文坦公遺文을 鋟梓云하니 是何盛意之勤耶아 何感如之오 實爲昊天未泯之本意歟아 先蹟之湮而復明이 爲吾全門恐懼修省之日也라 可不懼哉아 可不敬戒哉아 第於累經燹災에 如干遺跡이 沒入風烟中하고 惟有略干首詩하여 收拾私抄하여 敬爲世守之寶하니 此所謂零金片玉이 愈寡愈珍者也라 語到于此에 寧鎬族이 請見키로 錄在別紙하니 或不爲已見昭陵之歎耶아 第對金溝墓閣重建事하여 謹悉寧鎬氏言이나 而中止하고 但墓前家垈一座는 已爲抱營이로되 而有適賣買之說하니 此可謂不失此機者也라 期於圖成爲計나 而若爾則通報矣리라 以此下諒若何若何오 餘萬은 辭縮하여 謹不備狀禮라 寧鎬族은 無撓還駕否아 雪泥路長在前에 勢不得已相別하니 悵悵如渴하여 爲之代悶耳라 忙未修謝하니 爲致此意否아

지난번 금구 묘제시에 영호 족친을 만나 여러 족친의 동정 한두 가지를 자세히 들었네. 그런데 갑자기 헤어지게 되어, 서운함과 우러름이 맺힌 것

같네. 삼가 다시 묻나니 근래 추위가 심한데, 그대의 안부는 계속 잘 지내는가. 먼 곳에서 우러러 궁금하여 산천이 서로를 가로막지는 못하네. 나는 옛 그대로네.

나아가 아뢰건대 봄 사이에 진해 족친 영가와 영복 씨가 길을 멀리 여기지 않고 찾아왔네. 겸하여 종중의 통문으로 뜻을 보여, 삼가 알았는데 우리 문중에 배당된 것이 또한 진해와 관계된 바가 되어, 이미 수를 채워 부쳐드렸다고 하였네. 그래서 바로 그들이 돌아갈 때에 힘을 다해 마련해 보냈던 것이네. 나동 재각 건축비 20원은 오동곡 묘답 개간비와 합 20원이었네. 그 후 여름에 편지를 받고, 비로소 미납된 것을 알았으니 이 무슨 연고인가. 유사가 전혀 핑계될 뜻이 없고, 종중의 책 인출과 회계재 도장, 이것을 미루어 앉아서도 알 수 있었네.

속으로 생각하건대 귀족은 우리 문중이 진해 문중에다 핑계를 대고 미루고 미루어 이에 이르렀다고 생각하는가. 편지를 보내어 사유를 물어 보면 이 또한 변론하지 않더라도 스스로 자명한 일이네. 스스로 일의 형편을 생각해 보면 마땅히 몸소 찾아가 명백히 해야 하네. 다만 길이 멀어 뜻과 같이 할 수 없음을 한스러워하니, 이것이 죄송스럽고, 이것이 죄송스럽네. 오직 원하옵건대 존자께서는 찾아오게 하는 것을 꺼리지 마시기 바라네. 혹 사람을 보내 주신다면, 여기서 보낸 편지를 함께 받쳐서 부쳐 보내는 것이 어떠하겠는가. 공경히 듣건대 우리 선조 문탄공의 유문을 간행한다고 하니, 이는 얼마나 성한 뜻의 부지런함인가. 얼마나 감격해야 할 일인가. 실로 하늘이 없애지 아니한 본래의 뜻인가. 선조의 자취가 사라졌다가 다시 밝아진 것이 우리 전 문중이 두려워하고 삼가야 할 날이 되었네. 두려워해야 할 만하지 않는가. 경계해야 할 만하지 않는가. 다만 여러 차례 병화를 겪어 약간 남아 있는 유적이 풍연 속에 매몰되었네. 오직 약간의 시만 있어서 수습해서 사사로이 기록하여 공경히 대대로 지키는 보배로 삼았네. 이것이 이른바 영금편옥이 적을수록 진귀하다는 것일 것이네. 말이 여기에 이르러 영호 족친이 보기를 청하였네. 별지에 기록되어 있어 혹 이미 본 소릉의 탄식이 되지 않겠는가.

다만 금구 묘각을 중건하는 일에 대해서는, 삼가 영호 씨의 말을 다 알아들었네. 그러나 중지되었고, 다만 묘 앞의 가옥 대지 한 자리는 이미 짓는데 포함되어 있는데, 마침 매매한다는 말이 있으니, 이는 가히 이 기회를 놓쳐서는 안 될 것이라고 할 만하네. 기어코 이루어지도록 도모할 작정인데, 만약 그렇게 되면 통보를 하겠네. 이렇게 살펴 알아주는 것이 어떠하고 어떠하겠는가. 나머지 여러 가지는 말이 움츠러들어 삼가 편지의 예를 갖추지 못하네.

영호 족친은 아무 탈 없이 돌아갔는가. 눈 진흙 길이 멀리 앞에 있어 형세가 부득이 서로 이별했으니, 창창함이 목마른 것 같아 위하여 대신 민망스럽네. 바빠서 답장을 닦지 못하니 위해서 이 뜻을 전해 주시겠는가.

* 乖戾(괴려): 사리에 어그러져 온당하지 아니함. 尊座(존좌): 웃어른. 존장(尊長). 坐屈(좌굴): 자기가 찾아갈 것을 찾아가지 아니하고 남을 오게 함. 鋟梓(침재): 간행함. 인쇄함. 판목을 새김. 惧(구): 두려워하다. '懼'의 속자. 零金片玉(영금편옥): 한 방울의 금과 한 조각의 옥. 여기서는 아주 귀한 것을 말함. 下諒(하량): '윗사람이 아랫사람의 마음을 살펴 알아줌'을 아랫사람이 높여 이르는 말.

182. 與庾叅奉書(유참봉에게 드리는 글) 珉鳳(이름은 민봉이다)

洛中霎別이 尙庸悵仰이라 謹詢比來에 仕體寧謐하고 寶閈均禧아 溯仰區區하니 不翅例語라 弟依昔樣而已라 就望梧亭營建事는 盛意鄭重하니 雖出於同門同德之義나 然이나 同門同德이 不爲不多이나 而惟兄存焉이라 在傍者가 安得不興感耶아 吾雖無似나 秉彝則具焉이라 期佐下風之萬一하고 而以七月初로 爲始役計하여 而玆以仰陳하니 及期一枉하여 親檢形便하여 俾導克終之方이 若何오 此世此事가 實難得底事也어늘 而豈可容易乎아 若利成하면 則何幸何幸가 餘惟希照亮하고 不備禮하노이다

서울에서 잠시 이별한 것이 아직까지도 서운하고 우러른 생각이 듭니다. 삼가 묻나니 근래에 벼슬한 몸이 편안하고 집안도 두루 편안하십니까. 궁금함이 구구하여 보통 하는 말이 아닙니다. 아우는 옛날 모습 그대로일 따름입니다.

다만 바라건대 오정을 경영해 세우려는 일은 성대한 뜻이 정중합니다. 비록 동문 동덕의 의리에서 나왔고 동문 동덕이 많다 하더라도 오직 형만이 존재합니다. 곁에 있는 자가 어찌 흥감하지 않겠습니까. 내 비록 형편이 없으나 가지고 있는 떳떳함은 갖추고 있습니다.

저의 만분지일이라도 도울까 기약하고 칠월 초에 일을 시작할 계획이어서 이에 우러러 아룁니다. 때가 되면 한번 오셔서 친히 형편을 살펴보고 끝을 마칠 방도를 인도해 주시는 것이 어떠하겠습니까. 이 세상의 이 일이 실로 얻기 어려운 일인데 어찌 용이하겠습니까. 만약 잘 이루어진다면 얼마나 다행이고 얼마나 다행이겠습니까. 나머지는 오직 살펴 주시기를 바라고 예를 갖추지 아니합니다.

* 霎(삽): 잠시. 寧謐(영밀): 편안하고 고요함. 寶閈(보한): 상대방의 가족을 높이어 이르는 말. 無似(무사): 현인(賢人)을 닮지 못함. 곧, 자기를 낮추어 못난 사람이란 뜻으로 쓰는 겸사. 秉彝(병이): 인간의 떳떳한 도리를 굳게 지킴. 下風(하풍): 남의 아래에 있거나 그 영향이 미치는 처지에 있음을 겸손하게 이르는 말.

183. 與權燦容氏書(권찬용씨에게 드리는 글) 在丹城(단성에 있다)

道阻且長하여 未得敍花樹之懷러니 天借仙便하여 幸得瞻拜하여 慰此所懷하니 喜不可言이라 而旋則分張하니 下情耿耿이라 謹詢至沍案節에 氣體候養德益固하고 寶庇均吉가 伏慕區區不任卑私라 族下는 劣狀이 依昔하니 私幸耳라 就金溝事는 尙今無答이라 故로 今者에 付書하니 從速周旋이 似好似好耳라 餘는 爲探返旆利涉하고 不備라

길은 막히고 또 멀어 화수의 회포를 펴지 못했습니다. 하늘이 귀하에게 기회를 빌려주어 다행히 뵙고 인사함을 얻어, 이 생각한 바를 위로해 주니 기쁨을 말할 수 없습니다. 그런데 곧 헤어지니 저의 마음이 서운합니다.

삼가 묻나니 동짓달 추위에 공무를 보고 계시는데, 덕을 기르며 더욱 건강하고 집안도 고루 평안하십니까. 엎드려 사모하여 구구히 저의 마음을 이길 수 없습니다. 족하는 못난 모습이 옛날과 같아 사적으로 다행일 뿐입니다.

그런데 금구의 일은 지금까지 답장이 없습니다. 그래서 근래에 편지를 부쳤습니다. 빨리 주선하는 것이 좋을 것 같고 좋을 것 같습니다. 나머지는 돌아간 행차가 잘 당도했는가를 알아보려는 것이며 갖추지 않습니다.

* 下情(하정): 자기의 심정을 낮추어 이르는 말. 백성들의 실정이나 마음. 耿耿(경경): 불안한 모양. 至沍(지호): 동짓날 추위. 案節(안절): 말고삐를 당겨 잡고 천천히 감. 氣體候(기체후): '기력과 체후'란 뜻으로 어른에게 올리는 편지에서 문안할 때 쓰는 높임말. 寶庇(보비): 서간문에서 웃어른에 대하여 그의 가족을 높이어 이르는 말.

184. 與權道敏氏書(권도민 씨에게 드리는 글) 號石樵名斗熙(호는 석초이며 이름은 두희이다)

嶺湖落落에 音信積阻러니 適因貴族燦容氏便하여 槩探安候하니 稍解盇懷라 厥后且阻에 下懷伏悵이라 伏未審雪沍에 氣體候連護錦重하고 僉族도 各得平迪否아 伏慕且溯하여 不任遠外之私라 族下는 印昔하니 外何足道리오 就拱컨대 金溝先事는 十月時祀之際에 共相協議키로 通文與書告矣라 尙今無信하니 是庸訝盇이라 湖南所排는 今者收捧이나 而嶺之所排는 至今闕然하니 曷故焉고 春債는 期於今晦內에 報償爲計라 若未充數면 則爲先四百兩付送하여 合此湖南錢六百兩하여 脫此債務伏望伏望이라

영호남이 멀고멀어 소식이 오래 막혔습니다. 마침 귀 족친 찬용 씨 편을 통해 대강 편안하다는 안부를 살피니 답답한 회포가 조금 풀립니다. 그 후 또 막히니 저의 감회가 매우 쓸쓸했습니다. 살피지 못하건대 눈이 오고 물이 얼 때 건강은 연해서 지키고 잘 보중하며 여러 족친들도 각자 평안하고 평안하십니까. 엎드려 사모하고 또 궁금하여 먼 밖에서의 사심을 이길 수 없습니다. 족하는 옛날과 똑같으니 달리 무엇을 말하겠습니까. 그리고 아뢰건대 금구 선산의 일은 시월 시사의 즈음에 함께 상의키로 하고 통문과 글로 고했습니다. 그런데 아직까지 소식이 없으니, 이 때문에 의심이 나고 답답합니다.

호남에 배정한 것은 이제 거두어 바칩니다만 영남에 배정한 것은 지금까지 빠져 있으니 무슨 연고입니까. 봄의 빚은 이달 그믐 내에 갚을 계획입니다. 만약에 숫자를 채우지 못하면 우선 사백 량을 부쳐 보내 이 호남의 돈 육백 량과 합하여 이 채무를 벗어나게 하기를 엎드려 바라고 엎드려 바랍니다.

* 盇懷(울회): 울적한 회포. 平迪(평적): 평안하다.

185. 答族弟載春書(족제 재춘에게 답하는 글)

向者惠枉은 寔出於千萬意外러니 而旋則分袂하니 可仰蓬戶生輝라 只增悵耿이라 忽承惠字하니 可敵對討라 滿幅辭意가 無非激奮懶惰하니 是慰平生所懷라 不勝歛衽이라 承審至沍에 慈候愆節하니 得無大損가 令子婦于歸는 滿室慶幸이니 何等仰祝오 宜乎德門之餘事耳라 族從은 劣狀依前하니 外何枚陳이리오 第金溝事는 厥后有司來到하여 汲汲周旋하여 此處는 已是決案이로되 而嶺南一無信息이라 故로 付書于丹城하니 以此諒存하여 得免渴狀耶아 來示所懲은 雖勢나 亦未安이라 噫라 人心如此하니 是曰敦睦之誼耶아 愼終追遠이면 民德歸厚는 古昔聖訓이라 以若洪量으로 爲吾分內事若何오 今日族從은 作金溝之行이요 外他情話는 姑閣하니 惟希文案自護保重하여 以副區區之望하노라

지난번 찾아와 준 것은 참으로 천만 뜻밖이었는데, 곧 헤어지게 되었네. 초가집이 빛나도록 한 것에 존경하는 마음을 가지네. 다만 서운함과 마음 아픔이 더할 뿐이네. 문득 편지를 받고 보니 대면해서 의논한 것과 맞먹을 수 있네. 폭에 가득한 말의 뜻은 게으른 사람을 격분시키지 아니함이 없으니, 이는 평생의 생각한 바를 위안해 주는 것이네. 옷깃을 여밈을 이기지 못하겠네.

이어 살피니 동짓달 추위에 어머님의 안부가 안 좋다고 하니 크게 손상됨은 없겠는가. 이제 그대의 자부가 시집온 것은 온 집안의 경사이니 얼마나 우러러 축하할 일인가. 마땅히 덕문의 나머지 일일 것이네. 족종은 못난 모습이 전과 같으니, 그 밖의 것은 어찌 낱낱이 말할 것이 있겠는가.

다만 금구의 일은 그 후 유사가 와서 서둘러 주선하여 이곳은 이미 안을 결정했는데 영남은 전혀 소식이 없기 때문에 단성에 편지를 부치니 이것으

로써 헤아려 살펴 목마른 형편을 면하게 할 수 있는가.

보내준 말의 징계한 바는 비록 형편에 따라 하는 것이지만 또한 미안하네. 아, 인심이 이와 같으니, 이것을 돈독한 화목의 우의라고 할 수 있겠는가. 장례를 삼가고 먼 조상을 추모하면 백성의 덕이 돈후한 곳으로 돌아간다는 것은 옛 성현의 교훈이기도 하네. 그와 같은 큰 도량으로 자기 분수 안의 일을 하는 것이 어떠하겠는가. 금일 족종은 금구에 갈 작정이네. 그 밖의 정다운 말은 짐짓 물리치겠네. 오직 학문을 하는 몸이 스스로 지키고 보존하여 구구한 바람에 부응하기를 바라네.

* 愆節(건절): 남의 병을 높이어 이르는 말. 건후(愆候).

186. 上鄭都事書(정도사에게 올리는 글) 居京號晩松名秉源(서울에 살고 있는데, 호는 만송이며 이름은 병원이다)

客地送春하니 懷仰切切이라 吾鄕亦送春하니 而懷我乎아 伏問하니 初夏에 靜體候萬安하고 諸節均寧가 伏溯區區不任下誠이라 侍生은 入闈後로 以背瘇으로 動作不便하여 甚苦甚苦라 就白하노니 所營事는 又作前日하여 復呈長書計나 而某某處에 面曾聞言하니 則亦如前破之云云하니 然則吾鄕之紛挐가 如彼日甚하고 此中之言論이 如是平夷하니 大抵所費가 雖夥多나 不得不見其決稍하고 而下去耳라 近日之情狀은 不言可燭이나 而交涉也와 直接也가 空談하면 則皆無面也니 豈無商量者가 存乎아 旣聞隨何周旋之命이라 故로 玆以仰告하노니 伏望此意를 深諒하고 相議於同志諸處하소서 此中所急者는 另圖必施하여 無使視事者로 見縮之地를 千萬伏祝이요 多少는 都在黙會中이요 餘留不備達이라

객지에서 봄을 보내니 생각하고 우러름이 절절합니다. 우리 고향도 또한 봄을 보내는데 저를 생각하고 있습니까. 엎드려 묻나니 초여름에 정체후가 모두 편안하고 집안 모두도 고루 평안하십니까. 궁금함이 구구해서 하성을 이길 수 없습니다.

시생은 집으로 돌아온 후로 등창으로 동작이 불편하여 심히 괴롭고 심히 괴롭습니다. 나아가 아뢰옵나니 경영하고 있는 바 일은 전일과 같아 다시 긴 편지를 바칠 생각입니다. 그런데 모모처에서 상면하여 일찍이 말을 들어보니 또한 전에 깨진 것과 같이 된다고 합니다. 그렇다면 우리 고향의 시끄러움이 저와 같이 날로 심하고, 이곳의 언론은 이와 같이 평이하니 대저 허비된 것이 비록 많다고 하더라도 그 결과를 보고 내려가지 않을 수 없습니다.

근일의 형편은 말하지 않더라도 알 수 있습니다. 그러나 교섭을 하나 직접 하나 말로만 해서는 모두 면목이 없는 것이니 어찌 생각할 바가 없겠습니까. 이미 누구를 따라 주선하라는 명을 들었기 때문에 이에 우러러 고합니다. 엎드려 바라건대 이 뜻을 깊이 헤아리고 동지와 여러 곳에 상의하십시오. 여기의 급한 것은 반드시 실시할 것을 따로 도모하고, 일을 보는 자로 하여금 움츠림을 당하는 처지가 되지 않게 하기를 천번만번 엎드려 빕니다. 다소의 일은 모두 말없이 이해하는 가운데 있고 나머지는 남겨두고 갖추지 않고 아룁니다.

* 諸節(제절): 상대방을 높여 그의 집안의 모든 사람의 기거동작(起居動作)의 안부(安否). 윗사람을 높이어 '그의 기거동작'을 이르는 말. 另(영): 따로. 별다른.

187. 上石樵族叔書(석초 족숙에게 올리는 글) 山清人(산청 사람이다)

曩也에 陪杖屨於花樹中하여 其所薰沐이 如在道德平林 而意緣勢라 故로 遽爾告歸하니 受賜之恩이 抑有數者存於其間而然歟아 伏悵無以及焉이라 伏惟玆辰에 道體가 對時葆重하고 百度歸仁가 伏遡遠祝이 不翅如渴이라 族侄生은 自抵家以來로 姑無現故하니 伏幸而無足仰達者耳라 就伏告하노니 某條는 既承尊教하니 不必更贅나 而歸聽門議하니 則以厥數增減으로 羣誚幷起하니 此雖出於不獲已者로되 而第伏念컨대 末稍彌縫之道가 亦不無關慮處也爾라 何然고 若以債報로 拖至時月하면 則其本也는 自有不欠之欠하리니 這致淸帳無期之弊니 那條를 期於下擲을 伏望耳라 校洞諸族의 渾節은 濟濟泰旺가 當各修候나 而辭縮筆荒하여 無以盡情하니 以此轉喻하고 無爲深誅면 則是亦君子愛人之德也라 下諒焉하라 餘惟伏竢回教하고 不備伏惟라

전번에 어른을 화수회에서 모시고 감화를 받음이 도덕의 숲에 있었던 것 같았습니다. 그러나 뜻이 형세 때문에 갑자기 돌아옴을 고하니 하사한 은혜를 받은 것은 또 운수가 그 사이에 존재해서 그런 것입니까. 미칠 수 없는 것이 참으로 서운합니다.

엎드려 생각하건대 이때에 도체가 때를 대해서 보중하고 모두가 인에 돌아가고 있습니까. 엎드려 궁금하고 멀리서 비는 것이 목마름 같을 뿐만이 아닙니다. 족질생은 집에 도착한 이후로 아직 드러난 변고는 없어 엎드려 다행스럽게 여기는데 족히 우러러 아뢸 것이 없습니다.

엎드려 고하나니 모 조항은 이미 존귀한 가르침을 받들었으니 다시 더할 필요가 없는데 돌아와 문중의 의론을 들으니, 그 수를 더하고 빼는 것 때문에 여러 꾸짖음이 아울러 일어났습니다. 이것이 비록 부득이한 것에서 나온

것이었지만, 다만 엎드려 생각하건대, 저의 미봉책이 또한 염려되지 않은 것이 없습니다.

왜 그런가 하면, 만약 빚 갚은 것이 세월이 뻗쳐 이르러간다면 그 근본은 스스로 흠이 아닌 흠이 있게 될 것입니다. 이것이 문서를 깨끗이 하는데 기한이 없는 폐단을 초래할 것이니, 그 조목을 없애주기를 엎드려 바랍니다. 교동 제족의 혼절은 모두모두 편히 계십니까. 마땅히 각각 문후를 닦아야 하는데 말이 움츠려들고 붓이 거칠어져 정을 다할 수가 없으니, 이것으로 돌려 말을 해주고, 심한 꾸짖음이 없다면 이는 또한 군자가 사람을 사랑하는 덕일 것입니다. 헤아려 주십시오. 나머지는 오직 회교를 엎드려 기다리며, 갖추지 아니하고 엎드려 생각합니다.

188. 與族從鳳鉉書(족종 봉현에게 드리는 글)

阻則悵은 例也나 而凡在知舊에도 猶然이온 況我宗族은 同源一氣者乎아 瞻望嶺雲에 罔知攸喩나 而際玆에 石樵族丈喪事는 是何意表耶아 斯文不幸이요 吾宗이 益孤니 欲寫眞情이나 無以爲辭라 謹詢至陽에 棣餘經體萬重하고 庇儀均禧아 溹仰不任이 實非餘人比也라 族從은 年進學退하니 秪是面目可憎人而已爾니 何오 就昨秋門排條는 詳轉告於祭官回便하니 仰想業已入聆矣라 債主入促이 亦非不關慮나 而況其利子之越數를 將何以彌縫耶아 元排中所送條外餘數를 並利子하여 不日刷送하여 迅掃門累然后에 可免忝先之責이니 十分諒裁가 若何若何오 且金溝墓土는 被族人某之典賣하니 亦當詳燭이나 而該犯者가 在逃未現하여 妥定無期하여 將何爲之耶아 是亦善導를 至仰至仰이라 先祖文坦公實紀는 從何便而付送耶아 尙今不見孚信하니 抑或中滯耶아 伏盃伏盃耳라

소식이 막히면 서운한 것은 당연한 것이지만 무릇 친구 사이에도 오히려 그러한데 하물며 우리 종족은 근원을 함께 하고 기운을 한 가지로 하였으니 오죽하겠습니까. 영남의 구름을 우러러 바라보니 무어라 말할 바를 알 수 없는데, 이 즈음에 석초 족장의 장례는 이 무슨 뜻밖의 일입니까.

사문이 불행하게 되었고 우리 종중이 더욱 외롭게 되었으니, 진정을 쓰고자 하여도 무어라 말할 수 없습니다. 삼가 묻나니 동짓달에 점잖은 귀하께서는 편안하고 온 집안도 고루 행복하십니까. 궁금하고 우러름을 이길 수 없는 것이 실로 다른 사람과 비할 바가 아닙니다.

족종은 나이는 나아가는데 학문은 물러나니, 다만 면목이 가증스러운 사람일 따름이니, 무엇 때문일까요. 그런데 지난 가을에 문중에 배정한 조목은 제관이 돌아가는 편에 상세히 전해 고했으니, 우러러 생각하건대 이미

귀에 들어갔을 것입니다. 빚 주인이 들어와 재촉하는 것이 또한 염려에 관여되지 아니한 것이 아니지만 하물며 그 이자의 넘어간 수를 장차 어떻게 미봉할 것입니까.

원래 배분한 것 가운데 보낸 조항 외의 나머지 수를 이자와 합하여 즉시 보내 빨리 문중의 누를 쓸어버린 연후에 선조를 욕되게 한 일을 면할 수 있을 것이니, 십분 헤아려 주는 것이 어떠하겠습니까, 어떠하겠습니까. 또 금구 묘토는 족인 모가 전당잡혀 팔았으니, 또한 마땅히 상세히 살펴야 할 것인데, 해당 범법자가 도망해 나타나지 않아 결정될 기약이 없으니, 장차 그것을 어떻게 할 것입니까. 이것 또한 잘 인도해 주기를 지극히 우러러 바라고 지극히 우러러 바랍니다. 선조 문탄공의 실기는 어느 편에 부쳤습니까. 아직까지 보내주신 편지를 보지 못하였으니 혹 중도에 막힌 것입니까. 엎드려 답답하고 엎드려 답답할 따름입니다.

* 棣餘(체여): '점잖은 모양', '예의가 바른 모양' 정도의 의미. 經體(경체): 경전(經典)을 공부하고 있는 몸. 상소문이나 편지에 주로 쓰임. 孚(부): 보내다.

189. 與族弟載春書(족제 재춘에게 드리는 글) 陜川人(합천 사람이다)

向也에 仙庄敍懷는 殆若消除鄙吝이리니 歸來陋巷하니 似縷存者가 復萌이라 不見叔度之懷가 奚啻於古人哉아 臨風送情이 靡日不切이라 謹未審건대 槐風惱人에 德養經體候는 衛道安旺하고 令次胤患節은 業已快復矣리라 將何辭而祝之哉아 遠外願聞이 不啻渴飮이라 族從은 還巢后로 一是洩劣이 不可形達이라 第仰文坦公先祖實紀가 穩墜窮巷하여 奉閱再三하니 罔知攸措로 是可謂天日復明이라 若吾祖在天之靈이 不泯하면 則莞爾笑曰 余有繼后之孫하리니 豈不善哉아 豈不善哉아 鄙邊에 亦有益齋李先生之後孫하여 世世文學이 不絶하여 聲名이 遠播하니 那倘光送一秩耶아 臨時裁送이 若何오

지난번에 선장에서 회포를 푼 것은 거의 비린을 녹여 없애버린 것 같더니, 누추한 마을로 돌아오니 실마리처럼 남아 있던 것이 다시 싹이 텄네. 숙도를 보지 못한 회포가 어찌 고인뿐이겠는가.

바람을 임해 정을 보내는 것이 어느 날이든 간절하지 않은 때가 없네. 삼가 살피지 못하건대, 홰나무 바람이 사람을 피로하게 할 때 덕으로 수양하는 경의 몸이 도를 지키면서 편안하고 둘째 아드님의 병은 이미 쾌유되었을 것이네. 장차 무슨 말로 축하를 하겠는가. 먼 밖에서 듣기를 원하는 것이 목마른 데 물 마시고자 하는 것과 같을 뿐만이 아니네.

족종은 집에 돌아온 후로 한결같이 못난 모습이 형용해서 말씀드릴 수가 없네. 그런데 아뢰건대 문탄공의 실기가 편안히 궁벽한 고을에 떨어져 받들어 읽기를 두 번 세 번 하니 어찌할 바를 알 수가 없네. 이는 하늘의 해가 다시 밝아졌다고 이를 수 있을 것이네.

만약 우리 선조의 하늘에 있는 영혼이 없어지지 않았다면 빙그레 웃으며

말하길, 나에게 뒤를 이은 후손이 있다 할 것이니, 어찌 좋지 않고 어찌 좋지 않겠는가. 우리 부근에도 또한 익재 이선생의 후손이 있어 대대로 문장이 끊어지지 아니하여 명성이 멀리 퍼졌으니, 어떻게 한 질을 빛나게 보내주시겠는가. 제때에 맞게 헤아려 보내주는 것이 어떻겠는가.

* 仙庄(선장): 남의 집이나 그 터를 높이어 이르는 말. 叔度(숙도): 황헌(黃憲)의 자(字). 槐風惱人(괴풍뇌인): '홰나무 바람이 사람을 피곤하게 하다'라는 말로 여름을 말함.

190. 與族兄寧鎬書(족형 영호에게 드리는 글)

陪遊軒下는 浮生難得底事어늘 而何幸吾先祖在天之靈이 恐慮此漢空老塵寰하여 向賜一會라 然이나 不數日而分袂하니 奈其平日汨於世況何오 歸來茹悵이 迨今耿耿이라 謹未審컨대 麥秋에 靜養體候가 連得泰吉하고 寶庇도 川休아 幷仰遡祝하여 不以寅脯弛也라 族弟는 登程而利涉而歸巢하여 五六日을 擁衾重痛하니 無奈氣質之空麤者事라 可歎可愧라 何時更得面討耶아 浪吟無情歲月若流波之句耳라 餘不備伏惟라

헌하를 모시고 노는 것은 부생이 얻기 어려운 일인데, 어찌 다행히도 우리 선조의 하늘에 계신 영혼이 이 몸이 속세 속에서 늙는 것을 두려하고 염려하여 전번에 한번의 모임을 주었습니다. 그러나 며칠이 안 되어 헤어지게 되니 평일에 세상일에 골몰한 것을 어찌할까요. 돌아와서 서운한 생각을 머금은 것이 지금까지도 까막까막합니다.

삼가 살피지 못하건대 보리가 익는 계절에 도를 고요히 수양하는 몸이 연하여 태평함과 길함을 얻고 집안도 강물이 흐르는 것처럼 아름답습니까(모두 편안하십니까). 모두 우러러 궁금하고 빌어서 아침저녁으로 그치지 않습니다. 족제는 길을 나서 잘 걸어서 집에 돌아와 오륙 일을 이불을 뒤집어쓰고 중병을 앓으니, 기질이 비고 거칠한 자의 일은 어찌할 수가 없습니다. 한탄스럽고 한탄스럽습니다. 어느 때나 상면해서 토론할까요. 부질없이 무정한 세월이 흐르는 물결 같다는 글귀만 욀 따름입니다. 나머지는 갖추지 아니하고 엎드려 생각합니다.

* 麥秋(맥추): 보리가 익는 계절. 음력 5월의 딴 이름.

191. 與族人泰鍾書(족인 태종에게 드리는 글) 晋州郡班城面倉里(진주군 반성면 창리)

省禮拜言하노이다 向也에 拜別이 殆春夢하여 至今悵仰이라 謹未審旱天에 孝中體候如何支嗇하고 大庇旺仁否아 幷仰賀祝之至라 族從生은 無撓歸家하고 家亦無故하니 伏幸何達가 餘非拙筆之悉이니 惟探近候하고 謹不備䟽上이라

예를 생략하고 절하며 말씀드립니다. 지난번에 절하고 이별한 것이 거의 봄날의 꿈과 같아 지금까지 서운하고 우러릅니다. 삼가 살피지 못하건대 가문 날씨에 상중에 있는 몸이 어떻게 지탱하고 집안도 전부 편안합니까. 함께 우러러 지극히 축하드립니다. 족종생은 아무 탈 없이 집에 돌아오고 집안 또한 무고하니 엎드려 다행함을 어떻게 말하겠습니까. 나머지는 졸필이 다할 수 있는 것이 아니니, 오직 근일의 안부를 살피고 삼가 갖추지 아니하고 글을 올립니다.

192. 與族侄五永書(족질 오영에게 드리는 글) 鎭海人(진해 사람이다)

嶺湖落落에 花樹一會와 不可易得底事 而向因先事하여 不枉百步而得하니 抑吾先祖如在之靈이 黙祐後昆하여 而賜一期會歟아 然而未幾箇日而告歸하니 世況之奪人情地가 固如是耶아 耿悵無容仰喩라 不審컨대 棣體衛道葆重하고 庇節이 均泰아 遠外仰祝하여 不以山川間之라 族從은 自抵家以來로 姑無現警이요 他無足枚仰者耳라 尙拜別에 始擬更晋拜別이러니 非徒歸鞭之促迫이라 巧値路左하여 而勢不能從心하여 竟孤素衷하니 歸而齋悵에 已無及焉이라 倘恕燭耶否아 餘는 惟冀道體循序增祉하고 不備候禮라.

영남과 호남이 멀리 떨어져 족친들이 한번 모인다는 것이 쉽게 얻을 수 있는 일이 아닌데, 지난번에 선조의 일로 인하여 백 보도 굽히지 않고 얻었으니, 아니 우리 선조의 계신 듯한 신령이 후손들을 묵묵히 도와주어 한번의 기회를 준 것인가. 그러나 며칠이 못 되어 돌아감을 고하니, 세상 형편의 인정을 빼앗은 처지가 참으로 이와 같은가.

까막까막하고 서운한 마음을 아뢸 길이 없네. 살피지 못하건대 그대는 도를 지키고 보중하며 온 집안이 두루 태평한가. 멀리 밖에서 우러러 빌어서 산천이 가로막지 못할 것이네. 족종은 집에 도착한 이래로 우선 나타난 놀랄만한 일은 없고, 그 밖에는 족히 낱낱이 아뢸 만한 것이 없네.

지난번 이별할 때에 처음에는 다시 나아가 이별하려고 했더니, 한갓 돌아올 길이 촉박했을 뿐만 아니라 공교롭게도 길이 엇갈림을 당해 형편이 마음과 같이 되지 않아 마침내 본디의 마음을 저버려 돌아와 한을 삼으나 이미 미칠 수가 없었네. 혹시 이해하고 알아주시겠는가. 나머지는 오직 그대가 계절을 따라 복을 더하기를 바라고, 문후하는 예를 갖추지 않네.

* 棣體(체체): 점잖은 몸. 左(좌): 서로 어긋나다. 상반되다.

193. 上李雙翠先生常學氏書(쌍취 이선생 상학씨에게 올리는 글) 居京(서울에 산다)

一離軒屛後로 鄙吝이 萌乎心하니 始覺薰蕕之於是乎分矣라 伏詢玆者에 經體候益復寧謐하고 令抱도 安侍勤課否아 幷伏溯不任하여 不以遠邇有間이라 侍生은 還鄕以來로 百擾纏身하여 無以自支하니 是何不老不少陽界上滋味耶아 悶私耳라 就伏悚컨대 那事는 還試物議하니 則人皆欲抃하여 莫不誦巨弊已袪나 而究其裡面하니 則果無實副하여 安得不自愧於方寸間耶아 旣與鄭都事丈으로 有所密約하니 尊旣所穩燭也라 以此念到底幇助하여 善圖于那處하여 期至結稍면 則非徒爲一個此生之私라 其於大庇之恩에 受賜大矣라 而扶植吾道가 果何如오 十分另燭하여 期生實副를 伏祝伏祝이라 第待回報하여 卽當進拜矣라 下諒善裁가 若何若何오 惟伏冀下念之如何라 不備候上이라 英坡先生도 亦康旺耶아 當各修候而事係怱怱하여 未得遂忱하니 以此轉布하여 俾圖休責이면 則是亦君子愛人之德也라

한번 헌병을 떠난 후로 비린이 마음에 싹이 터, 비로소 향내 나는 풀과 악취 나는 풀이 여기서 나뉜다는 것을 알았습니다. 엎드려 묻나니 근래에 글 읽는 몸이 더욱 편안하시고, 손자도 편안히 모시고 일과를 부지런히 합니까. 모두 엎드려 궁금하기를 금할 수 없어, 멀고 가까운 것으로써 간격이 있지 않습니다.

시생은 고향에 돌아온 이래로 여러 가지 근심이 몸을 감싸 스스로 지탱할 수가 없습니다. 이것이 무슨 늙지도 않고 젊지도 않은 양계상의 자미가 되겠습니까. 저를 민망하게 할 따름입니다. 그런데 엎드려 송구하건대, 그 일은 돌아와 물의에 시험해 보니, 사람들이 모두 춤을 추고자 하고, 큰 폐단이 이미 없어진 것을 칭송하지 않은 이가 없는데, 내용을 알아보니, 과연

실지에 부응한 것이 없어 어찌 스스로 방촌의 사이에 부끄럽지 않겠습니까.

이미 정도사 어른과 더불어 비밀히 약속한 바가 있으니, 귀하가 이미 잘 알고 있는 바입니다. 이것으로써 철저히 도와줄 생각을 해서, 그곳에 잘 도모를 해서 결말이 잘 나도록 기약한다면 다만 한 개 이 소생의 사사로움이 될 뿐만이 아닙니다. 크게 도와준 은혜에 대해서는 받은 바가 큽니다.

그리고 우리 도를 도와준 것이 과연 얼마나 되겠습니까. 십분 특별히 살펴 주십시오. 생이 실제로 부응하도록 기약하기를 엎드려 바라고 엎드려 바랍니다. 다만 회보를 기다려 곧 마땅히 나아가 인사를 드리겠습니다. 하량하여 잘 조처해 주시는 것이 어떠하겠습니까, 어떠하겠습니까. 오직 엎드려 바라니 하념해 주시는 것이 어떻겠습니까. 문후를 갖추지 않고 올립니다.

영파 선생도 또한 강건하십니까. 마땅히 각각 문후를 닦아야 하는데, 일이 바쁘고 바빠 정성을 이루지 못하니, 이것을 돌려서 말씀드려 꾸짖지 않도록 한다면 이 또한 군자의 사람을 사랑하는 덕일 것입니다.

* 丈(장): 어른.

194. 與鄭參奉書(정참봉에게 드리는 글) 居京(서울에 산다)

拜辭日未幾에 伏悵無以爲裁라 伏不審長至에 仕體候連護萬寧가 遠外伏溯不任者至라 生은 無擾還鄕이라 然이나 以那事之未結稍가 如物在喉오 而矧又彼輩之生梗이 無所不至하여 見迫景色이 日復日深하니 自顧情私가 將未知竟作何樣身勢라 伏歎伏歎이라 無奈吾道之不明何오 自京做去事는 已有所面告하니 不待更告나 而旣在俯燭矣라 伏想業已屬及於那處나 而幸得利成之諾耶아 回示하면 則當直進面陳伏計耳라 以若彼我兩地로 言之면 則孰是孰非를 不待言而可辨이라 以此巨額之費로 勒迫於窮蔀殘戶者가 可乎아 不堪勒迫而呼寃者가 可乎아 於此二者에 是非自分이니 以此諒下하여 期圖實副를 至企至企라 兩度書는 互相俯燭이 若何오

인사하고 하직한 지 날짜가 얼마 되지 않았는데, 엎드려 쓸쓸한 마음을 가늠할 수가 없습니다. 엎드려 살피지 못하건대 더운 여름철에 벼슬한 몸의 안부가 두루 평안하십니까. 먼 밖에서 엎드려 궁금함을 이기지 못함이 지극합니다. 생은 아무 탈 없이 고향에 돌아왔습니다. 그러나 그 일의 결과를 맺지 못한 것이 마치 물건이 목구멍에 있는 것과 같은데, 더구나 또 저들의 성가시게 하는 것이 이르지 아니한 바가 없어, 핍박을 당하는 형편이 날로 더욱 심합니다. 스스로 실정을 돌아보니 장차 결국에는 어떤 신세가 될지 알 수가 없습니다. 엎드려 탄식하고 엎드려 탄식합니다. 우리 도가 밝아지지 아니한 것을 어찌할 수가 없습니다.

서울로부터 했던 일은 이미 대하여 고한 바가 있으니, 다시 고할 것도 없지만 이미 굽어 살피실 것입니다. 엎드려 생각하건대 이미 부탁이 그곳에 갔을 것인데 다행히 이롭게 이룰 승낙을 받았습니까. 회답을 해준다면 마땅히 곧 바로 나아가 면대해서 아뢸 것을 엎드려 생각하고 있습니다. 저 사람

과 우리의 두 처지를 말한다면 누가 옳고 누가 그른지 말을 기다릴 것 없이 분별할 수가 있을 것입니다. 이 거액의 비용을 궁하고 쇠잔한 집에 강제로 핍박하는 것이 옳습니까. 강제로 핍박하자 원통함을 호소하는 것이 옳습니까. 이 두 가지에 대해 시비가 스스로 분간이 되니 이것으로써 헤아려 실제에 부응하도록 도모해 주기를 지극히 바라고 지극히 바랍니다. 두 차례의 편지는 서로 굽어 살펴보는 것이 어떠하겠습니까.

* 長至(장지): 하지(夏至)를 이름.

195. 上希堂先生書(희당 선생에게 올리는 글)

仙庄一辭가 遽作千里眼面이라 京鄕落落이 固如是耶아 伏悵伏悵이라 伏詢秋氣漸高에 仕體節이 萬旺가 遠外伏溯不翅區區也已라 生은 一是拜時樣子나 而惟以那事之未結로 稍見迫於彼輩가 日益甚焉하여 無以自支하니 良苦良苦라 以此詳及於內資洞金監宅하여 期圖利成之地가 若何오 盖此所訟은 非私伊公也라 在傍幇助도 亦無愧怍底義理也라 倘諒此意也否아 惟是之祝耳라 餘는 惟伏冀周急之如何라 不備候上이라

선장에서 한번 작별한 것이 문득 천리의 안면이 되었습니다. 서울과 시골의 먼 것이 실로 이와 같습니까. 엎드려 슬프고 엎드려 슬픕니다. 엎드려 묻나니 가을 기운이 점점 높은데, 벼슬한 몸의 안부가 두루 편안하십니까. 먼 밖에서 엎드려 궁금하기가 구구할 뿐만이 아닙니다. 생은 한결같이 뵈었을 때와 같은데, 오직 그 일의 결말을 맺지 못한 것 때문에 조금 저 무리에게 핍박을 당한 것이 날로 더욱 심하여 스스로 지탱할 수가 없으니, 참으로 괴롭고 참으로 괴롭습니다.

이것을 내자동 김감사댁에 자세히 말해 잘 이루어지도록 도모하는 것이 어떠하겠습니까. 이 소송은 사적인 것이 아니고 공적인 것입니다. 곁에 있는 사람이 도와주는 것도 또한 부끄러운 의리가 없습니다. 혹 이 뜻을 양해하시겠습니까. 오직 이것을 빕니다. 나머지는 오직 급함을 어떻게 도와줄 것인가를 엎드려 빕니다. 안부를 갖추지 않고 올립니다.

196. 上李是菴先生書(이시암 선생에게 올리는 글) 居陜川(합천에 산다)

客月望에 纔得見伊川面하여 覿德聽誨가 不爲不深而歸하니 則鄙吝復萌乎心이라 然이나 秉彛則具焉하니 未始不覺受賜之溢分이라 但以是自慰耳라 敬拜審花煦에 道體候가 益加葆重하고 庇下諸節도 均禧아 伏溯憧憧不任區區之私라 侍生은 無擾抵巢하여 諸率이 亦無現警하여 是爲分幸이나 而但年進學退하여 便作五十無聞者하고 又不能奉掃於尊門下나 而承謦咳之萬一하니 雖緣勢使나 那無默誅아 自訟勇不足而已라 曩拜時에 議及契事러니 其間에 倘遵例講修耶아 下示則於分爲榮大矣라 餘惟伏企컨대 道軆自重하소서 不備上書라

지난 달 보름에 겨우 이천의 얼굴만 보고서도 덕을 보고 가르침을 들은 것이 깊지 않은 것이 아니었으나 돌아오니 더러운 생각이 다시 마음속에 싹텄습니다. 그러나 가지고 있는 떳떳한 양심은 갖추어 있어, 처음부터 주심을 받은 것이 분수에 넘침을 깨닫지 않은 것은 아닙니다. 다만 이것으로써 스스로 위로할 뿐입니다. 삼가 절하며 살피건대 꽃피는 좋은 날씨에 도체의 안부가 더욱 보중함을 더하고, 여러 권속들의 안부도 두루 복스럽습니까. 엎드려 궁금함이 동동하여 구구한 사사로움을 이길 수 없습니다.

시생은 탈 없이 집에 이르렀고, 여러 가솔들도 또한 뚜렷한 걱정거리가 없어 이것이 분수의 다행입니다. 다만 나이는 나아가고 학문은 물러가서 문득 오십에도 소문이 없는 사람이 되고, 또 존귀한 문하에서 교육을 받으며 가르침의 만에 하나도 받들지 못하고 있습니다. 비록 형세 때문이기는 하나 어찌 묵묵히 꾸짖음이 없겠습니까. 스스로 용기가 부족하다는 것을 꾸짖을 따름입니다.

지난번 뵈었을 때에 계사에 대해 의논이 미쳤는데, 그 사이에 혹 예를 따

라서 강수를 했습니까. 알려 주신다면 분수에 영화됨이 크겠습니다. 나머지는 오직 엎드려 빌건대 도체를 자중하십시오. 갖추지 아니하고 글을 올립니다.

197. 靑年會舘回鑑(청년회관에서 돌려서 보십시오)

仰惟僉軆萬旺가 來汝之敎는 非不欲奉副나 而義利公私之間에 所守相左하니 第竢他日得其正然後에 定離合이 非好道理耶아 向日僉會之作이 於吾家風波에 雖謂之亂離라도 無足爲怪요 亦謂之變怪라도 不爲夸言이라 而吾聞君子寬裕以敎요 不報無道라하니 吾得焉而師之乎哉아 僉所做也는 公也요 吾所係也도 亦公也라 然이나 以公害公之義가 苟或有皮裡春秋면 則自反而思之하여 揣我衷情하면 怨在於僉耶아 咎在於我耶아 於此二者에 得其正이 不難이니 如何오 其熟思之하라

우러러 생각하건대 여러분께서는 건강하십니까. 저를 오라는 말씀에 받들어 부응코자 아니한 것은 아니지만, 의리와 이익, 공과 사 사이에 지키는 바가 서로 틀리니, 우선 다른 날 바른 것을 얻기를 기다린 연후에 헤어짐과 만남을 정하는 것이 좋은 도리가 아니겠습니까. 전날 여러 사람이 모이는 회의를 만든 것이 우리 집 풍파에 비록 난리라고 이를지라도 족히 괴이함이 되지 못하고, 또한 변괴라고 이를지라도 지나친 말은 아닙니다. 내가 들으니 군자는 너그러움으로 가르치고 무도한 이에게 보복하지 않는다 하니 내가 그런 분을 얻어 스승 삼을 수 있겠습니까. 여러 사람이 하고 있는 바도 공이요, 나의 관계된 바도 또한 공입니다. 그러나 공으로써 공을 해치는 의가 진실로 혹 내재적 비판력을 가지고 있다면, 스스로 반성하고 생각하여 나의 충정을 헤아려 본다면, 원망이 여러분에게 있겠습니까, 허물이 나에게 있겠습니까. 이 두 가지에 대해 바름을 얻기 어렵지 아니하니 어떠합니까. 깊이 생각해 보십시오.

* 皮裡春秋(피리춘추): 입 밖에 내지 않고 마음속으로 내리는 비평이나 평론을 이르는 말. 揣(췌): 헤아리다. 가늠하다.

198. 再答(다시 답합니다)

云云이라 夫惡死好生이 非人所固有者耶아 然이나 國人皆曰 可殺然後에 則雖惡之難逭이라도 而此未死之漢의 今日事는 亦果國人皆曰 可者與아 鄕人皆曰 可者與아 吾以廣濟로 爲大旨로되 而陷於可殺之地者는 吾未知僉義之將何居也라 然이나 以固有之惡死로 豈可自就於可殺之地乎아 諒存焉하라

줄입니다. 무릇 죽기를 싫어하고 살기를 좋아하는 것은 사람이 본디 가지고 있는 마음이 아니겠습니까. 그러나 국인이 모두 말하길, 죽일 만하다고 한 후에, 비록 악을 용서하기 어렵다 하더라도, 이 아직 죽지 아니한 놈의 오늘의 일을 또한 과연 국인이 모두 말하길, 그럴(죽일) 만한 자라고 하겠습니까, 고을 사람이 모두 그럴 만한 자라고 하겠습니까. 내가 세상 사람을 널리 구제함으로 큰 뜻을 삼았는데, 죽일 만한 처지에 빠진 것은 나는 여러 사람의 의리가 장차 어디에 있는지 알 수가 없습니다. 그러나 본디 가지고 있는 죽음을 싫어하는 것으로 어찌 스스로 죽일 만한 땅에 나아갈 수가 있겠습니까. 헤아려 생각해 주십시오.

* 逭(환): 피하다. 용서하다. 廣濟(광제): 세상 사람을 널리 구제함.

199. 通文于嶺南僉宗中(영남 여러 종중에 통문을 하다)

夫有姓則必有先하고 有先則必有祀하여 以致如在之誠者는 以爲其報本垂後之道而然이요 而非一人之私라 故로 必自宗中으로 置位土하여 以備享需之資하니 非土無以爲祀니 其所愼重者가 曷可以凡土比也리오 噫라 惟吾宗之愼重於花原君位土者는 果何如오 而止近에 被宗人某之暗自典賣하여 遽作一個人簸弄하니 所謂愼重之義가 安在오 而誰謂吾宗之有人乎아 言念及此에 痛哭而未知攸止也라 惟幸鄙派가 地近而目擊하여 義不可以一日因循이라 故로 自一門으로 馳進墓下하여 左右周旋하니 不有餘地키로 得債補費하여 數至甚夥나 而犯者之伎倆은 猶有餘悖하여 不悛舊習하여 一直惹鬧하여 視若自家物하여 固以其土로 簿於渠名下也라 此若一任其所爲하면 則位土也와 山庄也가 終非吾宗俱尊之物也니 不可不改正地主然後에 庶杜後弊라 方使辨護士로 起訟하니 若其顚末은 必歸正乃已나 而這般費用을 將何以彌縫乎아 盖此土之所尊은 不可以嶺湖宗으로 爲輕重이라 伏惟僉宗執事는 幸無以湖宗으로 付諸好事者之譏하면 則吾先祖之祀事가 永享이요 吾先祖之有孫을 可期矣라 十分諒悉之地하라 此亦再昨年排錢零條니 昨秋祭官丙賢氏便에 一一詳及이나 而尙無辨送未淸之債하니 逐年滋利하고 而債主之督課가 日遝至하니 將何爲之乎오 此亦一一備送하여 以完先事之地가 善甚善甚이라

무릇 성씨가 있으면 반드시 선조가 있고, 선조가 있으면 반드시 제사가 있습니다. 계시는 것같이 여기는 성의를 이루는 것은 근본에 보답하고 후세에 전하는 도리 때문에 그런 것입니다. 그래서 한 사람의 사사로움이 아닙니다. 그러므로 반드시 종중으로부터 위토를 두어 제사를 드릴 제물의 자료를 갖추는 것이니, 토지가 없으면 제사를 지낼 수 없으니, 그 신중히 여기는 바가 어찌 보통의 토지로 비유할 수 있겠습니까.

아, 오직 우리 종중이 화원군의 위토에 신중한 것은 과연 어떠합니까. 그리고 근래에 종인 모가 몰래 스스로 전당잡히고 팔아먹는 것을 당해 갑자기 한 사람이 농락한 것이 되어 버렸으니, 소위 신중히 해야 한다는 뜻이 어디에 있으며, 누가 우리 종중에 사람이 있다고 하겠습니까. 말과 생각이 여기에 이르면 통곡하고 그칠 바를 알지 못하겠습니다.

다행히 우리 파가 땅이 가까워 목격하고 의리상 하루라도 그대로 있을 수 없기 때문에 온 문중이 묘 아래로 달려가서 좌우로 주선하니 남은 땅이 있지 않아 빚을 얻어 비용을 보충해 수량이 심히 많은 데에 이르렀습니다. 그런데 범한 자의 기량이 아직도 남은 패륜이 있어 구습을 고치지 아니하고, 한결같이 시끄러움을 일으켜 마치 자기 집 물건같이 보아서 본래부터 그 토지를 자기의 이름 아래에 장부를 작성해 놓았습니다. 이것을 만약 한 번 그가 하는 대로 맡겨두면, 위토와 산장이 마침내 우리 종중이 함께 존숭하는 물건이 아닐 것입니다. 불가불 지주를 개정한 연후에 뒤의 폐단을 거의 막을 수 있을 것입니다. 바야흐로 변호사로 하여금 송사를 일으키니 그 전말로 말할 것 같으면 반드시 정도로 돌아가고 말 것입니다. 그런데 이런 비용을 장차 어떻게 미봉하겠습니까. 이 땅의 존귀한 바는 영호남의 종중으로 경중을 삼을 수는 없습니다.

엎드려 생각하건대 여러 종중의 집사께서는 호남 종중을 일 좋아한다고 기롱하는 데 부치지 않는다면 우리 선조의 제사가 영원히 향사될 것이고, 우리 선조가 자손 있다는 것을 기약할 수 있을 것입니다. 십분 헤아리고 살펴주십시오. 이것도 또한 재작년 배분한 돈의 나머지 건인데 작년 가을 제관이던 병현 씨 편에 자세히 말씀드렸습니다. 그런데 아직도 청산하지 못한 빚을 마련해 보낼 수가 없습니다. 해마다 이자가 늘어나고, 빚쟁이의 독촉이 날로 답지하니 장차 어떻게 하겠습니까. 이것도 또한 일일이 갖추어 보내 선조의 일을 완전히 하는 것이 좋고 좋겠습니다.

* 簸弄(파롱): 희롱함. 뒤흔듦. 말을 꾸미고 없는 일을 만들어 시비(是非)를 뒤바꿈. 또는 선동하여 문제를 일으킴.

200. 敬通于忠淸道陰城郡三成面龍城里僉宗中文(충청도 음성군 삼성면 용성리 여러 종중에게 공경히 알리는 문)

夫人之奉先塋이 有道하니 置祭田하여 以致如在之誠하고 刻碑文하여 以彰德業之盛하고 設齋閣하여 以備子孫進退之所니 此所以尊事體重禮貌也라 指山而問焉하면 則曰某賢墳墓也요 某家先山也者가 是也라 爲其子孫者가 曷敢忽於此乎아 噫라 惟我先祖忠憲公墓所가 在於金溝縣上理後麓하고 而祭田也와 碑碣也와 齋閣也가 僅具形이나 而不得盡其道하니 誰謂巨族之先壟하고 而後昆之其麗가 不億乎아 是所寒心이라 而矧又今春에 如于所存位土가 遽被宗人某某之典賣하여 便作一個人手中之物하니 尊事體重禮貌之義가 安在오 惟幸鄙波는 地近而目擊하여 不可一日因循이라 故로 自一門으로 齊進于墓下여 左右周族하여 竟至訟卞歸正이라 然이나 這間債藪를 自鄙波殘族으로 莫可淸帳이요 且碑碣也와 齋閣也가 俱被圮泐하여 無以壽其傳하니 舍今不治리오 恐無暇日이라 方營修補하니 自嶺湖各派로 圖所以鳩財之方이라 然이나 宿債之餘數와 時用之預算이 至爲巨額하니 非大宗中合力이면 莫可竣事라 故로 別定謹愼有司하여 起送하니 伏願貴派僉宗執事는 另念殫誠하여 使吾先祖墓所로 以爲尊事體重禮貌하여 俾壽於千百世하면 則子孫之道가 於是乎盡矣라 照亮하면 善甚善甚이라

무릇 사람이 선영을 받드는 것은 방도가 있습니다. 제전을 두어 계신 듯이 여기는 성의를 극진히 하고, 비문을 새겨 덕업의 성함을 드러내고 재각을 세워 자손들이 진퇴하는 장소를 갖추니, 이것은 사체를 높이고 예모를 중히 여기기 때문입니다. 산을 가리켜 물으면 모 현인의 분묘요, 모 가문의 선산이라고 하는 것이 바로 이것입니다. 그 자손된 자가 어찌 감히 이것을 소홀히 하겠습니까.

아, 우리 선조 충헌공 묘소가 금구현 상리 후록에 있고, 제전과 비갈과 재각이 겨우 형체를 갖추고 있으나, 그 방도를 다하지 못하였습니다. 누가 거족의 선롱이라고 하고, 후손의 수가 몇 십만이 아니라고 하겠습니다. 이것이 한심스런 것입니다.

또 하물며 또 금년 봄에 약간 남아 있는 위토가 갑자기 종인 모모가 전당 잡혀 팔아먹는 바가 되어 문득 한 개인의 수중 물건이 되었으니, 사체를 높이고 예모를 중히 여기는 의가 어디에 있습니까. 오직 다행한 것은 우리 파가 땅이 가까워 목격하여 하루도 그대로 있을 수 없었습니다. 그러므로 온 문중이 일제히 묘 아래로 나아가 좌우로 주선하여 결국 송사하고 변론하여 바른 데로 돌아오게 되었습니다.

그러나 여기의 채무를 우리 파의 쇠잔한 종족으로는 문서를 청산할 수가 없고, 또 비갈과 재각이 모두 무너지고 깨어져 전함을 오래 할 수가 없으니, 지금 놔두고 고치지 않으면 그럴 겨를이 없을까 싶습니다. 바야흐로 보수를 도모하면서 영호남 각 파로부터 제목을 모을 방도를 도모하고 있습니다.

그러나 묵은 빚의 나머지와 긴요한 예산이 지극히 거액이 되니, 대종중에서 합력해 주지 않으면 일을 이룰 수가 없습니다. 그러므로 따로 신중한 유사를 정해 보내니, 엎드려 원하건대 귀 파의 여러 종중 집사들은 특별한 호의로 정성을 다하여 우리 선조의 묘소로 하여금 사체를 높이고 예모를 중히 하게 하여 천백세토록 수하도록 한다면 자손의 도리가 여기에서 다했다고 할 것입니다. 헤아려 주신다면 좋고 좋겠습니다.

* 事體(사체): 일의 도리. 체통. 億(억): 십만. 圮泐(비륵): 무너지고 깨어짐. 時用(시용): 그 시대의 긴요한 일. 또는 그 시대에 소용됨. 另念(영념): 특별한 호의로 마음을 씀.

201. 與權泰文書(권태문에게 드리는 글) 居陰城郡(음성군에 산다)

仰聲華有久나 而一未遂花樹之會者는 固以兩湖落落하여 一離合을 不可易得而然歟아 然而懷仰之私가 曷可以山川間之耶아 謹惟컨대 尊僉宗體節이 萬旺가 遠溯區區何嘗少弛리오 族從等은 無可聞하고 而惟以身家無警으로 爲幸耳라 就金溝上里所在吾先祖花原君墓所位土와 與齋閣碑碣事는 自宗中으로 選定有司某하여 使之勸送하여 以爲共濟先事者는 以其爲爲先之道를 不可輕重於貴鄙間者也라 第聞某之回報하면 則自貴宗中으로 謂無着章하여 似有疑訝之微意云하니 第念컨대 古家名族爲先之義가 近所謂着章者에 果吾士族家相傳之法門耶아 以湖左之法家遺風으로 似必無是理나 而抑或擧員之反疑於不疑之地者歟아 此實鄙等之不能釋疑者也라 甚歎甚歎이라 孰疑孰不疑리오 惟在貴宗中目擊與否니 期於定員下送하여 俾竣先事然後에 乃可免吾宗中無人之譏이요 而亦不獲罪於先靈矣라 十分諒悉하고 速圖告功하여 而自秋享으로 以至于千百歲히 而來參하여 俾盡其吾先祖後昆之道를 至仰至仰耳라 餘族回示하고 不備候라

성화를 우러른 지 오래되었는데, 한번도 족친간의 모임을 이루지 못한 것은 진실로 양호 지방이 멀고멀어 한번 헤어지고 만나는 것을 쉽게 얻을 수가 없어서 그런 것입니까. 그러나 회앙지사가 어찌 산천으로써 간격할 수 있겠습니까. 삼가 생각하건대 존경하는 여러 종친들의 안부가 두루 건강하십니까. 멀리서 구구히 궁금해 함이 어찌 일찍이 조금이라도 풀어지겠습니까.

족종 등은 들려 드릴 것이 없고, 오직 몸이나 집안에 탈이 없는 것을 다행으로 여기고 있습니다. 그런데 금구 상리 소재 우리 선조 화원군 묘소 위토와 재각 비갈의 일은 종중으로부터 유사 모를 선정하여 권해 보내서 선

조의 일을 함께 이루자고 한 것은 그 위선하는 도를 귀 문중과 우리 문중 사이에 경중을 둘 수 없어 그런 것입니다.

다만 모의 회보를 들으니 귀 종중으로부터 도장을 찍음이 없어 의심하는 은미한 뜻이 있는 것 같다고 합니다. 그러나 생각건대 고가 명족의 위선하는 의가 근일에 이른바 도장 찍은 것에 대해서 과연 우리 양반의 집에서 서로 전해오는 법문입니까. 호좌의 법도 있는 집안의 유풍으로는 반드시 이런 유풍이 없을 것 같은데, 혹시 여러분들이 의심하지 아니할 처지에 도리어 의심하는 것입니까. 이는 실로 우리들이 의심을 풀지 못하는 것입니다. 심히 한탄스럽고 심히 한탄스럽습니다. 누구를 의심하고 누구를 의심하지 아니하겠습니까.

오직 귀 종중이 눈으로 보고 안 보는 데 있으니, 기어코 인원을 정해 보내서 선사를 마치게 한 연후에야, 마침내 우리 종중에 사람 없다는 흉봄을 면할 수 있을 것입니다. 그리고 또한 선조의 영령에 죄를 짓지 않을 것입니다. 십분 헤아리고 살펴, 속히 일을 알리기를 도모하여 가을 제향부터 천백세에 이르도록 와서 참여하여 우리 선조와 후손의 도리를 극진히 하기를 지극히 바라고 지극히 바랄 뿐입니다. 나머지는 회시를 기다리며 갖추지 아니하고 문후합니다.

* 湖左(호좌): 제천의 의림지, 또는 김제의 벽골제 왼쪽이라는 뜻으로 충청도 지방을 이르는 말로 보임. 擧員(거원): 여러분.

202. 答權泰文書(권태문에게 답하는 글) 忠北陰城君三成面龍城里(충북 음성군 삼성면 용성리)

客月에 一往一復이 宛如登花樹會라 兩湖南北이 從此可謂不遐矣라 更謹詢컨대 秋氣漸高에 僉體節萬旺가 遠溯不任且祝이라 族從은 一依前書樣而已라 就先墓秋享時에 來往冗費之移補於先事云者는 似或然矣어니와 而其在曾未一參之地엔 則又有不然者가 存하고 而苟或有不獲已之拘碍者면 則固不可强勉이니 是則隨機諒處로되 而旣以補用言之하니 則期於從速優數付送이 如何오 値此亢旱하여 墓下所存如于位土가 沒入白地하니 所謂秋收가 便同龜背刮毛라 然則享需費는 可謂無麵之飥이라 勢將使宗中營辦이나 而貴敎云云者가 亦豈非捷逕耶아 不可不預先經紀然后에 可免臨時狼貝矣라 從速準擲이 如何오 以此補用於享需者는 宗議已成하니 勿泛圖速을 至仰至仰이라 如是則雖或未參이라도 子孫之道盡矣라 諒之否아 餘立竢하고 不備하노이다

지난달에 한번 가고 한번 온 것이 완연히 화수회에 올라간 것 같았습니다. 양호의 남북이 이로부터 멀지 않다고 할 수 있을 것입니다. 다시 삼가 살피건대 가을 기운이 점차 높아가고 있는데, 여러분의 안부는 편안하십니까. 멀리서 궁금함을 이길 수 없고 또 기원합니다. 족종은 한결같이 지난번 편지에서와 같습니다. 그런데 선조 묘의 추향시에 왕래의 잡비를 선사에 옮겨 보충하는 것은 혹 그럴 법도 합니다. 그런데 한번도 참여하지 않은 사람의 처지에서는 또 그렇지 않은 것도 있습니다. 그리고 진실로 혹 부득이 한 어려움이 있다면 진실로 억지로 권할 수가 없으니, 이는 일에 따라 헤아려 처신해야 할 것이데, 이미 쓰는 데 보충했다고 말했으니, 빨리 넉넉한 수로 보내주는 것이 어떻겠습니까. 이 가뭄 때를 당해 묘 아래 있는 약간의

위토가 백지로 들어가 버렸으니, 이른바 가을 수확이라는 것이 문득 거북 등에서 털을 뜯으려는 것과 같게 되었습니다.

그렇다면 제사에 드는 비용은 마련할 수 없다고 해야 할 것입니다. 형편이 장차 종중으로 하여금 마련하도록 하게 되었는데, 그쪽에서 말해주는 것이 또한 어찌 빠른 길이 아니겠습니까. 불가불 미리 경비를 마련한 연후에야 임시의 낭패를 면할 수 있겠습니다. 빨리 준비해서 보내주시는 것이 어떠하겠습니까. 이것을 향수에 보태어 쓰자고 한 것은 종의가 이미 이루어졌으니, 범연히 하지 말고 속히 도모하기를 지극히 바라고 지극히 바랍니다. 이와 같이 한다면 비록 혹 참석하지 않더라도 자손의 도리를 다했다고 할 것입니다. 헤아려 주시겠습니까. 나머지는 곧 기다리고 갖추지 아니합니다.

* 無麵之飥(무면지탁): 밀가루가 없는 수제비. 밀가루가 없이는 수제비를 만들 수 없음. 아무리 좋은 재간이 있어도 필요한 조건이 없으면 일을 할 수 없음을 비유한다. 무면박탁(無麵餺飥).

203. 與權元植書(권원식에게 드리는 글) 居鎭川郡(진천군에 산다)

秋意轉深하니 遠人懷思가 莫此時若이라 在知舊猶然이온 矧吾宗族之尙敦愛者乎아 仰悵仰悵이라 謹詢比者에 侍餘體節이 寧謐하고 庇儀도 均禧아 遠外馳仰不任溯祝이 秋來尤深이라 族從弟는 一依宿樣而已라 外無足枚陳耳라 就向者面拜時에 議及先事하니 雖無此書라도 非不記存者나 而見今秋事未登에 已排凡事는 恐有未諧之歎이어늘 而且況墓下位土가 沒入白地하니 所謂秋收는 全無名色이라 墓祀也와 已往宿債也와 墓儀排用也를 如非各派殫誠이면 無以爲資라 貴派誠意가 不讓於餘宗이라 故로 意謂趁期優數辦送이러니 而尙寂然者는 未知曷故오 然則諸般宗事를 其將抛却乃已乎아 宿債도 亦將見迫乎아 苟或因循而可謂彌縫하면 則已矣나 而雖至傍蹊曲逕이라도 不得免焉하면 則奈之何視之尋常하여 至此之爲耶아 不須拖長하고 期於從速辦送하여 俾完宗事如何오 此非爲人之學也라 乃是爲己之學也라 十分另念하여 幸無以地遠으로 置泛忽하고 亦無以見督으로 付之忘域하고 速圖實副焉하면 則於吾宗에 可謂有人矣라 諒裁焉하라 餘在秋享時面拜敍情하고 不備하노이다 令從氏寧喆氏가 亦康迪가 雖無一面之雅나 宗誼則未嘗有間이니 幸爲我誦之하라 而貴派周旋使之協力을 秋享時에 亦爲聯節以枉하여 以爲大宗事共濟之地를 若何若何오

가을의 뜻이 점차 깊어가니 먼 곳의 사람을 생각하는 것이 지금 같은 때가 없습니다. 친구간에도 오히려 그럴지언정 하물며 우리 종족의 돈독하고 사랑함을 숭상하는 자는 말해 무엇하겠습니까. 삼가 살피건대 근일에 부모를 모시고 있는 몸이 편안하고 고루 복스럽습니까. 멀리 밖에서 달려가 우러르며 궁금함과 비는 마음을 이길 수 없음이 가을이 오니 더욱 심합니다.

족종제는 한결같이 옛 모습 그대로라 달리 낱낱이 아뢸 것이 없습니다. 그런데 지난번 만나 뵈었을 때에 선조의 일을 의논하게 되니 비록 이 편지

가 없다 하더라도 기록해 두지 않은 것은 아니지만 현재 가을일이 시작되지 않아 이미 배정한 모든 일은 되지 못할 탄식이 있을까 염려됩니다. 하물며 묘 아래 위토가 백지로 들어가 버렸으니, 이른바 가을 추수는 전혀 명색이 없습니다. 묘제와 지난 묵은 빚과 석물에 들어갈 비용을 분배한 것을 만약 각파가 성의를 다하지 않으면 댈 수가 없습니다. 귀 파의 성의는 나머지 파보다 빠지지 않습니다. 그러므로 속으로 기일에 맞추어 넉넉한 수를 마련해 보낼 것이라고 여겼는데, 아직까지 조용한 것은 무슨 연고인지 알지 못하겠습니다. 그렇다면 여러 종사를 포기하고 말 것입니까. 묵은 빚도 또한 장차 핍박을 당할 것입니까.

진실로 혹 그대로 있으면서 미봉할 수 있다면 그만이지만 비록 옆 길 굽은 길에 이르더라도 면하지 못한다면 어떻게 보기를 심상히 하여 이에 이를 수 있습니까. 길게 말할 것 없이 빨리 마련해 보내어 종중의 일을 완전히 하도록 하는 것이 어떻겠습니까. 이것은 남을 위한 학문이 아닙니다. 바로 자기를 위한 학문입니다. 십분 유념하여 지역이 멀다는 것 때문에 범홀히 하지 말고, 또한 독촉함을 당함으로써 망령된 데다 부치지 말고, 속히 실제에 부응하기를 도모한다면 우리 종중에 사람이 있다고 할 것입니다. 살펴 헤아리십시오. 나머지는 추향시에 만나서 정을 펴기로 하고 갖추지 아니합니다.

동생 영철씨도 또한 잘 지내십니까. 비록 일면도 본 적은 없으나, 종친의 의가 일찍이 사이가 있지 않으니, 저를 위해 말해 주기를 바랍니다. 귀 파가 주선하고 협력한 것을 추향시에 또한 지팡이를 연해 와서, 대종사의 일을 함께 이루게 하는 자리를 만드는 것이 어떻겠습니까, 어떻겠습니까.

* 見今(현금): 현재. 傍蹊(방혜): 가파른 소로(小路). 一面之雅(일면지아): 한번 만나 본 정도의 교분. '雅'는 정분(情分). 일면지교(一面之交).

204. 與族弟萬齋書(족제 만재에게 드리는 글) 名載春(이름은 재춘이다)

別來로 遽然秋生하니 動人懷思가 莫時若이로되 而況今亢旱之孔酷이 似必嶺湖大同之禍하니 而宗義之私가 曷云尋常餘人之可比也리오 以愚之私於賢으로 知賢之私於愚者盡矣라 將何以做去耶아 不審컨대 經體가 寧謐於佔畢之暇하고 仁庇諸節도 均禧아 遠外慺仰이 奚止平昔例리오 族從은 自春抵秋히 無一事做得하고 奔馳道途하니 未知作何狀人하고 而惟以身家之無現警으로 爲幸耳라 就金溝宗土가 沒爲白地하니 所謂秋捧이 便是若龜背刮毛也라 秋享之資를 從何辦備耶아 秋捧雖乏이나 後昆이 蕃衍하니 敢可停享二字를 擧論於其間也哉아 不可不有預算然後에 使后昆으로 可免不孝於先灵矣라 然이나 何待吾言이리오 必有先獲者存이라 故로 不必張皇也라 至於宗土證明劵收送事는 固當趁副宿約이나 而所謂該犯者의 信章을 尙未得許着이라 故로 至今延拖矣라 近見彼不移易之規하니 一自判決과 及證明書出以後로는 信章有無는 不足爲後慮하니 則何嘗苟求於彼不肯之地乎아 是以로 今才附呈하니 照覽而且講堂直前에 有願賣舍一座러니 時價則不甚高나 而於吾宗中엔 則大有關焉者라 買附直室하면 墓儀必增價矣니 而如失此時하면 果難再得이라 第諒裁를 深仰深仰이요 而春間所謂排宗文의 未盡條는 意趁期擲而俟之라 姑無如何하니 而此邊所彌縫은 果難叵耐라 是亦從速督送若何오 向春所道忠州事는 大抵此宗이 均是後孫也니 則共濟先事가 非私伊公也라 於月前에 除百馳往하여 諸宗數十戶가 果與曾所聞無異同이나 而惟以通文中未着章으로 似有疑我之微意 而但以亢旱中沒策等說과 與秋享時來參共濟之說로 做去彌縫이라 然이나 此說을 似難專恃이라 亦自嶠宗中으로 着章提通하여 俾圖實效가 若何若何오 第觀此宗中狀態하니 非力不贍也라 似近於誠不足이나 而亦不忍恝然也라 彼誠不誠이 惟在嶠宗提通之如何耳라 勿泛必施하고 而上所陳諸般을 一一回示하여 俾無臨時狼貝하고 而秋享時에 期於躬枉하여 以爲竣事之地가 若何오 惟冀經體가 隨序萬重하라 不備하노라

이별한 후로 갑자기 가을이 되니 사람의 생각을 움직임이 이때 같음이 없는데, 하물며 지금 가뭄의 혹독함이 영남이나 호남이나 다 똑같은 화인 것 같네. 그런데 종의의 애정이 어찌 일반 나머지 사람에게 비할 수 있다고 말할 수 있겠는가. 내가 그대에게 애정을 갖는 것으로 그대도 나에게 애정이 있다는 것을 알기를 극진히 하네. 장차 어떻게 해나갈 것인가. 살피지 못하건대 글 읽는 몸이 책을 읽는 여가에 평안하고, 집안 모두도 두루 행복한가. 먼 밖에서 궁금하고 우러름이 어찌 평석의 예에 그치리오. 족종은 봄으로부터 가을까지 한 가지 일도 해낸 것이 없고 길에서 달리고만 있으니, 어떤 모습의 사람이 되었는지 모르겠고, 오직 몸과 집에 뚜렷한 놀랄 일이 없는 것으로 다행을 삼고 있네.

그런데 금구 종토가 없어져 흰 땅이 되어 버렸으니, 이른바 가을에 받아들인다는 것이 문득 거북 등에서 털을 긁는 것과 같게 되었네. 추향의 비용을 어떻게 마련할 것인가. 가을에 받을 것은 비록 없으나 후손이 번성하고 있으니, 감히 향사를 말자는 두 글자를 그 사이에 거론할 수 있겠는가. 불가불 예산이 있은 연후에 후손으로 하여금 선조의 영령에 불효한다는 것을 면할 수 있을 것이네. 그러나 어찌 나의 말을 기다릴 것인가. 반드시 먼저 생각을 얻은 자가 있을 것이네. 그러므로 장황하게 말할 것이 없네. 종토를 증명하는 문서를 거두어 보내는 일에 있어서는 진실로 마땅히 진즉 전에 약속했던 것에 부응을 했어야 했는데, 소위 해당 범인의 인장이 아직까지 당도하지 않았네. 그래서 지금까지 미루어진 것이네. 근래에 저들이 옮기고 바꾸지 않는다는 규약을 보니, 한번 판결하고 증명서가 나온 이후로는 도장 유무는 뒤의 염려가 될 것이 없다고 하니, 어찌 구차하게 저들이 하지 않으려는 처지에서 구할 것이 있겠는가. 이 때문에 이제 겨우 부쳐 바치니, 살펴보시고 또 강당지기 앞에 팔기를 원하는 집 한 채가 있다고 하는데, 시가가 별로 높지 않으나 우리 종중에는 크게 관련이 있는 것이네. 사서 강당지기 집에 붙이면 석물은 반드시 가치가 더할 것이니, 만약 이 시기를 놓치면 과연 두 번 다시 얻기 어려울 것이네.

다만 헤아리기를 깊이 바라고 깊이 바라네. 그리고 봄 사이의 이른바 종중에 배정한 돈 중 다하지 못한 돈은 제 때에 맞추어 보내려고 기다리고 있네. 그런데 아직도 어떠한 기별이 없어 이곳에서 보충하기가 참으로 어려워 감당할 수가 없네. 이 또한 빨리 독촉해 보내는 것이 어떻겠는가. 지난번 말했던 충주의 일은 대개 이 종중이 고루 후손이니, 선사를 함께 이루는 것이 사적인 것이 아니고 공적인 것이네. 한 달 전에 백사를 제치고 달려가니 여러 종친 수십 호가 과연 일찍이 들었던 바와 틀리지 않았네. 오직 통문 중에 도장이 찍히지 않았다는 것으로 나를 의심하는 은미한 뜻이 있는 것 같았으나, 다만 가뭄 중에 대책이 없다는 등의 말과 추향시에 와서 참석해 함께 이루자는 말로 미봉을 했네.

그러나 이 말을 전적으로 믿기가 어려울 것 같네. 또한 영남 종중으로 도장을 찍어 통문을 부쳐 실효를 도모하는 것이 어떻겠는가, 어떻겠는가. 다만 이 종중의 상태를 살펴보니 힘이 부족한 것이 아니네. 성의가 부족한 것에 가까운 것 같으나, 또한 차마 무관심할 수가 없네. 성의가 있고 없는 것이 오직 영남 종중에 통문을 내는 것의 여하에 달려 있네. 범연히 하지 말고 반드시 실시하여 위에 말한 여러 가지를 하나하나 회시하여 그때를 당해서 낭패함이 없도록 하고 추향시에 기어코 오셔 일을 이루도록 하시는 것이 어떠하겠는가. 오직 바라건대 글 읽는 몸이 절서를 따라 만중하시게. 갖추지 아니하네.

* 叵(파): 불가하다. 불가(不可)와 같음. 趁期(진기): 기한이 다 참. 恝然(괄연): 무심히. 태연히. 업신여기는 태도.

205. 與權泰俊書(권태준에게 드리는 글) 咸慶道文川郡龜山面松峴理(함경도 문천군 구산면 송현리)

嘗聞컨대 僉宗之居北者가 久러니 而尙闕書面間一相涉하니 盖彼遠一字之奪人情이 固如是耶아 每向北雲하여 秪誦陳了翁責沈之文而已라 推此以觀컨대 貴宗之於鄙等에 安得不同此理리오 浩歎浩歎이라 謹惟컨대 僉宗體節이 對時萬旺가 遠外溯仰不翅區區也已라 鄙等은 斯世況味가 無一可聞이요 而惟以身家之無警으로 爲幸耳라 就惟我先祖花原君墓之在於鄙省內金溝縣上里者를 仰想僉宗之熟諒이나 而地遠而人遐하여 守護之凡節과 歲祀之禮儀에 未得一一議及於各宗者는 勢固然矣라 而言念事體에 自不覺悚悲이라 揣之以常平時이라도 尙然이온 而矧又近日에 有事墓下者가 非一二派之問於擔任이라 故로 玆以提通하니 通到하면 則時擇送孝友勤幹宗一員하여 以圖分勞 而這間冗費一體를 補缺하여 以竣先事하여 俾知吾先祖有後昆焉하면 則吾宗爲榮이 孰大於是리오 事實은 詳在於通辭니 不必拖長이라 餘立俟하고 不備禮狀上이라

일찍이 듣건대 여러 종친이 북쪽에 산 지가 오래되었다고 하는데, 아직까지 편지고 얼굴이고 간에 한번 서로 사귀는 것이 빠졌습니다. 저 멀다는 한 글자가 인정을 빼앗은 것이 진실로 이와 같은 것입니까. 매양 북쪽 구름을 향하여 다만 진료옹의 심제량을 꾸짖는 글을 욀 따름입니다. 이것을 미루어 볼 것 같으면 귀 종중이 우리에 대해서도 어찌 이 이치와 같지 않겠습니까. 크게 탄식하고 크게 탄식합니다.

삼가 생각하건대 여러 종친들의 안부가 때를 대하여 건강합니까. 먼 밖에서 궁금하고 우러름이 구구할 뿐만이 아닙니다. 저희들은 이 세상을 사는 형편과 맛이 하나도 알려 드릴 것이 없고 오직 자신과 집안에 탈이 없는

것으로 다행을 삼고 있습니다. 그런데 우리 선조 화원군의 묘가 저희 지역 금구현 상리에 있는 것을, 우러러 여러 종친들이 잘 알고 있을 것으로 생각하는데, 땅이 멀고 사람이 멀어 수호하는 범절과 세사의 예의에 하나하나 의논이 각 종파에 미치지 못하는 것은 형세가 참으로 그러하기 때문입니다. 그런데 사체를 말하고 생각하니 스스로 죄송스럽고 부끄러움을 깨닫지 못합니다.

평상시로 헤아리더라도 오히려 그러한데, 하물며 또 근일에는 묘 아래 일이 있는 것은 한두 파가 책임자에게 물을 것이 아닙니다. 그래서 이에 통문을 보내니, 통문이 도착하면 즉시 효우하고 근간한 종친 한 사람을 가려서 보내 수고로움을 나누기를 도모하고, 그 사이의 잡비 일체를 보충해 선사를 이루어 우리 선조에게 후손이 있음을 알게 해 준다면 우리 종중의 영화스러움이 무엇이 이보다 크겠습니까. 사실은 통문에 자세히 써 있으니, 길게 말할 것이 없습니다. 나머지는 곧 기다리며 예를 갖추지 아니하고 글을 올립니다.

* 陳了翁(진요옹): 진관(陳瓘). 북송(北宋)의 유학자. 자는 영중(瑩中), 호는 요옹. '책심문(責沈文)'을 지어 정학(程學)을 발양(發揚)하였다. 恧(뉵): 부끄러움.

206. 上愚石族大父相纘氏(우석 족대부 상찬씨에게 올리다) 丹城郡立石里(단성군 입석리)

一自拜辭後로 忽焉改歲하니 下懷伏悵이라 伏未審컨대 新元에 氣體候萬護自重하고 諸節均平가 伏溯區區不任之至라 族孫은 年進學退하여 只作無聞閑散人하니 伏歎何極가 就白堂直家垈는 雖得如意나 垈地從何謀得乎아 恒結于中이라 重修之議는 不得一口하고 尙此待秋나 然來頭之事를 何可必乎아 只自長歎耳라 餘爲問新年安候하고 謹不備하니 伏惟尊照라

한번 인사하고 작별한 후로부터 갑자기 해가 바뀌니, 하회가 엎드려 쓸쓸합니다. 엎드려 살피지 못하건대 새해 정월에 건강은 만호 자중하고 제절도 두루 편안합니까. 엎드려 궁금함의 구구함을 이기지 못함이 지극합니다. 족손은 나이는 나아가는데 학문은 물러가서 다만 알려지지 않는 한가로운 사람이 되어 버리니, 엎드려 탄식함이 어찌 끝이 있겠습니까. 그런데 아뢸 것은 당지기의 집터는 비록 뜻과 같이 되었으나 대지는 어디서 꾀해 얻을 것입니까. 항상 속에 맺혀 있습니다. 중수의 의논은 합의를 못 보고 아직 이렇게 가을을 기다리고 있으나, 앞으로 올 일을 어떻게 하면 기필할 수 있겠습니까. 다만 스스로 길게 탄식할 뿐입니다. 나머지는 신년의 안부를 묻기만 하고, 삼가 갖추지 아니하니 엎드려 살피시기를 바랍니다.

207. 答族人永巽書(족인 영손에게 답하는 글) 鎭川杏亭里(진천 행정리)

省禮拜白하노이다 昨冬書信은 業已奉覽 而尙今未謝하니 雖勢나 亦罪라 安敢望下燭이리오 謹未審컨대 新正에 哀體候支啬保重하고 諸節도 均禧아 區區仰溯不任之至라 族生은 身弱學退하여 秪添又一齒하니 若是做去면 未知何狀人가 愧歎不已라 第先事補助金은 捧領하고 而誠意所到에 何患多少리오 惟希共濟淸帳하고 不備謝하노이다

예를 생략하고 인사하며 아룁니다. 지난겨울 편지는 이미 받들어 보았는데, 지금까지도 답장을 못했으니, 비록 형세가 그러하나 또한 잘못입니다. 어찌 감히 하촉하기를 바라겠습니까. 삼가 살피지 못하건대 새해에 애체의 지색도 보중하고 제절도 두루 편안하십니까. 구구히 우러러 궁금함을 이기지 못함이 지극합니다. 족생은 몸은 약하여 학문이 물러가고, 다만 또 한 살을 더했습니다. 이와 같이 해나가면 어떤 사람이 될지 알 수가 없습니다. 부끄럽고 한탄스러움을 마지않습니다. 다만 선사 보조금은 받았고 성의가 이르는 곳에 어찌 많고 적음을 근심하겠습니까. 오직 함께 이루어 빚 문서를 깨끗이 하기를 바라고, 갖추지 아니하고 답합니다.

208. 上進士族丈大煥氏書(진사 족장 대환 씨에게 올리는 글) 北洞面新安里(북동면 신안리)

昨冬에 幸趍仙庄하여 得拜尊顔하여 眷眷之誨와 娓娓之樂이 消除鄙吝이러니 一違以後로 似縷如存하여 今此復萌하니 只恨晨夕從往未得承教하니 何歎如之리오 伏未審컨대 新元에 德養氣體候가 益復蔓福하고 渾儀川休아 竝伏溯不淺鮮이라 族侄은 其時登程에 無撓返巢나 而數三日을 擁衾見苦하니 自顧衰狀이 天禀之不健이니 實是愧赧愧赧이라 餘謹不備上이라

지난겨울에 다행히 선장에 나아가 존안을 뵙고, 다정한 가르침과 진진한 즐거움이 더러운 마음을 씻어 주었습니다. 한번 떠난 후로 실오라기 같은 것이 남아 있는 것 같았는데, 이제 이렇게 다시 싹이 트니, 다만 조석으로 가서 가르침을 받지 못하는 것을 한하니, 얼마나 탄식을 하겠습니까.

엎드려 살피지 못하건대 새해 정월에 덕을 기르는 몸의 안부가 더욱더 복이 많고 모든 집안 식구들도 연달아 복을 받고 있습니까. 아울러 엎드려 궁금하기가 옅고 적지 않습니다. 족질은 그때 길을 나서 아무 탈 없이 집에 돌아왔는데, 수삼 일을 이불을 쓰고 고통을 당했습니다. 스스로 돌아보건대 쇠약한 모습은 타고난 기질이 건강하지 못해 그런 것이니, 실로 부끄럽고 부끄럽습니다. 나머지는 삼가 갖추지 아니하고 올립니다.

* 無撓(무요): 구불구불하지 않음. 渾儀(혼의): 한 집안의 온 식구들의 기거동작(起居動作).

209. 與族從喪制載弘書(족종 상제 재홍에게 드리는 글)

省禮拜言하노라 日月不留하여 先大夫人襄期가 遽爾經過하니 仰想宅兆가 應得吉岡安厝矣라 路雖遠이나 此心이 未嘗不往來於左右也라 謹詢此辰에 哀棣體何可堪居오 十分自護하여 無至以孝傷孝하여 副此區區之望하라 族從은 非無情者也로되 而一番匍匐을 尙克隨例하여 未免忽忽하니 悚極悚極이라 餘는 惟希奉几保重하고 不宣禮疏上하노라

예를 생략하고 인사하고 말씀드립니다. 해와 달이 멈추지 아니하여 그대 어머님의 장례 기일이 문득 지나갔습니다. 우러러 생각하니 묘지는 아마 길한 곳을 얻어 편안히 모셨을 것입니다. 길이 비록 멀기는 하나 이 마음이 일찍이 그대의 좌우를 왕래하지 않은 것이 아닙니다. 삼가 묻나니 이때에 상인으로서 예에 익숙한 몸이 어떻게 견디고 지냅니까. 십분 스스로 보호하여 효심으로 효를 상함에 이르지 않게 하여 이 구구한 바람에 부응해 주십시오. 족종은 무정한 자는 아닌데 한번 찾아가는 것을 오히려 전례를 따라서 총총함을 면하지 못하였으니, 죄송하기 그지없고 죄송하기 그지없습니다. 나머지는 궤연을 받들고 보중하기를 바라고, 예를 펴지 못하고 글을 올립니다.

* 厝(조): 두다.

210. 與族叔秉止氏(족숙 병지씨에게 드리다)

拜違未幾에 忽焉歲換하니 伏悵何似오 謹未審컨대 動止候가 神相萬安하고 大度寧謐가 伏聞願言이 何嘗弛리오 族侄은 依旧洪劣하니 無足仰道者耳라 第家垈事는 如約買受나 而日后基地圖得之時에 價文을 如何措處耶아 必自嶺宗中으로 辦備矣라 諒存若何若何오 不備라

인사를 하고 떠난 지 얼마 안 되어 홀연 해가 바뀌니 엎드려 슬픈 생각이 어떻겠습니까. 삼가 살피지 못하건대 기거의 안부가 신이 도와서 두루 평안하고, 온 집안도 평안하십니까. 엎드려 듣기를 원하는 것이 어찌 일찍이 풀어지겠습니까. 족질은 옛날처럼 못나 있으니 족히 우러러 말할 것이 없습니다.

다만 집터의 일은 약속대로 매수했는데, 앞으로 터의 땅을 도모해 얻을 때에 가격을 어떻게 조처하시겠습니까. 반드시 영남 종중으로부터 마련해 갖출 것입니다. 이해하고 생각하는 것이 어떻겠습니까 어떻겠습니까. 갖추지 아니합니다.

* 願言(원언): 원하는 것. '言'은 조사.

211. 與族叔泰顯氏書(족숙 태현 씨에게 드리는 글) 忠北陰城郡(충북 음성군)

窮陰이 已過하여 三陽鼎來하니 懷人政切이 其在凡人에도 猶然이온 況吾宗族間耶아 仰詢玆辰에 德養體節이 對時萬重하고 庇儀泰旺가 區區伏祝不任寅脯라 族姪年與病臻하여 未免食虫之戒하니 以是愧恧愧恧하여 別無仰溷者耳라 第惟我文坦先祖實紀一秩은 昨冬에 奉呈이러니 而厥后無信息하니 伏盉伏盉이라 餘竢回示하고 謹不備禮라

궁한 그늘이 이미 지나 봄이 바야흐로 오니, 사람을 생각함이 아주 간절함이 범인에게도 오히려 그러한데, 하물며 종친간이겠습니까. 우러러 묻나니 이때에 덕을 기르는 몸이 때를 대하여 만중하고, 온 집안도 태평합니까. 구구히 엎드려 빌기를 아침저녁으로 금할 수 없습니다. 족질은 나이가 병으로 더불어 이르러, 식충이란 경계를 면하지 못하고 있으니, 이 때문에 별로 우러러 말씀드릴 것이 없습니다. 그런데 우리 선조 문탄공의 실기 한 질은 작년 겨울에 받들어 바쳤는데 그 후 아무 소식이 없으니, 엎드려 답답하고 답답합니다. 나머지는 회시를 기다리고, 삼가 예를 갖추지 아니합니다.

* 窮陰(궁음): 겨울. 愧恧(괴뉵): 부끄러워함. 부끄러움.

212. 上是菴李先生直鉉氏書(시암 이선생 직현씨에게 올리는 글)

戀德之忱이 靡時不切이라 而天涯地角이 隔在千里하고 苦海人事로 未遂私忱之願하니 只切慕仰而已라 伏未審컨대 泰回云始에 養德氣體候가 迓新萬福하고 燕享康寧하며 胤兄昆季도 亦得吉慶가 并伏慕無任遠誠之至라 侍生은 生長蓬茨之下하여 見聞이 俱以淺陋하고 未能薰沐士君子道德餘光하니 伏愧非惟尋常於伏感이라 所幸者는 以其眷下無警耳라 伏乞下流하여 幸推大開奬飭하고 而勿靳警策이면 則使前頭六十에 知五九之非니 受賜不旣多乎아 此歲早晏間에 造拜軒屛하여 問起居伏計니 休誅怠慢之罪를 伏望耳라 當此獻發에 聲息이 無路라 故로 玆敢郵便上書하여 略修安候之萬一하니 而更伏祝氣候長春善攝하고 謹不備하니 伏惟下鑑하소서 上書하노이다

덕을 그리워하는 마음이 어느 때고 간절하지 않은 때가 없습니다. 그런데 하늘가와 땅 끝이 천리밖에 막혀 있고, 고해의 일로 사사로운 마음의 바람을 이루지 못하니, 다만 사모하고 우러르는 생각만 간절할 따름입니다. 엎드려 살피지 못하건대 정월이 돌아와 새해가 시작되니, 덕을 수양하는 건강이 새해를 맞이하여 만복을 누리고, 한가로이 강녕함을 누리시며 아드님들도 또한 복을 얻고 있습니까.

모두 엎드려 사모하여 먼 정성의 지극함을 이길 수 없습니다. 시생은 봉자의 아래에서 낳고 자라서 보고 들은 것이 모두 천박하고, 선비 군자 도덕의 남은 빛을 무릅쓰지 못하였으니, 엎드려 부끄러운 것은 보통 사람이 엎드려 느끼는 것뿐만이 아닙니다. 다행한 바는 식구들이 아무 탈이 없는 것입니다.

엎드려 빌건대 덕을 흐르게 하여 장려하고 본받음을 크게 열도록 밀어주

고, 깨우치고 채찍질함을 아끼지 않으면, 앞으로 60에 59의 잘못을 알게 될 것이니, 은혜를 입음이 너무도 많지 않겠습니까. 올해에 조만간 헌병에 나아가서 인사를 하고 안부를 물으려고 계획하고 있으니, 태만의 죄를 꾸짖지 말기를 엎드려 바랍니다.

이해를 보내고 새해를 맞이함에 당하여, 소식이 길이 없습니다. 그러므로 이에 감히 우편으로 글을 올려, 약간 안부의 만에 일이라도 닦아, 다시 엎드려 건강이 길이 젊고 잘 조섭하기를 빕니다. 삼가 갖추지 아니하니, 엎드려 생각하건대 내려 살피소서. 글을 올립니다.

* 泰(태): 주역 11번째 괘로 음력 정월에 해당됨. 蓬茨(봉자): 초야. 靳(근): 인색하다. 아끼다. 受賜(수사): 은혜를 입음. 하사물을 받음. 獻發(헌발): 새해에 들어서 봄이 되었음을 이르는 말.

213. 與族侄五永書(족질 오영에게 드리는 글)

昨春에 始得敍花樹之懷하여 不倦之誨와 切偲之樂를 不可枚陳이나 而一自分張后로 隻字修問이 有往無復하니 或爲喬沈가 甚盃甚盃이라 日月이 如流하여 於焉歲換하니 世況之奪人情地가 固若是耶아 秋間에 作三嘉先祖墓歲祀之行하여 拜謁參奉族兄하여 得聞動止之一一而來러니 厥后에 慕遠齋重修之議가 發出하여 再作丹城之行하여 而初料往拜瞻謁於檜溪齋祠矣러니 此事浩大하여 待秋而止하니 此又身家之私事가 忽遽하여 未得遂志而來하니 悚戻悚戻이라 罪難形狀이라 伏不審건대 玆辰에 靜養氣候가 衛道保重하고 到老益固하며 寶庇均禧아 伏慕且祝하여 不以遠邇少弛也라 寧玉은 身弱業蕪하고 又添一齒하니 秪作五十有年無聞之人이라 謾誦少時不勤追後悔之句而已라 愧恧愧恧이라 餘不備하고 惟冀文安이라

지난봄에 비로소 화수의 회포를 펴고, 불권의 가르침과 절시의 즐거움을 낱낱이 진술할 수가 없는데, 한번 헤어진 후로 한 자 문후를 닦은 것이 감은 있으나 오는 것은 없으니, 혹 두절되어 버렸는가. 매우 답답하고 답답하네. 세월이 흐르는 것 같아 어언 해가 바뀌니, 세상의 형편이 사람의 정을 빼앗은 것이 참으로 이와 같은가.

가을 사이에 삼가에 있는 선조묘 제사의 행사를 하여 참봉 족형을 인사드리고 뵙고 동정의 하나하나를 듣고 왔네. 그 후에 모원재를 중수한다는 의논이 나와 재차 단성을 행차하였네. 처음에는 회계재사에서 가서 뵙고 인사를 드리려고 했네.

이 일이 너무나 커서 가을을 기다리기로 하고 그쳤네. 이는 또 나의 사사로운 일이 바쁘고 바빠, 뜻을 이루지 못하고 오니, 죄송스럽고 몸 둘 바를 모르겠네. 죄를 형용해 표현하기 어렵네. 살피지 못하건대 이때에 조용히

수양하는 안부가 도를 지키면서 보중하며 늙어가면서 더욱 견고하며 집안도 두루 복을 받고 있는가.

엎드려 사모하고 또 빌며 멀고 가까움으로써 조금도 풀리지 않네. 영옥은 몸은 약해지고 학업은 묵었으며, 또 한 나이를 더하니, 다만 오십여 년에도 알려짐이 없는 사람이 되었네. 부질없이 젊었을 때 부지런하지 않다가 후에 뉘우치는 시구만을 욀 따름이네. 부끄럽고 부끄럽네. 나머지는 갖추지 아니하고 오직 문채가 편안하기만 비네.

* 切偲(절시): 선행(善行)을 간절히 권하고 격려함. 切切偲偲(절절시시)의 준말.

214. 與鄭在烘書(정재홍에게 드리는 글)

昨冬에 訪仙廬러니 不幸造物者爲所猜하여 未得拜唔하고 只吟不遇空回意感傷之句而來하니 悵缺曷有其極가 窮陰已盡에 靑陽泰回하니 此正逸賢의 講明斯道하고 日益加不息之功之時也라 然이나 習之已熟하면 則及人이 亦君子愛人以德之所樂이니 幸以一二로 波及하여 俾撥吝萌하여 以充嘉言을 千萬千萬이라 伏詢比天에 靖養體候가 隨時晏重하고 諸眷도 平吉가 遠外溯祝하며 不任私私라 弟는 劣狀이 依昔하고 而別無所業하여 得過且過하니 外若閑閑이나 而內實悶悶也라 餘萬은 姑不備하고 惟祝貞吉하며 幷竢合簪하노이다

지난겨울에 선려를 찾아갔더니 불행하게도 조물주가 시기한 바 되어, 인사를 드리며 이야기를 하지 못하고, 다만 만나지 못하고 돌아오니 뜻이 슬펐다는 시구만 읊고 돌아왔습니다. 쓸쓸하고 서운함이 어찌 한량이 있겠습니까. 겨울이 이미 다하고 봄이 돌아오니, 이때는 바로 숨어 있는 현인이 사도를 강론해 밝히고, 날로 더욱 쉬지 않고 공부할 때이기도 합니다.

그러나 익히기를 이미 익숙히 했다면 다른 사람에게 미치는 것이 또한 군자가 사람을 사랑하기를 덕으로써 하는 즐거움이기도 합니다. 다행히 한두 가지로 파급하여 인색한 싹을 뽑아 버려 아름다운 말을 채워 주기를 천번만번 바랍니다. 엎드려 묻나니 근래에 조용히 수양하는 체후가 때를 따라 편안하고, 여러 식구들도 평안합니까. 먼 밖에서 궁금해 빌며 사사로움을 이길 수 없습니다.

저는 못난 모습이 옛날과 같고 별로 일삼은 것이 없어 지낼 수 있는 대로 지내고 있습니다. 겉으로는 한가한 것 같으나 속으로는 답답합니다. 나머지 만 가지는 우선 갖추지 아니하고, 오직 곧고 길하기를 빌며 아울러 서로 만

나기를 기다립니다.

* 窮陰(궁음): 겨울의 마지막. 靑陽(청양): 봄의 딴 이름. 合簪(합잠): 서로 만남.

215. 答泰仁泰山祠儒會所通文(태인 태산사 유회소 통문에 답하다) 代作(대신해 짓다)

權生五性은 謹齋沐하고 裁書修謝于泰山祠儒會所僉君子座下하노이다 日昨에 與一二同志로 作觀海之行이러니 今此返庭하니 則案上에 有書키로 開緘奉讀하니 是乃尊函也라 敎意를 拜悉하니 勉菴先生眞影을 奉安于本祠하니 則可見陽復之漸也라 凡有血氣者가 孰不攢賀拱祝이리오 而況不遐棄하고 來汝之愛護耶아 感悚交至라 右日歸巢나 而未則奮飛參拜末席하니 豈非造物者之猜人好耶아 邈此殘生이 事不從心하니 只緣誠意之菲薄也라 滿心愧懼에 不知措何辭而攸謝라 伏望僉君子는 洞燭此生所以然하여 而使不見斥於後來하면 則千萬伏幸伏幸이라 伏惟僉照하고 不備禮하고 謹拜謝上이라

권생 오성은 삼가 재계 목욕하고 글을 써서 태산사 유회소의 여러 군자 좌하에 답장을 씁니다. 일전에 한두 동지와 더불어 바다를 구경하는 행차를 하였습니다. 이제 집에 돌아오니 책상 위에 편지가 있어 봉투를 열고 받들어 읽으니, 바로 존함이었습니다.

말씀한 뜻을 다 알겠는데 면암선생의 진영을 본사에다가 봉안한다고 하니, 양지가 회복되는 시초를 알 수가 있었습니다. 무릇 혈기 있는 자가 누가 축하를 드리고 공축하지 않겠습니까. 하물며 멀리 버리지 아니하고, 나를 오라고 애호함이랴. 감사함과 죄송스러움이 교차해 이릅니다. 그날 집에 돌아왔는데도, 즉시 날아가 말석에 참배하지 못하였으니, 어찌 조물주가 사람의 호의를 시기한 것이 아니겠습니까.

멀리 있는 이 쇠잔한 사람이 일이 마음과 같이 되지 않으니, 다만 성의가 박한 데 인연한 것입니다. 마음에 가득한 부끄러움에 무슨 말을 해서 답장

을 해야 할지 모르겠습니다. 엎드려 바라건대 여러 군자들께서는 이 생의 그런 이유를 통촉하여, 훗날 배척을 당하지 않게 한다면, 천번만번 다행이겠습니다. 여러분이 살펴 주기를 엎드려 생각하며, 예를 갖추지 아니하고, 삼가 절하며 답장을 올립니다.

* 이 글은 송고 선생이 아들을 대신하여 지은 글임.

216. 與族姪喪制五永書(족질 상제 오영에게 드리는 글)

省禮拜言하노라 乍阻不聞에 此心이 未嘗不往來于仙廬나 而天涯地角에 落落難合하니 臨風送情而已라 謹未審컨대 南至에 孝中體候 萬支保重하고 諸節川休아 僉族丈各宅도 歸仁否아 仰溸區區不任且祝이라 族從은 劣狀이 依昔하고 率亦無警하니 是爲私幸이라 他何細道리오 就拱先祖墓閣重修事는 未知其間에 伐木如何오 遠外願聞이라 或爲通奇否아 月前에 惠貸文하여 幸免旅窓窘狀하니 光紫不些라 未則付呈하니 還愧者多라 今此仰送하니 得無怠慢之罪耶아 惟望諒恕其萬一이라 餘는 只祝歲色紗薄에 餞迓百福하고 謹不備禮하고 疏狀이라

예를 생략하고 절을 하며 말하네. 잠깐 막혀 소식을 듣지 못했는데, 이 마음이 일찍이 선려에 왕래하지 않은 적이 없네. 그런데 하늘끝 땅가에 멀고 멀어 만나기 어려우니, 바람에 임해 정만 보낼 따름이네. 삼가 살피지 못하건대 동지에 상중의 체후가 만지 보중하고 모든 집안 형편이 다 아름다우신가. 여러 족장들의 각각의 집안들도 잘 계신가. 우러러 궁금함의 구구함을 이기지 못하고 또 비네.

족종은 못난 모습이 옛날과 같고 가솔들도 탈이 없으니 이것이 다행이라, 다른 것은 어찌 자세히 말하겠는가. 그런데 아뢰건대 선조 묘각 중수사는 알지 못하건대 그 사이에 벌목은 어떠한고. 먼 밖에서 듣기를 원하네. 혹 기별을 통해주지 않겠는가. 월전에 돈을 빌려주어 다행히 나그네 생활의 군색한 형편을 면하게 해 주니, 광명이 적지를 않았네.

즉시 보내 주지 못하였으니, 도리어 부끄러운 것이 많네. 이제 이렇게 우러러 보내니, 게으른 죄가 없겠는가. 다만 만에 하나라도 헤아려 용서해 주기를 바라네. 나머지는 다만 해의 빛이 비단같이 얇아졌는데, 송구영신에

여러 복을 받기를 바라고, 삼가 예를 갖추지 아니하고 글을 올리네.

* 疏(소): 상사를 당한 사람을 위로하기 위하여 써서 보내는 편지나, 또는 부모의 상을 당한 사람이 그에 대하여 회답해 보내는 편지.

217. 上京城儒林建約所李双翠先生書(경성 유림 건약소 이쌍취 선생에게 올리는 글)

春間下書는 感荷萬萬이나 而卽未修謝하니 罪悚何極가 謹未審컨대 旱天에 德養經體候가 衛道保重하고 令抱도 安侍勤課否아 伏慕區區不任遠誠이라 侍生은 生長遐陬하여 師友之從遊를 不能如意하고 斯文之講習도 一無相涉若是하니 其爲己之道를 何敢望哉아 向在講明之日에 期欲參末席하여 幸蒙僉君子之道德餘光하여 開發蔀蒙矣러니 身嬰宿痾하여 未遂所志하여 便同太陽之不入於伏盆中矣라 奈此生之運에 何오 愧惧難狀이라 第待秋期하여 進拜爲計하니 得勿深誅耶아 右日應試之場에 合格之詩律을 數幅下惠하여 以爲案上之珍을 伏望伏望이라

봄 사이에 편지를 보내주신 것은 느낌이 많았는데, 즉시 답장을 닦지 못하였으니, 죄송스러움이 어찌 끝이 있겠습니까. 삼가 살피지 못하건대, 더운 날씨에 덕을 기르는 몸의 안부가 도를 지키며 보중하고, 손자도 편안히 모시고 공부도 부지런히 합니까. 엎드려 사모함이 구구하여 먼 곳의 정성을 이길 수 없습니다.

시생은 먼 곳에서 성장하여 사우의 종유를 뜻과 같이 못하고, 사문의 강습도 하나도 상관됨이 없음이 이와 같으니, 위기지도를 어찌 감히 바라겠습니까. 지난번 강명일에 기어코 나아가 말석에 참여하여 다행히 여러 군자들의 도덕의 남은 빛을 무릅써 어리석음을 개발하려고 했는데, 몸에 묵은 병이 도져 뜻한 바를 이루지 못해, 문득 태양이 엎어놓은 동이에 들어오지 못하는 것과 같이 되었습니다.

이 생애의 운을 어찌하겠습니까. 부끄러움과 두려움을 표현할 수가 없습니다. 다만 가을 시기를 기다려 나아가 뵐 계획을 하니, 깊이 꾸짖지 않겠

습니까. 앞의 응시장에 합격한 시를 여러 폭 보내 주시어 책상 위의 보배를 삼게 하기를 엎드려 바라고 바랍니다.

* 講明(강명): 사리를 강구하여 분명히 함.

218. 與双翠李常學氏書(쌍취 이상학 씨에게 드리는 글)

此日伏悵이 非比平昔이라 伏詢컨대 經體萬安하고 僉體一例寧謐가 并遠伏溯不任者至라 生如宿樣이요 無可仰告者耳라 就伏悚컨대 向告事는 隨機下示云者는 所仰者가 惟日甚苦나 而寞寥無聞云云하니 其間或有妥定無慮而然歟아 然則幸幸이나 而若未然而或有後慮면 則亦爲詳示가 若何오 此係大關慮處라 故로 玆告하니 幸勿尋常을 伏企伏企라 哭班時到記刊送事는 亦果何如오 亦下示焉하라 餘立竢하고 不備上候禮라

이날 엎드려 슬픈 마음은 평소와 비할 바가 아닙니다. 엎드려 묻나니, 경체 만안하고 모든 분의 몸이 한결같이 평안합니까. 두루 먼 곳에서 엎드려 궁금함을 이기지 못함이 지극합니다. 저는 그전 모양과 똑같고, 우러러 고할 것이 없습니다. 다만 엎드려 죄송하건대, 지난번 고했던 일은 기회를 보아서 하달하겠다고 해서, 기다린 것이 오직 날로 매우 괴로운데, 적막하게 아무 소식이 없으니, 그 사이에 혹 해결이 되어 걱정이 없어서 그런 것입니까.

그렇다면 다행이고 다행이겠습니다. 그러나 그렇지 않고 혹 뒤의 염려가 있다면 또한 자상스럽게 알려주는 것이 어떠하겠습니까. 이것은 크게 염려와 관계가 되는 곳이기 때문에 이에 고하니, 보통으로 여기지 말기를 엎드려 바라고 바랍니다. 곡반시에 도착한 사람을 기록해 간행해 보낸다고 한 일은 또한 과연 어떻게 되었습니까. 또한 보내 주시기 바랍니다. 나머지는 곧 기다리고, 갖추지 아니하고 문후의 예를 올립니다.

* 哭班(곡반): 국상(國喪) 때에 궁중에 모여 곡하는 벼슬아치의 계급을 따른 차례. 곧 망곡하던 백관의 반열.

219. 答梧陽齋幹事僉族書(오양재에서 일을 보는 여러 족친들에게 답하는 글)

嗚呼라 今日國哀는 有民國以來로 未嘗或有之變이로되 而普痛二字도 恐非歇后語也耶아 直欲死而無見也라 際玆에 奔哭於因封하고 及還에 惠書가 墜在塵案日已久矣라 未卽修復하니 雖勢亦罪라 不審컨대 僉體俱享康福가 遠溯伏伏不任이라 宗生은 依劣無聞하여 只作滾汨이라 就悚告落宴來汝之敎는 何感如之오마는 業已在京時過期하니 雖欲進이나 得乎아 旣悶且悚이라 第待秋享時하여 晋謝伏計라 不諒焉하라 餘는 惟希照亮하고 不備謝禮라

오호라, 오늘날 나라의 슬픔은 민국이 있은 이래로 일찍이 있지 않았던 변고인데, 널리 애통하다는 두 글자도 헐후한 말이 아닐까 싶습니다. 곧 죽어 버리고 보지 않고자 합니다. 이에 즈음하여 인산에 달려가 곡하고 돌아오니, 편지가 먼지 낀 책상에 떨어진 지가 날이 이미 오래되었습니다. 즉시 답장을 닦지 못하였으니, 비록 형편이 그렇게 되었지만 또한 죄송스럽습니다.

궁금하노니 여러분의 몸이 모두 건강하십니까. 멀리서 궁금함이 엎드려 견딜 수가 없습니다. 종생은 못난 모습에 의지해 있고 알려진 것이 없으며, 다만 그대로 빠져 살고 있습니다. 다만 죄송스럽게 고하건대 낙성식에 오도록 한 가르침은 얼마나 감사한 일입니까. 하지만 이미 서울에 있을 때 시기가 지나버렸으니, 비록 가고자 하나 그럴 수 있었겠습니까. 이미 민망하고 또 죄송스럽습니다. 그러나 추향시를 기다려 가서 사례하기를 엎드려 기획하고 있습니다. 하량하시기를 바랍니다. 나머지는 오직 조량하기를 바라고, 갖추지 아니하고 사례합니다.

* 照亮(조량): 밝게 살펴 달라는 뜻의 편지에 쓰는 경어(敬語).

220. 與族大父炡書(족대부 정에게 드리는 글) 楊平郡龍門面三星里(양평군 용문면 삼성리)

月昨에 陪德薰沐하여 受賜大矣나 而歸則鄙吝이 復萌하니 奈分薄何오 伏詢컨대 靖中經體候 益復洪祐하고 尊庇均泰否아 伏溯憧憧이라 不以遠漠弛也라 族孫은 方自洛下로 間關歸巢하여 餘憊圉圉하니 甚苦甚苦나 而惟以率下無警으로 爲分幸耳라 就伏告하노니 向帶尊答通하여 輪示宗中하고 而說道尊族事機하니 則咸曰 今日先事重大하니 不可以凡他事로 同日語也라 且畿宗之地閥과 操守는 又非散宗之所可比나 而獨於賢祖被誣事에 視之尋常耶아 言念事體에 必無是理矣라 卽不過有司者之容奸於其間云云이라 罪之誅之에 無地發明이라 旣非得罪於尊宗하고 而見誅於鄙宗이 可乎아 然이나 旣於尊宗에 無所犯하니 是爲上不愧下不怍하니 而尊宗爲先之道는 則未必謂專美矣라 十分諒下하니 俾圖無爲一齋先祖之罪子孫하면 則奚止於尊宗之倖也리오 亦可謂吾權大宗中無一悖孫也審矣라 下諒善裁하면 則幸幸耳라 且實紀一冊은 旣非我私라 故로 有價文名하니 旣承付送之敎로되 而尙無聞하니 何故오 使卽下送을 伏企伏企라

지난달에 덕체를 모시고 가르침을 받아, 하사 받음이 컸습니다. 그런데 돌아오니 비린한 생각이 다시 싹트니, 분수가 박함을 어이하겠습니까. 엎드려 묻건대, 편안히 계실 때 공부하는 몸의 안부가 더욱더 큰 복을 받고, 집안도 두루 태평합니까. 엎드려 궁금하기가 간절합니다. 멀다고 해서 마음이 풀리지 아니합니다.

족손은 바야흐로 서울로부터 멀리멀리 집으로 돌아와 여독으로 몸이 어질어질하여 심히 괴롭고 괴로운데, 오직 아랫것들이 탈이 없는 것으로 분수의 다행함을 삼고 있습니다. 다만 엎드려 고하노니, 지난번에 귀하가 보내

준 답통을 가지고 종중에 두루 보여주고 귀 족친들의 일을 설명하니, 모두 말하길, “오늘의 선사가 중대하니 보통 다른 일을 같은 날에 말할 수 없다.” 고 하였습니다.

또 경기도 종중의 지벌과 조수는 또 미약한 종중의 비할 바가 아닙니다. 그런데 현조가 모함을 당한 일에 대해서 보통으로 볼 수 있습니까. 일의 이치와 체면을 생각한다면 반드시 이런 이치는 없을 것입니다. 바로 유사된 자들이 그 사이에 간사한 짓을 했음에 불과하다고 하겠습니다. 죄를 주고 꾸짖어도 변명할 여지가 없습니다. 이미 귀 종중에 죄를 얻지 않고 우리 종중에 꾸짖음을 당하는 것이 가능하겠습니까.

그러나 이미 귀 종중에 대해서 범한 바가 없으니, 이는 위로 하늘에 부끄럽지도 않고 아래로 사람에 부끄럽지 아니하니, 귀 종중의 위선하는 도는 반드시 혼자만 아름다움을 독차지했다고 할 수가 없습니다. 십분 헤아려 일재 선조의 죄 있는 자손이 되지 않도록 도모한다면 어찌 귀 종중의 다행에 그치겠습니까. 또한 우리 권가 대종중에 하나의 패손이 없다는 것이 분명하다고 할 수 있을 것입니다.

하량하여 잘 재단한다면 다행이고 다행이겠습니다. 또 실기 한 권은 이미 저의 사사로운 물건이 아닙니다. 때문에 값이 있습니다. 이미 부쳐 보내라는 교시를 받았는데 아직도 아무 소식이 없으니, 무슨 까닭입니까. 곧 보내주기를 엎드려 바라고 바랍니다.

* 操守(조수): 평소의 품행(品行)과 지절(持節). 또는 지절을 굳게 지킴. 言念(언념): 생각하다. ‘言’은 어조사.

221. 與道峯孔學源書(도봉 공학원에게 드리는 글)

歲新人新하니 懷亦轉新이라 悵仰何極가 謹未審컨대 新元에 靖養經體上은 迓新增祉하고 令允友도 各得善侍否아 區區頂祝不任卑私라 弟는 劣狀이 僅依나 而家亦無警하니 是爲新年之幸也라 第拱切有仰請事하니 胎紙錄呈이라 趙燦弘은 金堤雅士也라 同心同德하여 今春享時에 或無見斥이면 則非但於吾私光紫라 抑亦君子愛人以德歟인저 下諒后에 裁處若何아 弟는 當進拜하여 以敍新年之懷나 而方有先事之緊急이라 故로 作京城之行하여 忽忽不得如意하여 玆憑數字하여 替面하니 無至深誅를 切仰切仰耳라 餘在回路拜討하고 謹不備禮라

해가 새로워지니 사람이 새로워지고, 감회도 또한 다시 새롭습니다. 궁금하고 우러름이 어찌 다하겠습니까. 삼가 살피지 못하건대, 새해 정월에 편안히 수양하며 공부하는 몸에 새해를 맞아 복을 더하고 아드님의 친구들도 각각 잘 모시고 있습니까. 구구히 머리 조아려 비는 사사로움을 이길 수 없습니다. 아우는 못난 모습이 겨우겨우 의지하고 있는데, 집안도 또한 탈이 없으니 이것이 신년의 다행입니다.

그런데 말씀드릴 것은 간절히 우러러 청할 일이 있습니다. 태지에 기록해 바칩니다. 조찬홍은 김제의 점잖은 선비입니다. 마음을 함께 하고 덕을 함께 하여 이번 춘향시에 혹 배척을 받지 않는다면, 다만 나의 사적인 광채가 날 뿐만이 아니라, 아니 또한 군자가 덕으로 사람을 사랑하는 것이 될 것입니다. 하량한 후에 재량하고 대처하는 것이 어떠하겠습니까.

아우는 마땅히 나아가 인사를 하고, 신년의 회포를 풀어야 하는데, 바야흐로 선사의 긴급한 일이 있습니다. 그러므로 서울을 가야하기 때문에 바빠서 뜻과 같이 하지 못해, 이에 몇 글자를 가지고 얼굴을 대신하니, 깊게 나

무라는 데 이르지 말기를 간절히 바라고 바랍니다. 나머지는 돌아오는 길에 뵙고 토론하기로 하고, 삼가 예를 갖추지 아니합니다.

* 胎紙(태지): 편지 속에 따로 적어 넣는 종이.

222. 通喩于嶺湖僉宗文(영호남 모든 종중에 통지해 알리는 문)

賢祖有被誣로되 而辨雪無地면 則子孫之摩頂放踵하여 而求其地者가 是職耳라 不可緩이니 而矧乎得其地하고 而失其時하면 則孰謂厥祖而有孫乎아 惟我先祖一齋府君之被誣於鄭道傳麗史事는 出於白地하니 而寃於黃壤이로되 轉成吾宗之痛哭於千秋하여 而罔知攸止者也라 曾在年前에 自宗中으로 略有所辨誣矣라 抑以吾家之筆鋒이 不能誅道傳之罪於千載之下歟아 近自京中으로 獲見新刊朝鮮名臣錄하니 公之事蹟이 如前誣載하여 忿懣輪囷하여 直欲死而無見也라 然이나 不得辨而徒死爲면 則何益於事哉아 期於辨明하여 別其薰蕕乃已라 冊子分秩이 當在明正望念間矣라 被誣之辨不辨은 惟在此限이라 故로 敢玆馳通하니 通到하면 則時定擧員하여 起送하여 俾雪千古之寃이 善甚善甚이라

追

見此名臣錄은 則誤錄諸賢之事蹟하니 而就中惟我先祖一齋公事實所載가 ○○○如是면 則爲其子孫者가 豈不寒心哉아 故로 謄本以通하니 期於歲前에 委送一人於鄙宗中하여 詳細面議하면 則當有辨明底道理니 極力周旋하여 毋至被誣於冥冥之中이 豈非子孫之道理耶아 事在日迫하니 勿泛勿泛하라 若爲遲緩하면 則失其機會하여 追悔莫及이라 凡於文字에 易踈於泛看하니 詳察后에 速速圖之焉하라

어진 조상께서 모함을 당한 일이 있으나 변론하고 씻을 길이 없으니, 자손이 정수리부터 닳아져 발꿈치에 이르도록 노력해 길을 찾는 것이 직분일 것입니다. 늦출 수 없는데, 하물며 그 길을 찾고도 그때를 놓친다면 누가 그 조상 밑에 자손이 있다고 말하겠습니까. 우리 선조 일재 부군이 정도전의 고려사에서 무고를 당한 일은 아무것도 없는 데서 나와 황천에까지 원

통할 일인데, 더욱 우리 종중의 천추에까지 통곡할 일이 되어 그칠 바를 알 수 없습니다.

일찍이 연전에 종중으로부터 약간 모함을 변명한 바가 있었습니다. 그러나 우리 가문의 붓끝이 정도전의 죄를 천년 후에까지 처벌하지 못할 것입니까. 근래에 서울로부터 새로 간행한 조선 명신록을 얻어 보니, 공의 사적이 여전히 모함되어 실려 있어, 분한 생각이 가득 차고 넘쳐, 곧 바로 죽어 버리고 보지 않고자 했습니다. 그러나 변론하지 못하고 한갓 죽기만 한다면 어찌 일에 이익이 되겠습니까. 기어코 변명하여 군자와 소인을 구별하고야 그만둘 일입니다. 책자의 분질은 마땅히 명년 정월 보름이나 이십 일 사이에 있을 것입니다. 모함을 당한 것을 변론하고 변론하지 않는 것은 오직 이 기한 내에 있습니다. 그러므로 감히 이에 달려서 알리니, 통문이 도착하면 즉시 거사할 인원을 정하여 보내어 천고의 원통함을 씻는 것이 매우 좋고 좋을 것입니다.

추신

이 명신록을 보니 여러 현인들의 사적을 잘못 기록해 놓았는데, 그 가운데 우리 선조 일재공 사실의 실려 있는 것이 이와 같다면, 그 자손된 자가 어찌 한심하지 않겠습니까. 그러므로 등본을 해서 알리니, 기어코 올해 안에 한 사람을 우리 종중에 보내 상세히 면담하여 의논한다면 마땅히 변명할 도리가 있을 것이니, 극력 주선하여 무지몽매함 가운데서 모함을 당함에 이르지 않도록 하는 것이 어찌 자손의 도리가 아니겠습니까.

일이 날로 급하니 범연히 하지 말고 범연히 하지 마십시오. 만약 더디고 늘어지면 기회를 잃어 뒤에 잘못을 뉘우쳐도 이르지 못할 것입니다. 모든 문자는 범연히 보는 데서는 소홀하기 쉬우니, 자세히 살핀 후에 속히속히 도모하십시오.

* 摩頂放踵(마정방종): 정수리부터 갈아 닳아져서 발꿈치까지 이른다는 뜻으로 '자기를 돌보지 아니하고 깊이 남을 사랑함'을 이르는 말. 一齋(일재): 고려시대 권한공(權漢功)의 호. 輪囷(윤균): 높고 큰 모양. 굴곡(屈曲)의 모양. 薰蕕(훈유): 군자와 소인. 또는 선인과 악인의 비유. '薰'은 향기가 나는 풀, '蕕'는 구린내 나는 풀.

223. 答萬齋族弟載春書(만재 족제 재춘에게 답하는 글)

懸仰之際에 連承兩度惠書하니 示意謹悉이로되 而丹城宗中蜉蝣之敎는 知其一而不知其二가 何若是固執耶아 若爾則曾在前年에 自大宗中所費誠力이 有何所見而然耶아 今玆新刊所載를 置之等閑物事하면 則前功可惜之歎이 今日格語也라 不可不改張訂正乃已라 故로 今作京城之行하니 以此諒悉하여 更發通告于各邑宗中하여 使得通知를 千萬千萬이라 羅洞先墓所守護凡節은 不待更贅니 而諒速圖之하여 毋至失敗之境이 若何若何오 以謹審컨대 新正에 侍體經棣體上이 迓新葆重하니 實協頂祝之私라 族從는 昨吾今吾라 無足提仰耳라 餘在后遞하고 不備禮라

우러러 사모하는 즈음에 연속해 두 차례나 보내준 편지를 받으니, 보여준 뜻은 삼가 자세히 알았는데, 단성 종중에서 부유라고 하는 말은 한 가지는 알고 있으나 둘은 알지 못하는 것이 어찌 이같이 고집스러운가. 만약 그렇다면 일찍이 전년에 대종중으로부터 허비한 성력이 무슨 본 바가 있어서 그렇게 된 것인가.

이제 새로 간행한 것에 실려 있는 것을 등한한 일로 치부한다면 앞의 공력이 아깝다는 탄식이 오늘의 격언이네. 불가불 다시 고쳐서 정정하고 그만두어야 할 것이네. 그러므로 이제 경성에 가려고 하니, 이것으로 헤아려, 다시 각읍 종중에 통고를 내서 하여금 통해 알게 하기를 천번만번 바라네.

나동 선묘의 수호 범절은 다시 말할 것이 없는데, 헤아리고 속히 도모하여 실패의 경지에 이르지 말게 하는 것이 어떻고 어떻겠는가. 삼가 신정에 어버이 모시고 공부하는 몸이 새해를 맞이하여 무사함을 살피니, 실로 이마 조아려 빌었던 내 마음과 합치되네. 족종은 어제도 그만 오늘도 그만 들어

말씀드릴 것이 없네. 나머지는 뒤의 편지에 있을 것이고 예를 갖추지 아니하네.

* 懸仰(현앙): 마음에 두어 우러러 사모함.

224. 與族丈炡氏書(족장 정씨에게 드리는 글) 楊平郡(양평군)

國哀普痛에 易年不衰온 而矧玆阻候에 歲旣一周라 際玆懷想이 公私惟均이라 謹未審컨대 靖體候 迓新增祉하고 僉宗諸節도 均禧아 遠外溯仰에 不以山川間之라 宗下生은 自昨春夏間으로 至于秋冬이 驅馳於嶺湖者 無非先事之未靖也라 昨臘晦에 纔到茂長本第하여 自歲初로 觸寒路憊하여 轉生風熱於頭腦之間하여 至今委臥하니 未知那間에 作完人하니 數奇也라 奈何오 大抵自昨春以來로 修書屢度者가 雖不成樣이나 尙未承一字惠復하니 未知緣何而罪之하고 拒絕宗誼而有往無復이 不啻一再耶아 果未知其意所在也라 仮使有個嫌於方寸之間이라도 書以誅之가 何不可之有하여 而頓不欲一點墨痕於無似之人하니 是誠何故오 百爾思量에 不覺自過耳라 抑或以一齋先祖實紀事로 罪之耶아 然則吾何愛幾緡金하여 而見絶於尊宗耶아 此條一款은 從今以後로 寘之勿論하고 直賜一復하여 以存宗誼於千百世면 則何嘗以幾緡金으로 容易買得者乎아 不備라

국상의 슬픔이 널리 아픔에 해가 바뀌어도 줄어들지 않습니다. 하물며 안부를 묻는 것이 막혔는데 해가 한 바퀴 돌았습니다. 이에 즈음하여 생각함이 공과 사가 오직 똑같습니다. 삼가 살피지 못하건대, 편안히 계시는 몸이 새해를 맞이해 복을 더하고, 여러 종친들 모두도 다 복을 받고 있습니까. 먼 밖에서 궁금하고 우러르니 산과 내로써 사이가 생기지 않습니다.

종하생은 작년 봄과 여름의 사이로부터 가을과 겨울에 이르기까지 영남과 호남을 분주히 다녔던 것은 선사가 안정치 못한 것 때문이었습니다. 지난 섣달그믐에야 겨우 무장 본가에 이르렀습니다. 연초로부터 추위를 무릅쓰고 길에서 피곤하여 다시 풍열이 머리에서 생겨나 지금까지 드러누웠으니, 어느 사이에 완전한 사람이 될지 알 수 없습니다. 운수가 기구한 것을

어이하겠습니까.

대저 작년 봄 이래로 편지를 닦기를 몇 번 한 것이 비록 모양을 이루지는 못했다 하지만 아직까지도 한 자의 회답을 받지 못하고 있으니, 무슨 이유로 연유해 죄를 지었는지 알 수 없습니다. 종중의 우의를 거절하고 가는 것은 있는데 오는 것은 없는 것이 한 번 두 번뿐만 아닐 수 있습니까(여러 차례나 그럴 수 있습니까). 참으로 그 뜻의 소재를 알 수 없습니다.

가사 방촌의 사이에 혐의가 있다 하더라도 편지로 꾸짖음이 무슨 불가함이 있어서, 전혀 한 점의 묵흔을 형편없는 사람에게 하고자 아니하니, 이것이 진실로 무슨 연고입니까. 백 번이나 생각하고 헤아려 보더라도 저의 과실을 깨닫지 못할 뿐입니다. 아니 혹 일재 선생의 실기 일 때문에 죄를 주는 것입니까.

그렇다면 제가 어찌 몇 량의 금을 아껴 존경하는 종친들에게 거절을 당할 수 있겠습니까. 이 조항 한 대목은 지금 이후로 놔두고 논하지 말며 곧바로 하나의 답장을 보내어 종친의 우의를 매우 오래 보존한다면 어찌 일찍이 몇 량 금으로 쉽게 살 수 있는 것이겠습니까. 갖추지 아니합니다.

* 仮使(가사): 만일. 만약. 설령. 설사. '仮'는 '假'의 약자. 無似(무사): 현인(賢人)을 닮지 못함. 곧, 자기를 낮추어 못난 사람이란 뜻으로 쓰는 겸사. 불초(不肖). 繈(강): 돈꿰미. 포대기. 끈. 款(관): 항목. 조목. 千百世(천백세): 매우 오랜 세대.

225. 與族侄五永喪制書(족질 오영 상제에게 드리는 글)

省禮拜言하노라 如流光陰에 星曆一周하니 春色復新이라 此時에 孝子哀霣之情이 想尤切於平品矣리라 伏詢新元에 孝中體上履玆新福萬安扶支하고 僉族諸儀도 均慶가 仰慰溯萬萬이라 族從은 昨臘에 自宗會所로 間關歸于故山이나 而偶爾耳腦生病하여 累日伏枕委痛이라가 至今少差하니 想是風雪中路毒之所致라 眷下는 無警하니 私幸何喩아 第丹城宗會時에 與貴宗中有司宗丈으로 握手分張時에 諸般吾派宗事를 詳細盡達하여 而宜乎得聞이니 姑不煩하고 惟竢在后面晤라 不備疏라

예를 생략하고 절하며 말씀드리네. 흐르는 것 같은 광음에 별이 한 바퀴를 도니 봄빛이 다시 새롭네. 이때에 효자의 슬픈 정이 생각하건대 평소보다 더욱 간절할 것이네. 엎드려 묻나니 새해 정월에 상중에 있는 몸이 이때를 당하여 새로운 복을 받아 만 번 편안하고 부지하며, 여러 종친들의 모습도 모두 복을 받고 있는가. 우러러 위안을 드리고 궁금하기가 말할 수 없네.

족종은 지난 섣달에 종회소로부터 힘들게 고향으로 돌아왔는데, 우연히 귀와 뇌에 병이 생겼네. 여러 날을 베개에 엎드려 쓸어져 아프다가 지금에 이르러 조금 차도가 있네. 생각하건대 이는 바람과 눈 속의 노독의 소치이네. 가솔들은 탈이 없으니, 사사로운 행복을 어찌 말하겠는가.

다만 단성의 종회시에 귀 종중의 유사와 종장으로 더불어 악수를 하고 헤어질 때에 모든 우리 파의 문중 일을 상세히 말씀 드려 마땅히 들었을 것이네. 그래서 일부러 번거롭게 하지 않고 오직 후일 상면해서 말할 것을 기다리네. 갖추지 않고 올리네.

* 哀霣(애운): 매우 슬픔. 애운(哀隕). 平品(평품): 평소. 間關(간관): 길이 험하여 걷기 힘든 모양.

226. 與族叔泰直氏書(족숙 태식 씨에게 드리는 글) 密陽郡位良里(밀양군 위량리)

嶺湖千里에 不禁花樹之懷하여 濟濟儀範이 黯黯則可挹이요 懸懸則不追라 謹詢三陽用事에 靖居經體度가 新年新祉하고 有新得於雪月晴窓讀書中하고 廡內諸致亦爲歸仁者否아 竝庸溯祝이 不啻尋常比也라 族從은 蟄伏窮巷에 如入繭之蛹하여 脫殼無術하니 良覺孤陋而已라 家無現警則幸耳라 他何足道리오 第宛在亭이 宛在於花林水石之中하여 而不爲腥塵風雨之累耶아 前此遊賞은 未能梗概其一二하니 而歸來餘悵에 多少景物이 常在翳眼이라 一者奮飛하여 遊目憑懷於前日未盡之役이 是爲志願이나 而未遂하니 噫라 我足을 誰摯고 其於泉上名亭에 讀書窮理하고 存心養性하니 亭乎不負其人이요 人乎不負其地라 竊惟吾宗이 豈非名區之主人耶아 羨羨之餘에 繼以賀賀라 能使我諸宗으로 有生光者存이라 當此獻發하여 以書替面하니 猶賢於已라 故로 略以數言으로 概探新年安候하고 餘는 惟希亮照라

영남과 호남의 천리길에 종족의 회포를 금할 수 없어, 여러분의 거동 모습이 어렴풋이 손에 잡힐 듯한데, 생각하고 생각해보면 따라갈 수가 없습니다. 삼가 묻나니 삼양이 작용할 때에, 편안히 거하며 글을 읽는 몸이 새해에 새로운 복을 받고 눈과 달이 비치는 창에서 독서하는 가운데 새로 얻음이 있으며, 사랑의 여러 사람들도 또한 인에 돌아온 자가 있습니까.

두루 궁금하고 비는 것이 보통 때에 비할 바가 아닙니다. 족종은 궁한 마을에 살고 있어 마치 누에고치 속에 들어간 번데기와 같아서 껍데기를 벗어날 방법이 없으니, 참으로 고루함을 느낄 따름입니다. 다만 집안에 나타난 놀라움이 없는 것이 다행일 따름이니, 다른 것을 어찌 말할 만하겠습니까. 그런데 완재정이 완연히 화림 수석 가운데 있어, 비린내 나는 먼지와

풍우의 누가 되지 않았습니까.

이에 앞서서 놀고 구경했던 것은 대강 한두 가지를 말할 수 없는데, 돌아오니 남은 서운함에 약간의 경치가 항상 흐린 눈에 남아 있습니다. 한번 떨쳐 날아가 전날 다하지 못한 일에 눈을 놀리고 회포를 달려 보는 것이 저의 뜻에 원하는 바인데 이루지 못하고 있습니다. 아, 나의 다리를 누가 잡고 있는고. 그 샘가 유명한 정자에서 책을 읽고 이치를 궁리하며, 본심을 유지하며 천성을 기르니, 정자는 그 사람을 저버리지 않고, 사람은 그 땅을 저버리지 않습니다.

속으로 생각하건대 우리 종중이 어찌 명구의 주인이 아니겠습니까. 부러워하고 부러워하는 나머지 축하하고 축하함을 잇습니다. 우리 여러 종중으로 하여금 빛이 나게 하였습니다. 이 헌발을 당하여 글로 체면을 대신하니, 오히려 그만두는 것보다는 낫다고 봅니다. 그래서 대략 몇 마디로 신년의 안부를 대강 더듬고, 나머지는 오직 살펴 주시기를 바랍니다.

* 體度(체도): 남의 안부를 물을 때 그를 높이어 그의 건강 상태나 기거를 이르는 말. 체후(體候). 生光(생광): 빛이 남.

227. 上吳後石先生書(오후석 선생에게 올리는 글) 羅州道林里(나주 도림리)

昨春에 候仙廬하여 承謦欬하니 飮河之量이 尙覺充然矣라 而今에 復經歲하니 疵吝山積이라 從逐底誠이 不幾於怠乎아 膏雨多斬하여 麥氣受損하니 伏惟컨대 味道起居候가 益衛萬安가 林下靜養이 想得眞腴라 賢胤賢抱도 長弟安侍아 寅脯拱祝이 如水注東이라 生은 年來에 奔汨하여 長時水山하고 而今年에 倍覺尋仞이나 惟幸率無他耳라 就湧亭講會는 令人醒神이라 玆世罕得底盛事矣요 而世道風敎에 似達乎淵泉이라 私心欣慕하여 期擬泰來러니 而甚矣라 世故之鑠人과 造物之惡圓이 有如是者乎아 趁欲數行裁候計나 而今才輪悃하니 倘無以劣誠으로 誅之否耶아 暑氣漸熾하니 倍加崇護하여 以衛斯道하소서 不備伏惟하노이다

지난봄에 선려에 문후하여 가르침을 받으니, 황하수를 마시는 것 같은 양이 오히려 충족함을 느꼈습니다. 이제 와서 다시 해를 지내고 보니 병과 인색함이 산처럼 쌓였습니다. 따르는 정성이 게으름에 가까운 것이 아니겠습니까. 기름진 비가 너무 인색해 보리 기운이 손상을 받고 있습니다. 엎드려 생각하건대 도를 맛보면서 기거하는 안부가 더욱 잘 지켜 두루 편안합니까. 산림에서 고요히 수양하는 것이 생각하건대 참다운 맛을 얻었을 것입니다. 귀하의 아드님과 손자도 다 차례로 편히 모시고 있습니까. 아침저녁으로 손을 모아 비는 것이 물이 동으로 흐르는 것과 같습니다.

생은 연래에 뛰어다니는데 골몰하여 오래도록 허덕이었습니다. 금년에는 훨씬 더함을 느끼나 오직 가솔들에게 다른 일이 없는 것을 다행으로 여기고 있습니다. 그리고 용정에서의 강회는 사람으로 하여금 정신을 번쩍 들게 할 정도로, 이 세상에서 얻기 어려운 성대한 일이었으며, 세상의 도와 풍속의 교화가 연천에까지 미칠 것 같습니다. 사사로운 마음으로 기뻐하고 사모

하여 통창한 시대가 빨리 오기를 기대하고 바랐습니다. 그런데 심하도다, 세상 연고가 사람을 녹이는 것과 조물주가 원만한 것을 미워함이 이와 같은 것이 있겠습니까.

진즉 몇 줄 문후의 편지를 쓸 계획이었는데, 이제야 겨우 정성을 바치니, 혹시 성의가 적다는 것으로써 나무라지 않겠습니까. 여름 기운이 점점 성하니 배나 크게 보호함을 더하여 유교의 도를 지키십시오. 엎드려 생각함을 갖추지 않습니다.

* 從逐(종축): 따르다. 靳(근): 인색하다. 아끼다. 水山(수산): 물이 산 위에 있는 건괘(蹇卦)로 고생스럽고 어려움을 말함. 尋仞(심인): 팔척(八尺). 趁(진): 진즉. 悃(곤): 정성.

228. 與鄭斯文燦好書(사문 정찬호에게 드리는 글) 群山江戶町(군산 강호정)

肇夏仙庄陪話는 雖云識荊之初나 走也素薄於緇衣나 不以千里國色으로 易이 久矣라 歸猶感怍하여 罔知攸喙라 伏不審컨대 秋氣漸高에 德候가 一亨萬嘏하고 百節都休아 遙外拱祝하여 炳然如丹이라 生은 頹塌散潮에 無足仰塵雅几나 而惟以眷下無它로 茹幸耳라 自見深意로 恒欲更遂接茵이나 而夏畦餘祟가 果殊凡歲하니 尙仰淸光也已라 今年에 雨暘이 不調하여 旱潦風霜이 相繼作祲이라 季世餘生이 豈意覩嘉祥也耶리오 有時仰蒼에 只切忉歎이라 白藏은 前期擬晋拜로되 而許多惹絆하여 姑未敢質耳라 餘希德候가 更加葆重하소서 謹不備하니 伏惟鑑亮이라

초여름에 선장에서 모시고 이야기한 것은 비록 명사를 알게 된 초기라고는 하나 제가 현인을 좋아하는 성의가 박하지만 천리와 국색으로도 바꾸지 아니한 지가 오래되었습니다. 돌아와서는 오히려 부끄러움을 느껴 입을 놀릴 바를 알지 못하겠습니다. 엎드려 살피지 못하건대 가을 기운이 점점 높아 가는데, 덕스런 분의 안부가 한결같이 형통하고 두루 복을 받고, 모든 절차가 모두 아름답습니까. 먼 밖에서 공축하여 밝기가 단사와 같습니다.

저는 흩어진 풍조에 무너지고 쓸어져 점잖은 귀하에게 우러러 먼지를 낄 것이 없는데, 오직 권속들에게 다른 일이 없는 것을 다행으로 여기고 있습니다. 깊은 뜻을 보았을 때부터 항상 다시 자리를 접하기를 이루고자 했습니다. 그런데 여름 논두렁의 남은 병이 과연 보통 해와는 다르니 오히려 맑은 빛을 우러를 따름입니다(그대가 오시기를 바랍니다). 금년에는 비와 볕이 고르지 못해 가뭄과 장마와 바람과 서리가 서로 이어 재앙을 부리고 있습니다.

말세에 남은 인생이 어찌 아름다운 상서를 보기를 뜻하겠습니까. 때때로

푸른 하늘을 우러르니 다만 슬픔과 탄식이 간절할 따름입니다. 백장은 전에 나아가 뵈려고 기약했는데, 많은 일들이 잡아당기고 얽어매어 아직 감히 질정해서 말하지 못하겠습니다. 나머지는 바라건대 덕 있는 분의 안부가 다시 보중함을 더하십시오. 삼가 갖추지 아니하고, 살펴 헤아리기를 엎드려 생각합니다.

* 嘏(하): 복. 복을 받다. 識荊(식형): '명사(名士)를 만나 그 이름이 알려짐'을 비유하여 이르는 말. '荊'은 형주(荊州) 태수(太守) 한조종(韓朝宗). 식한(識韓). 走(주): 자기의 비칭(卑稱). 茹(여): 깊이 생각하다.

229. 與族兄松山載奎氏書(족형 송산 재규 씨에게 보내는 글) 丹城江校里(단성 강교리)

高山祠拜候는 是何等奇緣 而才經一宿에 東西相分하니 是何等留悵耶아 鄙居之於高山에 地未滿百里로되 而猶未遑花樹團欒者는 是則可恨이나 而但斯文從逐이 亦是扶線陽於剝底하면 則綿綿宗誼가 庶幾不汰乎禽獸之城矣라 是所自慰라 不審稅駕가 在那間 而冬令이 在卽에 道體康寧하고 德庇도 歸仁가 遠溯不容悃愊이라 族弟는 寡陋本相으로 淪落荒山하여 日與樵隊牧竪로 弟兄相尋하여 半百星霜이 只留竿頭一步而已라 以先墓歲一祭로 有事于嶺胡兩道하여 而始擬晋候러니 奚翅果然가 但身以累世宗子로 主祼在卽하여 未作閑歇人事之行하니 悵仰何及也리오 餘는 留하니 默亮하소서 不備하고 上候書하노이다

고산사에서 뵙고 문후 드린 것은 이 얼마나 기이한 인연인데, 겨우 하룻밤을 자고 동서로 헤어지니 이 얼마나 남은 서운함입니까. 제가 사는 곳과 고산은 땅이 백 리도 차지 못하는데, 족친으로 단란하게 지낼 겨를이 없는 것 이것이 한스럽습니다. 다만 사문을 종축한 것이 역시 일선의 양을 박의 밑에서 붙잡으면, 면면히 이어진 종족의 정의가 거의 금수의 영역에서 도태되지는 않을 것입니다. 이것이 스스로 위로 삼는 것입니다.

살피지 못하건대 집에 도착한 것이 언제였습니까. 겨울의 절서가 당도했는데, 도체는 평안하고 집안도 편안합니까. 멀리서 궁금하여 제 정성을 용납할 수가 없습니다. 족제는 누추한 본래 모습으로 거친 산에 빠져 있어, 날마다 나무꾼들과 소먹이는 종들과 더불어 아우니 형이니 하며 서로 찾으면서 반백이 되는 세월이 다만 간대 끝에 일보가 남아 있을 뿐입니다.

선조 묘에 해마다 한번씩 지내는 제사로 영남과 호남 양도에 일이 있어

처음에는 나아가 문후하려고 했는데, 어찌 당연할 뿐이겠습니까. 다만 제 몸이 여러 대에 걸친 종손으로 주관해야 할 제사가 목전에 있어 한가로운 인사를 행할 수가 없습니다. 서운하고 우러름이 어찌 미칠 수 있겠습니까. 나머지는 남겨두니 묵묵히 헤아려 주십시오. 갖추지 아니하고 문후의 글을 올립니다.

* 稅駕(세가): 수레에 맨 말을 풀어놓는 일. '사람이 정착하는 곳', 또는 '나그네의 휴식함'을 이르는 말. 悃愊(곤복): 참되고 정성스러움.

230. 答族弟萬載春書(족제 만재 재춘에게 답하는 글)

秋抄一幅이 今才入眼하니 摩挲數周에 曷以其早晏으로 爲之緊歇也耶리오 謹詢컨대 鴈后에 萱幃愆節은 快復天和하고 湯劑餘體宇가 益復神護淸善하고 眷儀도 周迪가 遠外馳溯하여 晨夕顒顒이라 族從은 澳劣依遣이로되 而近則以兒憂로 無況度了耳라 第胤從姪은 遠行尙未返面耶아 爲慮想不少로되 而世道也와 運氣也를 奈之何오 先墓一祭를 今審不參하니 豈意本心哉아 治裝登車에 纔到大田驛하니 風寒相迫하여 殘軀不勝하여 擁三日衾하여 稍愈하여 不得已返巢하니 果涉缺然이나 而金溝墓祀도 亦闕然하니 其於先靈에 得罪多矣라 無地可逃耳라 安東院享은 春秋間에 果以何日卜定耶아 恒欲進參이나 而誠劣未能이라 今聞發論하니 則明春院享에 祭官有望於賢從云하니 臨發에 前期倘可通示耶아 期欲進參하니 而此所謂蠅付于騏尾耳라 譜事之議는 共得協同否아 遠外坐者가 只增心慮耳라 寧碩之云云은 此是求全之毁也라 彼此一視之下에 詎有岐議之端耶아 雖欲多辨이나 不得其路하니 而賢從이 眷眷於此하여 爲念爲慮하니 何感如之오 餘萬은 非筆舌之可悉이라 姑此不備하고 謹謝狀하노라

가을 초엽에 보내주신 한 폭의 편지가 이제 겨우 눈에 들어왔네. 어루만지기를 몇 번을 하니 어찌 일찍 오고 늦게 옴으로써 긴요하고 가벼움을 삼겠는가. 삼가 묻나니 편지가 온 뒤에 자당의 병환은 쾌히 건강을 회복하고, 탕제를 올리고 있는 여가의 몸이 더욱 신의 보호를 받아 평안하며, 온 집안도 두루 편안한가. 멀리 밖에서 궁금한 마음이 달려가 아침저녁으로 생각되네.

족종은 못난 모습으로 그대로 지내는데, 근래에는 아이의 병으로 재미없이 시간을 보내고 있네. 다만 그대 아들은 멀리 출행하여 아직도 돌아와 얼

굴을 보이지 않고 있는가. 염려됨이 적지 않을 것인데, 세도가 그렇고 운기가 그런 것을 어찌할 것인가. 선조의 묘에 한번 제사 지내는 것을 금번에는 불참하였으니, 어찌 본심이라 생각할 수 있겠는가.

행장을 꾸려 차를 타고 겨우 대전역에 이르렀는데, 바람과 추위가 서로 핍박하니 쇠잔한 몸이 이기지 못해 삼 일 동안 이불을 끼고 있으니 조금 나아 부득이 집으로 돌아오니, 과연 서운하게 되었네. 그러나 금구의 제사도 또한 빠졌으니, 선조의 영령에 죄를 얻음이 많네. 도망갈 땅도 없네.

안동 원향은 봄가을 사이에 과연 어느 날로 잡아 정했는가. 항상 나아가 참석하려 해도 성의가 부족해 못했네. 이제 발론을 들으니, 내년 봄 원향에 제관은 현종에게 물망이 있다고 하니, 출발에 임해 기일보다 먼저 혹시 통해 알려줄 수 있겠는가. 기어코 나아가 참석하려고 하는데, 이것이 이른바 파리가 천리마의 꼬리에 붙어 있는 격이네. 족보 일의 논의는 한가지로 협동해줌을 얻었는가. 멀리 밖에서 앉아 있는 자가 다만 마음의 염려를 더할 뿐이네.

영석이 말했다는 것은 온전함을 구했다가 헐어지는 격이네. 피차 한결같이 보는 아래서 어찌 의논이 갈리는 실마리가 있겠는가. 비록 변론을 많이 하고자 하나 그 길을 얻을 수 없어, 현종이 이 일을 자상하게 살펴 생각해 주고, 염려해 주니 얼마나 감사할 일인가. 나머지 많은 것은 붓과 혀로 다 할 수 있는 것이 아니네. 우선 이렇게 갖추지 아니하고 삼가 답장을 쓰네.

* 發論(발론): 제안 또는 의논거리 따위를 말하여 드러냄.

231. 又答(또 답하다)

所求乎朋友를 先施之를 吾未能者는 顧非吾夫子謂歟아 今日書는 可謂夫子之所不能於吾宗族也라 披玩再三에 自已不若人이니 仰謝僕僕이라 今春時祟는 但謂湖不幸이러니 嶠亦有之耶아 同病相憐者가 此也라 示意는 極感荷나 而吾之有無罪를 嶺湖有司가 旣有目擊하여 非一非再니 不必待吾言이어늘 而彼基柱者가 雖欲擠之나 得乎아 未知自宗中으로 有何擧措라도 而未若無咎하니 則其擧措가 將歸何處乎아 然이나 俗所謂有事가 不如無事니 望須以言正理順으로 責之喩之하여 伊無相持하면 則豈非愛我本旨耶아 非不欲書與晋이나 而殆不若吾賢從之爲也라 諒裁若何오 且不報無道는 南方之强이나 而吾族居之하니 吾以是로 弛慮耳라 餘는 不備謝하노라

벗에게 구하는 것을 먼저 베푸는 데 내가 능히 못한다고 한 것은 돌아보건대 우리 공자께서 말한 것이 아닌가. 오늘의 편지는 공자께서도 우리 종친보다 능하지 못하다고 말할 수 있을 것이네. 펴서 읽어보기를 두 번 세 번 함에 자신이 이미 남과 같지 않아, 우러러 거듭거듭 다행으로 여기네. 금년 봄철의 병통은 다만 호남만 불행한 것으로 알았더니, 영남도 또한 그런 일이 있었는가. 동병에 상련한다는 것이 이런 것이네.

보여준 뜻은 극히 감사하네. 그러나 나의 죄 있고 없음을 영남의 유사들이 이미 목격함이 있어서 하나가 아니고 둘이 아니니, 꼭 나의 말을 기다릴 것이 없네. 저 기주라는 자가 비록 비틀어 놓고자 하나 되겠는가. 알지 못하건대 종중으로부터 어떤 조처가 있더라도 허물함이 없는 것만 같지 못하니 그 조처가 장차 어느 곳으로 돌아갈 것 같은가.

그러나 세속의 이른바 일이 있는 것은 일이 없는 것만 같지 못하네. 바라건대 모름지기 말의 바름과 이치의 순함으로써 꾸짖고 눌러 그가 버티지

않게 한다면 어찌 나를 사랑하는 본뜻이 아니겠는가. 편지도 하고 나아가려고 하지 않은 것은 아니지만 아마도 현종이 하는 것만 같지 못할 것이네. 헤아려 처리하는 것이 어떻겠는가. 또 무도한 사람에게 보복하지 않는 것은 남방의 강함이나, 우리 종족이 여기에 거하고 있으니, 내가 이 때문에 염려를 푸네. 나머지는 갖추지 아니하고 답장을 하네.

* 僕僕(복복): 번거로운 모양. 南方之强(남방지강): 남방의 강함을 말한다. 주희(朱熹)는 『중용집주』에서, "남방은 기풍이 유약하기 때문에 포용하고 참는 힘이 남보다 뛰어난 것을 강한 것으로 여기니, 군자의 도이다."라고 하였다.

232. 又書(또 서신을 보내다)

別離二字는 昔人所悲나 而今人도 亦何嘗小異哉아 然이나 有淺深輕重者가 不一而其深且重焉者가 曷有逾於此哉아 欲寫眞境인댄 非拙辭可旣라 謹詢雪冱에 經體上 對時寧謐하고 庇節도 珍重가 日夕馳溸하여 不以山川間之라 族從은 還巢에 餘祟가 尙未祛나 而惟幸率無警이라 第金溝齋室重建事는 學山族大父가 竊有悽愴之心하고 而收議於丹城云云니 賢從도 亦爲極力周旋하여 期於圖成若何오 雖曰歉餘나 舍今不爲면 則又未知明年事之將何居니 諒裁하여 期圖宣施若何오 且囊也에 面托板上韻은 間當依望이러니 而何待更言이리오 全幅詩를 示及하여 以爲案上珍如何오 鄙隣鄕士孔道峯學原은 望士也라 其文行造詣를 向奉時에 已有面詳이나 而其壽辰이 已經이라 今秋晬宴韻一首를 不可不賡和나 而自辦不足爲榮이요 亦爲代作以送을 深仰深仰이라 餘竢回示之如何하고 不備하노라

별리 두 글자는 옛 사람이 슬퍼하는 바인데, 지금 사람이라고 해서 또한 어찌 일찍이 조금이라도 다르겠는가. 그러나 열고, 깊고, 가볍고, 무거운 것이 한결같지 않은데, 그 깊고 또 무거운 것이 어찌 이보다 넘을 수가 있겠는가. 진실한 경지를 쓰고자 한다면 졸렬한 말로써 다할 수가 없네. 삼가 묻나니, 눈 오고 얼음 얼 때에 공부하는 몸이 때를 대하여 편안하고 집안도 잘 지내고 있는가.

날과 밤으로 궁금한 마음을 달려 산천이 사이를 막을 수 없네. 족종은 집에 돌아왔으나, 남은 병이 아직도 떠나지 않네. 그러나 오직 권솔이 탈이 없는 것을 다행으로 여기고 있네. 다만 금구 재실 중건사는 학산 족대부가 속으로 슬픈 마음을 갖고 단성에 가서 의논을 거둔다고 하니, 현종께서도 극력 주선하여 기어코 성공을 도모하는 것이 어떻겠는가.

비록 흉년의 뒤라고 하나 지금은 놔두고 하지 않는다면 또 명년의 일이 어떻게 될지 알 수 없으니, 헤아리고 재단하여 기어코 시행할 것을 도모하는 것이 어떻겠는가. 또 지난번에 상면해서 부탁한 현판의 운은 그 사이 마땅히 바라는 대로 했을 것이니 어찌 다시 말할 것을 기다리겠는가. 전폭의 시를 보여 주어서 책상 위의 보배가 되게 하는 것이 어떠하겠는가. 우리 이웃 고을의 선비 도봉 공학원은 인망 있는 선비이네.

그의 문행과 조예를 지난번 만났을 때에 이미 상면해서 자상하게 말했는데, 그의 회갑이 이미 지났네. 금년 가을에 수연운 한 수를 불가불 차운하는데, 내가 마련한 것으로는 족히 영화가 되지 못할 것이니, 또한 대작하여 보내주기를 깊이 바라고 바라네. 나머지는 회시를 어떻게 하는가를 기다리고 갖추지 아니하네.

233. 上族大父學山相政氏書(족대부 학산 상정 씨에게 올리는 글) 名相政(이름은 상정이다) 山淸郡丹城面立石里(산청군 단성면 입석리)

月前旅次에 拜別은 抱菀齎悵이 去益難裁라 人情固然耶아 坤迬復來에 更伏問컨대 味道起居候가 益復崇衛아 之玄餘摠은 想亦不尠이나 何等遠外伏慮之摯리오 族孫은 返捿에 餘憊로 作數宵疼證하니 苦哉苦哉라 而惟幸率無警耳라 就伏告컨대 金溝齋閣重建事는 果非不事浩力綿이온 而況値歉荒하여 收論極難이라 然而事係不得緩하고 情亦不得廢하니 未知宗議之何居라 賤料則興役報功이 比諸他年에 眞可謂事半而功倍者也라 更加商量하여 允合情勢하면 則亟須通知를 千萬伏冀라 餘는 情長幅窘하여 姑退不備하고 謹候上하노이다

紫荊花種子를 依敎付上耳라

월전 객지에서 뵙고 작별할 때에 답답함을 안고 서운한 생각을 갖는 것이 갈수록 더욱 재단하기가 어렵습니다. 인정이 진실로 그런 것입니까. 시월이 가고 동짓달이 오고 있습니다. 다시 엎드려 묻나니, 도를 맛보는 기거가 더욱 더 높이 보호를 하고 계십니까. 현에 갔을 때의 나머지 시달림은 생각해보니 또한 적지 않을 것 같은데, 얼마나 먼 밖에서 엎드려 염려함이 지극하겠습니까. 족손은 집에 돌아오니 남은 피곤함으로 며칠 밤을 아픈 증세가 나타나 괴롭고 괴로웠습니다. 그런데 오직 권솔들이 탈이 없는 것이 다행일 따름입니다.

그런데 엎드려 고하건대, 금구 재각 중건사는 과연 일은 크고 힘은 적은 것이 아님이 아닌데, 하물며 흉년을 만나 의논을 거두기가 극히 어렵습니다. 그러나 일이 늦출 수 없는 관계가 되고 정도 또한 폐할 수가 없으니, 종의가 어떻게 될지 알 수가 없습니다. 저의 생각으로는 역사를 일으켜서 공

을 아뢰는 것이 다른 해에 비해 참으로 일은 절반인데 공은 배가 된다고 할 것입니다.

다시 생각을 더해 진실로 정세를 합하게 하려면 빨리 모름지기 통지해 주기를 천번만번 엎드려 바랍니다. 나머지는 정은 길고 편지 폭은 좁아 우선 물리쳐 갖추지 아니하고 삼가 문후를 올립니다.

자형화 종자를 말씀대로 부쳐 보냅니다.

* 菀(울): 무성하다. 우울해지다. 齎(재): 가져오다. 가져가다. 摯(지): 도탑다. 정의(情意)가 극진하다. 紫荊花(자형화): 박태기나무의 꽃.

234. 與鄭斯文燦好氏書(사문 정찬호 씨에게 드리는 글)

抃拜已經幾箇月에 心乎相思하여 若千里然이러니 今奉咫尺之書하니 今夏炎燠이 前後俱無라 何以消遣고 向風馳懷에 不勝戀戀이라 伏惟入秋以來로 靜養體上이 萬祉하고 蘭友在傍에 安侍否아 溯祝區區之忱이라 生은 自夏以來로 愁亂也와 旱毒也가 叢集一身하여 消却無路矣리라 旱憂가 近因雨而才解矣라 非但於吾私也라 民情尤爲大幸矣라 雖情形泛忽之間이라도 得平安字信하니 則猶云幸이나 而相知間에 久曠若是하니 近節如之何오 豈不欲探知耶아 郵以替問也하노이다 餘는 不備狀禮하노이다

純宗孝皇帝因山時에 奉悼團任員選定記라

團長　李亨淳 金泰泳

副團長 慶愚顯 郭舜榮

總務 黃健秀 金大漢 閔載龜

執禮 權寧玉

團務　李承九 大田郡外南面蘇堤里

禹慶命 宋秉夔

全永俊 宋度憲

崔龍植 金喜鎭

洪鍾福 柳理夏羅州郡多侍面洞文 高用德

書記 慶九顯

손을 잡고 인사를 했던 것이 이미 몇 개월이 지나 마음으로 서로 생각하여 마치 천리나 되는 것 같더니, 이제 지척의 편지를 받드니, 올 여름의 더위는 전이나 후에 모두 없던 것이었습니다. 어떻게 지내고 계십니까. 바람

을 향해 생각을 달리니, 그리운 생각을 이길 수가 없습니다. 엎드려 생각하건대, 입추 이래로 고요히 수양하는 몸이 두루 복을 받고, 아드님도 곁에 있으면서 편히 모시고 있습니까. 더듬어 빌기를 구구한 정성으로 하고 있습니다. 생은 여름부터 이래로 수심의 난과 가뭄의 독이 한 몸에 모두 모아져 소각할 길이 없습니다. 가뭄의 근심이 근래에 비로 인해 겨우 풀렸습니다. 단지 저의 사적인 것만이 아니라, 백성의 정이 더욱 다행이 되었습니다. 비록 정세와 상황이 범홀한 사이라도 평안하다는 글자의 편지를 받으니, 오히려 다행인데, 서로 아는 사이에 오래 서로 비어 있기가 이와 같으니, 근래의 형편이 어떠합니까. 어찌 더듬어 알고자 하지 않겠습니까. 우편으로써 대신 묻습니다. 나머지는 장의 예를 갖추지 아니합니다.

순종효황제 인산시에 봉도단 임원을 선정한 기록

단장　이형순 김태영

부단장 경우현 곽순영

총무　황건수 김대한 민재구

집례　권영옥

단무　이승구 대전군 외남면 소제리

우경명 송병기

전영준 송도헌

최영식 김희진

홍종복 유정하 나주군 다시면 문동

고용덕

서기　경구현

* 抃(변): 손벽을 치다. 炎燠(염욱): 불꽃 같은 더위. 심한 더위. 염서(炎署).

235. 附朴昌浩贈安東權進士書(박창호에게 맡겨 안동 권진사에게 보내는 글)

余與權進士基一로 相見은 可惜晩也라 及其聞善言行善事에 成莫逆之交矣라 一日에 爲我道其家乘所載世德之大略하니 其從先祖諱志養이 當尤菴被誣之時하여 極言奸黨害正之非하고 又言儒賢道德之盛하여 至有裂其通墨其文之擧하여 不顧禍色하고 挺身救護라가 竟爲彼輩所擠하여 被謫魯城하여 客死匪所하되 而不知悔하여 樹風士類에 其力爲如何哉아 惜乎라 其論卞邪正하고 遇禍穽坎之顚末을 弱子孱孫이 未能詳記先德之萬一하니 雖以吾子之裂指救親病과 吾子之子之斷指瘳親病之孝로도 不能闡揚先德之美가 于今幾年所矣라 可悲夫也인저

제가 진사 권기일과 더불어 서로 만난 것은 늦다고 애석하게 여길 만합니다. 선한 말을 듣고, 선한 일을 행하는 것에 이르러 막역한 사귐이 이루어졌습니다. 하루는 저를 위하여 그의 가승에 실려 있는 바 세덕의 대략을 말해 주었는데, 그 종선조 휘 지양은 우암이 모함을 입었을 때를 당해 간당들이 바른 사람을 해친 잘못을 극도로 말했고, 또 유현의 도덕의 성함을 말하여 그 통문의 글을 찢어버리는 거동이 있었으며, 화색을 돌아보지 않았고, 몸을 내어 구호하다가, 마침내 저들에게 배척을 당해, 노성으로 귀양을 가, 귀양지에서 죽어, 후회할 줄을 알지 못하여 사류에 풍성을 세웠으니, 그 힘이 어떻다고 하겠습니까.

애석하도다, 그가 사와 정을 논하고 분별하여 함정에서 화를 당한 전말을 약한 자식과 약한 손자가 선덕의 만에 하나를 자상하게 기록하지 못하였습니다. 비록 그대가 손가락을 찢어 어버이를 구한 것과 그대의 아들이 손가락을 잘라 어버이의 병을 고친 효로도 선덕의 아름다움을 들어내지 못한 것이 지금까지 몇 년이 되었으니, 슬프도다.

* 魯城(노성): 현 이름. 충청남도 논산시 노성면 지역에 있었다. 瘳(추): 낫다. 병이 나아지다.

236. 送三嘉簡通(삼가에 보내는 글) 壬申十二月(임신 12월)

伏惟臘沍에 僉體一如淸穆가 無任憧憧이라 第金溝今秋享祠費不足과 與各項蠲蕩條는 湖南殘族이 不勝堪當하여 不得已派送有司矣라 回報自嶺南門中으로 殖利契中하여 劃下云하니 此事가 寔出於盛擧나 而豈非獨賢之美耶아 望之如旱天甘雨나 而月三改而無聞하니 此其中間浮沈而然耶아 姑未抖擻而然耶아 先有寬弘之心이나 而後有携貳之端而然耶아 右費借款於人하여 而空徵數月之息하니 而其息을 孰能補之耶아 設使與人相約에 不易千金이온 況爲先之事하여 如是越示耶아 速速下擲如何오 又有所仰達者하니 所謂齋閣有不若無는 未免他姓之嘲笑라 經營十數年來에 推之碍於世故하고 又碍於年荒하면 則以後百年에 未可得也라 嶺湖雲仍이 雖曰不纖이나 但出於誠意之淺薄故也라 合心共濟하면 則費不過各名下再金으로 足爲竣工乃已니 則一以榮先靈陟降之所요 一以盡子孫之道理요 一以免他姓之嘲笑니 千萬善甚이라 以名金難合爲論하면 則咨矣富人이어니와 至於煢獨은 空費數日之雇니 奈子孫職分何哉오 傳聞明年元月念日에 寒泉齋大宗會云하니 伊時에 公議가 果何如耶아 人間事에 每有先後急緩이나 而薄於先急而厚於後緩耶아 于彼于此에 當有斟量者存焉矣라 千萬如何오 不備라

엎드려 생각하건대 섣달 추위에, 여러분의 몸이 한결같이 건강합니까. 궁금함을 이길 수가 없습니다. 다만 이번 금구 가을 제향비의 부족과 각 항의 탕감한다는 조목은 호남의 우리 씨족으로서는 감당할 수 없어, 부득이 유사를 파송했습니다. 영남 문중으로부터 회보를 들으니, 계 중에서 이익을 늘려, 계획하여 알린다고 합니다. 이 일이 참으로 성대한 계획에서 나왔으니, 어찌 홀로 애씀의 아름다움이 아니겠습니까. 기대하기를 가문 하늘에 단비 같이 하였으나, 달이 세 번 바뀌도록 소식이 없습니다. 이것은 중간에 부침

하여 그렇게 된 것입니까.

아직도 정신을 못 차려 그런 것입니까. 먼저는 너그럽고 큰 마음이 있었으나 뒤에는 딴 마음을 먹을 단서가 있어서 그런 것입니까. 앞의 비용은 다른 사람에게 빌려 공연히 몇 달 동안의 이자만 물었으니, 그 이자를 누가 보충할 것입니까. 가령 다른 사람과 약속을 하면 천금으로도 바꿀 수 없는데 하물며 선조의 일을 한다면서 이같이 월나라 사람이 보듯이 할 수 있습니까. 속속 내려 보내주는 것이 어떻겠습니까. 또 우러러 아뢸 일이 있습니다. 이른바 재각이 있으나 없는 것만 같지 못하다고 하는 것은 다른 성씨의 조소를 면하지 못할 것입니다. 일을 한 지 십수 년 이래 세상의 연고에 구애된다고 미루고, 또 흉년에 구애된다고 하면 이후 백년에도 이룰 수 없을 것입니다.

영남과 호남의 자손들이 비록 적지 않다고 말하지만 다만 성의가 천박한 데서 나왔기 때문입니다. 합심하여 이루려고 하면 비용은 각자 이름 아래 금액을 재차 나누는 것에 불과하여 족히 준공하고야 말 것이니 한편으로는 조상의 영령이 오르내리는 장소를 영광스럽게 하고, 다른 한편으로는 자손의 도리를 다하고, 또 다른 한편으로는 타성의 조소를 면하는 것이니, 천번 만번 잘하는 것입니다.

이름 앞에 배당된 돈을 모으기 어려운 것으로 논한다면 부자는 괜찮지만 궁핍한 사람은 공연히 수일의 비용만 허비하게 되니 자손의 직분에 어찌하겠습니까. 전해 들으니 명년 정월 스무날에 한천재에서 대종회를 한다고 하니 그때에 공의가 과연 어떻게 될까요. 인간사에는 매번 선후와 완급이 있는 것인데, 앞에 하고 급에게 할 것에 박하게 하고, 뒤에 하고 천천히 할 것에 후하게 할 것입니까. 여기에나 저기에나 마땅히 짐작하고 헤아릴 자가 있을 것이니, 천만 헤아리는 것이 어떻겠습니까. 갖추지 아니합니다.

* 淸穆(청목): 맑고 온화함. 상대방의 건강·행복을 빈다는 뜻의 편지 용어. 憧憧(동동): 마음이 잡히지 않는 모양. 蠲蕩(견탕): 미납된 조세를 전부 면제해 줌. 賢(현): 지치다. 애쓰다. 抖擻(두수): 깨끗이 씻어 버림. 집착을 없애 버림. 정신을 차리게 함. 携貳(휴이): 서로 어그러져 믿지 않거나 딴 마음을 가짐. 煢獨(경독): 형제가 없는 사람과 자식이 없는 사람. 의지할 곳 없는 외로운 사람.

237. 與萬齋書(만재에게 드리는 글)

小春行李에 苦海放舟라가 中流遙望에 入桃源之岸하니 乃三山界也라 松風蘿月이 依舊歡迎하고 列仙이 咸集하여 顔面依舊하고 玉音琤琤하여 更上一層上界하니 不復饒仮一步라 望之者가 足癢而身墜하여 未至於地而覺하니 是夢也라 望而足癢者는 不媚于世하고 卽無力하여 與我同病者라 於高明에 不幸近之矣라 生雖併世나 地分嶺湖하여 一承奉唔가 甚於上天之難이나 而但恃以顔面焉口舌焉은 肝肺焉者가 有毛楮二生及陶泓是耳라 而區區於赫蹄에 寫情하니 雲霧翳肚에 千萬未究 所欲言은 切望컨대 俯賜手誨하여 警此昏憒如何오 瞻望南雲에 只自悵黯而已라 謹詢月已再圓矣에 侍湯中에 經度安勝하고 寶眷도 鱗休否아 只切拱祝이라 玉은 家益旁落하여 心益衰頹하니 糊口亦難이라 以顔子安樂之訓으로 若可自慰나 警以眷集에 豈不能傷感哉아 外此不拖長也라 所謂丹之契沓은 前則曰花原君位土러니 今付於何地耶아 當初甲子十一月水清齋宗會時에 享費二十圓金을 年豊則巡하고 年荒則全擔하여 信誓丁寧하니 當此大無에 告憫則一邊携貳하고 一邊劃下云하니 而倘不擲이면 曷故焉고 以此等事件으로 歸咎於余하여 構成杷柄하여 誹謗四起하여 陷之於千仞之坑坎이면 則自家雖喙長三尺이라도 實難措辦이라 尾閭何時可塡耶아 可歎可歎矣라 向托梧陽齋韻은 題呈하니 以借良手斤正하여 揭于壁上하고 不朽賤名을 千萬切仰이라 只冀默會하고 不備라

시월에 행장을 차리고 나서 고해에 배를 띄웠다가 중류에서 멀리 바라보니, 도원의 언덕에 들어왔는데, 바로 삼산의 경계였네. 솔바람과 넌출 사이의 달이 옛날처럼 환영해 주고 여러 신선이 모두 모였는데 얼굴이 옛날과 같고, 옥 같은 목소리가 쟁쟁하여 다시 한 층 상계로 올라가니 다시 일 보를 더할 수가 없었네. 바라보는 자가 발이 간지러워 몸이 떨어졌는데 땅에

이르지 아니하여 깨니 바로 꿈이었네. 바라보고서 발이 간지러웠던 자는 세상에 아첨하지 않고, 힘이 없어 나와 함께 병을 함께 한 사람이었네. 그대와 불행하게도 가까웠네.

태어나기는 세대를 함께 했으나 땅이 영남과 호남으로 나뉘어 한번 받들어 이야기하는 것이 하늘에 오르는 어려움보다 심하네. 그런데 다만 안면과 구설을 믿고 진심을 나누었던 것은 붓과 종이 두 가지와 벼루가 있었기 때문이었네. 그러나 편지에 구구하게 심중을 쓰니 구름과 안개가 마음속을 가려 천가지 만가지로 다하지 못하였네. 그러나 말하고자 하는 것은 간절히 바라건대 굽혀 손수 가르침을 주어 이 어두운 자를 깨우쳐 주는 것이 어떻겠는가. 남쪽 구름을 바라보니 다만 스스로 슬프고 암담할 뿐이네.

삼가 묻나니 달이 이미 두 번 둥글었는데, 약 수발 중에 경도도 편안하고 집안도 다 같이 행복한가. 다만 간절히 두 손 모아 비네. 나는 집안이 더욱 방락하여 마음이 더욱 쇠퇴하니 입에 풀칠하기도 또한 어렵네. 안자의 간함을 편히 여기고 즐기는 교훈으로 스스로 위로하나 집안을 깨우침에 어찌 슬프지 않겠는가. 이밖에는 길게 끄집어내지 않겠네.

이른바 단성의 계답은 전에는 말하길 화원군의 위토라고 하더니 지금은 어디에다 부쳤는가. 당초에는 갑자년 11월 수청재 종회시에 향사비 20원을 풍년에는 돌려가면서 하고, 흉년에는 전담키로 하여 틀림없이 믿고 약속했는데, 이 심한 흉년을 당해 민망함을 고하니, 한쪽에서는 딴 마음을 먹고 한쪽에서는 내려 보내자고 한다고 하니, 아직 보내지 않았다면 무슨 연고인가.

이런 사건으로 허물을 나에게 돌려 이야깃거리를 만들어 비방이 사방에서 일어나 천 길 구덩이에 빠뜨리면 내가 비록 주둥이 길이가 석 자라도 실로 마련하기가 어렵게 되었네. 미려를 어느 때나 메울 수 있겠는가. 한탄스럽고 한탄스럽네.

지난번에 부탁한 오양재운은 써서 부치니 좋은 솜씨를 빌려 고쳐서 벽에 걸어 천한 이름을 썩지 않게 하기를 천번만번 간절히 바라네. 다만 묵묵히 받아들이기를 바라고 갖추지 아니하네.

* 小春(소춘): '음력 10월'을 달리 이르는 말. 陶泓(도홍): 벼루의 딴 이름. 赫蹄(혁제): 글을 쓴 쪽지. '蹄'는 '蹏'로도 쓴다. 經度(경도): 경영하고 계획함. 位土(위토): 수확물을 향사(享祠) 등의 일정한 목적을 위해 마련한 전답. 丁寧(정녕): 꼭. 틀림없이. 大無(대무): 심한 흉년. 杷柄(파병): 칼자루. 이야깃거리. 尾閭(미려): 전설상의 바닷물이 샌다는 곳.

238. 與松山族兄(송산 족형에게 주다) 丹城(단성) 壬申臘月(임신 섣달)

全冬에 可謂無寒이나 而乃者에 饕風酷雪이 無乃窮極之陰이 爲靑陽所逐하여 不敢嬰其鋒而倒肆其虐也耶아 否는 泰之理也오 亂은 治之兆也오 晦는 明之根也오 剝은 復之漸也라 然則爲其孔朱之學者가 正當修身固窮하여 靜而俟之而已라 此世不然하여 寔同遇風之舟로되 而靡所知止하니 是固恨也라 東方이 自甲午以來로 沒于腥膻하여 衣冠淪於糞壤하고 人類化爲禽獸하니 是可忍也온 孰不可忍也리오 草居之北에 聖廟가 屹然하여 右有石東精舍하고 左有昭泉書齋하니 惟吾松山族兄이 講學藏修之所也라 一片丹土가 乾淨하고 衿佩之莘莘와 絃誦之洋洋이 得以無愧於古昔盛時 而使後學으로 加意勉旃하니 則卽所謂周禮在魯也라 朽物은 累俗仙居하여 穩承謦咳하니 何敢忘也리오 景仰之懷가 往來於念頭라 瞻望南天에 嶺雲이 漠漠하여 只自沖悵而已라 謹詢獻發在邇에 道體候가 茂膺萬祉하고 允侄도 安侍否아 仰溸不任向往之至라 族弟는 索居窮鄕하여 得以朝夕食而所接者는 俗人이요 所聞者는 俗說이니 則安保此心之不與俱化며 此志之不爲侵奪耶아 居敬讀書와 修齊治平은 人之當行正道나 而如寧玉者는 素是工夫가 淺薄하고 心志가 昏惛하여 無一可道者하고 而至於日用多少往復處에 擧廢兩難이라 故로 不得已蕪詞荒毛로 橫竪說去하여 仰溷尊鑑하니 幸須恕諒其出於衷赤如何오 伏望컨대 更賜鐫誨하여 以爲佩服하여 小補於修齊之地를 千萬切切이라 只冀爲道加護하여 以副遠誠하라 不備上하노이다

온 겨울에 추위가 없다고 할 수 있는데, 이전에 세찬 바람과 많은 눈은 아마도 궁극의 음 기운이 봄에 쫓긴 바 되어, 감히 그 칼날을 무릅쓰지 못하고 거꾸로 그 포학함을 부린단 말입니까. 비색은 편안함의 이치요, 어지러움은 다스림의 징조요, 어둠은 밝음의 뿌리요, 박괘는 복괘의 시작입니다. 그렇다면 공자와 주자의 학문을 하는 자는 정당히 몸을 닦고 궁함을 굳게

지켜 고요히 기다릴 따름입니다. 이 세상은 그렇지 않아 실로 바람을 만난 배와 한 가지인데 그칠 곳을 알 바가 없으니, 이것이 진실로 한입니다. 우리나라는 갑오년 이후로 누린내 속에 빠져 문물이 더러운 곳에 떨어져 사람이 금수로 변했으니, 이것을 참을 수 있다면 무엇을 참지 못하겠습니까.

초옥의 북쪽에는 성인의 사당이 높이 솟아 오른쪽에는 석동정사가 있고 왼쪽에는 소천서재가 있어, 오직 우리 송산 족형이 학문을 강론하고 책을 읽고 학문에 힘쓰는 곳입니다. 한 조각 붉은 흙이 깨끗하고 선비들의 많음과 음악의 성대함은 옛날 성할 때에 부끄러움이 없어 후학으로 하여금 뜻을 더하여 힘쓰게 하니, 이른바 주나라 문물이 노나라에 있다고 하는 것입니다. 이 사람은 신선의 거처에 누를 끼치고 속되게 하며 편안히 가르침을 받았으니, 어찌 감히 잊겠습니까. 높이 우러른 생각이 염두에 어른거립니다. 남쪽 하늘을 우러러 바라보니 고개의 구름이 아득하여 다만 슬프고 서운할 따름입니다. 삼가 묻나니 송구영신이 가까이 있는데, 도체의 안부는 크게 많은 복을 받고 아들과 조카도 잘 모시고 있습니까. 우러러 궁금해 향왕함의 지극함을 이길 수 없습니다.

저는 궁벽한 고을에 쓸쓸하게 살면서 아침저녁으로 밥이나 먹으면서 접하는 사람은 속인이며, 듣는 바의 것은 속된 말이니, 어떻게 이 마음이 함께 변화되지 않고 이 뜻이 침탈되지 않도록 보전하겠습니까. 공경에 거하고 글을 읽는 것과 수신제가치국평천하는 사람이 마땅히 행할 정도인데, 영옥과 같은 자는 본래 공부가 천박하고 심지가 어두워 하나도 말할 것이 없고 날마다 쓰고 다소 왕복하는 곳에 이르러 모두 폐하기 어렵습니다. 그러므로 부득이 거친 말과 거친 붓으로 횡설수설하여 그대의 보심을 우러러 더럽히니 다행히 모름지기 충심에서 나왔다는 것을 헤아려 주심이 어떠하겠습니까. 엎드려 바라건대 다시 가르침을 주시어 차고 다니게 하여 수신제가하는

데 조금이라도 도와주기를 천번만번 간절히 바랍니다. 다만 바라건대 도를 위해 소중히 보호하여 원지의 성원에 부응하십시오. 갖추지 않고 올립니다.

* 乃者(내자): 전자에. 이전에. 饕風(도풍): 매우 세차게 부는 바람. 酷雪(혹설): 지나치게 많은 눈. 無乃(무내): 추측이나 반문을 내며 '아마도', '…이 아니다', '그럴리 없다' 등으로 해석한다. 嬰(영): 닿다. 접촉하다. 腥羶(성전): 누린내. 糞壤(분양): 더러운 땅. 썩은 흙. 草居(초거): 초가집. 藏修(장수): 책을 읽고 학문에 힘씀. 乾淨(건정): 깨끗함. 衿佩之莘莘(금패지신신): 선비들이 많은 모양. 向迬(향왕): 마음이 한 사람이나 한 고장으로 향하여 감. 索居(색거): 친구와 사귀지 않고 떨어져 있음. 쓸쓸하게 홀로 있음.

239. 與族弟載弘書(족제 재홍에게 드리는 글) 丹城江樓(단성 강루)

丹之新安赤壁은 嶺之屈指名勝地러니 而愚川挹淸兩亭이 翼然特立於江之涯者가 勝狀萬千이라 幽夐可知也라 民俗皥皥하여 不染世俗하니 此世罕聞이라 讀書聲이 淸亮錚錚하여 鳴屋瓦하고 諸仲小子의 天姿가 粹然하여 蘭芬可掬이요 桃源이 非是別有를 於此可見矣라 吾宗이 卜其地作其亭하여 旣爲名區之主人焉하니 則地與亭이 奚特嶺南之第一云哉아 於東方에 孰有加於此者乎아 健羨不已라 顧此朽物은 夤緣宗事하여 團欒花樹之樂이 如夢中捱過危橋而失路하니 豈無漁舟更覓之歎耶아 悵鬱之懷가 尙爾如物在喉耳라 謹詢臘冱에 僉體候가 連得萬重가 拱賀曷勝이리오 族末은 素性懶散하여 遠遊尤難이러니 幸賴從者之力하여 退蟄陋巷하니 衰相日甚이요 眼前則無他憂冗而已라 然四門中分當條는 唯獨立石門中이 如約卽送而餘他는 寂然無聞하니 是何故耶아 債督逐日遝至하고 湖南殘族이 不勝抵當이라 故로 玆以仰達하니 更喩于各處하여 速速下擲하여 勿爲宗事葛藤如何오 只冀回示하고 不備하노라

단성의 신안 적벽은 영남에서 손을 꼽는 명승지인데, 우천과 읍청의 두 정자가 날개를 펴 듯 강가에 우뚝 서 있는데 아름다운 경치가 천 가지 만 가지이네. 깊숙하고 먼 것을 알 수 있네. 백성들의 풍속이 넉넉하여 세속에 물들지 않았으니, 이 세상에는 듣기가 드무네. 글 읽는 소리가 깨끗하고 맑아 집의 기와에 울리고, 여러 중자와 소자들의 천연스런 모습이 깨끗하여 난초의 향기처럼 맡을 만했네.

별천지가 따로 있는 것이 아님을 여기에서 볼 수 있네. 우리 종친이 그 땅을 잡아 정자를 지어 이미 유명한 지역의 주인이 되었으니, 그 땅과 정자가 어찌 다만 영남의 제일만 되겠는가. 동방에 어떤 것이 이보다 더함이 있

겠는가. 크게 부러워 마지않네. 돌아보건대 이 썩은 물건은 종중 일로 인연하여 단란한 종족의 즐거움이 마치 꿈속에서 위태로운 다리를 잡고 지나다가 길을 잃은 것과 같으니, 어찌 고깃배를 타고 다시 찾아볼 탄식이 없겠는가. 서운하고 답답한 회포는 아직도 물건이 목구멍에 있는 것과 같네. 삼가 묻나니, 섣달 추위에 여러분의 몸은 계속 편안하신가. 공수하고 축하하기를 어찌 이길 수 있겠는가.

족말은 평소 성품이 게을러서 멀리 여행하는 것을 더욱 어렵게 여겼는데 다행히 따라간 사람의 힘을 의지해 돌아와서는 누추한 곳에 엎드려 있으니 쇠약한 모습이 날로 심해지고 있네. 눈앞의 일은 달리 근심스럽고 잡된 것이 없을 따름이네. 그러나 네 문중에 분담시킨 조목은 오직 홀로 입석 문중만이 약속과 같이 즉시 보내주었고, 나머지는 감감 아무 소식이 없으니 이것이 무슨 연고인가. 빚에 대한 독촉이 날마다 답지하고 호남의 쇠잔한 족속으로는 감당할 수 없네. 그러므로 이에 우러러 말씀드리니 다시 각처에 말을 해서 빨리빨리 내려 보내도록 하여 종중 일이 갈등을 빚지 않도록 하는 것이 어떻겠는가. 다만 회답해 주기를 바라고 갖추지 아니하네.

* 皥皥(호호): 마음이 넓고 여유가 있는 모양. 淸亮(청량): 성질이나 소리가 맑고 깨끗함. 錚錚(쟁쟁): 옥의 맑은 소리. 거문고나 비파의 맑은 소리. 夤緣(인연): 덩굴이 감김. 달라붙음. 捱過(애과): 질질 끌어서 지나 버림.

240. 與鎭海五永書(진해 오영에게 드리는 글)

戊辰秋에 照臨盛德은 何可忘也리오 光陰이 於焉五度에 音貌阻絶하니 居常悵鬱이 有難形喩라 謹詢臘沍에 靖體候無損於顔面之日耶아 欽仰福履惟德之致耳라 左右皆穩平否아 實所願聞이라 族從은 窮獨之餘에 心益衰頹하고 家益旁落하니 餘外事는 何足道哉아 第金溝位土는 無秋享費과 與諸般用下五六十圓이로되 則辦出無路라 故로 陪從密陽重海氏하여 自三嘉로 抵于丹城江樓愚川精舍하여 先閱貴門平安字 則所傳者가 風信이니 可益隔靴爬癢耶아 僉宗公論이 右費를 不得已契錢中에 劃下完結하니 其時通告于座下矣라 尙爾無聞하니 中間浮沈而然耶아 呀鬱甚多라 日昨에 郵使入門하여 鎭海惠(書)帖이 今焉來矣라하고 心自負而搜玩則乃大邱府譜所通文也라 尊啣을 記載於列名上하니 果爾否아 或有同名而然耶아 若眞則貴宗中單子를 奉入否아 鄙門은 例不可廢之事나 而如此歉荒에 單金을 何以辦出乎아 可歎可歎이라 玆以仰達하니 回示如何오 不備라

무진년 가을에 방문해 주신 성대한 덕은 어찌 잊을 수 있겠는가. 세월이 어언 다섯 번이나 지나니 소식이 막히고 끊어져 평소에 서운함과 답답함이 형용해 말하기 어려움이 있네. 삼가 묻나니 섣달 추위에 편안한 몸의 건강은 만났을 때보다 손상됨이 없는가. 복록이 오직 덕의 소치임을 흠모하네. 좌우도 모두 평온한가. 실로 듣기를 원하네.

족종은 곤궁한 나머지 마음이 더욱 쇠약하고 집안이 영락하였으니 나머지 일은 어찌 말할 것이 있겠는가. 그런데 금구 위토는 가을에 제사지낼 비용과 제반 비용으로 오륙십원이 없는데도, 마련해낼 길이 없네. 그러므로 밀양 중회를 모시고 따라가 삼가로부터 단성의 강루와 우천정사에 이르러 먼저 귀 문중의 편안한 문자를 보니, 전하는 것이 풍문으로 듣는 소식뿐이

니 격화파양을 더하는 것인가(격화파양을 더할 뿐이 아니겠는가).

여러 종친들의 공론이 앞의 비용은 부득이 계금에서 꺼내어 완결한다고 하여 그때 귀하에게 통고한 것이네. 아직까지 소식이 없으니 중간에 부침이 되어서 그런 것인가. 의아하고 답답함이 매우 많네. 일전에 우체부가 문에 들어와 진해 화첩이 이제 왔다하고 마음으로 믿고 펴서 보니 바로 대구의 보소에서 보낸 통문이었네. 존함을 여러 이름 위에다 기록했는데, 과연 그렇게 된 것인가.

혹은 같은 이름이 있어서 그런 것인가. 만일 진실이라면 귀 문중의 단자를 받들어 넣었는가. 우리 문중은 관례대로 그만둘 수 없는 일이나 이와 같은 흉년에 단금을 어떻게 판출할 수 있겠는가. 한탄스럽고 한탄스럽네. 이에 우러러 말씀드리니 회답해 주시는 것이 어떻겠는가. 갖추지 아니하네.

* 福履(복리): 행복. 복록. '履'는 녹(祿). 窮獨之餘(궁독지여): 곤궁하고 외로운 나머지. 隔靴爬癢(격화파양): 신을 신고 가려운 곳을 긁는다는 뜻으로 '일을 하느라 애는 쓰되 정통을 찌르지 못해 답답함'을 이르는 말. 격화소양(隔靴搔痒).

241. 答大邱譜所通文(대구 보소 통문에 답함)

嶺湖落落하여 曾無花樹雅契나 而景仰則久矣라 謂外에 簡通이 墮案하고 繼以華幅聯函이 遠及於寂寞之濱하니 感荷沒量矣라 伏承審컨대 獻發에 僉尊體候가 迓新增祉하니 遠外不任向往之至라 族從等은 各保劣狀而已라 第譜事는 旣出許可云云하니 於道理上萬萬不可나 然而大同譜後로 三十餘年에 而廢則已어니와 擧則勢不得已라 藉托於彼하여 乃有此一時權宜之事라 故로 僉尊高明이 旣爲奉三斟量者가 存焉矣라 事至此境에 鄙族이 以隨公論으로 例不可廢之事니 而何其疑信하여 而觀望耶아 轉聞鎭海往復書中에 今望日에 大宗會于大邱譜所云하니 果爾否아 更爲回示如何오 寧玉은 有事于金溝先祖墓所하여 顚倒於列郡하고 今纔返巢하여 始復前臘書하니 自訟不敏之情이 何嘗少弛也哉리오 以此諒燭를 千萬如何오 不備謝上하노이다

영남과 호남이 멀고멀어 일찍이 화수의 좋은 모임이 없었습니다. 그러나 크게 우러르기는 오래 되었습니다. 생각밖에도 통문이 책상에 떨어지고 계속해서 화려한 폭으로 연한 편지가 멀리 적막한 곳에까지 이르니, 감사함이 한량이 없습니다. 엎드려 이어 살피건대 해를 보내고 맞음에 여러 존귀한 분들의 건강은 새해를 맞이해 복을 더하니 먼 밖에서 향왕의 지극함을 이길 수 없습니다.

족종 등은 각각 못난 모습을 유지할 따름입니다. 다만 족보의 일은 이미 허가가 나왔다고 하니, (일본인에게 허가를 받아서 한다는 것은) 도리상 절대 불가한 일이지만, 그러나 대동보 후로 삼십여 년이 지났으니 안 하기로 했으면 말거니와 실행하기로 했다면 형세가 부득이할 것입니다. 저에게 의뢰하고 부탁해서 이에 이 일시의 권의(임시변통)의 일이 있게 되었습니다.

그러므로 여러 고명한 이들도 이미 받들어 세 번이나 짐작하고 헤아린 바가 있습니다.

일이 이 지경에 이르러 우리 씨족은 공론을 따르기로 함으로써 관례상 폐할 수 없는 일이니, 어찌 의심하고 믿고 해서 관망할 수 있겠습니까. 전해 들으니 진해에서 오고 간 편지 속에 이달 보름날에 대구 보소에서 대종회를 한다고 하니 과연 그렇습니까. 다시 회신해 주는 것이 어떻겠습니까.

영옥은 금구 선조의 묘소에 일이 있어서, 여러 군을 돌아다니다가 이제 겨우 집에 돌아왔습니다. 비로소 지난 선달 편지에 답장을 하니, 스스로 불민함을 꾸짖는 마음이 어찌 일찍이 조금이라도 소홀히 하겠습니까. 이 때문에 헤아리고 살펴주기를 천번만번 해주는 것이 어떻겠습니까. 갖추지 아니하고 답장해 올립니다.

* 感荷(감하): 받은 은혜를 감사하게 생각함.

242. 與尹桓卿書(윤환경에게 드리는 글)

某는 頓首하노이다 意外賢郞이 冒風踏雪而至하니 行色이 極爲間關하니 邀之者閔然不安하니 俾也可忘가 成人以後로 初對天姿하니 粹然蘭芬을 可掬이라 若以學而充之면 則德門有後라 此等之人을 孰不欽慕리오 而況查誼至厚之間乎아 願加鞭策하여 勉旃勉旃하라 新舊歲之交에 孝子悲愴之時온 而況大期不遠하니 仰認號霣에 不禁忉怛이라 因審宿苦不平하니 不至添肆否아 仰惟節愼自護하여 以副千萬之望이라 賤物은 賣盡先業하되 負債未了하고 滫瀡極難하니 溝壑亦命也라 說之徒亂人意耳라 眼前單孫이 讀字廢久하여 勢不私塾하고 又無芳隣하니 自爲之教 卽落落難合이라 古人所謂 易子而教之言을 推而可知也라 竊念컨대 貴邊書齋가 如前年否아 托孫而使之教가 是所區區之願이나 而安敢望安敢望이리오 未知賢意可否何居也오 外他多少는 賢郞歸或能言之리라 只祝餞迓에 增祉하고 不備上이라

모는 머리를 조아립니다. 뜻밖에도 현랑이 바람을 무릅쓰고 눈을 밟고 왔습니다. 행색이 아주 멀리 왔으니 맞이하는 자가 안타까워 불안했으니 잊을 수가 있겠습니까. 성인이 된 이후로 뛰어난 자태를 처음으로 대하니 순수한 난초 같은 향기가 느껴집니다.

만약에 학문으로 채운다면 덕문에 후예가 있을 것입니다. 이런 사람을 누가 흠모하지 않으리오. 하물며 사돈 의초가 지극히 두터운 사이이랴. 원컨대 채찍을 더하여 힘쓰고 힘쓰십시오. 새해와 이 해가 서로 바뀔 때에, 효자가 슬퍼하고 슬퍼할 때인데, 하물며 대상이 머지않아 목놓아 슬퍼하는 것을 우러러 인정할 수 있으니, 저도 슬픈 마음을 금할 수 없습니다. 인하여 살피건대 그전부터 괴로운 것이 회복이 되지 않았다 하니, 더 심한 데 이르지는 않았습니까.

우러러 생각하건대 절제하고 삼가고 스스로 보호하여 천만의 바람에 부응하십시오. 천물은 선조의 재산을 다 팔았으되 부채를 갚지 못하고 끼니도 극히 어려워 개천에 굴러 죽는 것도 또한 운명인 것 같습니다. 말을 하자면 한갓 사람의 뜻만 어지럽힐 뿐입니다. 눈앞의 독손이 글 읽는 것을 그만둔 지 오래 되었으나 형편상 사숙을 할 수도 없고, 또 좋은 이웃도 없습니다. 내가 가르치고 있는데 뜻이 높고 커서 잘 맞지 않는 것 같습니다.

옛 사람의 이른바 자식을 바꾸어 가르친다는 말을 미루어 알 수 있겠습니다. 속으로 생각하건대 귀하 부근의 서당이 전년과 같이 하고 있습니까. 손자를 맡겨서 가르치는 것, 이것이 구구한 소원인데 어찌 감히 바라기만 하리오, 어찌 감히 바라기만 하리오. 알지 못하건대 귀하의 뜻은 가부가 어떠합니까. 그 외의 다소의 말은 현랑이 귀가하면 혹 말씀드릴 수 있을 것입니다. 다만 옛 해를 보내고 새해를 맞아 복이 더하기를 빌며 갖추지 아니하고 올립니다.

* 賢郞(현랑): 남을 높이어 '그의 아들'을 이르는 말. 掬(국): 집다. 두 손으로 움켜 뜨다. 可와 함께 쓰여 움켜 뜰 수 있을 만큼 풍경이 선명하거나 감정이 넘쳐 남을 형용한다. 大期(대기): 죽은 지 두 돌 되는 제사. 대상(大祥). 霣(운): 떨어지다. 떨어뜨리다. 滫瀡(수수): 식품을 쌀뜨물에 담가 부드럽게 하는 일. 私塾(사숙): 개인이 경영하는 글방. 落落難合(낙락난합): 뜻이 높고 커서 사회와 서로 맞지 않음.

243. 上智隱先生書(지은 선생에게 올리는 글)

拜違門屛이 於焉月改歲新이라 雖理勢使然이나 而固莫非自家誠意之淺薄也라 一麓之間에 如隔雲嶺하고 一朔之阻가 如絶三年音耗하니 此心憧憧이 迨難形喩라 伏審獻發에 道體候迓新萬重하고 閤節이 均泰아 伏溸區區不任下誠之至라 門下生은 歲前에 夤緣宗事하여 逶迤列郡하여 冒寒抵巢하니 塞竇擁衾하여 氣息이 僅存이라 餘無仰達이나 而第伏念컨대 昨蜡念日에 瞻彼望梧壇하여 慨廓之辰也라 尙必無闕이로되 而崎嶇驗路와 風雪冷夜에 九十氣力으로 陟降非容易事나 而想必未知有二三知己之助力否也라 如門生者는 是夜旅窓에 寒燈輾轉하여 不寐徒勞愴結而已라 趨陪坐隅하여 穩承謦咳가 未知迫在於幾日間이라 故로 畧此書候하여 教稚孫으로 走納이라 不備上하노이다

문병에 절하고 떠나온 지가 어언간 달이 바뀌고 해가 새로워졌습니다. 비록 이치와 형세가 그러하지만 진실로 저의 성의가 천박하지 않음이 없습니다. 한 산록의 사이에 마치 구름 고개에 막힌 것 같아 한 달 막힌 것이 삼년 동안 소식이 끊긴 것 같습니다. 이 마음의 궁금함이 거의 형용해 말하기가 어렵습니다.

엎드려 살피건대 헌발에 도체후가 새해를 맞이해 만중하고 온 집안이 두루 태평하십니까. 엎드려 궁금함이 구구해 하성의 지극함을 이길 수 없습니다. 문하생은 연전에 종친의 일로 인연해 여러 군을 돌아다니다가 추위를 무릅쓰고 집에 돌아오니 문구멍을 막고 이불을 뒤집어쓰고 기운과 숨이 겨우 보존되었습니다.

나머지는 우러러 아뢸 것이 없습니다. 다만 엎드려 생각하건대 지난 선달 이십 일은 저 망오단을 바라보고 슬프고 허전해 해야 하는 때였습니다. 오

히려 반드시 빠져서는 안 되는데 험한 길과 눈보라 치는 추운 밤에 구십 기력으로 올라가고 내려오는 것이 쉬운 일이 아니었습니다. 그러나 생각건대 반드시 여러 친구의 도움이 있었는지 알지 못하겠습니다.

문생으로 말하면 이날 밤 객지에서 차가운 등불 아래 뒤척이며 잠을 이루지 못하고 헛되이 슬픔이 맺혔을 따름입니다. 달려가 모시고 구석에 앉아 편안히 가르침을 받드는 것이 며칠 사이에 임박해 있는지 알 수 없습니다. 그러므로 대략 문후를 써서 어린 손자로 하여금 달려가 바치게 하였습니다. 갖추지 아니하고 올립니다.

* 門屛(문병): 상대방의 집. 音耗(음모): 소식. 萬重(만중): 아주 편안함. 편안의 높임말.

244. 與萬齋書(만재에게 드리는 글) 癸酉元月(계유 정월)

遡承淸儀가 已爲月三改歲一飜하니 居常悵鬱하여 如結未錐라 顧此朽物이 年前金溝沓變時에 奔走嶺湖할새 左右周旋하여 若可自任이러니 惟吾高明이 先病於此等事하여 每以前事之鑑으로 懇懇爲喩하여 以爲佩服하여 更不與干預門事矣라 不幸昨年에 又出沓變하여 不可不歸正乃已일새 責任을 推望於菰蒲之身하니 愚陋顓劣이 尤非所可擔當也審矣라 然이나 爲先大事를 終不敢越視라 故로 巡進于嶺南各門하니 則貴門公議가 沓價를 償入하여 期於徵習雪恥也라 丹城僉議云 去廢生廢하니 與之賊口하고 置之勿問이 可也라 所論各者不同하니 至於自家에 旣張之舞를 不容退步라 昨蜡一月間에 與湖南諸族으로 顚倒於列郡하여 極力周旋하여 抵當權抹消淸帳之地하니 用費四十餘圓이라 昨秋分排條는 五十餘圓也라 兩條內에 立石門中의 所送金除之하면 餘算不得已出債於人이라 嶺湖兩門이 撕捱하여 未仮報하니 則畢竟割地而與之라 得此失彼에 何可免買櫝而還珠耶아 可歎可歎耳라 此事는 轉致於寒泉齋宗會所를 千萬如何오 舊至望間에 略進書候와 梧陽齋韻과 納貴宗中書를 合爲一封하여 付郵矣라 終未見回示하니 不勝孤望耳라 冒風觸雪하여 路憊纏身하여 苦苦呻吟之際에 簡通飛到하니 披玩則別無問訊하니 可知其先書未達也라 揀遣之敎는 豈不欲奉副리오마는 貧門所致로 何可必也리오 大邱府譜所通文은 屢到於寒門하되 門誼가 在於猶豫中하여 願欲聞嶺右僉門之爲否何居也라 示之를 切企切企耳라 卽惟新正에 萱堂愆候餞迓平復하고 侍湯餘學履도 茂膺萬祉하고 左右도 均平否아 遠外向徃하여 不任憧憧이라 族從은 生事搖落하여 跧伏海陬에 自甘於木石之伍而切以索居之歎하니 所謂工夫恁麽度了라 自無妙術하여 每思高明이 時惠鞭策이나 而涯角이 落落하여 嗣音未易하니 只自咄歎而已라 餘는 臨紙不能裁悉하고 只祝萬加珍衛하여 以副遠頌하라 不備上하노라

멀리서 맑은 모습을 이은 것이 이미 달이 세 번이 고쳐지고 해가 한 번 바뀌니 평소 슬프고 답답하여 맺힌 것이 풀어지지 못한 것 같네. 돌아보건대 이 썩은 물건이 연전 금구 위답의 변고시에 영남과 호남을 분주히 돌아다닐 때 좌우에서 주선하여 스스로 맡을 것 같았네. 그런데 우리의 고명한 사람이 먼저 이런 일을 꺼려하여, 매번 앞일의 거울로써 간곡하고 간곡하게 말하여 허리에 차고 가슴에 새겨 다시는 문중 일에 간여하는 데 참여하지 않았네.

불행히도 작년에 또 위답의 변고가 나와서 바른 데로 돌려놓지 않을 수 없는데 책임을 아주 약한 몸에 미루어 바라니 어리석고 못난 사람이 더욱 담당할 수 없는 것이 분명했네. 그러나 선조를 위한 대사를 끝내 감히 월나라 사람이 진나라 어려움을 보는 것같이 할 수 없었네. 그러므로 돌아서 영남의 각 문중에 나아가니 귀 문중의 공론은 위답의 가격을 갚아주고 못된 습관은 징계하고 치욕을 씻어야 한다고 기약했네.

단성의 여러 의논은 폐단을 제거하려 하면 폐단이 생기니 적의 입에다 주어 버리고 놔두고 묻지 않는 것이 좋다고 했네. 논의한 것이 각기 같지 아니하였네. 집에 이르러 이미 벌려놓은 춤을 물리칠 수는 없었네. 작년 선달 한 달간 호남의 여러 족친들과 여러 군을 돌아다니면서 극력 주선하여 저당권을 말소하고 장부를 깨끗이 하였는데 들어간 비용이 40여원이네.

작년 가을 분배금은 50여원이네. 양 조목 내에서 입석 문중의 송금한 금액을 제하면 나머지 예산은 부득이 남에게 빚을 내지 않을 수 없네. 영남과 호남 양 문중이 자기주장을 고집하여 보고할 겨를이 없으니 필경에는 땅을 떼어 주어야 할 것이네. 이것을 얻고 저것을 잃으면 어찌 상자는 사고 구슬은 돌려 주어버린 것을 면하겠는가. 한탄스럽고 한탄스럽네.

이 일은 한천재 종회소에 돌려 알려주는 것이 천만 어떠하겠는가. 지난해 동짓달 보름 사이에, 대략 올린 편지 문안과 오양재 운과 귀 종중에 드리는 편지 합해 한 봉투를 만들어 우편에 부쳤네. 마침내 회답을 보지 못하니 바라는 것을 저버림을 이기지 못하겠네. 바람을 무릅쓰고 눈을 맞아 노독이 몸을 휘감아 괴롭게 신음할 때에 편지 통문이 날아 도착했네. 펴서 읽어보니 별로 캐서 묻는 것이 없으니, 먼저 보낸 편지가 도착하지 않았음을 알겠네.

가려서 보내라는 가르침은 어찌 받들어 부응하고자 않겠는가만 가난한 문중의 소치로 어찌 기필할 수 있겠는가. 대구부 보소 통문은 누차 가난한 문중에 도착하였으되, 문중의 의논이 망설임 속에 있어 원컨대 영우의 여러 문중들이 할 것인지 안 할 것인지 어떠한가를 듣고자 하네. 알려 주기를 간절히 바라고 간절히 바라네.

곧 생각하건대 신정에 훤당의 불편한 건강은 옛 해를 보내고 새해를 맞아 회복되고 시탕을 하는 나머지 학문을 하는 몸도 많은 복을 받고 좌우도 고루 평안한가. 멀리 밖에서 향왕하여 궁금함을 이길 수 없네. 족종은 사는 형편이 영락하여 바닷가에서 엎드려 스스로 나무, 바위와 짝이 된 것을 달게 여기며 외롭게 탄식을 절실하게 하니 이른바 공부라는 것은 그럭저럭 보내네.

스스로 묘한 기술이 없어 고명한 이가 채찍질을 더해 줄 것을 매번 생각하네. 그러나 궁벽하고 먼 땅이 멀고멀어 소식이 이어지기가 쉽지 아니하니 다만 스스로 탄식할 따름이네. 나머지는 종이에 임해 다하지 못하고 다만 천만 진중하여 먼 곳의 송축에 부응하기를 비네. 갖추지 아니하고 올리네.

* 逖(적): 멀다. 아득하다. 菰蒲(고포): 줄과 부들. 愚陋(우루): 어리석고 비루함. 顚劣(전열): 어리석고 못남. 撕捱(시애): 서로 자기주장을 고집하여 결정하지 못함.

買櫝還珠(매독환주): 상자는 사고 구슬은 돌려 줌. 초나라 사람이 목란(木蘭) 상자에 찬란한 장식을 하여, 그 속에 구슬을 넣어 정나라 사람에게 팔았더니 정나라 사람은 그 상자를 사서 구슬은 돌려주었다는 고사에서, '귀한 것은 천히 여기고 천한 것은 귀히 여김'을 비유하여 이르는 말. 纏身(전신): 몸에 휘감김. 속박함. 門誼(문의): 문중의 의논. 문의(門議). 涯角(애각): 궁벽하고 먼 땅.

245. 與鎭海宗中書(진해 종중에 드리는 글)

前冬은 可謂無寒이나 而乃者一栗烈이 介然惕人於年之底春之際耶아 伏審新元에 僉體候餞迓增祉아 拱慰滿萬이 實倍他時라 族末은 長時黑窣窣이니 有何可道者耶아 第見來書하니 則駭汗沾背하여 益不知措躬之所也라 生員公竪碑排金을 鄙門은 全然不担云하니 訝鬱甚多라 己巳十月竪碑時에 鄙亦進參하여 排金을 以白芧五匹로 負納于貴宗家하여 一門僉員所共覩也라 以此諒燭이 如何오 此非其已照之鑑과 已冷之灰而何哉오 昨秋金溝享費事實은 以有所仰進於前書中하니 而所敎此條는 生員公派擔當云이라 那間嶺南各派가 會合公議키로 姑置丹城契錢하고 而各派中分擔耶아 不在多言하고 貴門支吾執拗하면 則已어니와 若辨思抖擻하면 則斯速惠擲하여 俾免大宗事葛藤을 千萬如何오 書末之示는 自戊辰으로 至庚午三年間의 享費除之하고 剩餘條가 合爲一百八十圓이나 而墓前家垈一座와 墓右家垈一座를 併垈地買受하여 文券이 昭然自在於門案矣라 若以疑信間하면 則自貴宗中으로 該事人一員을 揀遣質問하여 以杜後廢를 切望切望耳라 餘는 臨紙神昏하여 言沒頭緖라 書不面白하고 姑留不備謝上이라

지난겨울은 추위가 없었다고 말할 수 있습니다. 그러나 이전에 한 차례의 추위는 잠시 동안 한 해의 마지막 봄의 즈음에 사람을 겁 준 것일까요. 엎드려 살피건대 새해 정월에 여러분의 안부는 옛 해를 보내고 새해를 맞아 복을 더하셨습니까. 공수하고 위안하기를 많이 한 것이 실로 다른 때보다 배나 더합니다. 족말은 오랫동안 음침하게 지내니 무슨 말할 것이 있겠습니까. 다만 온 편지를 보니 놀란 땀이 등을 적셔 더욱 몸 둘 바를 알지 못하겠습니다.

생원공 비를 세우는데 배당금을 우리 문중은 전연 담당하지 않았다고 하

니, 의아하고 답답하기가 매우 심합니다. 기사년 시월 비를 세울 때에 나도 또한 나가 참여하여 배당금은 하얀 모시 다섯 필을 귀 종가에 짊어지고 가서 바쳤습니다. 한 문중의 여러 사람이 함께 본 바입니다. 이 점을 헤아리고 살피는 것이 어떠하겠습니까.

이것은 이미 비춰 버린 거울과 이미 차가워진 재가 아니고 무엇입니까. 지난가을 금구 향사 비용의 내용은 앞 편지 가운데 우러러 말씀드린 바가 있기 때문에, 말씀하신 바 이 조목은 생원파가 담당해야 한다고 했습니다. 그곳 영남 각 파가 회합하여 공론하기로 했기 때문에 우선 단성의 계금만 두고 각 파 중에서 분담하기로 한 것입니까.

많은 말을 할 것이 없고 귀 문중에서 우리에게 저항하고 고집을 부린다면 할 수 없지만, 만약에 생각해 보고 깨끗이 처리하려고 한다면 이에 속히 보내주어 대종사의 갈등을 면하게 해 주는 것이 천만 어떠합니까. 편지 끝에 보여 준 것은 무진년으로부터 경오년에 이르기까지 3년간의 향사비를 제하고 나머지 조목이 합하여 180원인데, 묘 앞 집 한 채와 묘 오른쪽 집 한 채를 대지와 함께 매수하여 문서가 분명하게 문중의 문서에 쓰여 있습니다.

만약 의심하고 믿고 한다면 귀 종중으로부터 해당되는 사람 한 사람을 선발해 파견해 질문하여 뒤의 폐단을 막기를 간절히 바라고 간절히 바랍니다. 나머지는 종이를 대하니 정신이 어두워 말에 두서가 없습니다. 대면하지 못하고 글로 아뢰며, 우선 머물러 두고 갖추지 아니하고 답장해 올립니다.

* 介然(개연): 잠시 동안. 굳게 지켜 변하지 않는 모양. 抖擻(두수): 깨끗이 씻어 버림. 정신을 차리게 함.

246. 答萬齋書(만재에게 답하는 글)

複嶺嶮巇에 易別難遘라 重奉惠疏해서 卽審컨대 慈庭調候가 經歲未復하니 使人代悶이라 陽春이 在前에 第俟老人勿藥之辰也라 侍湯中에 經履가 萬衛아 區區慕用之私가 殆難形喩라 第想컨대 三山春深하고 萬齋日永에 奉接有暇하여 讀書玩理하고 著述成帙이리니 所可恨者는 無由自致於左右하여 觀感問難也라 向者寒泉齋宗會에 完決位土에 校洞應道族이 獨担云하니 欽仰萬萬이나 而貧困人事가 末由參席하여 仰賀하니 是可曰喘自尙存乎아 泉洞竹竹可爲彌縫이나 而上里宗事는 那時公議가 果何如耶아 昨冬嶠宗所担條中에 丹江竹谷兩門은 寂然無劃하니 迓鬱甚多라 來幅中에 勿復宗事干預之示는 前則雖盡瘁鞅掌하여 不敢有獨賢之恨焉이러니 今則惕然하니 從其沮溺之流乎아 愚意亦如是나 而四顧無人專責者하니 而奈其何오 達城譜事는 不爲則已어니와 若爲之則非座下高明이면 恐不濟事라 更加商量하여 以收族議하고 勿至漏譜를 千萬如何오 族從은 神精銷鑠하여 匪今斯今이라 雖欲一時開明이나 其道無由라 只祝斆體增旺하고 不備謝上이라

중첩된 고개가 험준해 이별은 쉬워도 만나기는 어렵네. 보내준 편지를 거듭 받들어 곧 살펴보니, 어머님의 조리가 해가 지나도록 회복되지 아니하니 사람으로 하여금 대신 민망하게 하네. 봄이 앞에 있으니, 다만 노인께서 약을 쓰지 않아도 나을 때를 기다릴 뿐이네. 탕약을 모시고 있는 중에 공부하는 몸이 두루 편안한가. 구구히 사모하는 마음이 거의 형용해 말하기가 어렵네.

다만 생각하건대 삼산에 봄이 깊고 만재에 해가 길어 받들고 접하는데 여가가 있어 글을 읽고 도리를 연구하고 책을 저술해 권질을 이루었을 것이네. 한스러운 것은 스스로 좌우에 이르러 보고 느끼고 어려운 것을 묻지

못하는 것으로 말미암은 것이네. 지난번 한천재 종회에서 위토를 완결할 때에 교동의 응도족이 독단한다고 했다고 하니 아주 흠앙했네. 그러나 가난한 사람이 참석하여 우러러 축하하지 못하였으니 이것을 숨이 스스로 아직도 붙어 있는 사람이라고 하겠는가.

천동의 일은 대충대충 미봉했다고 할 수 있는데 상리의 종중 일은 그때 공의가 과연 어떻게 되었는가. 작년 겨울 영남 종중이 담당한 조목 가운데 단강과 죽곡 양 문중은 조용히 아무 계획이 없다고 하니 의심나고 답답한 것이 아주 많네. 보내준 편지 속에 다시는 종중의 일에 간여하지 말라는 뜻을 보였는데, 전에는 비록 극도로 피로할 정도로 서둘렀으나 감히 홀로만 잘한다는 한을 갖지 않았네. 그런데 지금은 마음이 서글퍼지니 장저와 걸익의 무리를 따라야 되겠는가. 나의 뜻도 또한 이와 같은데 사방을 돌아봐도 전적으로 맡길 사람이 없으니 그것을 어이할 것인가. 달성의 족보 일은 하지 않는다면 그만이지만 만약에 한다면 좌하의 고명이 아니면 일을 이루지 못할까 염려되네. 다시 생각을 더해 종족의 의론을 수습해 족보에 빠지는데 이르지 말기를 천만 어떠한가.

족종은 정신이 쇠약해져 지금만 그런 것이 아니라 그전부터 그랬네. 비록 한 때라도 정신을 열어 밝히고자 하나 그 방법이 없네. 다만 글 가르치는 몸이 더욱 왕성하기를 빌고 갖추지 아니하고 답장해 올리네.

* 鞅掌(앙장): 일이 바빠서 의용을 가다듬을 겨를이 없음. 직무에 분주함을 이름. 惕然(척연): 두려워하는 모양. 沮溺之流(저닉지류): 춘추시대 은사(隱士)였던 장저(長沮)와 걸닉(桀溺)의 무리, 곧 은사의 무리.

247. 與族侄雲鉉書(족질 운현에게 드리는 글) 丹城校洞(단성 교동) 癸酉二月(계유 2월)

客秋에 一抽는 自效係匏之解러니 入仙庄經宿에 適値哭從不家하니 所謂入其室이나 而不見其人也라 歸後餘悵이 尙爾未釋이라 謹問컨대 比來에 棣上體度 連衛崇吉하고 閤儀도 川迪가 遠溸斗大라 族從은 衰暮餘喘이 陷落窮塗하여 陽界意味가 頓無一毫하고 而惟有一顆在抱하여 坐送居諸而已라 就三嘉監正府君墓所歲一乏資는 吾權之通憂나 而環顧宗中에 無人捐義者하니 賢從은 惟大肆力하여 補祭田하니 先祖肖孫은 惟賢從一人而已라 吾宗之感激介祝이 雖山枯海渴이라도 俾也可忘가 歲前修一書于令阮丈이러니 回音尙遲하니 喬沈也아 可鬱이라 幸爲我傳悵也하라 不備候禮라

작년 가을에 한번 몸을 빼어 나간 것은 스스로 매인 박의 풀림을 본받았네. 선장에 들어가 하룻밤을 지냈는데, 마침 종형제를 곡하느라 집에 있지 않을 때를 당했네. 소위 그 방에 들어갔으나 그 사람을 보지 못한 것이네. 돌아온 후에 남은 섭섭함이 아직도 풀리지 않았네. 삼가 묻나니 근래에 점잖은 몸께서는 계속해서 편안하시고 온 집안도 두루 편안한가. 멀리서 궁금함이 크네.

족종은 쇠약하고 저물어 남은 숨이 궁한 진흙에 빠져 이 세상 살아가는 의미가 전혀 한 터럭만큼도 없네. 그러나 오직 한 손자를 안고 앉아서 세월을 보낼 따름이네. 그런데 삼가의 감정부군 묘소의 일 년에 한번 제사지내는 자료가 없는 것은 오래도록 우리 권문의 공통 근심인데, 종중을 두루 돌아보아도 한 사람도 의연금을 낼 사람이 없으니, 현종이 오직 크게 힘을 써서 제사답을 보충하니 선조의 어진 후손은 오직 현종 한 사람뿐이네.

우리 종친의 감격하고 크게 축하함이 비록 산의 초목이 시들고 바다의 물이 마를지라도 잊을 수 있겠는가. 연전에 편지 한 통을 그대의 숙부에게 닦았는데, 답서가 아직까지도 더디니 편지가 전해지지 않았는가. 답답하네. 나를 위해 서운하다는 말을 전해 주기 바라네. 문후의 예를 갖추지 못하네.

* 客秋(객추): 작년 가을. 지난가을. 棣上體度(체상체도): 점잖은 몸. 山枯海渴(산고해갈): 산중의 초목이 시들고, 바닷물이 마름.

248. 答達城譜所書(달성 보소에 답하는 글) 癸酉二月(계유 2월)

向有書付郵러니 倘不被喬沈耶아 春寒尙峭에 僉體候一如保重가 寅晡拱向에 無庸自釋이라 族末은 僅保劣相而已라 第譜事는 今果何如耶아 事之濟與不濟는 在於僉尊之盛算이나 而此世事가 恐有十每八九之差謬하니 十分着意하여 千萬毋忽하라 不揆僭率하고 敢陳悃愊하니 伏惟撫納하라 鄙門公議는 參差하여 略間收單而停止하여 坐失歲月이라 愚意不敢無疑於此也라 譜事爲不爲를 斯速下示하여 俾此殘族으로 勿至未及之恨을 千萬如何오 不備伏惟라

지난번에 편지를 우편에 부쳤는데, 혹시 전달되지 않았습니까. 봄추위가 아직도 매서운데 여러분의 안부는 한결같이 잘 계십니까. 아침저녁으로 마음이 쏠려 풀 수가 없습니다. 족말은 겨우 못난 모습을 보존하고 있을 따름입니다.

그런데 족보의 일은 이제 과연 어떻게 되어 가고 있습니까. 일을 이루고 못 이루고는 여러 존귀한 분들의 훌륭한 계획에 달려 있습니다. 그러나 이 세상사가 아마 열에 매번 팔구는 어긋나고 잘못되니 충분히 유의하여 천만 소홀히 하지 마십시오. 참람하고 경솔함을 헤아리지 않고 감히 참되고 정성스러움을 아뢰니, 엎드려 바라건대 어루만져 받아들여 주십시오.

우리 문중의 공의는 정돈되지 않아 약간의 단자를 거두었다가 정지하여 앉아서 세월만 보내고 있습니다. 미련한 생각으로는 감히 여기에 대해 의심이 없는 것이 아닙니다. 족보의 일을 하고 안하고를 속히 알려 주어서 이 가난한 문중으로 하여금 하지 못하는 한에 이르지 않도록 하는 것이 천만 어떠합니까. 갖추지 아니하고 엎드려 생각합니다.

* 寅晡(인포): '寅'은 새벽 3시에서 5시 사이, '晡'는 오후 3시에서 5시 사이. 곧 아침 저녁으로. 着意(착의): 무슨 일에 뜻을 둠. 유의함.

249. 又(또) 五月(5월)

入近에 累度書問이러니 尙爾逋謝하여 孤負盛眷하니 何等悚歎이리오 謹伏問컨대 比辰에 僉體候執務萬祺하고 刊役도 亦何樣就緖耶아 區區願聞이라 族生은 蹇屯餘喘이 雖死無恨이나 而數多稚藪가 壹是仰食於我하니 身數耶아 世運耶아 只歎此生之不先不後耳라 收單之尙此遲緩은 豈余素心이리오 此身滯在窮途하여 合門이 不我信聽故也라 俯示讐校之責은 是豈賤名之可堪이리오 回念鄙派監正도 亦莫如賤者나 而竟至門議不一하니 此身이 無晉抽之望이라 必也替我而去者는 必無頭緖方向하리니 莫重之役이 將何以則淸也아 此身은 落莫하여 已無可言이나 而隆眷之厚我가 亦將烏有矣라 自貴所로 不有別般申勅于鄙派門中이면 遠路一抽가 非手赤者可辦也라 幸以此로 恕燭하라 心緖가 狂奔하여 書不盡意라 不備狀禮라

근래에 들어 여러 차례 편지로 물었는데, 아직까지도 답장을 못해서 성대히 보살핌을 외로이 저버렸으니 얼마나 송구하고 탄식할 일입니까. 삼가 엎드려 묻건대 근일에 여러분의 건강은 집무하는 일에 많은 복을 받고 간행하는 일도 또한 어떤 모양으로 되어가고 있습니까. 구구하게 듣기를 원합니다.

족생은 외롭게 지내는 남은 숨이 비록 죽더라도 한이 없으나 많은 어린 식구들이 한결같이 나에게 의지하여 살고 있으니, 나의 운수입니까 세상의 운수입니까. 다만 이 생명이 먼저 낳지도 못하고 뒤에 낳지도 못한 것을 탄식할 따름입니다. 단자를 수집하는 것이 이렇게 느린 것은 어찌 저의 평소의 마음이겠습니까. 이 몸이 궁한 길에 막혀 있어 온 집안이 나를 믿고 들어주지 않기 때문입니다.

굽혀 알려준 교정의 책임, 이것은 어찌 천한 이름이 감당할 수 있겠습니

까. 돌이켜 생각하건대 우리 파의 감정은 또한 나만한 사람도 없는데 마침내 문중의 의논이 통일되지 않는데 이르렀으니, 이 몸이 몸을 떨치고 나갈 가망이 없습니다. 반드시 나를 대신해 갈 사람은 반드시 두서와 방향이 없을 것이니 막중한 일이 장차 어떻게 하면 바르게 되겠습니까.

이 몸은 쓸쓸해져 이미 말할 것이 없는데 큰 은혜로 나를 후히 대함이 또한 장차 아무것도 없는 것이 되게 생겼습니다. 귀 보소로부터 우리 문중에 별다른 문서가 있지 않으면 먼 길에 한번 몸을 떨치고 나간다는 것이 손이 빨간 자가 마련할 수 있는 바가 아닙니다. 이 점을 이해하고 헤아려 주기를 바랍니다. 마음이 미치게 달려가 편지로 뜻을 다하지 못합니다. 답장의 예를 갖추지 못합니다.

* 祺(기): 복. 蹇屯(건둔): 운수가 험난함. 仰食(앙식): 남에게 의지하여 삶. 讐校(수교): 교정. 落莫(낙막): 마음이 쓸쓸한 모양. 隆眷(융권): 큰 은혜. 申勅(신칙): 단단히 타일러서 경계함. 여기서는 간곡하게 요청하는 문서.

250. 與族侄五瑞書(족질 오서에게 드리는 글) 安東(안동) 癸酉五月(계유 5월)

省禮言하노라 春間에 左顧는 千里長程이 非容易事 而非合譜면 烏能合簪이리오 日者에 修書于貴所僉尊前이러니 倘不致洪喬耶아 更詢比辰에 旅中孝體가 萬支하고 宅候도 種種承安否아 遠外溸仰이 不翅區區라 族從은 身家事가 無可道耳라 向也에 以金溝塋下事로 被招하여 抵于全州裁判所矣라 適我不家하여 鄙門修單草는 已上去 而鄙家單子가 不入하니 可歎可歎이라 刊役은 至於何編하고 而鄙派入刊은 似在於何日間耶아 鄙門修單中에 別有監正處數三件이요 而以所謂宗孫之責으로 不可越視온 而且況僉尊所敎校讐之任을 姑未卸免者乎아 猝難辦資하여 不得已裹足爲計요 餘는 謹不備候라

예를 생략하고 말씀드리네. 봄 사이에 찾아온 것은 천리의 먼 길이 용이한 일이 아닌데 족보를 합치는 일이 아니면 어떻게 만날 수 있었겠는가. 일전에 귀 보소의 여러분 앞에 편지를 보냈는데, 혹시 홍교의 편지가 되지 않았는가. 다시 묻나니 근일에 여행 중 효체가 만지하고 집안 안부도 종종 편안함을 듣고 있는가.

멀리 밖에서 궁금하고 우러름이 구구할 뿐만이 아니네. 족종은 몸과 집안 일은 말할 만한 것이 없네. 지난번에 금구 선영 아래 일로 부름을 받아 전주 재판소에 갔네. 마침 내가 집에 있지 않는 중에 우리 문중에서 만든 단자의 초고가 이미 올라갔는데 들어오지 않았다고 하니 한탄스럽고 한탄스럽네.

간행의 일은 어느 편에 이르렀으며 우리 파가 간행되는 것은 어느 날 사이에 들어갈 것 같은가. 우리 파에서 만든 단자 중에 별도로 감정할 곳이

수삼 건이 있고, 소위 종손의 책임으로도 월시할 수 없는데, 또 하물며 여러분이 가르친 바 교정의 책임을 아직 내놓고 면하지 못함에 있어서 더 무어라 말하겠는가. 갑자기 자금을 마련하기 어려우나 부득이 발을 쌀 계획을 해야 할 것 같네. 나머지는 삼가 문후를 갖추지 아니하네.

* 比辰(비신): 근일. 萬支(만지): 만만 부지하다. 裹足(과족): 발을 싼다는 뜻으로, '두려워서 발걸음이 떨어지지 아니함'을 이르는 말.

251. 與宋曾憲書(송증헌에게 드리는 글) 茂朱(무주)

狀言하노이다 那年杞菊亭上에 一度承誨를 尊或不記나 而鄙何敢忘이리오 遽爾光陰에 鄙吝이 山積하여 匏繫不食하고 魚雁俱絶이라 間因南來士友하여 獲承尊候則多나 而西河喪明이 出於料襮하니 驚愕之私를 曷可勝言가 寧玉은 氣受가 菲薄하여 年前에 遭窮獨之慽하여 自分不媚于鬼하여 致此獲戾로되 而誠不圖德門弘福이 禍延于克家之肖也라 欲以自慰者로 慰尊나 而尊之所以自寬者는 亦豈待鯫生之縷縷也리오 同志錄纂輯은 亦係斯文一脈이라 而鄙名下單金을 郵便已呈하니 間果收領否耶아 拙搆掃塵錄韻은 仰呈하니 一經大君子斤正하면 甚可幸也라 幸賜回照否아 餘는 希服候支將하고 不備하노이다

편지로 말씀드립니다. 어느 해인가 기국정 위에서 한번 가르침을 받은 것을 귀하께서는 혹 기억하지 못할 것이나, 저는 어찌 감히 잊을 수 있겠습니까. 갑작스런 세월에 비루함이 산적하여 박처럼 매달려 먹지 못하고 서신이 함께 끊어졌습니다. 간간이 남쪽으로 오는 친구를 통해 귀하의 문후를 들음이 많았지만 자식을 잃은 슬픔이 생각 밖에 생겼으니. 저의 놀라움을 어찌 다 말할 수 있겠습니까.

영옥은 운수를 받은 것이 박해서 연전에 자식을 잃는 슬픔을 당했습니다. 내 분수가 귀신에게 곱게 보이지 못해 가지고 이런 어긋남을 얻는 데 이르렀습니다. 그러나 참으로 덕 있는 집안의 큰 복으로 화가 집안을 잘 계승하는 자손에게 이를지 생각하지 못했습니다. 스스로 위안하고자 하는 것으로 귀하를 위안하고자 합니다. 그러나 귀하의 너그러운 것으로 어찌 또한 소생의 구구한 말을 기다리겠습니까.

동지록의 편집은 또한 사문의 한 맥과도 관계가 됩니다. 그래서 저의 이

름에 해당되는 단자의 대금은 우편으로 이미 받쳤습니다. 근간에 과연 수령을 했습니까. 졸하게 지은 소진록의 운을 우러러 받치니 한번 대군자의 근정을 겪으면 아주 다행이겠습니다. 다행히 회신을 해주시겠습니까. 나머지는 복 입은 몸의 안부가 지장하기를 바라고, 갖추지 아니합니다.

* 西河喪明(서하상명): 자식을 잃은 슬픔. 자하(子夏)가 서하에 있을 때 자식을 잃고, 너무 슬피 운 나머지 소경이 된 고사에서 온 말. 料襮(요박): 생각 밖. '襮'은 '外'와 같음. 氣(기): 운수. 기수(氣數). 鯫生(추생): 잡어(雜魚). 못난 사람의 형용. 소인(小人). 斤正(근정): 시문(詩文)의 수정을 청한다는 겸사. 근부(斤斧).

252. 答萬齋書(만재에게 답하는 글)

遠書承慰나 而侍癠色憂는 不勝貢慮라 族從은 不死爲生하여 他無足提起나 而示意는 義理無窮하니 鄙何敢質言이리오 吾類는 只是俎上肉釜中魚나 而獨善其身도 亦有其人이라 算來에 吾宗에 惟嶺中數君子而已라 然이나 尊則又有難處者하니 謝疊山이 不參於斥和는 以其有九十三老母在하여 止於聶政之輩도 亦不輕許其身하니 此在當人酌處之如何耳라 只有避身一路로되 而如不可得而一辦成仁하면 則此義를 稟於親幃하여 微覵親意而行之가 似可耳라 如鄙從者는 蒲柳本質이 未敢議此로되 而欲死無地者가 久矣라 有操刀而犯手者에 做看恩人하니 而數多眷口가 依我而生하고 仰我而食하니 此將奈何오

먼 편지를 받고서 위안이 되었네. 그런데 병든 부모를 모시고 안색을 근심스럽게 하고 있으니 염려를 바치는 것을 이길 수 없네. 족종은 죽지 않고 살아 달리 제기할 것이 없네. 보여준 뜻은 의리가 무궁하니, 내가 어찌 감히 질정하여 말하겠는가. 우리들은 다만 도마 위의 고기요, 솥 가운데 생선과 같네. 그런데 (옛날에도) 홀로 그 몸만을 착하게 하는 사람도 또한 있었네. 생각해보니 우리 종중에는 영남의 여러 군자들뿐이네. 그러나 귀하는 또 난처한 것이 있네. 사첩산이 척화에 참여하지 아니한 것은 그에게 아흔세 살의 노모가 있었기 때문이며, 섭정의 무리에 이르러도 또한 그 몸을 가볍게 하지 아니하니, 이것은 당연히 본인이 짐작하여 어떻게 조처하느냐에 달려 있을 따름이네.

다만 몸을 피할 한 길만이 있는데, 만일 그럴 수 없어 한번 인을 이루려 한다면 이 뜻을 어버이께 말씀드려 은밀히 어버이의 뜻을 엿보아 행하는 것이 옳을 것 같네. 비종 같은 자는 포류 같은 바탕이라 감히 이것을 의논

할 수 없네. 그리고 죽고자 해도 죽을 곳이 없게 된 지 오래 되었네. 칼을 가지고 나를 죽이려는 자가 있어도 은인으로 봐 버리는 것은 많은 식구가 나를 의지해서 살고 나를 우러러 먹으니, 이를 장차 어찌하겠는가.

* 謝疊山(사첩산): 사방득(謝枋得). 남송말의 충신. 자는 군장(君長), 호는 첩산(疊山). 어려서부터 기개가 있었으며 의병을 일으켜 송나라의 회복을 시도했으나 실패함. 원나라가 그를 임용하고자 하였으나 거절하고 단식하여 죽음. 저서에 『文章軌範』이 있음. 聶政(섭정): 전국시대 한(韓)나라 자객. 사람을 죽이고 제(齊)나라로 달아나 백정 노릇을 하다가, 엄수(嚴遂)의 청탁으로 한나라의 정승 한괴(韓傀)를 죽인 뒤 자살하였음.

253. 與載道族弟(재도 족제에게 드리다) 三嘉(삼가)

此間에 庶幾遇러니 竟失所圖하니 何悵如之오 允侄은 抱與東煥書하고 而入慕遠齋하여 略探安音하니 殊以爲慰라 只恨非近日消息也라 謹詢至沍에 靜養康吉가 一念憧憧하여 不能已也라 族從은 不死爲生久矣라 而聞其剃變에 心寒骨冷이라 未知前頭之如何耳라 第上里宗事는 門賦年年踵武而出하여 未免湖族之羞恥어늘 而鄙何可免一魚之澤者乎아 將如是則至於廢享之境이니 此非嶺湖之羞恥也아 若非嶺中僉宗之公議면 不能裁處라 故로 玆復仰煩하니 未知盛算果何如耶아 此事는 實允侄이 歸詳言之하리라

여기에서 만나게 되었는가 했더니 결국 도모한 바를 잃으니 얼마나 서글프겠는가. 그대 조카에게 동환에게 보내는 편지를 주고 모원재에 들어갔는데, 대략 편안하다는 소식을 알고, 아주 위안을 삼았는데, 다만 근래의 소식이 아닌 것이 한스럽네.

삼가 묻나니 동지의 추위에 조용히 기르면서 평안하고 길한가. 한 가지 생각이 궁금하여 그만둘 수가 없네. 족종은 죽지 않고 산 것이 오래 되었네. 그런데 머리를 깎았다는 변고를 듣고 정신이 춥고 몸이 얼어붙었네. 앞으로의 일이 어떻게 될지 모르겠네. 다만 상리 종중의 일은 문중의 납부금이 해마다 뒤를 이어 나와 호남 족의 수치를 면하지 못하고 있는데, 내가 어떻게 한 못의 고기 신세를 면하겠는가.

장차 이와 같이 한다면 제사를 폐지할 지경에 이를 것이니, 이것이 영호남의 수치가 아니겠는가. 만약 영남 여러 종중의 공의가 아니라면 재량하여 처리할 수가 없네. 그러므로 이에 다시 우러러 번거롭게 하니 알지 못하건대 성대한 계산으로는 과연 어떻게 생각하고 있는가. 이 일은 실로 그대의

조카가 돌아가 자세히 말할 것이네.

* 踵武(종무): 뒤를 이음. 전인(前人)의 사업을 계속함. '武'는 발자국. 裁處(재처): 재량하여 처리함.

254. 上迂堂曺在學氏(우당 조재학씨에게 올리다)

湖嶺相距가 天涯地角이라 大耋氣力에 千里徒行하니 雖云康健矍鑠이나 非容易可致로되 而漁村大老同門宿契가 可謂死生契濶이라 信宿回程에 共灑永訣之淚하니 仮使兩君子가 更無盍簪之望이라도 辭意之間에 當無怛化氣色이로되 而吁嗟世程에 卷藏蘊抱하고 而百歲奄忽者니 此志士千古之深悲也라 那時景色을 侍生이 在傍目覩하니 而鬱邑不平하여 彌月經歲나 而不弛也라 伏不審其時에 行旆가 費幾個日而還次하고 氣體候養德庇仁하여 冬而春而享泰否아 趑未馳書一問하고 尙爾稽緩하니 甚罪甚悚이라 侍生之近年窮阨은 既在俯悉하니 不必疊床이요 而漁林祀洞도 亦無見故耳라 鄙族剛齋翁이 近以亭役經時로 擾甚하니 而是豈自家力辦也아 膝下經役이 甚難禁防耳라 前頭迷塗를 何地不然가 霧海茫洋하여 指南有制하니 幸賜一言하면 則庶幾發矇小瞽耳라 伏企伏企라 惟希氣候循時康福하고 不備書하노이다

乙亥 二月 一日

호남과 영남 서로의 거리는 하늘의 가와 땅 끝처럼 멀었습니다. 팔십 대의 기력에 천리를 도보로 가니 비록 강건하고 기운이 팔팔하다고 하더라도 쉽게 할 수는 없었습니다. 그런데 어림촌 늙은이 등 동문 인연의 사람들은 죽음과 삶처럼 멀리 떨어지게 되었다고 할 것입니다. 이틀을 자고 돌아오며 함께 영원한 이별의 눈물을 뿌렸습니다. 가령 두 군자가 다시 만날 가망이 없다 하더라도 말뜻의 사이에 죽음을 슬퍼하는 기색은 없어야 하는데, 아 세상의 길에 쌓아놓은 것을 감춰두고 평생을 문득 보낸 사람이니, 이것이 뜻있는 선비가 천고에 깊이 슬퍼하는 것입니다. 그때의 상황을 시생이 옆에서 있어 가지고 눈으로 보았는데, 답답한 마음이 편치 않아 달이 차고 해가 지나도 풀어지지 않습니다.

엎드려 살피지 못하건대 그때 행차는 몇 날짜를 허비해 집에 돌아왔습니다. 건강이 덕을 기르고 인을 보호하여(가정을 잘 보호하여) 겨울과 봄에 태평함을 누리고 있습니까. 진즉 편지를 보내 한번 문안하지 못하고 아직까지도 정체되어 늦어졌으니, 심히 죄스럽고 심히 황송합니다. 시생의 근년 어려움은 이미 굽어보고 다 아는 데 있으니, 거듭해서 말할 것이 없고, 어림과 사동도 또한 뚜렷한 변고가 없습니다.

우리 종족 강재 옹이 근래에 정자를 짓는 일을 했을 때 소란이 심했는데, 이것이 어찌 우리 힘으로 할 수 있는 일이겠습니까. 슬하에서 경영하는 것이 심히 막기 어렵습니다. 앞의 길이 어두운 것을 어느 땅이 그렇지 않겠습니까. 안개 낀 바다가 아득하매 나침반의 법도를 가지고 계시니, 다행히 한 말씀을 주신다면, 혹 눈 어두운 사람에게 눈을 뜨게 할 수 있을 것입니다. 엎드려 바라고 엎드려 바랍니다. 오직 안부가 시절을 따라 강복하기를 바라고 갖추지 아니하고 씁니다.

을해 2월 1일.

* 天涯地角(천애지각): 하늘의 가와 땅의 끝이라는 뜻으로, '아주 멀리 떨어진 곳'을 이르는 말. 矍鑠(확삭): 건장한 모습. 宿契(숙계): 전세(前世)부터의 인연. 신숙(信宿): 이틀 밤을 묵음. 盍簪(합잠): 벗끼리의 모임을 이르는 말. 뒤에 선비들의 모임을 이르는 말로 쓰였다. 怛化(달화): 사람이 죽음. 장자(莊子) 대종사(大宗師)의 죽어가는 사람을 놀라게 하지 말라(無怛化)에서 유래한 말. 稽緩(계완): 정체되어 늦어짐. 漁林(어림): 지명. 전북 고창군 성송면 학천리 어림. 祀洞(사동): 전북 고창군 성송면 사동.

255. 上族兄大燮百儂(족형 대섭 백농에게 올리다) 乙亥九月(을해 9월)

一枉駕하고 一往復이 使人傾倒不任하니 非君子薰人之德이면 則烏能以千里如尺地乎아 伏惟高秋已暮에 靖養德體益腴아 遠溸且祝에 下悰勤勤이라 族弟는 一狀屯蹇 而外來者를 亦不欲見聞이라 時聞街謠巷唱에 有啞聾歌하니 我心도 亦凉이나 而口耳는 天也라 有言有聽하니 其奈逆余者何리오 可嘆이라 淸道壇事는 知已告功하니 吾權之榮耀가 曷有爲極가 八月十九日은 乃知禮成이니 花樹團圓하여 追惟報本이 是卽榮耀之尤로되 而顧此身數聱末에 出動이 良艱하니 窮廬悲歎하여 坐失良期하니 是可謂陽界意味耶아 此意를 欲告于泉坮而不得하고 欲露于閾宗而亦不得也라 知我者는 有兄主在焉이라 故로 略吐衷曲如是耳라 譜帖間章은 間已竣功耶아 願聞願聞耳라 大邱族叔泰東氏安否는 近果承聆耶아 倘有盍簪커든 爲我傳悵하라 心擾不備라

한번 왕림하고 한번 (편지를) 왕복한 것이 사람으로 하여금 경도함을 이기지 못하게 하니, 군자의 사람을 교화하는 덕이 아니면 어떻게 천리를 지척과 같이 여기겠습니까. 엎드려 생각하건대 높은 가을이 이미 저물고 있는 때에 편안히 수양하는 몸이 더욱 편안하십니까. 멀리서 궁금하고 또 비니 저의 마음 궁금합니다.

족제는 한결같은 모양이 어려워 밖에서 온 자를 또한 보고 듣고자 하지 않습니다. 때로 거리의 노래나 마을의 노래를 들으니 아롱가라는 것이 있는데, 제 마음도 또한 시원해집니다. 그러나 입과 귀는 하늘이 준 것입니다. 말함이 있고 들음이 있으니, 나에게 거스른 자를 어찌해야 하겠습니까. 한탄스럽습니다.

청도의 제단의 일은 이미 일이 끝났다는 것을 알고 있습니다. 우리 권문

의 영화가 어찌 다함이 있겠습니까. 8월 19일은 바로 예성인 것을 아니, 종족들이 단란하게 모여 근본을 받들 것을 생각하는 것으로, 이것은 곧 더욱 영화로운 것이 되나, 돌아보건대 이 신수가 노말같이 되어 나가 움직이는 것이 진실로 어렵습니다. 궁한 집에서 슬피 탄식하면서 앉아서 좋은 시기를 놓치고 있으니 이것이 이 세상에 살고 있다는 의미이겠습니까.

이 뜻을 천대에 고하고자 하였으나 못하고 여러 종중에 드러내고자 하였으나 또한 그렇게 못하였습니다. 저를 알아주는 자로는 오직 형이 있습니다. 그래서 대략 속마음을 털어놓기를 이와 같이 할 따름입니다. 보첩 간장은 중간에 이미 마쳤습니까. 듣기를 원하고 원합니다. 대구 족숙 태동씨 안부는 근일에 과연 들어보았습니까. 혹시 서로 만나거든 저를 위해 서운한 마음을 전해주십시오. 마음이 소란스러워 나머지는 갖추지 아니합니다.

* 禮成(예성): 예나 의식이 끝남. 弩末(노말): 기력이 쇠진함의 비유. 강노지말(强弩之末). 泉坮(천대): 무덤. 저승.

256. 與復齋李鍾澤書(복재 이종택에게 드리는 글)

省禮言이라 客臘仙庄告別은 歸而思繹하니 恨未得與一宵優遊劇談하여 以消鄙吝之萌耳라 窮陰已盡하고 靑陽鼎來하니 正是吾儕今日之務가 當修齊固守靜字하고 而只以俟命而已라 以老兄之做得工夫로 漸到十分地頭하여 不待吾言而止之矣리라 謹未審컨대 歲初에 德體候 迓新保重하고 令允君도 侍左右하여 皆穩平否아 室雖遐나 而心未常一日不往來於兄體上也라 服弟는 蟄伏窮巷하여 公徵私督이 兩不少하여 日迎時送하여 如縷殘喘이 分甘溝壑이니 亦命也라 說之에 徒亂人意耳라 顧瞻側室之口五六이 顚倒於道塗하리니 是可忍也온 孰不可忍也리오 此所謂 我瞻四方에 戚戚無所聘也라 冒沒廉訪하고 更煩所懷하여 仰瀆尊鑑하노니 未知賢意之可否何居也라 誰云乳下之孩兒啼而求飽者라도 準備我今日事勢也라 惠諒之示를 切企切企耳라 今望念間에 風月稍穩하면 倍那丈斷當整理一節矣라 姑留續候하고 不備上하노이다 辛未元之人日에 謹候上하노이다

예를 생략하고 말하겠습니다. 지난 섣달 그대 집에서의 작별은 돌아와 생각해 보니, 하룻밤을 놀고 실컷 말하여 더러움의 싹을 녹이지 못한 것이 한스럽습니다. 궁한 음기가 이미 다하고 푸른 햇빛이 바야흐로 오니, 바로 우리들이 오늘 힘쓸 일은 마땅히 수신제가하고 굳게 '靜'자의 뜻을 지키며 다만 천명을 기다릴 뿐입니다. 노형이 한 공부로 점차 십분의 경지에 이르니 내 말을 기다려 그치지는 않을 것입니다.

살피지 못하건대 연초에 귀한 분의 건강이 새해를 맞이하여 잘 계시고 아드님도 가까이에서 모셔 모두 평온하십니까. 집은 비록 멀지만 마음은 항상 형의 몸이 있는 곳에 왕래하지 않은 적이 없습니다. 복을 입고 있는 아우는 궁벽한 마을에 엎드려 있는데, 공과금의 징발과 사채의 독촉 두 가지

가 적지 아니하여 날마다 맞이하고 때마다 보내어 마치 실 같은 남은 목숨이 개천에 굴러 죽는 분수를 달게 여기니 또한 운명인 것 같습니다. 말을 하자면, 한갓 남의 뜻만 심란하게 할 따름입니다. 돌아보건대 측실의 식구 오륙 명이 길바닥에 엎드려지게 생겼으니, 이것을 참는다면 무엇을 참지 못하겠습니까. 이것이 이른바 제가 사방을 돌아보매 슬프고 달려갈 곳이 없다는 것입니다.

염치없음을 무릅쓰고 다시 생각한 바를 진술하여 우러러 높은 안목을 번거롭게 하니, 그대 뜻의 가부가 어디에 거할지 알지 못하겠습니다. 누가 이르기를 젖 먹는 어린애가 울면서 밥을 구한다고 하는데, 나의 오늘날의 형편을 미리 말한 것이 되었습니다. 은혜의 표시를 간절히 바라고 간절히 바랄 뿐입니다. 이제 보름과 스무날 사이에 날씨가 조금 평온해지면 그 어른을 모시고 꼭 한번 가겠습니다. 우선 나머지는 놔두고 계속 문후하기로 하고 갖추지 아니하고 올립니다. 신미년 정월 초이렛날에 삼가 문후하고 올립니다.

* 劇談(극담): 심하게 떠들어 댐. 鄙吝(비린): 마음이 고상하지 못하고 더러움. 鼎來(정래): 바야흐로 옴. 我瞻四方(아첨사방)에 戚戚無所聘也(척척무소빙야)라: 내가 사방을 살펴보니 슬프고 달려갈 곳이 없다. 廉訪(염방): 어떤 사정이나 형편에 대하여 살피고 물음. 斷當整理一筇矣(단당정리일공의): 결코 마땅히 하나의 지팡이를 정리하겠다. 꼭 한번 찾아가겠다는 의미. 人日(인일): 음력 정월 초이렛날.

257. 答萬齋慰狀(만재의 위로하는 글에 답하다) 庚午四月日(경오 4월 일)

省禮言하노라 寧玉은 命途奇巇하여 早喪岵屺하고 巾經重疊하여 或擬晩享安泰러니 不圖玄衣之夢이 在我方暮之景이라 人生得喪에 奈天定何오 四面知舊가 以書相弔하고 而自承吾從遠訊으로 辭意極眷하여 自不覺淚落入紙라 人情이 固然耶아 謹不審컨대 慈患이 孔欿이라하니 果何貞證고 遠外馳慮하여 不任憧憧이라 服族從은 遭此逆境하여 寧欲溘然而無此者가 久矣라 稺孫이 有時釀涕하니 亦斷腸處라 降割吾身이 若是其酷耶아 知我如此댄 尙寐無吪엇다 詩人之意가 個悉人情이로되 而矧玆世變日甚하여 荐之以飢困하니 哀我人斯가 亦孔之慘이라 緬惟賢從之過度隕穫이 如目擊이라 然이나 我思古人하여 俾無訧兮니 學問之力을 亦不可誣也라 早晏間에 相握하여 說破其未盡底蘊이 是固願言이어늘 而何敢請也리오 天時漸熱하니 仰希湯患克復하고 衛道益壯하라 姑縮不備라 謹謝禮하노라

예를 생략하고 말씀드리겠네. 저의 운명이 기구하여 일찍 부모를 여의고 상복 입을 운수가 겹치고 겹쳐 만년에라도 편안함을 누리려는가 했더니, 뜻밖에도 현의지몽이 나의 만년에 있게 되었네. 인생에 있어 얻고 잃는 것은 하늘이 정하는 것인데 어찌하겠는가. 사방의 친구들이 글로 위로해 주고, 우리 종친들이 먼 곳에서 보내준 편지를 받으니 말뜻이 매우 간곡하여 저절로 눈물이 종이에 떨어지는 것을 깨닫지 못했네. 인정이 참으로 그런 것인가.

삼가 살피지 못하건대, 자당의 병환이 심히 중하다 하니 과연 무슨 병인가. 먼 밖에서 생각이 달려가 궁금함을 견딜 수 없네. 복을 입은 나는 이 역경을 만나 차라리 죽어 버려 이런 일이 없기를 바란 지가 오래되었네. 어린 손자가 때때로 눈물을 흘리니, 또한 창자가 끊어질 듯하네. 내 몸을 잘라냄

이 이와 같이 혹독하겠는가.

내가 이와 같이 될 줄 알았다면 오히려 잠이나 자고 죽기를 바랐을 것이네. 시인의 뜻이 사람의 뜻을 대개 다 말했는데, 하물며 이 세상의 변화가 날로 심하여 굶주림과 어려움이 겹치니, 슬프게도 우리 사람이 또한 심히 참혹하네. 길이 생각하건대 현종의 지나친 괴로움을 마치 눈으로 본 것 같네. 그러나 내가 옛 사람들이 했던 것을 생각하여 허물이 없도록 해야 할 것이니 학문의 힘을 또한 무시할 수가 없네.

조만간에 서로 손을 잡고 다하지 아니한 속마음을 설파하는 것이 진실로 원하는 바인데, 어찌 감히 청하겠는가. 일기가 점점 더워지니 자당의 병환이 빨리 회복되기를 바라고 도를 지키기를 더욱 씩씩하게 하시게. 이만 줄이고 갖추지 아니하네. 삼가 사례하네.

* 奇巇(기희): 기박하고 험함. 岵屺(호기): 부모님. 玄衣之夢(현의지몽): 아들을 잃게 될 꿈을 말함인 듯. 慈患(자환): 자당(慈堂)의 환후(患候). 勀(극): 지치다. 피로해지다. 貞證(정증): 잘 낫지 않는 병. 溘然(합연): 숨이 끊어진 모양. 尙寐無吪(상매무와): 행여 잠들어 움직이지 말지어다. 『詩經』, 王風, 兎爰 참조. 荐(천): 거듭하다. 斯(사): 어조사. 賢從(현종): 종친의 아우에 대한 존칭. 隕穫(운확): 마음대로 되지 않아 괴로워하는 모양. 言(언): 어조사.

258. 答萬齋書(만재에게 답하는 글)

省禮言하노라 嶺湖地遠하매 雪月牕空에 芳緘墜案하여 再三圭復하니 滿紙縷縷에 至誠懇惻하니 非吾宗之厚誼면 烏能如是리오 蘇慰萬千이라 謹審歲暮에 侍經道體가 無損於憂虞之中하고 令允은 心猶切於鵬圖하여 有橫鶩萬里之擧나 而志不遂하면 則更作讀書修身하여 安分守命是矣云하니 還幸也라 次玉仲季도 善侍勤課否아 遠溯且禱라 服族從은 奄奄然하여 一未冷尸나 而幼孫이 須是讀字키로 未免伐齊라 服制는 旣如尊敎耳라 服父母之服者가 遭國恤하면 則出入時에 以白笠可也니 於禮有之乎아 此漢은 國服을 未除로되 而服慘하니 入以蔽陽子하고 出而白笠可乎아 有人이 母先死하고 有繼母而父喪에 稱孤哀子乎아 稱孤子乎아 其父葬于母兆에 告祝에 稱孤子則非也니 何以則折衷乎아 願聞也하노라 上里山直結金事는 依敎書付有司處하니 未知末稍之如何耳라 吾門之亂賊某之子某의 山庄土地에 渠父名下一部分을 賣渡云하니 其移轉時에 未拔逆根하고 而致此가 今日禍機也라 將何以處變耶아 可歎可歎耳라 中原曲阜大聖永安之地가 並作火燼이라 故로 墟하니 四千年來初出之大變也라 天喪斯道가 如是甚耶아 知夫生三事一講義之書生이 猶坐而待亡耶오 筆伐口討하고 同罪於彼讐하여 聲大義於天下하면 則靑史褒貶이 嚴於斧鉞하리라 林下春秋가 炳如日星이 嶺中多士之公議가 果何如耶아 奇險此命은 無同志하여 無文筆하니 慨歎不已요 而未知前頭之如何耳라 座下는 以述討罪文一通하여 示之를 切仰切仰耳라 只祝萱堂氣候가 康寧하고 不備하니 亮鑑하라 滄里族大夫梅巢公은 壽曰云高나 吾門之棟樑摧矣라 承訃后에 弔狀付郵矣라 入覽否아

庚午臘月日이라

예를 생략하고 말하네. 영남과 호남은 지역이 먼데 눈과 달이 비치는 창위로 훌륭한 편지가 책상에 떨어져 재삼 거듭해서 읽었네. 종이에 가득한

진진한 말씀에 지극한 성의가 간곡하고 측달하니, 우리 종친의 두터운 정의가 아니면 어찌 이와 같을 수 있겠는가. 천번만번이나 내 마음을 회복시키고 위로해 주었네. 삼가 살피건대 세모에 공부하는 도의 몸이 근심하고 걱정하는 가운데 축나지 않았는가. 아드님은 마음이 오히려 붕도에 간절하여 만리를 치달려 달리는 거동이 있었네. 그러나 뜻을 이루지 못하면 다시 글이나 읽고 몸을 닦고 해서 분수를 지키고 천명을 지키는 것이 옳다고 하니, 도리어 다행이네. 중간 아드님과 막내 아드님도 잘 모시고 공부를 부지런히 하는가. 멀리서 궁금하고 또 잘 되기를 기원하네.

복을 입은 족종은 기력이 없어, 하나의 아직 차가워지지 아니한 시체이네. 그러나 어린 손자가 모름지기 글자를 읽어야 하기 때문에 허명을 면하지 못하고 있을 뿐이네. 복 입는 제도는 이미 그대가 말한 대로 했네. 부모의 복을 입은 자가 국상을 당했다면 출입할 때에 백립을 쓰는 것이 좋은데 예에 그런 말이 있는가. 이 사람은 나라의 복을 아직 벗지 못했는데 참복을 입게 되었네. 들어와서는 패랭이를 쓰고 나가서는 백립을 쓰는 것이 옳겠는가. 어떤 사람이 모친이 먼저 돌아가시고 계모가 있는데 부친이 돌아가셨을 때 고애자라고 일컬어야 하는가, 고자라고 일컬어야 하는가. 부친을 모친의 묘에 장사지내면서 축을 읽을 때에 고자라고 일컬으면 잘못이니, 어떻게 하면 절충이 되겠는가. 듣기를 원하네.

상리 산지기의 결금 문제는 말씀한 대로 유사 편에 써서 부쳤는데, 끝 부분이 어떻게 될지 알 수 없네. 우리 문중의 난적 아무개의 아들 아무개가 산장 토지 중 그 아버지 이름으로 있는 일부분을 매도한다고 하니, 이전을 할 때에 역적의 근원을 뽑지 못하고 이러한 일을 초래한 것이 오늘날의 재앙의 기미가 되었네. 장차 어떻게 대처해야겠는가. 탄식하고 탄식할 만하네. 중국 곡부의 공자를 영원히 모셨던 땅이 타버렸네. 그러므로 폐허가 되어 4

천년 이래 처음으로 나타난 큰 변괴이네. 하늘이 사도를 없애는 것이 이렇게 심하단 말인가. 생삼사일을 알고 의를 강론하는 서생이 오히려 가만히 앉아서 망하기를 기다린단 말인가. 붓으로 치고 입으로 성토하며 함께 저 원수에게 죄를 주어 대의를 천하에 소리친다면, 청사에 표폄함이 곤월보다 엄할 것이네.

수풀 아래 있는 춘추가 밝기가 해와 별 같으니 영남의 많은 선비들의 공의가 과연 어떠한가. 기구하고 험한 이 운명은 동지가 없고 문장도 없어 개탄해 마지않는데, 앞일이 어떻게 될지 알 수 없네. 좌하께서는 죄를 성토하는 글 한 통을 기술하여 보여주기를 간절히 바라고 간절히 바랄 뿐이네. 다만 훤당의 기후는 강녕하기를 빌고 자세히 말하지 않으니 밝게 살피시게. 창리 족대부 매소공은 나이는 많다고 하지만 우리나라의 들보가 꺾이었네. 부고를 받은 후에 조장을 우편으로 부쳤는데, 받아 보았는가.

경오년 선달 일.

* 圭復(규복): 남에게서 온 편지를 몇 번이고 반복해서 읽는 일. 남용(南用)이 백규(白圭)의 시를 여러 번 되풀이하여 읽었다는 고사에서 나온 말. 縷縷(누루): 상세함. 憂虞(우우): 근심하고 걱정함. 이 말을 통해 볼 때 상대방이 상중에 있는 것으로 생각됨. 鵬圖(붕도): 붕새가 일거에 구만리 장천을 날고자 하는 큰 계획이란 뜻으로, 큰 사업 또는 큰 뜻의 비유. 奄奄(엄엄): 숨이 곧 끊어질 듯한 모양. 생기가 없는 모양. 伐齊(벌제): 어떤 일을 겉으로 하는 체하고 속으로 딴 짓을 함. 전국(戰國) 때 연(燕)의 악의(樂毅)가 제(齊)를 칠 때, 제(齊)의 장수 전단(田單)이 악의가 제를 친다는 명목만 내세우고 속으로는 제왕(齊王)이 되려 한다고 이간질한 고사. 伐齊爲名(벌제위명). 白笠(백립): 흰 베로 만든 갓. 국상(國喪) 때의 백성이나 대상(大祥) 후의 상인(喪人)이 썼다. 蔽陽子(폐양자): 패랭이. 천인이나 상

제가 쓰던 대오리로 얽어 만든 갓의 한 가지. 結金(결금): 논밭의 면적에 따라 내는 돈. 處變(처변): 실정에 따라 변통성 있게 일을 처리함. 사변(事變)을 처리함. 이상한 상황에 놓임. 生三事一(생삼사일): 자신을 낳아 준 아버지와 글을 가르쳐 준 스승과 밥을 먹게 하여 준 임금을 똑같이 섬겨야 된다는 뜻.

259. 與尹桓卿書(윤환경에게 드리는 글)

某는 省禮言하나이다 遭慘後로 族戚中에 有或哀慶이나 而足跡不及門外하고 知舊間에 有或慰問이나 而手筆不出硯前이 幾乎一周矣라 自視건대 神精銷鑠하여 專無陽界上佳況이라 孰使之然歟아 自恨命道가 殆不若人也라 不意에 昨秋에 比聞調候風證所損에 至徹鍼灸之單하니 仰念不已요 而日者에 伻來復詢하니 尊堂患候가 大端失攝云云하니 在外聞者가 愕然이온 況定省至孝之地에 不審宿苦不至添肆否아 甚惶甚悚하여 無以所仰慰라 然而八十老患이 恐是寒感所損이로되 而庶乎春氣和暢이면 則未知勿藥之慶否아 語錯矣라 尊伯父喪事는 驚怛何言가 禮當一番匍匐이나 而尙不克遂誠하니 極愧赧矣라 近日에 令從昆季哀體가 奉筵支將聞知否아 査服弟는 賣先業殆盡하고 疊債負如山하여 日夕惴惴하여 只竢符到로되 而未果溝壑도 亦命也라 自憐自憐耳라 但婦兒가 以副來汝之敎하여 而日且曠矣라 在家痴孫이 恒時啼呼하여 不忍聞之하니 卽爲命送如何오 當一次奔慰나 而數歎病殼脚不從心하여 末由自振이라 故로 但以陋拙文字로 自手蚯蚓於紙上하니 恕鑑如何오 只祝堂患體崇가 平復하고 不備謹悉이라

모는 예를 생략하고 말씀드리겠습니다. 참혹한 일을 당한 후로 일가와 친척 중에 혹 애경사가 있어도 족적이 문밖에 나가지 아니하고, 친한 친구 중에 혹 위로가 있어도 붓이 연적 앞에 나가지 아니한 것이 거의 일주년이 되었습니다. 스스로 살피건대 정신이 녹아버려 오로지 이 세상에 좋은 상황이 전혀 없으니, 누가 그렇게 만든 것입니까. 스스로 운명이 거의 다른 사람과 같지 않음을 한탄하고 있습니다.

뜻하지 않게도 작년 가을에 조리하고 있는 몸이 풍진에 손상되어 침구의 단방약도 그만두었다고 자주 들었는데 우러러 염려해 마지않습니다. 그런

데 지난날에 심부름꾼에게 다시 물어보게 하니 존당의 환후가 대단히 희망을 잃었다고 하여 밖에서 들은 자도 깜짝 놀랐는데, 하물며 혼정신성하는 지극한 효도의 처지에서, 묵은 고통이 나빠진 데 이른 것이 아닌지 모르겠습니다. 매우 황송해서 우러러 위로할 바가 없습니다.

그러나 팔십 노환이 이번 감기에 손상될까 염려됩니다. 그러나 바라건대 봄기운이 화창해지면 약을 아니 써도 낫게 될지 모르겠습니다. 말이 조금 선후가 바뀌었습니다. 백부의 상사는 놀랍고 슬픔을 어떻게 말할 수 있겠습니까. 예로 보면 한번 조문을 가야 될 것이나 아직도 성의를 이루지 못하고 있으니 매우 부끄럽고 부끄럽습니다. 근일에 그대 종형제 애체가 영연을 받들고 부지하는지 들어 알고 있습니까.

선대의 가업을 팔아 살기를 거의 다하고, 첩첩이 빚을 짊어진 것이 산과 같아 밤낮으로 두렵고 두려워 다만 저승의 통지가 이르기만 기다리고 있습니다. 그러나 말년에 과연 굶어죽는 것도(개천에 든 것도) 또한 운명인 것 같습니다. 스스로 가련하고 가련할 뿐입니다. 다만 며늘아기가 오라고 하는 말씀에 부응했는데 날이 또 오래되었습니다. 집에 있는 어리석은 손자가 항시 울고 있어 차마 들을 수가 없으니, 곧 명해 보내주는 것이 어떻겠습니까. 마땅히 한번 찾아가 위문해야 할 것입니다. 그러나 병든 껍데기 다리가 마음을 따르지 않는 것을 자주 탄식하면서 스스로 떨치고 나올 수가 없습니다. 그러므로 다만 누추하고 졸렬한 문자로 손수 종이 위에다 지렁이 기어가듯 썼으니, 이해하시고 봐주시는 것이 어떠하겠습니까. 다만 사돈 부친 병환과 사돈 병환이 회복되기를 빌고, 갖추지 않고 삼가 아룁니다.

* 伻(팽): 부리다. 시키다. 失攝(실섭): 몸을 잘 돌보지 못함. 몸조리를 잘못함. 寒感(한감): 추위를 무릅써서 든 감기.

260. 與趙省庵書(조성암에게 드리는 글)

昨冬枉顧가 又不難歟아 況數百里氷程行李가 出尋常萬萬者아 惟切於先師文集重刊事하여 顚倒於道塗하여 又不容晷刻而旋別하니 別後에 悵然如物在喉라 匪意遞使가 入門에 通書墜案하니 奉讀에 感荷無以容諭라 以老兄積年勞費苦心血誠으로 今焉止此로되 而抑有一焉하니 先師年譜後에 錄純宗皇帝勅命과 廟庭配享擧廢事와 與金澤榮變誣事往復書字의 添付事를 不可闕也라 謹詢歲改에 道體가 餞迓康謐하고 任役도 終始完濟아 實遠外區區之望也라 服弟는 數朔病殼에 僅存이나 而所率이 別無故하니 是爲幸也라 一晉刊所하여 傍觀이 徒切於心이나 而身莫之遂하니 奈何오 語錯矣라 刊所僉候가 一如葆重가 向違四通은 未安居先矣라 以此紙로 恕照如何오 且許可名義는 誰也오 春暉亭主人은 誰也오 刊役은 何日告功也오 文集全帙價는 爲幾許耶아 竝回示如何오 鄙隣에 似有願見者나 而以事實未詳으로 趑趄耳라 餘는 不備하노이다

작년 겨울에 찾아오신 것은 또 어려운 일이 아니었습니까. 하물며 수백 리 빙판의 행차는 보통 때보다 훨씬 어려웠던 것이 아니었습니까. 오직 선사의 문집 중간의 일에 간절하여 길에서 넘어지면서 또 잠깐의 시간도 용납하지 못하고 이별하게 되니 이별한 후로 슬퍼 마치 물건이 목구멍에 있는 것 같았습니다.

뜻밖에도 우체부가 문에 들어와 편지를 책상에 던졌습니다. 받들어 읽어보니 감사해서 무어라 형용해 말할 수가 없습니다. 노형이 다년간의 고심과 혈성을 수고롭게 들여 이제 여기에 이르렀습니다. 그러나 한 가지 말할 것이 있습니다. 선사의 연보 뒤에 순종 황제 칙령과 묘정 배향에 거행한 일과 폐한 일, 그리고 김택영이 변무한 일의 왕복 글자를 첨부하는 일을 빠뜨려

서는 아니 됩니다.

삼가 묻나니 해가 바뀌었는데 도체가 송구영신에 평안하시며 맡은 일도 처음부터 끝까지 완전히 이루었습니까. 실로 먼 밖에서의 구구한 바람입니다. 복제는 여러 달 동안 병든 몸이 겨우 살고 있습니다. 그러나 가솔들은 별로 탈이 없으니 이것이 다행입니다. 한차례 간행소에 나아가 곁에서라도 보는 것이 오히려 마음에 간절하나 몸이 못하니 어이하겠습니까.

말이 바뀌었습니다. 간행소 여러분의 건강은 한결같이 잘 계십니까. 지난번에 네 번의 통지를 어긴 것은 미안함이 앞을 섭니다. 이 편지로 이해하고 살펴주는 것이 어떠하겠습니까. 또 허가 명의는 누구입니까. 춘휘정의 주인은 누구입니까. 간행하는 일은 어느 날 결과를 알릴 것입니까. 문집의 전질 가격은 얼마나 되겠습니까. 아울러 회답해 주시는 것이 어떻겠습니까. 저의 이웃에 보기를 원하는 자가 있는 것 같은데 사실을 알지 못해 머뭇거릴 뿐입니다. 나머지는 갖추지 아니합니다.

* 晷刻(구각): 극히 짧은 시간. 感荷(감하): 받은 은혜를 고맙게 여김. 晉(진): 나아가다. 趑趄(자저): 앞으로 나아가지 못하는 모양. 가기 힘든 모양.

261. 與孔道峰書(공도봉에게 드리는 글)

省禮言하노이다 蘆嶺一帶山水가 南州最雄이라 惟仰老兄이 先世擇地而居焉하여 上聚德星하고 下布雲林泉石하니 孰不欽慕리오 渺渺然如在眼前矣라 自顧賤物은 獲戾于天하여 窮厄至此極乎아 內訟愆殃而已라 近日에 泗上群儒會에 應有可論矣라 曲阜燼災는 二千年來所未有之大變也라 將何爲哉아 大凡中洲陸沈하여 侮聖毁道가 實由於平素醞釀이로되 而乖亂極矣라 東方이 自殷師以來로 群賢迭興하니 實是篤信聖敎하여 不亞於中華나 而今日則毁形毁服하여 無恥之徒가 雖曰尊聖이나 辛有之歎이 不待適伊川而知之矣라 一線陽脈의 所賴以扶植者는 惟吾泗山一祠而已라 玆自本祠로 峻發公議하여 益尊夫子之道하니 卽所謂周禮在魯也라 後日道統之傳이 非兄而誰也오 尤惓惓於剝九碩果之象者也라 十分黽勉을 切仰切仰이라 謹詢春仲에 數體崇重하고 賢郎各安侍하고 令抱도 課業日進가 季氏兄도 亦能支扶하고 左右諸益도 皆穩平否아 夫世亂이 如水益深하고 如火益熱하여 朝不慮夕하니 人人實同遇風之舟라 擧世通患也라 吾儕之貧字는 爲學之本色이나 而轉聞兄之所遭하니 卒難忍耐라 然而惟加窮理正心四字하라 此足爲實行之資니 十分强抑을 是所朋友區區千萬之望이라 服弟는 衰相日甚하고 所幸은 幼孫이 無憂耳라 今日은 卽聖祠俎豆之入齋니 而可以進參이요 又有孤山祖墓에 省楸之行하니 此襞積이로되 而未得遂也라 百般事撓가 如蠶以絲自牽이라 籬外는 可謂絶域矣라 玆送迷豚하여 替候하니 幸賜一線鐫誨耶아 相面及一周나 而相握更何時오 只俟不備候上이라 傳聞純宗妃尹皇后가 上賓之報하니 信乎오 此民間之訛言也라 若爾則服不服이 果何如오 服父服하고 不服母服이 於義可乎아 愚料則如是矣라 尊意는 何也오 示之冀耳라

예를 생략하고 말씀드립니다. 노령 일대의 산수가 남쪽 지방에서는 가장 웅장합니다. 우러르건대 노형께서는 선대에 땅을 택하여 거처하였는데, 위

로는 덕성이 모이고 아래로는 운림천석이 널려 있으니 누군들 흠모하지 아니하겠습니까. 아득하고 아득히 눈앞에 있는 것 같습니다. 스스로 돌아보건대 천한 저는 하늘에 죄를 얻어 곤궁함이 이런 극한 상황에 이른 것입니까. 안으로 허물을 자책할 따름입니다.

근일에 사수가의 여러 선비들 모임에 응당 논할 만한 것이 있었을 것입니다. 곡부의 불에 탄 재앙은 2천년 이래 있지 않았던 큰 변괴입니다. 장차 어떻게 해야 할 것입니까. 대범 중국이 망하여 성인을 모욕하고 도를 훼손한 것은 실로 평소의 날조함에서 비롯된 것인데, 어지러움이 극도에 달하고 있습니다. 우리나라가 기자 이래로 여러 현인들이 번갈아 일어나니 참으로 성인의 가르침을 독실히 믿어 중국에 뒤떨어지지 않았습니다. 그러나 오늘날은 모습도 훼손시키고 의복도 훼손시켜 염치가 없는 무리들이 비록 성인을 높인다고 하나, 신유의 탄식을 이천에 감을 기다리지 않고도 알 수 있을 것입니다. 한 줄기 양맥의 힘입어 북돋아 심을 자는 오직 우리 사산 한 사당일 뿐입니다. 이에 본 사당으로부터 공론을 크게 발하여 더욱 공자의 도를 높여야 하니, 곧 이른바 주나라 예절이 노나라에 있다는 그런 격입니다. 후일 도통의 전함이 형이 아니고 누구이겠습니까.

더욱 박괘 상구 석과의 상에 간곡한 마음을 느낍니다. 최선을 다해 부지런히 힘쓰기를 간절히 바라고 간절히 바랍니다. 삼가 묻나니 중춘이 되었는데, 글을 가르치는 몸은 소중히 잘 계시고 어진 아들들도 편히 모시며 손자들도 학업이 날로 진보하고 있습니까. 아우님들도 또한 잘 지내고 좌우의 친구들도 모두 평안하십니까.

무릇 세상의 어지러움이 물이 더욱 깊은 것 같고, 불이 더욱 뜨거운 것 같아 아침에 저녁을 생각할 수가 없으니, 사람마다 실로 바람을 만난 배와 같습니다. 온 세상이 똑같이 근심할 것입니다. 우리들의 가난할 '빈(貧)'자는 학문을 하는 본색이며 다시 형의 만난 바를 들으니 졸연히 견뎌내기 어렵다고 합니다. 그러나 오직 궁리정심 네 자를 더하십시오. 이것이 실행의 자료가 될 수 있으니, 최대한 힘쓰고 억제하기를, 이것이 친구의 구구히 천만번 바라는 것입니다.

복제는 쇠약한 모습이 날로 심하나 다행인 것은 어린 손자에게 걱정이 없다는 점입니다. 금일은 바로 성사의 제사지내는 입재날이어서 나아가 참여해야 하고, 또 고산조의 묘에 성묘를 가는데 이것들이 마음에 쌓여 있지만 이루지 못하고 있습니다. 여러 일들의 성가신 것은 마치 누에가 실로 자신을 얽고 있는 것 같습니다. 그러므로 울타리 밖이 절역이라 할 수 있습니다. 이에 어리석은 아이를 보내 대신 문후하니 바라건대 한 줄기의 가르침을 주시겠습니까. 상면한 지가 일주년이 되었는데 서로 손을 잡기를 다시 어느 때에나 할까요. 다만 기다리면서 갖추지 않고 문후를 올립니다.

전해 들으니 순종의 비 윤황후가 죽었다고 하니 참말입니까. 이것은 민간의 잘못된 말일 것입니다. 만약 그렇다면 복을 입고 입지 않는 것이 과연 어떻게 해야 하는 것입니까. 부의 복을 입고 모의 복을 입지 않는다면 의리에 옳겠습니까. 어리석은 사람의 생각으로는 이와 같습니다. 그대의 뜻은 어떠합니까. 보여주기를 바랍니다.

* 雲林泉石(운림천석): 구름 끼어 있는 숲의 샘과 돌. 아름다운 경치. 窮厄(궁액): 불우하고 곤궁함. 가난하여 살기 어려움. 愆殃(건앙): 잘못. 또는 재앙. 陸沈(육침): 국토가 적에게 점령됨의 비유. 은거함의 비유. 옛것만을 고집하여 시의(時宜)에 맞지 않음. 숨겨져 있어 사람들에게 알려지지 않음의 비유. 醞釀(온양): 술을 빚음. 무근한 죄를 날조함을 이름. 乖亂(괴란): 이치에 어그러져 어지러움. 殷師(은사): 기자(箕子). 不亞(불아): 뒤떨어지지 않음. …보다 못하지 않음. 黽勉(민

면): 부지런히 힘씀. 聖祠(성사): 공자의 사당. 省楸(성추): 성묘(省墓). 襞積(벽적): 옷의 주름. 겹겹이 쌓임. 上賓(상빈): 하늘로 손님이 되어 간다는 뜻으로 '임금이나 왕후의 죽음'을 말함.

262. 答萬齋書(만재에게 답하는 글)

省禮言하노라 別後三載에 無緣相握하니 悵鬱不可言이라 每以紙上顔面으로 其喜을 何可盡喩아 歲初에 惠幅은 披玩數周에 不下對討라 書末에 萱堂患候가 長時危劇이라하니 不任驚慮라 又有讐署之債券者라하니 使人代憫이라 彼之餅驢之歎이 不久見效리라 此所謂出乎爾者가 返乎爾者니 不可語也라 願座下는 不必過度如何오 目今에 全國生活은 則無貧富通患也라 以若高明之資로 益勉爲學之工하여 究其格物致知四字하여 推之則剝九碩果不食之象者也라 吾儕溝壑之命이 只竢上青之如何耳라 年前金溝畓變은 至於州人雌黃層激하여 驅之與讐同罪하니 則神明所在에 必有可辨之日矣리이다 從今以後로 勿使干預門事하고 團團結心矣라 到今事由를 在邇先聞하니 爲其子孫之道가 不可越視라 故로 先通矣라 示意를 委之丹丘人하여 裁制之하니 近有何許回報耶아 遠水不救近火常理也라 湖南子孫中에 無人不待吾言知之矣라 此則先山事를 無復可爲之道라 此所謂前工可惜이니 可歎可歎耳라 再昨年踵門時에 梧陽齋聯板事의 文辭不足이 到有斤正之教하니 而置之忘域耶아 鄙亦健忘이라가 今始覺者라 更煩하니 勿惜勤勞하고 大作하여 使刻手로 圖成하고 工價幾許間에 示則卽爲付送爲計矣라 非吾賢從之厚誼면 恐不濟此事니 千萬切企라 湖南은 春旱太甚하니 可謂無麥之秋라 嶠南何哉오 向書後로 月已再圓하니 謹未審花候煦에 侍湯中에 斅體無損이며 所讀은 何書오 所做는 何事耶아 賢侄도 各安侍하고 令季從次第支扶하여 左右諸族도 皆穩平否아 遠外不任向遑之至라 服族從은 神精이 澌鑠하여 家事가 旁落하여 只切憂懼로되 而逝者慘期在邇하니 悲痛更新이라 所幸은 幼孫이 無病하고 次豚이 年方二十에 今者定婚하고 而餘無足奉聞이라 自顧朽物이 非不欲一番勇進하여 一承教督이나 又以梅巢公墓草已宿에 几筵漬綿之哭하니 此뚫積而不得遂 則人事缺然하니 只自悵歎而已라 此意를 達於哀叔苫前耶아 勉庵先師文集重刊之役은 設之全南和順郡同福面檢川里春暉亭하니 而倘聞知否아 於人見歐

陽公하고 於書先師文集하면 忠節道學을 孰不感歎哉아 吾言이 抑爲過當耶아 貴邦士友中에 誰有願見이면 則示之冀耳라 知舊間에 寒喧文字를 前則使逝者로 代草하고 後則不得已하여 自手로 蚯蚓하고 文眼多澁하니 勿誅하고 恕覽否아 餘惟冀奉讀加護하여 以副遠誠하라 不備하노라

예를 생략하고 말씀드리네. 이별한 후로 삼 년이 되었는데, 서로 손을 잡을 인연이 없으니 섭섭하고 답답함을 말할 수가 없네. 매번 종이 위의 안면으로 그 기쁨을 어찌 다 말할 수 있겠는가. 연초에 보내준 편지는 몇 번이나 보았는데 상대해 토론함과 못하지 않네.

편지 끝에 훤당의 환후가 오래도록 위독하다고 하니 놀라움과 염려를 이길 수가 없네. 또 원수 관청의 채권이 있었다고 하니 사람으로 하여금 대신 민망하게 하네. 저들의 병려지탄이 오래지 않아 효과를 볼 것이네. 이것이 이른바 너에게서 나온 것이 너에게 돌아간다고 하는 것이니 말할 수가 없네. 원컨대 좌하께서는 꼭 과도하게 하지 않는 것이 어떻겠는가. 오늘날 전국의 생활은 빈부가 없이 똑같이 근심하고 있네. 그대 같은 자질로 더욱 학문을 하는 공부를 힘써서 격물치지 네 자를 연구하여 미루어 나가면 박괘상구 석과불식의 상이 될 것이네.

우리들의 개천에 떨어질 운명은 다만 하늘이 어떻게 할 것인가를 기다릴 따름이네. 연전 금구 전답의 변괴는 고을 사람끼리 시비가 층층이 격동함에 이르러, 몰아서 원수와 더불어 죄를 같이 했으니, 신명도 또한 있어 가지고 반드시 분별할 날이 있을 것이네. 지금부터 이후로는 문중 일에 간여하지 못하게 하고 뭉치고 뭉쳐서 마음을 맺어야 하네. 지금에야 사유를 가까이에서 먼저 들으니, 자손이 된 도리가 월나라 사람을 보는 것 같이 할 수는 없네. 그러므로 먼저 통보하는 것이네. 말씀하신 단구인에게 맡겨 재제한다고

하니 근래에 어떤 회보가 있었는가. 먼 곳에 있는 물은 가까운 불을 구할 수 없는 것은 일반적인 이치이네.

호남 자손 중에는 사람들마다 내가 말한 것을 기다려 알지 않은 이가 없네. 이렇다면 선산의 일을 다시 할 수 있는 방법이 없네. 이것이 이른바 앞의 공이 아깝다고 하는 것이니, 한탄스럽고 한탄스러울 뿐이네. 재작년 우리 문중에 오셨을 때에 오양재 연판의 일에 문장의 부족을 고치라는 말이 있었는데, 잊어버렸는가. 나도 잊어버렸다가 이제 비로소 깨달았네. 다시 청하건대 수고로움을 아끼지 말고 대신 지어 조각수로 하여금 이루도록 하시게. 공사 가격이 얼마이든 간에 알려주면 즉시 보내줄 생각을 하고 있네. 우리 현종의 후의가 아니면 이 일을 이루지 못할까 두려워 천번만번 간절히 바라네.

호남은 봄 가뭄이 너무 심해 보리 없는 가을이 될 것이네. 영남은 어떠한가. 지난번 편지 뒤로 달이 이미 두 번이나 지났네. 삼가 살피지 못하건대 꽃피는 날씨에 시탕 중에 가르치는 몸이 손상됨은 없으며 읽고 있는 것은 무슨 책이며, 하고 있는 것은 무슨 일인가. 어진 조카들도 각각 잘 모시고 있는가. 그대의 동생들은 모두 잘 부지하고 좌우 여러 족친들도 모두 평안한가. 먼 밖에서 내 마음이 달려가는 지극함을 이길 수 없네.

복족종은 정신이 점점 쇠약하고 집안 일이 몰락하여 다만 근심하고 두려워함이 간절한데 죽은 자의 참혹한 제삿날이 가까워 비통함이 다시 새롭네. 다행스러운 것은 어린 손자가 무병하고 차남이 이제 이십에 근래에 혼인을 정했고 나머지는 받들어 알려드릴 것이 없네. 스스로 돌아보건대 썩은 물건이 한번 용감하게 나아가 한번 가르침과 독려를 받들고자 아니한 것이 아니나, 또 매소공 묘의 풀이 이미 묵어(장사한 지 일년이 지나) 영좌에 지면 지곡이 있네. 이러한 답답함이 쌓였으나 이루지 못하니 사람의 도리가 빠져 있네. 다만 스스로 슬프고 탄식할 뿐이네. 이런 뜻을 애숙의 상인 노릇 하는 앞에 말씀 드려 주시겠는가.

면암 선사 문집 중간의 일은 전남 화순군 동복면 유천리 춘휘정에 설치했는데 혹시 듣고 아는가. 사람에 대해서는 구양공을 보고 책에 대해서는 선사의 문집을 보면 충절과 도학을 누가 감탄하지 않겠는가. 내 말이 혹시 지나친가. 귀하 지방의 선비들 중에 누가 보기를 원하는 이가 있으면 알려 주기를 바랄 뿐이네. 친구간에 안부 편지를 전에는 죽은 자(죽은 아들)로 대신 쓰게 하고 후에는 부득이하여 자필로 지렁이 기어가듯 쓰고 있네. 글눈이 껄끄러운 것이 많으니 꾸짖지 말고 이해하고 봐주시겠는가. 나머지는 오직 (면암집을) 봉독하고 더욱 지켜 먼 곳의 성의에 부응해 주시게. 갖추지 아니하네.

* 旁落(방락): 남의 손에 들어감. 쇠락(衰落)함. 几筵(궤연): 죽은 이의 혼백이나 신주를 모셔두는 기구. 영좌(靈座). 漬綿(지면): 조문 가는 것을 말함. 寒暄(한훤): 시후(時候)의 문안(問安).

263. 答松山族兄載奎氏(송산 족형 재규씨에게 답하다) 辛未三月(신미 3월)

省禮言하노이다 戊辰秋에 澹軒一夜承語는 瞥焉如夢이라 居然四載에 信息이 多阻하고 或聞而今春勉庵先師抱川茝山祠奉安之行에 歷過京城唐珠洞松沙集刊所하여 幸遇貴邦士友하여 信傳安音矣라 今見來書하니 則令抱之慘은 不忍聞不忍言이라 彼蒼天者여 旣渺茫其福善之應이어늘 而乃奪人之單孫耶아 胡寧忍斯오 此心憧憧하여 未嘗一日不在於昭泉精舍之間也라 謹伏問컨대 書後改月에 道體候가 崇重하고 允侄寬億도 善侍하며 令咸昆季도 亦能支枝耶아 遠伏溸區區不任向遑之至라 寧玉은 獲戾于天하여 遭慘以來로 求死不得하고 家事旁落하여 得以朝夕食이나 而所幸者는 孤孫無病而已라 因此索然하니 則趨陪坐隅하여 更奉謦咳가 未知的在於何時라 臨紙에 只自悵黯而已라 伏希新年在邇에 餞迓保重하소서 不備하고 上謝慰狀이라

예를 생략하고 말씀드립니다. 무진년 가을에 담헌에서 하룻밤 말씀을 받든 것은 잠깐의 꿈과 같았습니다. 벌써 4년이 되었는데 소식이 많이 막혔습니다. 간혹 듣기는 하였습니다만 올 봄 면암 선사를 포천 채산사에서 봉안하는 행사 때에 경성 당주동 송사 문집 간행소를 지나다가 다행히 귀 지방의 선비들을 만났는데 편안하다는 소식을 미덥게 전해 주었습니다.

이제 온 편지를 보니 손자의 죽음은 차마 들을 수 없고 차마 말할 수 없습니다. 저 푸른 하늘이여, 이미 선인에게 복을 준다는 응감은 아득하거늘 하물며 남의 하나인 손자를 빼앗아 간다는 것입니까. 어찌 차마 이런 일을 한단 말입니까. 이 마음은 궁금하여 일찍이 하루도 소천정사에 있지 않은 적이 없습니다. 삼가 묻나니 편지 뒤로 달이 바뀌었는데, 도체의 상태는 좋으시고, 그대의 조카 관억도 잘 모시며, 조카 형제들도 또한 잘 지탱하고 부지하고 있습니까. 멀리 엎드려 궁금하여 구구히 향황함의 지극함을 금할

수 없습니다.

저는 하늘에 죄를 얻어서 참상을 당한 이래로 죽고자 하여도 안 되고, 집안 일이 몰락하여 아침저녁으로 겨우 밥이나 먹습니다. 다행한 것은 외로운 손자가 병이 없다는 것입니다. 이로 인해 허전하여 달려가 모시고 구석에 앉아 다시 말씀을 받들 수 있는 것이 분명 어느 때에 있을지 알 수 없습니다. 편지를 대하니 다만 스스로 슬퍼서 암담할 따름입니다. 엎드려 바라건대 신년이 가까우니, 옛 해를 보내고 새해를 맞이하면서 몸을 잘 보전하십시오. 갖추지 아니하고, 위장에 대한 답장을 올립니다.

* 澹軒(담헌): 고산서원의 담대헌. 居然(거연): 문득. 도리어. 令抱(영포): 남을 높이어 그의 '손자'를 이르는 말. 渺茫(묘망): 아득히 먼 모양. 멀고 아득한 모양. 令咸(영함): 조카. 區區(구구): 작은 모양. 부지런한 모양. 索然(삭연): 눈물이 흐르는 모양. 흥미가 없는 모양. 慰狀(위장): 위로하여 문안하는 편지.

264. 與慶尙北道奉化郡才山面東面里權相羽(경상북도 봉화군 재산면 동면리 권상우에게 드리다) 辛未十月(신미 10월)

嶺湖二省이 道路千里라 參商一隔에 鱗羽兩斷이라 不得花樹之敍情하여 而先施로되 未安居先矣라 然而有仰進者니 恕覽否아 轉聞貴族氏는 花山君諱仲和派云하니 果爾否아 寧玉은 花原君諱仲達之后孫也라 今春에 有事于京城하여 同伴人孔友言內에 自己先祖漁村先生의 筆蹟이 在楊州郡檜泉面檜庵寺云하여 而請其同行往見하니 則果然實事也라 竪碑三焉하니 其一은 卞季良記文이요 孔漁村親筆也라 其二는 皆牧隱先生記文이요 而花山君親筆也라 字字珠玉하여 可謂東方首筆也라 寧玉은 直房先祖事하니 豈爲無誠이리오 素是貧寒者로 勢不從心하니 可歎可歎耳라 玆以通告하니 自門中으로 峻發公議하여 定有司上送하여 模範碑面하여 乃成筆帖하여 以爲永世之寶하면 則吾門之一大事業也라 仰企千萬이라 貴郡之於榮州에 道里幾何오 相通于榮州門中若何오 此事何其急也오 古蹟毁敗之變이 間或有之하니 可不愼哉아 他人姓氏는 有此等事 則速圖之하니 以此故也라 左右間에 速速回示如何오 餘不備上이라

영호남 두 지방은 길이 천리입니다. 삼성과 상성이 한번 막히니 소식이 양쪽 다 끊어졌습니다. 동족의 정을 펴는 것을 얻지 못해, 먼저 베풀어야 할 것인데 그 쪽에서 먼저 베풀어주어 미안합니다. 그러나 우러러 말씀드릴 것이 있으니, 이해하시고 보아주시겠습니까. 간접적으로 들으니 귀 족친의 씨는 화산군 휘 중화파라고 하니, 과연 그렇습니까 안 그렇습니까.

저는 화원군 휘 중달의 후손입니다. 금년 봄에 서울에 일이 있었는데 동반했던 공씨 친구 말속에 자기 선조 어촌 선생의 필적이 양주군 회천면 회암사에 있다고 하여 동행을 청해 가서 본 즉 과연 실제의 일이었습니다. 비

셋을 세웠는데 그 중에 하나는 변계량이 지은 비문으로 공어촌이 친히 쓴 글씨였습니다. 그 중에 둘은 모두 목은 선생이 지은 비문으로 화산군이 친히 쓴 글씨였습니다. 글자마다 주옥같아 동방 제일의 명필이라 할 수 있었습니다. 저는 바로 방선조의 일이니 어찌 성의가 없겠습니까. 평소 가난한 자로 형편이 마음을 따르지 못하니 한탄스럽고 한탄스러울 뿐입니다.

이에 통고하니 문중으로부터 크게 공의를 발하고 유사를 정해 올려 보내 비면을 탁본하여 이에 필첩을 만들어 영세의 보배로 삼으면 우리 가문의 일대 사업일 것입니다. 우러러 천번만번 바랍니다. 귀 고을은 영주와 거리가 얼마나 됩니까. 영주 문중에 통보를 해주시는 것이 어떻겠습니까. 이 일이 얼마나 급하겠습니까. 고적이 훼손된 변화가 간혹 있었으니 삼가지 않을 수 있겠습니까. 다른 성씨는 이런 일이 있으면 속히 도모하니 이 때문에 하는 것입니다. 좌우간에 속히속히 회답해 주는 것이 어떻겠습니까. 나머지는 갖추지 않고 올립니다.

* 轉聞(전문): 다른 사람을 거쳐 간접으로 들음.

265. 與三嘉大幷面倉里權昇熙氏(삼가 대병면 창리 권승희씨에게 드리다) 壬申九月(임신 9월)

寧玉은 頓首再拜言하노이다 不意凶變에 先府君大父主가 奄違色養하니 承訃何時오 驚怛如昨이라 夫日月之行이 已及再期하여 祥祀奄隔하니 雖除衰絰之服이나 孰禦哀慟之情이리오 伏不審컨대 自經荼毒으로 氣力何如오 孝心純至에 哀慕罔極하리니 必三年如一日이리라 强加疏食하고 深寬無窮之慟하여 俯從有限之禮하고 勿傷親枝하여 克慰慈玆念하라 族侄은 顧忝至情之族하여 偏蒙先府君平日之愛하니 嗚呼라 象生이 其將永撤이로되 則竟負漬綿之哭하니 罪矣罪矣라 此何人斯오 辜負至此하니 敢復何說가 非但路遠所致라 年來漂泊하여 可謂救死莫贍이라 實有不可以禮義責備라 然이나 曷敢諉此而自寬耶아 哀燭을 敢望이라 惟願制體保重하고 敬將祀事하라 不備謹疏하노이다

저는 머리를 조아려 재배하고 말씀드립니다. 뜻밖의 흉변에 선부군 대부주가 갑자기 색양을 어겨 부고를 받든 것이 어느 때입니까. 놀라고 슬퍼했던 것이 어제 같습니다. 무릇 세월의 감이 이미 두 해에 이르러 대상이 문득 다가오니 비록 최질의 복을 벗는다고는 하나 누가 애통한 정을 막을 수 있겠습니까.

엎드려 살피지 못하건대, 고통을 겪음으로부터 기력이 어떠합니까. 효심이 순수하고 지극해 애통해 하며 사모함이 망극하리니 반드시 삼 년이 하루와 같았을 것입니다. 억지로라도 거친 밥을 더하고, 다함없는 슬픔을 깊이 너그럽게 하여 한이 있는 예를 굽혀 따르고, 어버이의 가지를 상하지 않게 하여 어머님의 생각을 위로하십시오.

족질은 돌아보건대 지극한 정의 친족을 더럽혀 지나치게 선부군의 평소

의 사랑을 받았습니다. 아아, 상생지전이 장차 영원히 치워지는데도 결국 지면지곡을 저버렸으니 죄스럽고 죄스럽습니다. 이것이 어찌 사람입니까. 저버림이 이에 이르렀으니 감히 다시 무엇을 말하겠습니까. 다만 길이 먼 소치뿐만이 아닙니다. 연래에 떠돌아다니고 있어 죽기를 구해도 넉넉지 않다고 할 것입니다.

실로 예의로써 갖추기를 책할 수 없는 것이 있었습니다. 그러나 어찌 감히 이것을 핑계 대고 스스로 편안할 수 있겠습니까. 상인께서 헤아려 주기를 감히 바랍니다. 오직 원하노니 복 입은 몸 보중하고, 공경히 제사 일을 받드십시오. 갖추지 않고 삼가 올립니다.

* 色養(색양): 부모의 얼굴빛에서 그 불편 여부를 알아차려 마음에 들도록 효양(孝養)함. 荼毒(도독): 고통. 해악(害惡). 象生(상생): 제사지낼 때, 죽은 사람이 생전에 쓰던 물건을 그 사람의 상징(象徵)으로 삼음.

266. 與重海氏書(중해씨에게 드리는 글) 密陽府北面位良里(밀양부 북면 위량리) 壬申正月(임신 1월)

丹邱朔風起하고 赤壁秋江鳴이라 四百里連翼行裝이 誰圖當日鴈分東西之行乎아 觸雪寒程에 果未知稅駕能穩涉否也로다 悵缺之仰이 至今如物在喉矣라 謹詢至寒에 體候無損保重가 鄙叔諸行闕省之歎을 其可量耶아 左右僉宗은 皆穩平否아 拱祝豈以拜邇而少歇가 族孫은 冒風抵墓에 時感所損에 塞竇擁衾하니 宿咳添發이라 喀喀不離喉하여 呻苦旬餘라가 今者에 僅同舊日樣하니 則眷集無警하고 其他는 無非賢所不欲聞底니 何可浼焉이리오 泰仁龍馬沓變은 向也에 往詢하니 則自知理屈하여 以來月旬日內로 無有措處云이라 故로 以收誓約이라 然而來頭禍樣이 未可豫料라 以待上蒼之如何矣라 四門排金은 惟獨立石尊慕祖先之事를 不可遲滯니 下送而三門寂然無意하니 是何故耶아 債督이 逐日遝至하니 亦所難堪者多矣라 越視秦瘠이 非此之謂耶아 前頭事次第는 待後便實告하고 不備하고 伏惟此時微陽始生에 道體崇重하여 以慰遠頌하라

단구에는 북풍이 불고 적벽에는 가을 강이 울고 있습니다. 사백 리 길을 같이 간 여정이 누가 당일에 기러기처럼 동서로 나뉘어 갈 줄 생각이나 했겠습니까. 눈을 맞으면서 추운 길에 과연 수레를 돌려 편안히 갔는지를 알지 못하겠습니다. 서운한 생각이 지금까지 마치 물건이 목구멍에 있는 것 같습니다.

삼가 묻나니 동짓날 추위에 건강은 손상됨 없이 잘 보전하고 있습니까. 저의 숙부와 모든 일행의 찾아뵙지 못한 한탄은 헤아릴 수 있겠습니까. 가까운 여러 종친들은 모두 평안하십니까. 손 모아 비는 것은 어찌 뵈올 날이 가깝다고 해서 조금이라도 소홀히 하겠습니까. 족손은 바람을 무릅쓰고 묘

에 갔다가 감기에 손상되어 문을 닫고 이불을 뒤집어쓰고 있으니 묵은 기침이 더욱 심해졌습니다.

콜록콜록하는 기침이 목구멍에서 떠나지 않아 신음한 고생을 열흘 남짓 고생하다가 요즈음에 겨우 옛 모습과 같아졌습니다. 집안 식구가 탈이 없고 기타는 어른께서 듣고 싶어 하는 것이 없으니, 어찌 더럽힐 것이 있겠습니까. 태인 용마의 문답의 변괴는 지난번에 가서 물어보니 스스로 도리가 잘못된 것을 알아 다음 달 십 일 내로는 조처할 수 없다고 하였습니다. 그러므로 서약을 받았습니다.

그러나 앞으로의 재앙의 모습은 미리 예측할 수 없습니다. 그래서 하늘이 어떻게 할 것인가를 기다릴 따름입니다. 네 문중에 배당한 대금은 오직 홀로 비석을 세우고 조상을 높이는 일을 지체할 수 없어 내려보내라 했는데 세 문중이 조용히 뜻(기별)이 없으니 이것이 무슨 까닭입니까.

빚 독촉이 마을마다 답지하니 또한 감당하기 어려운 것이 많습니다. 월나라 사람이 진나라 어려움을 범연히 보아 넘긴다는 것이 이것을 말하는 것이 아니겠습니까. 앞의 일의 차례는 후편을 기다려 실제로 고합니다. 갖추지 않고 엎드려 생각하건대 지금은 남은 빛이 생기기 시작하니 도체를 보전하여 먼 곳의 송축을 위로해 주십시오

* 稅駕(세가): 수레에 맨 말을 풀어놓는 일. '사람이 정착하는 곳' 또는 '나그네의 휴식'을 이르는 말. 越視秦瘠(월시진척): 월나라 사람이 진나라 땅 메마른 것을 본다는 뜻으로, '남의 환난을 범연히 보아 넘김'을 이르는 말. 崇重(숭중): 존귀함. 존중함. 편지의 끝에 상대방을 송축하는 뜻으로 쓰는 말.

記

267. 松皐齋記(송고재기)

日에 客有過於寂寞之濱하여 問余曰 胡爲乎扁額以松皐오하니 曰松之爲物이 不曰堅乎아 歲寒知凋는 夫子之松也요 空心表直은 比干之松也라 松之生이 雖膏沃中이라도 其節之高가 固已非閒草木等倫이온 而況皐上之松乎아 皐上之松은 其根不舒하고 其節이 尤苦하니 宜乎士君子가 則大不枉者之取하여 而自況也라 今主人이 其揭號하니 則雖不見聞이라도 其志之潔과 其介之固를 於斯에 亦可想像이라 主人之意가 其庶幾乎인저 余憮然良久에 斂衽而對曰 吾子之言이 過獎矣요 而亦過嘲나 不敢當不敢當이라 不然하다 豈其然乎아 齋前有皐하고 皐上有松하니 不知其幾經秋리오 童童若羽葆하고 四時長靑이라 至若春夏하여는 綠陰滿地하고 淸風自在하여 遊人行客無不休憩라 今此叔季에 質愚性拙의 所行所爲가 無非時俗所哂이니 可謂世人棄余요 余亦忘世라 若是之物이 不棄而自棄하니 則非欲爲贅이나 而自然爲贅이라 農人이 告余春及에 將有事于西疇하여 奔走畎畝間하고 至若盛炎에 攷屐曳杖하고 蹴登此皐하면 則楸峰當前하고 甑峰三台는 拱揖乎左右하고 眼界無窮하고 胸襟洒落이라 或傾樽而自酌하고 或押韻而自吟하면 則可謂遺世獨立이라 傍人이 不知其樂陶陶하되 亦足以暢舒幽情也라 古之淵明이 撫孤松而盤桓하고 斯立日哦二松間하니

其事則異나 其趣則豈有小異哉아 俄而夕陽在山하고 歸臥閒窓에 遇物輒感이라 故로 名之也라 而不過一時之戲遊요 大非有眼者之所可虛譽壯揚之資也라 曰否라 洞之名은 以鶴天하고 齋之號는 以松皐하니 可謂實際也라 有鶴無松이면 則鶴非其鶴이요 有松無鶴이면 則松非其松이라 洞之鶴과 齋之松은 眞可謂相得者也라 前頭好期를 豈可量乎아 且夫蘊櫝多年에 長歎不遇하여 優遊自適於此齋하여 不爲衆人所搖하여 以舍命不渝四字로 爲終身之符하여 以待河淸之日하니 向所云歲寒知凋者가 非眞知主人之言耶아 旣以愚拙自棄而蟄伏하니 則齋之號를 以凡草凡木이라도 亦可也니 而奚取諸松也오 曰否라 松之爲物이 堅固如彼하고 余之爲人은 愚拙如此하니 以此擬彼면 徒爲墻壁標榜之號而已라 豈古之達士가 放曠援引之意乎아 客曰 唯唯라 遂拂衣而去어늘 余獨撫松而亦撫腹하고 問腹而亦問松하니 松自松이요 腹自腹이라 不復與問하고 遂綴問答하여 書諸揭號之左하노라

어느 날 어떤 객이 적막한 곳을 지나며 나에게 묻기를, “어찌하여 편액을 송고로써 하였습니까.”라고 하였다.

그래서 대답하길, “솔의 물건됨이 견고하다고 하지 않습니까. 날씨가 추워진 뒤에 시드는 것을 아는 것은 공자의 솔이요, 마음은 비고 겉이 곧은 것은 비간의 솔입니다. 소나무의 태어남은 비록 비옥한 가운데서라도, 그 마디의 높이는 참으로 이미 평범한 초목의 무리가 아닐진대 하물며 언덕 위의 소나무이겠습니까.”라고 하였다.

(객이 말하길), “언덕 위의 소나무는 그 뿌리가 펴지 못하고 그 마디가 더욱 거치니, 선비로 강대하고 굽히지 않는 자가 취하여 자신에게 비유하는 것이 마땅합니다. 이제 주인이 재호로 걸었으니, 비록 보고 듣지 않았더라도 그 뜻의 고결함과 그 절개의 굳음을 여기에서 또한 상상할 수 있습니다. 주인의 뜻이 여기에 가까울 것입니다.”라고 하였다.

나는 무연히 한참 있다가 옷깃을 여미고 대답하길, "그대의 말이 지나치게 과장되었습니다. 그리고 또한 지나치게 조롱하고 있으나, 감히 감당하지 못하겠고, 감히 감당하지 못하겠습니다."라고 하였다.

(객이 말하길), "그렇지 않습니다. 어찌 그럴 수 있겠습니까."라고 하였다.

(내가 말하길), "집 앞에 언덕이 있고, 언덕 위에 소나무가 있으니, 그것이 얼마나 세월을 겪었는가 알지 못합니다. 성한 모양이 우산과 같고, 사 계절 내내 푸릅니다. 봄과 여름 같은 때에 이르면 녹음이 땅에 가득하고 맑은 바람이 저절로 있어, 노는 사람과 지나는 객이 쉬지 않는 이가 없습니다. 이제 이 말세에 어리석은 사람의 하는 바가 시속의 비웃은 바가 아님이 없으니, 세상 사람이 나를 버렸다고 말할 수 있고, 나 또한 세상을 잊었습니다. 이와 같은 물건이 버리지 않아도 스스로 버렸으니, 칩거하지 않으려 해도 자연히 칩거하게 되었습니다. 농부가 저에게 봄이 옴을 알리면 장차 서쪽 밭에 일이 있어, 논두렁 사이를 분주히 다닙니다. 그리고 한 더위에 이르러서는 나막신을 고쳐 신고 지팡이를 끌며 이 언덕으로 차고 오르면, 추산봉이 앞에 이르고 시루봉과 삼태봉이 좌우에서 읍하는 것 같아 시야가 무궁하고 가슴이 시원해집니다. 혹은 동이를 기울여 스스로 잔질하고 혹은 시를 지어 스스로 읊조리면 세상을 버리고 홀로 산다고 할 수 있을 것입니다. 옆 사람은 그 즐거움의 도도함을 알지 못하나, 또한 그윽한 정을 펼칠 수 있습니다. 옛날의 도연명이 외로운 소나무를 어루만지며 서성거리고 사립이 날마다 두 소나무 사이에서 읊었으니, 그 일은 다르나 그 취미는 어찌 조금이라도 다름이 있겠습니까. 이윽고 석양이 산에 있고 돌아와 한가로운 창에 누워 있을 때에는, 사물을 만나면 곧 느끼게 됩니다. 그러므로 이름한 것입니다. 그러나 한때의 장난에 불과하고 크게 안목을 가진 자가 헛되이 자랑하고 장하게 드러낼 자료는 아닌 것입니다."라고 하였다.

객이 말하길, “아닙니다. 마을의 이름은 학천으로 하고 집의 이름은 송고로 했으니, 실제라고 말할 만합니다. 학은 있는데 솔이 없으면, 학이 그 학이 아니요, 학은 있는데 솔이 없으면, 솔이 그 솔이 아닙니다. 마을의 학과 집의 솔은 참으로 서로를 얻었다고 말할 만합니다. 앞으로 좋은 때를 어찌 헤아릴 수 있겠습니까. 또 오랫동안 독에다 구슬을 담아놓고 때를 만나지 못함을 길이 탄식하며, 이 집에서 한가롭게 놀며 스스로 만족하고, 여러 사람들에게 흔들린 바가 되지 않았습니다. 사명불투(舍命不渝) 4자로 평생의 부적을 삼아 황하가 맑아질 날을 기다리니, 위에서 말한 ‘날씨가 추워진 연후에 소나무 잣나무가 늦게 시든다.’는 것이 참으로 주인을 아는 말이 아닙니까. 이미 어리석음으로 자신을 버리고 숨어살고 있으니, 집의 이름을 보통 풀과 보통 나무라도 또한 가할 것입니다. 그런데 어찌 소나무에서 취했습니까.”라고 하였다.

내가 답하길, “아닙니다. 소나무의 물건됨이 견고하기가 저와 같고, 나의 사람됨이 어리석기가 이와 같습니다. 이것으로써 저것에 비한다면 한갓 담장에 표시한 이름이 될 뿐입니다. 어찌 옛날 통달한 선비가 방광해서 인용한 뜻이겠습니까.”라고 하였다.

객이 말하기를, “알았도다, 알았도다.”라고 하며, 마침내 옷자락을 떨치고 갔다.

나는 홀로 소나무를 어루만지고, 또 배를 어루만졌다. 그리고 배에다 묻고, 또 소나무에 물었다. 소나무는 스스로 소나무대로 있고, 배는 스스로 배대로 있었다. 다시 더불어 묻지 못하고, 마침내 문답했던 것을 엮어 이름을 걸었던 왼쪽에다 쓰노라.

* 況(황): 비유하다. 견주다. 憮然(무연): 멍한 모양. 괴이하게 여기는 모양. 童童(동

동): 나무 그늘이 성한 모양. 羽葆(우보): 새의 깃으로 장식한 의장용 수레의 화개(햇빛이나 비를 가리는 기구). 叔季(숙계): 말세. 끝 동생. 拱揖(공읍): 두 손을 마주 잡고 가볍게 머리 숙여 인사함. 陶陶(도도): 수면이 광대한 모양. 즐거운 모양. 斯立(사립): 字인 듯함(당의 崔立之, 송의 劉跂, 명의 崔植). 舍命不渝(사명불유): 천명을 지켜 바꾸지 아니함. 『시경』, 정풍, 고구(羔裘)편 참조. 河淸(하청): 황하의 물이 맑아지는 일. 황하의 물은 항상 흐리나 천년에 한번 맑아진다고 한다. 태평의 징조. 성스런 임금이 나타나 세상이 태평하게 다스려짐을 비유하여 이르는 말. 放曠(방광): 사물에 구애받지 아니하고 자유롭게 행동함.

268. 楸齋重修記(추재중수기)

南鄕之山에 巍然高大者 不可一二數而最方丈이 厚重磅礴하여 爲興長井高四郡之鎭이라 自南逶迤數十里而到茂하여 崛起爲楸山이라 不甚雄偉而儼然하여 有有德者氣像也라 不肖十二代祖 通善府君이 在穆陵朝하여 避龍蛇之燹하여 笠遯于玆山下하고 自號曰楸齋라하다 自是厥后로 謝絶要路하고 行義是務하고 百歲後에 衣履之藏을 又卜玆山之陽하고 子孫仍家于其下하여 世不替香火하고 刱建齋閣하여 不以他顔하고 顔以楸陽齋하니 盖不忘先祖之義也라 仍竊念컨대 楸爲美材하여 多出於傳記而中山之千戶侯와 常山之楸戶楸籍이 最著於世라 其與凡木으로 不同也審矣라 竊嘗執是以究之컨대 楸山之名以楸는 只取乎紋木之美質也라 府君之號以楸는 欲象乎楸山之德容也라 是齋之顔以楸는 爲慕乎祖先之典則也라 其然乎아 其不然乎아 然則在我後嗣子孫이 雖無奕舃閥閱之類나 安分守拙하여 式克至于今日而至死靡忒者는 莫非府君垂裕詒謨之餘庥也哉라 凡我子孫之登是齋者는 勿以齋視齋하고 常如祖先이 臨之在上하고 在左右하면 則非僻之心이 無自入하고 而庶免今日昏墊之慘矣라 不爾而視之以一游息之所하면 則先祖之靈이 不肯曰 余有後不棄基矣리라 不其大可懼者耶아 齋舊在次上이러니 中被鬱攸哉하여 皇考府君이 收門議하여 移建于其下하고 今又重修而門墻之未備者를 長弟告功하니 凡厥子姓이 孰不殫心而族大父大鎔氏가 素工於木役하여 尤竭誠力焉이라 不肖가 乃敢記實俾爲與僉族相勖之資하노라

남쪽 고을의 산에 우뚝 높고 큰 것이 하나 둘 셀 수가 없는데, 방장산이 가장 중후하고 커서 흥덕·장성·정읍·고창 네 고을의 진산이 되었다. 남쪽으로 수십 리를 꾸불꾸불 가서 무장에 이르러 우뚝 솟아 추산이 되었다. 아주 웅장하지는 않지만 의젓하여 덕 있는 자의 기상이 있었다. 나의 12대

조 통선부군께서 선조 때 임진왜란을 피하여 이 산 아래를 잡아서 은둔하고 스스로 이름하여 추재라 하였다.

이로부터 이후로 요직을 사절하고 의를 행하기를 힘쓰셨다. 돌아가신 후에 장지를 또 이 산의 남쪽에 자리를 잡았다. 자손들이 인하여 그 아래에 집을 짓고 대대로 제사를 지내며, 재각을 창건하여 다른 것으로써 액호를 붙이지 않고 추양재로써 액호를 붙이니, 이것은 선조의 뜻을 잊지 아니한 것이다. 인하여 살며시 생각하건대 추란 좋은 재목으로 전과 기에 많이 나오는데, 중산의 천호후와 상산의 추호와 추적이 가장 세상에 드러났다. 그것이 보통 나무와 같지 않은 것이 분명하다. 살며시 일찍이 이것을 가지고 연구해 보건대 추산을 추로써 이름한 것은 다만 무늬 있는 나무의 아름다운 바탕을 취한 것이다. 그리고 부군의 호를 추로써 한 것은 추산의 덕스런 모습을 본받고자 한 것이다. 이 재각의 액호를 추로써 한 것은 선조의 법칙을 사모하기 위해서다. 그러한가, 그렇지 아니한가.

그러한 즉 우리 후세 자손들이 비록 찬란한 공적이 있는 부류는 없으나 분수를 편안히 하고 졸함을 지켜, 능히 금일에 이르기까지 죽음에 이르더라도 어긋남이 없었던 것은 조상께서 넉넉한 법도를 드리우고 끼친 남은 음덕이 아님이 없다. 무릇 우리 자손의 이 재각에 오르는 사람은 재각으로써 재각을 보지 말고, 항상 조상이 임하여 위에 있고 좌우에 있는 것같이 여기면, 그릇되고 치우친 마음이 들어갈 곳이 없고, 오늘날의 정신을 잃는 참혹함을 거의 면할 것이다. 그렇게 하지 않고 한번 놀고 쉬는 장소로 보면, 선조의 영령이 내가 후손이 있어 터전을 버리지 않았다고 말하지 아니할 것이다. 그러니 크게 두려워해야 할 것이 아닌가.

재각이 예전에는 조금 위에 있었다. 그런데 중간에 화재를 당했다. 황고부군이 문중의 의논을 수렴해 그 아래로 옮겨 건립했다. 이제 또 중수하여

문과 담장의 미비한 것을 차례차례 일을 이루었다. 무릇 그 자손이 누가 마음을 다하지 않았으리오만, 족대부 대용씨가 평소 목수의 일에 솜씨가 있어 더욱 정성과 힘을 다했다. 내가 이에 감히 사실을 기록해 여러 종친들과 더불어 서로 힘쓸 자료를 삼도록 하고자 하노라.

* 逶迤(위이): 비스듬히 가는 모양. 길이 구불구불한 모양. 崛起(굴기): 우뚝 솟음. 龍蛇之燹(용사지선): 임진왜란(壬辰倭亂)을 달리 이르는 말. 衣履之藏(의리지장): 옷과 신발을 보관한 곳. 여기서는 장지를 말함. 府君(부군): 죽은 바깥 조상에 대한 존칭. 여기서는 諱 準을 일컫고 있다. 祖先(조선): 가계(家系)의 초대(初代). 선조. 조상. 奕舃(혁석): 매우 빛남. 찬란함. 혁석(赫舃). 式(식): 어조사. 庥(휴): 그늘. 나무 그늘. 음덕. 昏墊(혼점): 어지러워지고 물에 빠진다는 뜻으로, '수해(水害)를 당하여 고생함'을 이르는 말. 여기서는 '정신이 혼몽해짐'을 말함인 듯. 鬱攸(울유): 불귀신. 皇考府君(황고부군): 돌아가신 아버지에 대한 존칭. 長弟(장제): 앞과 뒤. 선후. 子姓(자성): 자손. 후손. '姓'은 生의 뜻. 不肖(불초): 못난 아들. 덕 있는 아버지를 닮지 않음의 뜻. 자기의 겸칭.

祭文

269. 祭勉菴先師文(면암 선사 제문)

維歲次丁未三月壬辰朔十七日戊申에 侍下生安東權寧玉은 謹伏哭告于勉菴先生之靈筵하노이다 早隱嘉莅孫謨孔嘉라 好仁揭勉安宅自奢라 晩寓藏龜하여 師風益長이라 講義尊華하고 正路得方이라 累疏鳳闕하니 朝陽鳴鳳이라 盡禮竭忠하여 芹曝皆貢이라 首倡湖西하여 憂極江湖라 窮智疲力하여 鳥獸是驅라 終歸犴獄하니 名貫天日이라 純性實情을 鹵莽何述가 早仰山斗하고 晩哭定山이라 仁貧義婁하고 智禮俱慳이라 先未赴義하고 後晩奔禮라 欲訴箇衷하니 難禁熱沸이라 敢將薄奠하여 恭酬靈幌이라 嗚呼라 先生이여 庶格尙饗하소서

유세차 정미년 삼월 임진 삭 17일 무신에 시하생 안동 권영옥은 삼가 엎드려 면암 선생의 영전에 곡하면서 고합니다.

일찍이 가채에 은거하며 후손을 가르침이 심히 아름다웠습니다. 인을 좋아하여 면암이란 호를 내걸고 편안한 집을 스스로 사치스럽게 여겼습니다. 만년에는 장구에 우거하니 스승의 풍모가 더욱 성했습니다. 의를 강론하고 중화를 높이며 바른 길에 방도를 얻었습니다.

누차 대궐에 상소를 올리니 조양에서 우는 봉이 되었습니다. 예를 다하고 충성을 다해 정성된 마음을 다 바쳤습니다. 맨 먼저 호서에서 창의하여 국가에 대한 근심이 강호에서 극진했습니다. 지혜를 다하고 힘을 다해 짐승들을 몰아내었습니다. 마침내 옥에 갇히게 되니 이름이 하늘의 해를 꿰뚫었습니다. 순수한 성품과 진실한 정을 서투른 제가 어떻게 기술하겠습니까. 일찍이 태산북두처럼 우러르고 늦게나마 정산에 가서 곡을 하였습니다.

인이 부족하고 의가 모자라며 지혜와 예의가 모두 인색해, 먼저 의거에 나아가지 못하고 뒤에 장례에 갔습니다. 그 속을 호소하고자 하니 열불을 금할 수 없습니다. 감히 적은 제수를 가지고 공손히 영전에 드립니다. 아아, 선생이여. 행여 이르러서 흠향하소서.

* 侍下生(시하생): 웃어른에 대하여 자기를 일컫는 말. 시생(侍生). 嘉茝(가채): 최익현의 출생지로, 경기도 포천군 내북면에 있음. 安宅(안택): 편안한 집은 仁을 말함. 藏龜(장구): 지명인 듯. 芹曝(근폭): 충성스런 백성이 임금에게 미나리를 바치고, 따뜻한 햇빛을 보내고자 하는 마음. 犴獄(안옥): 감옥. 鹵莽(노망): 경솔하여 주의가 부족함. 일이 거칠고 서투름. 定山(정산): 지명.

270. 祭族叔石樵先生文(족숙 석초 선생 제문)

維歲次甲子三月日에 湖南宗下侄寧玉은 謹具薄奠哀辭하여 哭告于族叔石樵先生之靈筵曰 天降割于斯文이 何其甚耶아 嗚呼라 先生淵翁高弟요 紹述德學이라 擬負嫡傳이러니 徂玆世變하여 吾道茶喪하니 先生이 胡爲乎又至於不淑耶아 道學을 將誰使之振이며 後生을 將誰使之誨며 經說를 將誰使之繼며 事記를 將誰使之續耶아 若我之愚는 則旣切山斗之仰하고 矧兼宗族之敦하여 往在昨春에 祇得見伊川之面하고 而猶未遑柯一言則一行하여 以收其心而持其身이러니 於焉歲月汞跳하여 至有此日此變하니 先生奄棄斯文에 後學方失依歸하여 倀倀乎其何之오 病將孰爲之箴하고 而過將孰爲之補耶아 斯文不幸하고 吾門益孤하니 非惟吾門之所私라 衆亦擬其周楨이라 然則先生之逝가 曷不使我呼號失聲而哭之耶아 以情以禮에 宜趍哭於靈几之下로되 而路脩病篤하여 旣失赤衷하고 滴綿束芻가 亦后於人하여 區區一念이 恨莫追焉이라 嗚呼哀哉라 尙饗하소서

유세차 갑자년 삼월 일에 호남 종하질 영옥은 삼가 소박한 제물과 애사를 갖추어 족숙 석초 선생의 영전에 곡하면서 고합니다.

하늘이 유가에 해를 내림이 어찌 그리 심합니까. 오호라, 선생은 송연재의 높은 제자였고, 덕망과 학문을 이어 서술했습니다. 적통을 짊어질까 했더니, 이 세상의 변괴를 만나 우리 도가 해를 입고 망해 가는데, 선생이 어찌하여 또 좋지 않은 데에 이르렀습니까. 도학을 장차 누구로 하여금 떨치게 하며, 후생을 장차 누구로 하여금 가르치게 하며, 경의 말을 장차 누구로 하여금 계승하며, 일의 기록을 장차 누구로 하여금 계속하게 할 것입니까. 저같이 어리석은 사람은 이미 태산북두처럼 우러름이 간절하였고, 하물며 종족의 두터움을 겸하여 작년 봄에 가서, 다만 이천의 얼굴만 보고, 오

히려 한 말씀도 본받고 한 행실도 본받아 마음을 거두고 몸을 지탱할 겨를이 없었는데, 어언간 세월이 수은처럼 뛰어 이날 이러한 변이 있음에 이르렀습니다. 선생이 문득 사문을 버리니, 후학이 바야흐로 의지함을 잃어 외로이 어디로 가겠습니까. 병이 들면 장차 누가 위하여 침을 놓아주고 잘못을 하면 누가 장차 위하여 보완해 주겠습니까. 사문이 불행하게 되고 우리 문중이 더욱 외롭게 되었으니, 오직 우리 문중의 사사로움만은 아닙니다. 여러 사람들도 또한 주나라의 기둥과 같이 여겼습니다. 그런즉 선생의 서거가 어찌 저로 하여금 부르짖고 목이 쉬도록 울게 하지 않겠습니까.

정으로써 생각하나 예의로써 생각하나 마땅히 영전의 아래에 달려가 곡을 해야 할 것인데, 길이 멀고 병이 위독하여 이미 참된 마음을 잃고 조문도 또한 다른 사람보다 늦었으니 구구한 일념이 한을 따를 수가 없습니다. 아아 슬프도다, 흠향하소서.

* 荼喪(도상): 해를 입고 망하다. 汞(홍): 수은. 滴綿束芻(적면속추): 솜을 적시고 꼴을 묶는다는 말로 '조문(弔問)'을 말함.

271. 祭族大父耆老亭公文(족대부 기로정공 제문)

維歲次甲子十一月日에 族從孫寧玉은 謹具菲薄之奠하여 哭告于族大父耆老公象生之筵曰 嗚呼라 天胡奪我德基若是之酷耶아 夫人之生世也에 無所爲而爲之라가 而終其身者가 凡幾人고 嗚呼라 公之在世也에 斷斷無他技하여 雖無耀於人之耳目이나 而其隱德不售者는 非泓潁之可旣也라 於世에 不求聞達하고 於人에 不涉毁譽하고 於事에 無所求하고 於物에 無所取하여 敎家衆以孝友睦婣하고 接鄕隣以忠信篤敬하고 敎子有道하여 終成賢師門高足하고 處陋力穡하여 不憂簞瓢之具러니 而遭此時變하여 惡其穢塵而潔身하고 長逝하니 嗚呼라 公灵은 可謂體物而不可遺也라 然則無所爲而爲之라가 而終其身者가 非公有誰與오 寧玉은 陋矣라 晩拜重茵하여 未得其諄諄敎誨하여 開發蔀蒙하고 而遽遭不淑하여 畧伸情禮도 亦後於人하니 追恨莫及하여 罔知攸喩라 嗚呼哀哉라 尙饗하소서

유세차 갑자년 11월 일에 족종손 영옥은 삼가 하찮은 제물을 갖추어 곡하면서 족대부 기로공 상생지연에 고합니다.

아아, 하늘이 우리의 덕기를 빼앗기를 이와 같이 잔혹하게 한단 말입니까. 무릇 사람이 세상에 태어나 위한 바 없이(목적 없이) 하면서 그 몸을 마친 자가 모두 몇 사람이나 됩니까. 아아, 공이 세상에 계실 때 꼿꼿이 다른 재주는 없어 비록 남의 이목에 빛나는 것은 없었지만 덕을 숨기고 자랑하지 않은 것은 필묵으로 다 적을 수가 없습니다. 세상에 대해서는 명예를 구하지 않았고, 사람에 대해서는 헐뜯음과 칭찬에 간섭하지 않았고, 일에 대해서는 구하는 것이 없었고, 물건에 대해서는 취하는 것이 없었습니다. 가족을 효우와 목인으로 가르쳤고, 이웃에는 충신과 돈경으로 대하였습니다. 자식을 가르친 데에 도가 있어, 마침내 어진 사문의 고제자가 되게 하였고,

누추한 곳에 살면서 농사에 힘써 단표를 갖추는 것을 걱정하지 않았습니다. 그런데 이 시대의 변고를 만나 그 더러운 티끌을 싫어하여 몸을 깨끗이 하고 길이 가셨습니다. 아아, 공의 영은 모든 물건의 체가 되어 하나도 빠뜨리지 않았다고 할 수 있습니다.

그런즉 하고자 하는 바 없이 하여 그 몸을 마친 자가 공이 아니면 누가 있겠습니까. 영옥은 누추해서 늦게야 그 자리를 뵙고 순순한 가르침을 받아 가린 것을 개발함을 얻지 못하고, 갑자기 좋지 못한 것을 만나 약간 정의 예를 편 것도 또한 다른 사람보다 늦었으니, 뉘우치고 한탄함이 미칠 수가 없어 아뢸 바를 알 수 없습니다. 아아, 슬프도다. 흠향하소서.

* 菲薄(비박): 미약함. 보잘것없음. 물건이 얼마 되지 않음. 업신여김. 象生之筵(상생지연): 죽은 사람을 아직 살아 있는 것처럼 여긴다는 뜻으로, 궤연(几筵: 죽은 이의 혼백이나 신주를 모셔 두는 곳)을 달리 이르는 말. 泓穎(홍영): 벼루와 붓.

272. 祭鄭公俊瑞氏文(정공 준서 씨 제문) 代作(대신해 짓다)

云云이라 嗚呼噫嘻라 公何棄世오 公之在世에 持身勤儉하고 率性溫和하여 不論人之長短하고 不形色於喜怒하고 開顔含笑하고 寡言如愚하여 鄕隣耆老와 晬日同遊하고 地近香山하여 九老結杜하고 春回蘭亭에 群賢修契라 白首同樂하여 永期百歲러니 天難諶斯라 公何先逝오 九皇山下에 九泉深深이라 三松亭外에 三山杳杳라 水滿龍溪하니 騎龍而去耶아 隣近仙洞하니 化仙而去耶아 公晬復回에 諸彦咸至하니 昔年此日에 言笑自若이러니 今年此日에 聲音漠漠이라 月落前溪에 想見顔色이라 略薦酒果하고 齊聲痛哭이라 公灵不昧면 庶幾有格하라

아아, 슬프다. 공은 어찌하여 세상을 버렸습니까. 공은 세상에 계실 때에 몸가짐이 근검하였고, 성품을 쓰기를 온화하게 하여, 남의 장단점을 논하지 않고, 기쁨과 노여움에 안색을 나타내지 않고, 얼굴을 펴고 웃음을 머금고, 말이 적어 어리석은 것 같아, 이웃의 노인들과 생일날에는 함께 놀고, 땅이 향산과 가까워 아홉 늙은이가 모임을 만들고, 봄이 난정에 돌아오니 여러 현인들이 계를 닦았습니다.

늙은이들이 함께 즐겨 영원히 백세를 기약했더니, 하늘은 헤아리기 어렵습니다. 공은 어찌 먼저 갔습니까. 구황산 아래 구천은 깊고 깊으며, 삼송정 밖에는 삼산이 아득하고 아득합니다. 물이 용계에 가득하니, 용을 타고 떠난 것입니까. 이웃이 선동에 가까우니, 신선이 되어 떠난 것입니까.

공의 생일이 다시 돌아와, 모든 선비들이 다 이르렀습니다. 작년 이날에는 말하고 웃던 것이 평시와 같았는데, 금년 이날에는 소리가 막막합니다. 달이 앞 시내에 떨어지니 얼굴을 생각해 봅니다. 약간 주과를 바치고 소리를 함께 하여 통곡합니다. 공의 혼령이 어둡지 않다면 이르기를

바랍니다.

* 云云(운운): 생략을 나타냄. 斯(사): 어조사.

273. 祭族大父鶴南公文(족대부 학남공 제문)

維崇禎五乙丑五月丙子朔二十五日庚子는 卽我族大父鶴南先生大歸之十數日也라 族孫寧玉은 謹具菲薄之奠하여 哭告于靈筵曰 嗚呼哀哉라 天何不祚我衰門耶아 先生以是月初로 棄後生하여 忽焉訃車가 至于金溝先壟下寓舍하니 聞甚驚愕하여 涕漏交頤라 旣未能撫柩寢門하고 又未得執紼佳城하니 畢生特愛之地가 止若是하니 辜負幽明이라 雖緣勢使나 如負大何라 念昔平日儀表에 言論風致가 驚起一座하고 文酒風流가 特出等夷하며 臨事有先見之明하고 講義有後來之鑑이라 往往辭表之間에 微露不遇之恨하니 由是而有所依仰者가 不啻若猛虎在山之勢나 而今焉已矣乎인저 挽近所志者를 願得少須臾無死하여 誓見腥羶之盡劉러니 胡乃忍舍而長逝耶아 雖然이나 泉臺淸凉하여 庶不見此界赤黑皆烏狐類矣리라 以此一事로 可以慰公이라 如吾後生은 遽失所依하니 晩來一哭이 徒告我紙上蕪辭라 公靈不昧者存면 庶鑑我衷曲하소서 嗚呼哀哉라 尙饗하소서

숭정 5년 을축 오월 병자삭 25일 경자일은 곧 우리 족대부 학남 선생이 돌아가신 지 수십 일이 되었습니다. 족손 영옥은 삼가 비박의 제물을 갖추어 영연에 곡하며 고합니다.

아아, 슬프다. 하늘은 어찌하여 우리 쇠한 문중을 도와주지 않습니까. 선생이 이달 초에 후생들을 버리고, 홀연 부고의 수레가 금구 선영하의 우사에 이르렀습니다. 듣고 몹시 놀라 눈물이 뺨에 흘러내렸습니다. 이미 침문에 가서 관을 어루만지지 못하고, 또 무덤에서 집불을 못하였으니, 일생 동안 특별히 사랑해준 처지가 다만 이와 같으니, 죄송스럽게도 유명을 저버렸습니다. 비록 형세의 부림에 인연한 것이나, 큰 어떤 죄를 진 것 같습니다. 옛날 평일의 모습을 생각하면 언론과 풍치가 모든 좌석을 놀라 일어나도록

하고, 문장과 술과 풍류가 보통 사람보다 특출하였으며, 일에 임해 선견지명이 있고, 의를 강론하면 후일의 귀감이 있었습니다. 가끔 하는 말 사이에 불우의 한을 조금 드러내니, 이로 말미암아 의지하고 우러르는 사람이 맹호가 산에 있는 형세 같을 뿐만이 아니었습니다. 그런데 지금은 끝났습니다. 원컨대 잠시 죽지 않고서 비린내 나고 누린내 나는 것이 모두 죽는 것을 보기를 맹세했는데, 어찌 차마 버리고 멀리 갔습니까. 비록 그러하나 저승이 맑고 깨끗해, 이 세상의 붉고 검은 것들이 모두 까마귀나 여우 같은 무리라는 것을 거의 보지 않을 것입니다.

이 한 가지로 공을 위로할 수 있을 것입니다. 우리 같은 후생은 갑자기 의지할 바를 잃었으니, 늦게 와서 한번 곡하는 것은 한갓 저의 종이 위에 서투른 말을 고하는 것입니다. 공의 혼령이 어둡지 않고 존재한다면 저의 충정을 살피소서. 아아, 슬프도다, 흠향하소서.

274. 祭秀南先生文(수남 선생 제문) 代作(대신해 짓다)

年月日于支는 卽我秀南先生棄後學之初朞二日也라 門下小子某는 謹具菲薄之奠하여 哭告于灵筵曰 嗚呼라 小子가 摳衣門下 歲已累匝이요 覿德聽誨가 不爲不深이라 受恩被眷이 不爲不篤이언만 而終未能柯一言則一行하여 以誠其心하고 修其身하여 畢使滄桑不容於斯文하니 誰謂今日에 遽至於斯耶아 臨紙緘辭에 痛何可言가 嗚呼라 天之生賢이 旣不以偶然이어늘 而天之奪賢이 又何若是其不仁耶아 嗚呼라 先生服事勉菴崔先生이 三十有餘年에 道德節義文章功業이 蔚然居高足하니 在國在家의 小大事에 進退周旋하여 禍福安危를 與同一體하고 退則棲息衡門하여 肱枕蔬水하여 其雅性素儉하고 文辭壯麗하고 溫柔恭勤하고 接物對人에 人如坐春風하니 孰不仰之如山斗하고 賴之爲矜式이리오 目今西波滔天하여 聖學不明하고 異端邪說이 紛然雜出하니 惟有一線陽脈이 終未殄於群陰之下라 杜門晦跡하여 著書百編하여 止爲天下後世陽復之基而已耶아 嗚呼아 後學이 疇仰疇依리오 雖然이나 雲林遺址에 數間堂宇가 永矢依庇하여 自期賁緣이러니 詎知于今에 奄忽至斯오 滂沱涕淚에 罔知所云이라 數句蕪辭로 未能盡衷이라 嗚呼哀哉라 尙饗하소서

연월일 간지는 곧 우리 수남 선생께서 후학을 버리고 돌아가신 소상 뒤 이틀만입니다. 문하생 소자 모는 삼가 적은 제물을 갖추어 영연에 곡하며 고합니다.

오호라 소자가 문하에서 공부한 지가 해가 여러 차례 돌았고, 덕을 보고 가르침을 들은 것이 깊지 않은 것이 아닙니다. 은혜를 받고 사랑을 입은 것이 돈독하지 않음이 아닌데도, 끝내 한 말을 본받고 한 행실을 본받아 그 마음을 정성되게 하고 그 몸을 닦지 못하여, 결국 이 세상의 변함이 사문을 용납하지 못하게 하였는데, 누가 오늘날에 갑자기 여기에 이르리라 알았겠

습니까. 종이에 임해 말을 봉하니 애통함을 어떻게 말할 수 있겠습니까. 아아, 하늘이 현인을 냄이 이미 우연으로써 한 것이 아닌데, 하늘이 현인을 빼앗음이 또 어찌 이같이 인하지 아니합니까. 아아, 선생이 면암 최선생께 복종하고 섬긴 것이 삼십여 년이 되었는데, 도덕과 절의와 문장과 공적이 우뚝이 고제자가 되니, 국가에 있어서나 집안에 있어서, 크고 작은 일에 진퇴 주선하여, 화복과 안위를 더불어 한 몸과 같이 하였고, 물러나서는 초라한 집에서 살면서, 팔을 베고 나물 먹고 물 마셨습니다. 그 본래의 성품이 본디 검소하였고, 문장이 장려하였고, 온유하고 공손하였으며, 사물을 접하고 사람을 대함에 있어, 사람이 봄바람 속에 앉아 있는 것 같았으니, 누가 태산북두처럼 여기고 의뢰하여 존경과 본보기로 삼지 않았겠습니까. 현재 서양 물결이 하늘에 이르러, 성학이 밝지 못하고, 이단과 사설이 어지럽게 섞여 나왔습니다. 그런데도 하나의 양의 맥이 끝내 여러 음의 아래에서도 끊어지지 않았습니다. 문을 닫고 자취를 감추고, 책을 백 권을 지어 다만 천하 후세의 양이 회복할 수 있는 터전을 만든 것입니까.

아아, 후학이 누구를 우러르고 누구를 의지하겠습니까. 비록 그러하나 운림의 남은 터의 수간 당우에 오래도록 의지할 것을 맹세하여 스스로 인연할 것을 기대했습니다. 그런데 지금 문득 여기에 이를 줄을 어찌 알았겠습니까. 줄줄 흐르는 눈물에 이를 바를 알지 못하겠습니다. 몇 구 거친 말로 속을 다할 수 없습니다. 오호 슬프도다, 흠향하소서.

275. 祭雲齋崔公文(운재 최공 제문)

維歲次戊辰閏二月旣望丙子에 安東權寧玉은 謹操文以哭告于雲齋崔公靈筵之前曰 嗚呼라 某는 自公之識이 盖云其初에 公이 在欒棘이라 自是以后로 廿許星曆에 一心嚮慕하여 有時往復하니 雖乏親侍나 略有熏沐하여 如鏡重磨하고 如井去濁이라 感公之恩에 河海莫測이라 自聞病報로 一未抽隙而詢動靜하여 以候差劇이러니 云胡一疾이 遽爾不淑고 訃車遠至하니 心焉忉怛이라 旣違皐復하고 且失執紼이라 揆以平素에 情禮俱闕이라 匪以途遠이라 緇衣誠薄이라 如經數月이면 小朞幾隔이라 以情以禮에 曷不悚炅가 嗚呼我公은 旣豊厥稟하고 且善繼述이라 怡聲愉氣하여 孝思維則이라 靈芝醴泉이니 斯文巨擘이라 名聞楓墀하고 向赴陵職이라 思所補袞하여 靡晝靡夕이라 六賊이 當路에 如棄蔽屩이라 嗚呼痛哉라 國步斯蹙이라 彛倫其斁하고 冠屨倒錯이라 蠢彼卉夷여 寇我王室이라 惟先大爺가 孤忠奮發이라 赤幟一竪에 士皆肉薄이라 時胡弗利하여 殉節異域이라 千里返櫬에 弔者哽咽이라 公居其憂에 一遵禮節이라 思厥討復에 晝宵泣血이라 無路乘便에 二朞奄闋이라 自是厥后로 文酒之席에 微寓其志라 慷慨自測에 重設靑氈이라 士友雲集이라 曩使迷兒로 束脩以執이라 公憐吾兒하여 俾授誘掖이라 渠素魯質에 詎望效力가 誨之諄諄하여 聽之藐藐이라 始事無卒하니 實余之責이라 兩世講誼가 去去彌切이라 嗚呼痛哉라 今日이 何日고 散無紀綱이라 天翻地覆에 斯文剝喪이라 有疇扶植고 周道幾鞠하니 有疇斯拔고 鉅德耆舊가 忘世而卒이라 哀此后生을 誰使之福고 若我之過를 誰使之督고 然則我公之逝가 曷不失聲而號哭也耶아 酹魂莫攀하니 辭不意達이라 明灵不昧면 庶幾降格하라 尙饗하소서

유세차 무진년 윤이월 기망 병자에 안동 권영옥은 삼가 글을 가지고 운재 최공의 영연 앞에 곡하며 고합니다.

아아, 모가 공과 알기를 처음부터 그랬는데, 공은 상중에 있었습니다. 이

로부터 이후로 이십여 년의 세월에 한 마음으로 향하고 사모하여 때때로 왕복하니, 비록 직접 모신 적은 없었으나, 조금은 교화를 받음이 있어, 마치 거울을 거듭 닦은 것 같고, 마치 우물에 오물을 제거한 것 같았습니다. 공의 은혜에 감격하니 하해와 같아 측량할 수가 없었습니다. 병환의 소식을 들은 지 한번도 틈을 내어 동정을 물어 나은가 못한가를 문후하지 못하였는데, 어찌 한번 난 병으로 갑자기 돌아가시게 되었습니까. 부고의 수레가 멀리서 이르니, 마음이 슬프고 슬픕니다. 이미 고복할 때를 어겼고, 또 집불할 때를 잃었습니다. 평소의 일로 헤아려 보니 정과 예가 모두 빠졌습니다. 길이 멀어서가 아니라 현인을 좋아하는 성의가 부족해서였습니다.

만약 몇 달만 지나면 소상이 다가옵니다. 정으로나 예로나 어찌 송측하지 않을 수 있겠습니까. 아아, 공께서는 이미 품성을 풍부히 하고, 또 계술도 잘했습니다. 소리를 즐겁게 하고 기운을 부드럽게 하였으며, 효도의 생각이 오직 법이 되었습니다. 신령한 지초였고 단 샘물이었으며, 사문의 큰 분이셨습니다. 이름이 조정에까지 알려졌고, 능직을 향해 나아가셨습니다. 곤직을 보할 바를 생각하여 낮뿐만 아니었고 저녁뿐만이 아니었습니다. 육적이 요직에 있어 떨어진 신 버리듯이 하였습니다. 오호 통재라, 국가의 걸음이 이에 움츠려들었습니다. 떳떳한 윤기가 무너져 버리고, 관과 신이 거꾸로 바뀌어 버렸습니다. 꿈틀거리는 저 오랑캐여 우리 왕실을 도적질하였습니다. 오직 돌아가신 큰 어른께서 외로운 충성으로 분발하였습니다. 붉은 깃발을 한번 세우니, 선비들이 모두 모여들었습니다. 시기가 하도 불리하여 이역 땅에서 순절하였습니다. 천리 먼 길에서 널이 돌아오니, 조문하던 사람들이 목메어 울었습니다. 공은 그 상에 있으면서 한결같이 예절을 따랐습니다. 쳐서 회복하기를 생각하여 밤낮 피눈물을 흘렸습니다. 기회를 탈 길이 없는데 대상이 문득 끝이 났습니다. 이로부터 그 후로 글을 짓고 술을 마시는 자리에서 넌지시 그 뜻을 표현하였습니다. 강개함을 스스로 측량하여 거듭 선조의 업을 펼치니 선비와 벗들이 구름처럼 모여들었습니다. 지난번에 제 자식으로 하여금 제자의 예를 갖추게 하였습니다. 공께서는 제 아이를 예쁘게 여겨 인도하여 주셨습니다. 저가 평소 노둔한 바탕이었기 때문에 어찌 효과를 바랐겠습니까. 가르치기를 곡진하게 하였으나, 듣기를 막막하게 하였습니다. 일만 시작했지 끝이 없었으니, 참으로 저의 책임입니다. 두 세대에 걸친 강의의 교분이 가면 갈수록 더욱 절실하게 느껴집니다.

아아, 슬픕니다. 오늘이 어떤 날입니까. 흩어져 기강이 없습니다. 하늘이 뒤집어지고 땅이 엎어지니 유학이 무너져 버렸습니다. 누가 있어 붙잡아 세울 것입니까. 주나라 도가 거의 망가져 버렸는데 누가 있어 이에 구원할 것입니까. 큰 덕과 나이 많은 늙은이가 세상을 잊고 돌아가셨습니다. 슬픕니다, 이 후생을 누가 복스럽게 해주며, 저의 허물을 누가 책하겠습니까. 그렇다면 우리 공께서 가시니 어찌 목 놓아 울지 않겠습니까. 영혼께 술을 부어도 붙잡을 수 없으니, 말이 뜻을 통하지 못하고 있습니다. 밝은 신령이 모르지 않는다면 행여 내려오셔 흠향하소서.

* 不淑(불숙): 착하지 못함. 죽음·흉년 따위의 불행한 일. 忉怛(도달): 근심하고 슬퍼함. 皐復(고복): 초혼(招魂)하고 발상(發喪)하는 의식. 사람이 죽은 5~6 뒤 그가 입던 웃옷을 가지고 지붕에 올라가서 왼손으로 깃을 잡고 오른손으로 허리를 잡아 북면하며 '누가 몇 월 몇 일 몇 시에 별세'라고 세 번 외친 다음 그 옷을 시체 위에 덮는다. 悚昃(송측): 두려워하여 몸을 움찔움찔함. 補衮(보곤): 임금에게 간하여 잘못을 고치고 부족함을 보충함. 屩(갸): 신. 先大爺(선대야): 돌아가신 큰 어른. 여기서는 면암 최익현을 말함. 肉薄(육박): 몸으로 적진 가까이 쳐들어가는 일. 또는 많은 사람이 몸이 닿을 정도로 밀집하는 일. 哽咽(경열): 목메어 욺. 靑

氈(청전): 푸른 빛깔의 양탄자. 바뀌어 '집의 보물(寶物)'을 이름. 가보(家寶). 誘掖(유액): 인도하여 도움. 諄諄(순순): 곡진하게 가르치는 모양. 삼가고 성실한 모양. 藐藐(막막): 가르침을 귀담아 듣지 아니하는 모양. 넓고 아득한 모양. 剝喪(박상): 깎이어 잃음.

276. 弔狀(조장) 永同權相弼族叔(영동 권상필 족숙)

寧玉은 頓首再拜하노이다 先夫君襄事는 天復何言가 夏有拜床之日하여 伏審患候沈劇이나 而孝養有素하여 只恃矧翔有日이러니 旣無書尺之問하고 又無擧扶之道어늘 而遽爾凶音에 夢魂頻驚이라 伏惟孝心純至하여 思慕殞絶에 何可堪居오 日月이 流邁하여 襄卒已經하니 凡百을 何以經紀耶아 侍奠에 連衛支安가 區區伏溸라 寧玉은 自經慘禍로 魂精不守하여 凡于人事에 自安廢闕이라 是豈平日情誼乎아 祇自哽塞이라 惟希컨대 節哀하여 毋至不勝喪을 是爲遠外冀仰之至라 不備疏라

영옥은 머리를 조아리고 재배합니다.

선부군의 장례는 무릇 다시 무어라고 말씀드리겠습니까. 여름에 찾아 뵌 날이 있었는데 엎드려 살피건대 환후가 깊고 심했으나 효도로써 봉양하는 것이 본래부터 그렇게 해온 바가 있어, 다만 크게 웃으며 활개칠 날이 있으리라 믿었습니다. 이미 편지로 묻는 것도 없었고, 또 부축해 줄 길도 없었는데 갑자기 흉한 소식에 꿈속의 혼도 자주 놀랍니다. 엎드려 생각하건대 효심이 순수하고 지극해 사모함에 운절해 어떻게 견디며 지내고 있습니까. 해와 달이 흐르고 가서 장례와 졸곡이 이미 지나니 모든 것을 어떻게 다스리고 계십니까. 전을 모시고 계속해서 부지하고 계십니까. 구구히 엎드려 궁금합니다.

영옥은 참혹한 화를 겪은 후로부터 혼과 정신이 지켜지지 않아 무릇 인사에 대해 스스로 폐한 것을 편하게 여겼습니다. 이것이 어찌 평소의 정의이겠습니까. 다만 스스로 경색되어 있기 때문입니다. 오직 바라건대 슬픔을 아껴 상을 이기지 못하는데 이르지 말기를, 이것이 멀리 밖에서 바라고 우러르는 지극함입니다. 갖추지 아니하고 씁니다.

* 襄事(양사): 일을 성취함. 장례를 마침. 바뀌어, '장례(葬禮)'를 이름. 哽塞(경색): 지나치게 슬피 울어서 목이 꽉 막힘.

277. 祭野隱鄭燦好氏(야은 정찬호씨 제문)

嗚呼라 野隱鄭公이 以癸酉七月之日로 沒于群山之第하니 侍生 權寧玉이 隔在遐外하여 旣不得相役於皐呼之日하고 又未能哭訣于就幽之辰하여 始以乙亥七月一日로 謹具酒一觴果數品하여 爲文而哭于靈几之下하노이다 公生寒鄕하여 天賦溫良하고 早事經學하여 期在立揚하여 篤孝著聞하고 至行自修하니 窓翁舊德과 百世遺風이 綿綿繼述하니 寔在厥躬에 豈弟君子요 福履優優라 節儉餘蓄으로 措道稍康에 賙窮恤匱하여 遠播聲光이라 叵耐風潮懷襄하여 不禁斷斷休休하여 無貳素心하고 闤市腥穢에 大隱何妨가 酌史炊經하여 素榻生香하여 縫掖章甫가 德隣有芳이라 嶄然頭角에 家謨是將하고 朋儕介祝하니 遐不眉壽리오 云胡不淑하여 我仁其萎오 孰不嘆悼리오 慟莫我如라 令德晨星에 今焉無餘라 時危日迫에 大界蕭凉이라 九原淸淨에 四尺幽堂이라 早晏從公할새 控訴賤衷이라 伊當款洽하여 平昔可同이라 但此迷塗에 倀倀何之오 于嗟匍匐하여 我哭我私라 凄風一酹에 有淚如傾이라 靈若不昧인댄 尙鑑厥誠하라 嗚呼哀哉라 尙饗

아아, 야은 정공이 계유 칠월 며칠에 군산의 집에서 돌아가셨습니다. 시생 권영옥은 먼 밖에 막혀 있어서, 이미 곡하는 날에 일을 도와주지 못하고 또 깊숙한 곳으로 나아가는 때에 곡하고 영결하지 못하였습니다. 비로소 을해 7월 1일에 삼가 술 한 잔과 과일 몇 가지를 갖추어, 글을 지어 영전의 아래에서 곡을 합니다.

공은 빈한한 마을에 태어나 타고난 성품이 따뜻하고 착했으며, 일찍 경학을 일삼아 입신양명을 기약하였습니다. 돈독한 효성이 크게 알려지고 지극한 행실로 스스로 닦았습니다. 창옹의 옛 덕과 백세의 유풍을 면면히 이어 진술하였는데, 참으로 그 몸에 있으니 화락한 군자로 복록이 넉넉하였습니다. 절약하고 검소한 나머지 저축한 것으로 사는 형편이 조금 편안해지니 궁한 사람을 돕고 없는 사람을 도와 멀리까지 소리와 빛이 퍼졌습니다. 풍조가 치열한 것을 견디지 못하여 단단하고 휴휴함을 금치 못했습니다. 본디 마음을 두 가지로 먹지 않았으니, 관문과 저자의 비린내나고 더러운 것이 큰 은자에게 무슨 방해가 되었겠습니까. 사기로 술을 마시고 경전으로 밥을 지어 빈 좌상에 향기가 나고 의복을 입은 선비들이 덕 있는 이웃에 꽃다움이 있었습니다. 우뚝이 드러나도록 가정의 가르침을 받들고 친구들도 크게 빌어 어찌 오래 장수하지 않겠습니까. 어찌 운수가 좋지 못해 우리 인한 사람이 위축되었습니까. 누가 탄식하고 애도하지 않겠습니까. 비통하기가 저 같은 이가 없습니다. 착한 덕이 새벽의 별과 같았는데 지금은 남은 것이 없습니다. 때로 위험하고 날로 핍박해 대계가 써늘해져 버렸습니다. 구원이 맑고 깨끗해 사척의 무덤이 되어 버렸습니다.

조만간에 공을 따라갈 것이기 때문에 천한 충심을 호소합니다. 그때 마땅히 간곡하고 흡족히 만나 평상시와 같이 할 것입니다. 다만 이 길에 어두운 사람이 헤매며 어디로 가겠습니까. 아, 기어와서 제 사정을 곡합니다. 쓸쓸한 바람에 한번 술잔을 부으니 눈물이 물 흐르는 것 같습니다. 영이 만약 어둡지 않을진대 이 성심을 살피십시오. 아아, 슬프도다, 흠향하소서.

* 豈弟(기제): 화락하게 즐김. 마음이 즐겁고 편안한 모양. 聲光(성광): 성화(聲華)와 광채(光彩). 懷襄(회양): 산과 언덕을 뒤덮는다는 뜻으로, 홍수의 기세가 대단함의 형용. 懷山襄陵(회산양릉)의 준말. 大隱(대은): 몸은 속세에 있지만 뜻은 현원(玄遠)한 사람. 진정한 은사(隱士). 縫掖(봉액): 소매가 크며 겨드랑이를 터놓지 않은 도포. 유생이 입는 데서 유학자를 이름. 章甫(장보): 중국 은(殷)나라 이래로 써 온 관의 하나. 공자가 이것을 썼으므로 후세에 와서 유자(儒者)들의 관이 되

었다. 章甫冠(장보관). 眉壽(미수): 눈썹이 세고 길게 자라도록 장수함. 倀倀(창창): 갈 길을 잃고 헤매는 모양.

278. 祭警菴李公文(경암 이공 제문)

維歲次庚午十二月十五日에 姻服弟寧玉은 以酒果之奠으로 哭告于姻兄警菴李公之靈筵而曰 嗚乎哀哉라 兄之在世가 六旬有一이라 生于庚午하여 歿于庚午라 英明之姿와 端重之儀이 古之罕有요 今之難見이라 安貧樂道하니 顔淵心事요 吟風咏月하니 元亮高趣라 當此世變하여 遯跡溪山이라 躬耕採樵하여 以資不足이라 竭力構齋하여 守護先壟이라 設塾親敎하여 子葉孫枝라 夙興讀法하고 七書序文이라 生平壯觀은 金剛山圖요 或以出入에 杖屨同行이라 筆巖澹軒에 衣冠濟濟라 座上言論에 相隨相辯이라 十月晬辰에 召我同參이라 形容孤枯하여 彷佛瘦鶴이라 芝蘭彩舞에 祝壽康寧이라 歸來未月에 病報入耳라 修書送兒에 答使訃到라 眞耶夢耶아 腸摧心裂이라 天乎人乎아 天神莫測이라 嗟我痛軀가 如蠶絲牽이라 兄之盖棺에 未得撫屍하니 是何人情가 兄之歸土에 未及臨壙하니 是何道理오 歸于泉下에 應多群賢하리라 若逢化兒면 伸吾情景하라 菲薄一酌에 難叙情曲이라 拙文數行에 未盡心緖라 嗚乎痛矣라 庶格尙饗하라

유세차 경오년 12월 15일 인척으로 복을 입고 있는 아우 영옥은 술과 과일의 제수로써 형 경암 이공의 영전에 울며 고합니다.

아아, 슬프도다. 형이 세상에 계신 지 61년이 되었습니다. 경오년에 태어나서 경오년에 돌아가셨습니다 그려. 영명한 자태와 단정한 거동은 옛적에도 드물었고 지금도 보기 어렵습니다. 안빈락도했으니 안연 같은 마음씨요, 음풍영월하였으니 도연명 같은 고상한 취미였습니다. 이 세상의 변괴를 당해 산수 속으로 자취를 감추었습니다. 몸소 밭을 갈고 나무를 하여 부족한 것을 도왔습니다. 힘을 다해 재각을 지어 선영을 지키고 보호하였습니다. 글방을 설치하여 몸소 가르쳐 자손에 이르고, 아침 일찍 일어나 독법하는데

칠서의 서문들이었습니다. 평생의 장관은 금강산의 그림이요, 혹 출입함에 지팡이와 짚신을 동행했습니다. 필암과 담헌에서는 의관이 엄숙하고 당당했었습니다. 자리에서 말을 할 때에는 서로 따르고 서로 변론을 했습니다. 시월 생일 때에는 저를 불러 함께 참여케 하였는데, 모습이 메말라 야윈 학과 같았습니다. 자손들이 채복을 입고 춤을 출 때에 장수하고 편안하기를 빌었습니다. 돌아온 지 한 달도 못되어 환후에 들었다는 소식이 귀에 들어왔습니다. 글을 닦아 자식 편에 보냈는데 답으로 부고가 왔습니다. 진실입니까, 꿈입니까. 장이 꺾이고 마음이 찢어지는 것 같습니다. 하늘 탓입니까, 사람 탓입니까. 하느님은 헤아릴 수가 없습니다.

슬프도다, 저의 병든 몸은 마치 누에에 실이 얽힌 것과 같습니다.

형의 개관에 시신을 어루만지지 못하니 이것이 무슨 인정입니까. 형이 흙으로 돌아갈 때에 무덤에 이르지 못했으니 이것이 무슨 도리입니까. 황천에 돌아가게 되면 응당 여러 현인들이 많을 것입니다. 만일 저의 죽은 아들을 만나면 나의 실정을 말해 주십시오. 박하디 박한 한 잔 술에 저의 정곡을 펴기 어렵습니다. 졸문 몇 줄로 저의 심정을 다하지 못합니다. 아아, 슬프도다, 이르러 흠향하시기를 바랍니다.

* 先壟(선롱): 선영(先塋).

279. 與尹桓卿弔狀(윤환경에게 드리는 조장)

某는 頓首再拜言하노이다 不意凶變으로 先府君查丈主가 宜享仁壽之祿 而天奪何速하여 遽棄孝子耶아 哀痛其何오 罔極其何오 養生이 非大라 送死爲大니 爲人之子가 自保其身然後에 可以行送死之節이니 須十分自護하여 勿之有傷을 是所區區千萬之望이라 親喪은 固所盡禮也라 初終百凡이 固應有備나 而想必過度矣리라 服查弟는 忝列至情之查誼하여 偏蒙至厚之眷顧하니 卽日承訃驚怛하고 無以賻賻仰助하고 旋又有弔匍匐에 無以手足幷行하여 辜負至此하니 敢復何說乎아 前年慘狀에 救死莫及하니 實有不可以禮義責也라 窀穸이 應有擇吉이요 襄禮逾月而行耶아 從俗而行耶아 葬亦莫之護하니 則罪矣罪矣라 此何人斯오 婦兒가 將以渠事奔哭而兼洩吾哀하니 以此贖吾愆否아 可歎可歎耳라 只祝强加饘粥하여 俯從禮制하라 謹不備疏上하노이다

모는 머리를 조아리며 재배하고 말씀드립니다. 뜻하지 아니한 흉한 변괴로 선부군 사돈어른은 마땅히 인한 사람이 오래 사는 녹을 누릴 만한데, 하늘이 어찌 그리 빨리 빼앗아가 갑자기 효자를 버렸단 말입니까. 애통함이 어떠하며, 망극함이 어떠합니까. 살았을 때 봉양한 것이 큰 것이 아닙니다. 죽은 부모를 보내는 것이 큰 것이니, 스스로 그 몸을 보존한 연후에야 죽은 이를 보내는 예절을 행할 수 있으니, 모름지기 십분 자신을 지켜서 상함이 있지 않게 하는 것, 이것이 구구한 저의 천번 만번의 바람입니다. 부모의 상은 진실로 예절을 다해야 합니다. 처음 작고했을 때의 모든 것에 진실로 응당 준비한 것이 있겠지만 생각하건대 반드시 과도할 것입니다.

복 입은 사돈인 저는 지극한 정인 사돈의 정리에 외람되이 끼여 있어서 지나치게 두터운 보살핌을 무릅썼습니다. 즉일 부고를 받고 놀라 부의를 보

내 우러러 돕지 못하고, 도리어 또 조문에 있어서는 손과 발로 함께 가지 못하고, 뜻을 저버리고 이에 이르니 감히 다시 무어라 말하겠습니까. 전년도의 참상은 죽기를 구하였는데도 미치지 못하였으니, 실로 예의로써 꾸짖을 수는 없을 것입니다.

무덤은 응당 길한 곳을 택함이 있었을 것입니다. 장례는 달을 넘겨 행했습니까, 세속을 따라 행했습니까. 장례도 또한 가서 호상을 못했으니, 죄송스럽고 죄송스럽습니다. 이것이 무슨 인간입니까. 며늘아기가 장차 그 일로 달려가 곡을 하면서 겸하여 저의 슬픔까지 쏟을 것이니, 이것으로써 저의 허물을 대속할 수 있겠습니까. 한탄스럽고 한탄스러울 뿐입니다. 다만 빌건대 억지로라도 죽을 마셔 가지고 예의 제도를 머리 숙여 따르십시오. 삼가 갖추지 아니하고 써 올립니다.

* 賵賻(봉부): 부의(賻儀)를 보냄, 또는 그 물건. 旋(선): 도리어. 오히려. 辜負(고부): 저버림. 배반함. 窀穸(둔석): 무덤 구덩이. 매장하는 일. 襄禮(양례): 장사지내는 예절. 장례(葬禮). 饘粥(전죽): 된 죽과 묽은 죽.

280. 祭族弟寧弼(족제 영필 제문) 辛未九月(신미 9월)

維歲次辛未九月己亥朔三十日戊辰에 從兄寧玉은 哭告于從弟靈筵而曰 嗚呼慟矣라 惟吾從兄弟가 罪逆深重하여 我無兄弟어늘 君亦單身으로 我早永感하고 君有慈母하여 相與是依러니 家門不幸하여 忍而遠訣하니 呼之莫應이요 思之罔涯라 形容을 欲見하고 語音을 無聞이라 仁者必壽는 古有聖訓이나 而吾從焉不得其壽하고 善人必福은 古有傳說이나 而吾從焉不享其福하니 彼蒼天者여 欲白無地라 旣生斯人하여 胡至於此오 傳所謂理莫諶者 此也라 自君去後로 以至一期에 系后之論이 誰某誰某로되 而無定하니 靈筵朝夕之奠과 小大祥祝主를 以誰爲之오 痛哉痛哉라 君何瞑目가 我何無憂아 無后而系后는 禮之常理어늘 而胡乃至此오 神其靈矣니 君速引夢于玆母主하여 俾遂幽明之至願하라 是所望也라 嗚呼痛哉라

유세차 신미년 구월 기해삭 삼십 일 무진에 종형 영옥은 종제의 영전에 곡하며 고하노라. 아아, 슬프도다. 오직 우리 종형제가 죄를 범하고 법을 거역함이 깊고 무거워 내가 형제가 없거늘 그대도 또한 홀몸이었네. 나는 일찍 부모를 여의고 그대는 모친이 있어 서로 더불어 의지했는데, 가문이 불행하여 차마 멀리 이별하니 불러도 응답이 없고 생각해도 끝이 없어라. 모습을 보고 싶고 말뜻을 들을 수 없도다.

어진 자는 반드시 수를 누린다는 것은 옛날 성현의 교훈에 있는데, 나의 종제는 그 장수를 누리지 못하고, 선한 자는 반드시 복을 누린다는 것은 옛날 전설에 있는데 나의 종제는 그 복을 누리지 못하였도다. 저 푸른 하늘이여, 아뢰고자 하여도 그럴 곳이 없도다. 이미 이 사람을 낳고서 어찌하여 이런 지경에 이르게 하였는가. 전에 이른바 이치는 헤아릴 수 없다는 것이 이것이네. 그대가 간 후로 일 년이 되어 뒤를 이을 의론이 누구누구를 들먹

이었지만 결정하지 못하였도다. 영전 조석의 제사와 대소상의 축의 주인을 누구로 할 것인가. 애통하고 애통하도다.

그대는 어떻게 눈을 감을 것인가. 내가 어찌 걱정이 없을 것인가. 후손이 없어도 뒤를 잇는 것은 예의 떳떳한 이치네. 그런데 어찌 이에 이르렀는가. 신은 신령한 것이니, 그대가 속히 어머니에게 현몽하여 유명간의 지극한 소원을 이루도록 하게. 이것이 바라는 바네. 아아, 애통하도다.

* 永感(영감): 부모가 다 돌아가시어 오래도록 애통하는 일.

序文

281. 送友歸故山序(벗이 고향으로 돌아감을 전송하는 서)

吾之生이 幸未前乎百年하고 君之生이 亦未後乎百年하여 吾儕之生이 幷一世하여 有一日長乎하니 是一奇會也라 吾之學이 幸後乎周公孔孟程朱하고 君之學이 亦後乎周公孔孟程朱하니 吾儕之學問이 庶幾不差하니 亦一奇會也라 吾之行이 斂蹤於獸蹄鳥跡하고 君之行이 訪友乎靑松麋鹿하니 吾儕之聚首一堂하여 優遊於談經之樂이 又一奇會中尤一奇會也라 有此生同學同樂又同하니 而宜乎歲寒相守하여 寒盡不知年이라가 遽然一朝에 鷰南鴻北하니 臨歸說何說가 韓子曰 別語不許出이라하니 不許出可乎아 不許出은 惜別之語라 且時適雪晴雲散하여 不得無別離하니 而有一言相告可乎아 經曰 天在山中이라하니 以天之至大로 在山之中하니 其德之大를 可知矣라 願言吾君은 多識乎前言往行하여 應其用察其心하여 含蓄其大德乎山中焉하라 腹稿已爲自警書하여 告諸君하니 諸君勉旃이어다 余亦樂天于此山中을 爲期하노라

나의 태어남이 다행히 백년을 앞서지 않았고, 그대의 태어남이 또한 백년을 뒤서지 않아, 우리의 태어남이 한 세상을 함께 하여, 하루쯤 나이를 더 먹음이 있으니, 이는 하나의 기이한 모임이다. 나의 배움이 다행히 주공과

공자와 맹자와 정자와 주자를 계승하였고, 그대의 배움이 또한 주공과 공자와 맹자와 정자와 주자를 계승하였다. 우리들의 학문이 거의 어긋나지 않았으니, 또한 하나의 기이한 모임이다.

나의 행실은 종적을 짐승의 발자국과 새의 발자국에서 거두었고, 그대의 행실은 푸른 소나무와 고라니와 사슴을 찾았다. 우리들이 한 당에서 머리를 모아 경전을 담론하는 즐거움에서 넉넉히 놀았으니, 또 하나의 기이한 모임 가운데 하나의 기이한 모임이다. 이렇게 태어남을 한 가지로 하고, 배움을 한 가지로 하고, 즐거움을 또 한 가지로 하며, 마땅히 날씨가 추울 때 서로 지켜, 추위가 다하여도 나이를 모르다가, 갑자기 하루아침에 제비는 남으로 가고 기러기는 북으로 가니, 돌아감에 임해 무슨 말을 할 것인가. 한유가 말하길, 이별하자는 말을 내는 것을 허락하지 않는다고 하니, 내는 것을 허락하지 않는 것이 옳은 것인가. 내는 것을 허락하지 않는 것은 애석히 여겨 하는 말일 것이다. 또 때가 마침 눈이 개고 구름이 흩어져 이별이 없을 수 없으니, 한 마디로 서로 고해주는 것이 옳은 것인가. 경에 이르길, 하늘이 산중에 있다고 했다. 하늘의 지극히 큰 것으로 산중에 있으니, 그 덕의 큼을 알 수 있다.

원컨대 그대는 전 사람의 말과 지난 행실을 많이 알아 가지고 그 용에 응해 그 마음을 살펴, 그 큰 덕을 그 산중에 함축하라. 뱃속의 원고로 이미 자경서를 만들어 제군에게 고하니, 제군은 힘쓸지어다. 나도 또한 이 산중에서 낙천하기를 기약하노라.

說

282. 愼獨說(신독설)

夫人之十目所視와 十手所指處에 人孰爲不善이리오 小人之閑居也에 謂人所不知요 己所獨知라하여 爲不善을 無所不至하니 何故오 彼所可畏者人也라 然이나 易地則己亦人之人也라 惟知己之人之人在人하고 未知人之人之在己하여 在人之人은 猶可欺어니와 在己之人도 亦可自欺乎아 苟或自反하여 覺得一半分愧怍이면 雖在暗室蒙被中이라도 不能不汗其背掩其面하고 而自誅矣리라 其所可畏者가 奚止於人之十目十手處乎아

사람의 열 눈이 보는 곳과 열 손가락이 가리키는 곳에서는, 사람이 누가 선하지 않는 것을 하리오. 소인이 한가로이 거처할 때에 남은 알지 못하는 곳이요, 자기만 홀로 아는 곳이라 생각하여, 선하지 않은 것을 하기를 이르지 않는 곳이 없으니, 무엇 때문인가.

저가 두려워하는 것이 사람이기 때문이다. 그러나 처지를 바꾸면 자기도 또한 남에게 있어서는 남이다(남의 남이다). 오직 자기의 남의 남이 남에게 있는 것만 알고, 남의 남이 자기에게 있는 것을 알지 못한다. 남에게 있는

남은 오히려 속일 수 있거니와 자기에게 있는 남도 또한 속일 수 있겠는가.

진실로 혹 스스로 반성하여 절반의 부끄러움이라도 깨달아 얻으면, 비록 어두운 방에서 이불을 둘러 쓴 가운데 있을지라도, 그 등에 땀이 나서 그 얼굴을 가리고 자신을 꾸짖지 않을 수 없을 것이다. 그 두려워할 만한 것이 어찌 남의 열 눈과 열 손가락이 가리키는 곳에 그치랴.

上樑文

283. 梧陽齋上樑文(오양재 상량문) 在三嘉梧洞谷(삼가 오동 계곡에 있다)

伏以親盡而享墓有儀하니 追遠之道는 爰稽民德歸厚하고 世舊則棄墓易犯하니 維新之圖는 亶在孫謨克承이라 匠木石而告功하고 積歲月而重建이라 惟我先祖上舍公은 安東世家요 嶠南名士라 卽花原之直胄로 業傳遺於箕裘하고 爲陽村之傍親에 學有傳於衣鉢이라 思樂芹泮에 司馬之擢이 早係芳名이요 志決林樊에 逸鳳之趣가 終歸隱德이라 厚積이 豈無長發가 素履가 可以永貞이라 三嘉之山水가 佳麗하니 邑親石舊가 自是生長老之鄕이요 一室之田地가 綽裕하니 種學績文이 都歸苗秀實之域이라 春殘古谷에 只有十尋梧桐이요 日暮佳城에 供掃四尺堂斧라 庇風雨而齋潔有所하고 采蘋蘩而儀物俱勤이라 楹桷閱歲에 倚頹하니 高非一木之支保요 宗族이 散地奠居하니 實難八域之議諧라 春而秋에 又只增雨霜之悽愴하고 日居月諸에 不可堂室之遷就라 仍舊貫而改圖하니 較前光而增規라 桑梓楸柏은 無恙하니 我泉我岡이요 棖闑欂櫨가 匹美하니 肯堂肯構라 在祖宗積德累百載에 追報之禮가 宜不乏苾苾芬芬이요 以子孫其麗不億人에 修述之擧가 至若是委委拖拖라 顧念庸騃不肖가 隔在涯角相遐에 幷心協謨를 豈有嶺湖之異리오 董工相役에 未奏涓埃之功이라 自旃蒙而越柔兆에 雲仍이 殫誠하여 可以載揚이요 畢工師而燕落成하니 花樹團會가 曷下

相慶가 六偉同力하니 五樑이 齊登이라 伏願上樑之後에 俎豆無缺하고 棟宇永安하며 塋域之省掃守禁이 不騫不崩하여 與南山而共壽하고 派族烝衎이 錫福하여 俾熾俾昌하여 在東表而爲宗이라 抛樑東하니 權輿吾籍安東이라 嘉陜鄕是邱墓니 歲事遹追庠公이라 抛樑西하니 黨染休說東西하라 吾道元來平蕩하니 末流誠恐貝萋라 抛樑南하니 吾宗이 不啻兩南이라 無念聿修古戒아 伏幸勿貳勿參하라 抛樑北하니 昔聞楚産學北이라 如今不善變於하니 厥祖祟降罪惡이라 抛樑上하니 至矣神德在上이라 誠之難撿在斯하니 嘉薦精禋可尙이라 抛樑下하니 曠世瞻慕在下하니 徂玆不匱孝乎인저 善繼善述是也라 丙寅元月上弦에 後孫某는 再拜謹頌이라

엎드려 생각하건대 친이 다하면 묘에 제사 지내는 예절이 있도다. 먼 조상을 추념하는 도는 이에 백성의 덕이 후한 곳으로 돌아감을 상고하고, 세대가 오래되면 터를 버리기가 쉬우니, 오직 새로운 도모는 진실로 자손의 계책이 능히 잇는 데 있도다. 나무와 돌을 깎아 일을 하고 세월이 쌓이니 중건을 하게 되었도다. 우리 선조 상사공은 안동의 대대로 내려오는 집안이요, 영남의 유명한 선비였도다. 바로 화원공의 장손으로 업은 기구에 전해 내려오고, 양촌공의 방촌으로 학문은 의발에 전해짐이 있었도다. 훌륭한 성균관 진사시의 급제로 일찍 꽃다운 이름과 관계가 있더니, 뜻이 초야로 돌아가는 것으로 결정되니, 숨은 봉 같은 정취가 마침내 덕을 숨긴 곳으로 돌아갔도다. 후하게 쌓임이 어찌 길게 발함이 없을 것이랴. 검소한 생활이 오래도록 곧았도다.

삼가의 산수가 아름답고 산이 친하고 돌이 예스러워 본래 낳고 자라고 늙은 고을이도다. 한 집의 농지가 넉넉해, 학문을 심고 문장으로 길쌈한 것이 모두 싹이 트고 피어나고 열매를 맺는 지역이 되었도다. 봄이 저물어간 옛 골짜기에 다만 열 길이나 되는 오동나무가 있고, 날이 저문 가성에는 네

길이나 되는 묘를 받들어 청소하였도다. 비바람을 가리니 재계할 곳이 있어, 나물을 뜯고 제물을 부지런히 준비하였도다. 그러나 기둥과 서까래가 해를 지내니 기울고 무너져, 한 나무가 지탱하고 보장할 바가 아니요, 종족들이 각지로 흩어져 살아 실로 팔도의 의논을 화합하기가 어려웠도다. 봄과 가을에는 비와 서리의 쓸쓸함만 더하였도다. 해가 가고 달이 가니 당실을 미룰 수가 없었도다. 옛 관례에 의지해 계획을 바꾸니, 전의 빛에 비교해 규모를 더하였도다.

뽕나무・자나무・추나무・잣나무는 아무 탈이 없으니, 우리 샘이 되고 우리 산이 되었도다. 문지도리와 문지방과 두공들이 아름다움을 짝하니, 당을 짓고 얽을 수 있었도다. 조상의 쌓인 덕이 수백 년이 되니 추념하고 보답하는 예가 마땅히 필필 분분한 것이 다하지 않아야 하겠고, 자손의 수가 십만 뿐만 아니니, 닦고 계술하는 일이 이와 같이 차분하고 느긋함에 이르렀도다. 돌이켜 생각하건대 용렬하고 못난 사람이 천애지각의 먼 곳에 있으나, 마음을 합하고 계획을 협력하는 것에 어찌 영남과 호남의 다름이 있으리오. 공사를 감독하고 일을 돕는 것에 물방울과 티끌만한 공도 바치지 못하였도다. 을년으로부터 병년을 넘어 자손들이 정성을 다해 이에 들출 만했고, 도목수가 힘을 다하여 낙성식의 잔치를 하게 되었도다. 종족들이 단란하게 모였으니 어찌 경축하지 않으리오. 육위로 힘을 한가지로 하니, 다섯 기둥이 함께 올라가도다.

엎드려 원하옵건대 상량한 후에 제기들이 빠짐이 없고, 대들보와 집이 오래 편안하며, 묘역을 성묘하고 쓸고 지키고 금하게 함이 쇠하지 않고 무너지지 않아 남산과 더불어 수를 함께 하고, 각파 종족의 즐거움이 복을 주어, 불타고 창성하게 하여 동방에서 우두머리가 되게 하라. 들보를 동쪽으로 미니, 우리 본적을 안동에서 시작하였도다. 삼가와 합천 고을이 옛 묘가 있는 곳이니, 해마다 이에 상공을 추모하도다. 들보를 서쪽으로 미니 당에 물들어 동인 서인을 말하지 말라. 우리의 도는 원래 평탕하니, 말세에 진실로 참언을 두려워하도다. 들보를 남쪽으로 미니, 우리 종족이 영남 호남에만 있는 것이 아니도다. 옛 훈계를 닦을 것을 생각지 않는가. 엎드려 바라건대 마음을 두 가지로 먹지 말고 세 가지로 먹지 말라. 들보를 북쪽으로 미니, 옛날 진양(陳良)이 초나라에서 나서 북쪽을 배웠다는 것을 들었노라. 이제는 좋지 못한 방향으로 변해가니, 조상이 크게 죄악을 내리리라. 들보를 위로 미니, 지극하도다 신의 덕이 위에 있도다. 지성을 가리기 어려운 것이 여기에 있으니, 아름답게 차려 놓고 정성스럽게 제사지내는 것이 숭상할 만하도다. 들보를 아래로 미니, 오랜 세상 우러르고 사모한 것이 아래에 있으니, 이로부터 뒤를 끊지 않는 것이 효도일진저. 잘 계승하고 잘 기술하는 것이 옳을 일이도다.

병인년 정월 보름에 후손 모는 재배하고 삼가 송축하노라.

* 箕裘(기구): 궁사(弓師)의 아들은 먼저 연한 버드나무 가지로써 키를 만드는 것을 배우고, 대장장이의 아들은 먼저 부드러운 짐승의 가죽으로써 갖옷 만드는 것을 배워, 차츰 어려운 본업에 숙달한다는 뜻으로 '부조(父祖)의 가업(家業)을 이어받음'을 비유하여 이르는 말. 思(사): 발어사. 芹泮(근반): 성균관. 근궁(芹宮). 素履(소리): 검소한 생활을 함. 본분을 좇아 만족함. 績文(적문): 문장 짓는 일을 방적하는 일에 견주어 이르는 말. 佳城(가성): 묘. 堂斧(당부): 묘. 蘋蘩(빈번): 개구리밥과 다북쑥. '변변하지 못한 제물(祭物)'을 이르는 말. 奠居(전거): 있을 곳을 정함. 椳闑(외얼): 문지도리와 문지방. 欂櫨(박로): 들보 위에 지붕을 받치는 짧은 기둥. 두공. 百載(백재): 백년(百年). 億(억): 십만. 庸騃(용애): 남보다 못나고 어리석음. 庸愚(용우). 旃蒙(전몽): 십간(十干)의 '을(乙)'의 딴 이름. 태세(太歲)가

‘乙’에 있음을 이른다. 柔兆(유조): 태세(太歲) 천간에 ‘丙’이 든 해. 천간의 병(丙)의 별칭. 可以載揚(가이재양): 이에 들출 만하다. ‘載’는 특별한 의미는 없고, ‘이에’ 정도의 의미. 烝衎(증간): 즐겁게 함. 權輿(권여): 시초. 歲事(세사): 한 해 동안에 해야 할 일. 한 해의 농사. 해마다 제사하는 일. 遹(휼.): 이에. 貝萋(패처): 참언. 여러 가지 색실을 모아 무늬 있는 비단을 짜듯, 남의 사소한 잘못을 모아서 큰 죄처럼 꾸미는 참언(讒言)의 비유. 처비패금(萋斐貝錦).

雜著

284. 有感自警(느낌이 있어 스스로 경계하다)

竊念先有賢祖父나 而其蹟이 竟至煙沒無傳者는 豈不以繼述之難其人耶아 余之十二代祖 通善府君이 龍蛇之變에 肥遯于南土하여 自是以來로 族單門寒하여 不遑寧處하여 如干傳來靑氈與事蹟이 皆入於風雨蠹鼠之中하여 嗚呼라 門戶之寂이 至此極矣라 而顧此不肖가 繼述無策이러니 幸蒙庭訓하고 遊學多載에 一無所成하고 不幸早孤하여 今則休矣라 息食도不暇온 而況學業呼아 氣濁質駁하여 未免扞格하여 一如薰蕕氷炭之相反而不可相入하니 可勝歎哉아 適因丹商半餉相游하여 示一冊曰海東詩選이라 略涉一覽하니 所載者가 多是名德이요 而就中三首詩는 卽吾先祖文坦公之咳唾也라 盖前日에 不知有此라가 而今忽得之於不意之地하여 不覺惕然有動於中하니 一字一句를 豈敢歇后하여 而不作世守之寶也리오 外此必多可傳이나 而未得其全하니 是可恨也라 雖然이나 零金片玉이 愈寡愈珍하니 豈必多乎哉아 先跡湮而復見하니 幸不可言이나 而門戶之替하여 而不振하니 是吾全門恐懼修省之日이니 可不愼哉아 可不畏哉아 摩挲奉玩하고 竊有感於中者多라 故로 書之左右하여 戒之以家兒輩하고 亦以備自警之資云爾라

가만히 생각하건대 선세에 어진 조상이 있었는데 그 자취가 마침내 연몰되어 전해지지 않는 것은 어찌 계술할 사람이 잇기가 어려워서가 아니겠는가. 나의 12대조 통선랑 부군이 임진왜란에 남쪽 지방으로 피신하였도다. 이로부터 이후로 종족이 고단하고 가문이 빈한하여 편안히 거처할 겨를이 없었도다. 그래서 약간의 전래해 온 가보와 사적이 모두 비바람과 좀과 쥐의 수중에 들어가 버렸도다. 아아, 가문의 적막함이 이에 이르러 극에 달했도다. 다만 이 못난 사람이 이어 서술할 방도가 없었도다. 다행이 가정의 교육을 받고 여러 해 고향을 떠나 학문을 닦았도다. 그러나 하나도 이룩한 것이 없고, 불행하게도 일찍 아버지를 여의고 이제는 쉬고 있도다.

생활하기도 겨를이 없는데, 하물며 학업이겠는가. 기질이 탁하고 거칠어 거절함을 면치 못하여 한결같이 향기 나는 풀과 구린내 나는 풀, 얼음과 숯이 서로 반대되어 서로 받아들 수 없는 것과 같으니, 탄식함을 이길 수 있겠는가. 마침 단성에서 온 상인과 서로 놀 때를 통해, 책 한 권을 보여주는데 해동시선이었도다. 대략 건너 한번 보니, 실려 있는 사람은 대부분 명성과 덕행이 있는 사람들이었도다. 그런데 그 중 3수는, 곧 우리 선조 문탄공의 시였도다. 전일에는 이런 것이 있는 것을 알지 못했도다. 그런데 지금 갑자기 생각지 못한 곳에서 얻게 되어, 깜짝 놀라 마음에 동함이 있는 것을 깨닫지 못했도다. 일자 일구를 어찌 감히 헐후하게 여겨 대대로 지켜갈 보배로 삼지 않겠는가. 이 밖에도 반드시 전할 만한 것이 많을 것인데, 그 온전한 것을 얻지 못하니, 이것이 한스럽도다.

비록 그러하나 한 조각의 금과 한 조각의 옥이 더욱 적을수록 더욱 진귀하니, 어찌 반드시 많아야만 하겠는가. 선세의 자취가 없어졌다가 다시 나타났으니, 다행함을 말할 수가 없도다. 그러나 가문이 쇠미해져 떨치지 못하였으니, 우리 전 가문이 두려워하고 반성해야 할 때이도다. 삼가지 않을 수 있겠는가, 두려워하지 않을 수 있겠는가. 어루만지고 완상하며, 살며시 마음에 느낀 것이 많았도다. 그러므로 좌우에 써서 집안 아이들을 경계하고, 또한 자신을 깨우칠 자료를 갖추노라.

* 肥遯(비둔): 세상을 피하여 숨음. 靑氈(청전): 푸른 털방석. 집안의 가보. 대대로 전해 오는 물건. 息食(식식): 생활. 생활하다. 扞格(한격): 서로 막아서 받아들이지 않음. 완강히 거절하여 가까이 하지 못하게 함. 薰蕕(훈유): 향기 나는 풀과 구린내 나는 풀. 군자와 소인, 또는 선인과 악인에 대한 비유. 半餉(반향): 잠깐. 咳唾(해타): 기침과 침. 어른의 말씀. 시문(詩文). 惕然(척연): 두려워하는 모양. 摩挲(마사): 손으로 어루만짐.

285. 書示兒曹(아이들에게 써서 보이다)

山靜月明夜에 端拱危坐於水上蕭灑之室하여 滌去浮念하고 收束內心하고 將一卷書하여 讀此卷時에 但知天下有此一書하여 嚴立課程하여 字究其義하고 句尋其旨하여 苦讀百遍하고 朗誦數回하여 融貫浹洽하고 從容涵泳하여 使聖賢千言萬語를 如目斯見하고 如耳斯聽然後에 必有區區之味가 湧湧發出於胸中者也라 又然後에 必有萬事萬理가 昭明分析於眼前者也라 擧筆又必有見著可記者하여 綿綿接續을 若長江大海之無量矣라 神於鬼神者는 聖賢之訓也요 明於明鏡者는 聖賢之訓也라 嗟嗟小子아 勿以目視而耳聽하고 亦勿過皮而刻骨哉인저 又曰 福은 無形者也요 行身은 有形者也라 無形之福은 難可固求也요 有形之行身은 求必得之라 福不在他라 秪在乎行身之中이라 行身은 不在乎他라 在乎誠敬之中이라 誠敬은 不在乎他라 在乎明吾心하고 直吾口하고 恭吾手하고 重吾足하고 順乎親하고 信乎友하고 忠乎君이니 數箇之間而已라 自有形上刻苦工夫하여 日省月新하여 進進做去하고 不有毫末之失하여 至於不可選之境이면 則不知不覺之中에 自然入乎無形之域矣라 二三小子아 恐惧誡愼哉인저

산이 고요하고 달이 밝은 밤에 물가 시원한 방에서 단정히 공수하고 꿇어앉아 부질없는 생각을 씻어 버리고 속마음을 거두어 묶고 한 권 책을 가지고 이 책을 읽을 때에 다만 천하에 이 한 권의 책만 있는 줄 알고 엄히 과정을 세워 글자마다 그 뜻을 연구하고 글귀마다 그 취지를 찾아 애써 백 번을 읽고 여러 차례 낭랑하게 읽어 완전하게 흡수하고 조용히 음미하며 성현의 수많은 말들로 하여금 눈으로 본 것같이 하고 귀로 들은 것같이 한 연후에야 반드시 여러 가지 맛이 솟고 솟아 가슴에서 나오는 것이 있을 것이다.

또 그런 후에야 반드시 만 가지 일과 만 가지 이치가 훤히 눈앞에 분석된 것이 있을 것이다. 붓을 들어서 또 반드시 현재의 저술에 기록할 만한 것이 있어 잇고 이어 접속하기를 장강 대해의 한량없는 것과 같아야 할 것이다. 귀신보다 신비로운 것은 성현의 가르침이며, 밝은 거울보다 밝은 것은 성현의 가르침이다. 아아, 애들아 눈으로만 보지 말고 귀로 들을 것이며, 또한 껍데기로만 지나지 말고 뼈에 새겨야 할 것이다.

또 말하길, 복은 형체가 없는 것이며, 처신은 형체가 있는 것이다. 형체가 없는 복은 참으로 구하기 어려운 것이며, 형체가 있는 처신은 구하면 반드시 얻는다. 복은 다른 데 있는 것이 아니라, 다만 처신 가운데 있다. 처신은 다른 데 있는 것이 아니라 성경 가운데 있다. 성경은 다른 데 있는 것이 아니라, 내 마음을 밝게 하고, 내 입을 바르게 하고, 내 손을 공손히 하고, 내 발을 무겁게 하고, 어버이에게 순종하고, 친구에게 미덥게 하고, 군주에게 충성하는 데 있으니, 몇 가지의 사이일 따름이다.

스스로 내 몸에 각고의 공부가 있어 날로 살피고 달로 새로워져 나아가고 행하여 가며 아주 작은 실수라도 있지 않아 가릴 수 없는 경지에 이른다면 알지 못하고 깨닫지 못하는 중에 자연히 형체 없는 영역에까지 들어갈 수 있을 것이다. 아이들아, 두려워하고 삼가야 할 것이다.

* 融貫(융관): 관통함. 浹洽(협흡): 두루 미쳐 젖음. 물이 물건을 적시듯이 어떤 영향이 두루 전하여짐. 涵泳(함영): 잠기어 헤엄친다는 뜻으로, '은혜를 입음'을 이르는 말. 行身(행신): 몸가짐. 처신.

286. 松皐齋規約條目(송고재 규약 조목) 丁未春書(정미년 봄에 쓰다)

孟子曰 鳥鳴而起하여 孳孳爲善者는 舜之徒也요 孳孳爲利者는 蹠之徒也니 欲知舜與蹠之分인댄 無他라 善與利之間也라하시니 吾儕皆冠帶之流로 可不念可不懼哉아 夫聖人之道는 淡而寡味하니 初學者는 不好也나 及其幾年에 所觀彌博하고 所習이 彌多然後에 心開意朗하여 於不知不覺中에 忽然入於眞境也라 故로 學之染人이 甚於丹靑하니 丹靑은 見其久而渝어니와 未見久學而渝也라 夫工人之染物也에 先修其質而後에 事其色하니 質修色積하면 於是乎染工畢矣라 學亦有質하니 孝悌忠信이 是也라 君子는 內正其心하고 外修其行하여 行有餘力이어든 則以學文이니 文質이 彬彬然後에 乃可以成德이라 故로 學者는 先須立志立規也니라

一은 每晨必起하여 暗誦溫故하고 屬文知新하고 盥巾整理事라

一은 朝飯後에 握管濡毫伸紙行墨하고 小歇에 更正衣冠하여 侍坐明師於黃卷中하고 以待午時事라

一은 點心後에 亦如午前例하되 但日昃에 講前面書一遍而退니라

一은 夕飯後에 論文一章하고 或咏風讀書하고 至四五更에 纔就寢이니라

以上四條는 凡同硯者가 共相警提하여 不敢驕志擅行이니 若有見不善而不禁者는 與犯條者로 同罰事라

맹자께서 말씀하시길, 새가 울면 일어나 부지런히 선을 행하는 자는 순임금의 무리요, 부지런히 이익을 추구하는 자는 도척의 무리이다. 순임금과 도척의 분간을 알고자 한다면 다른 것이 아니라 선과 이익의 사이라고 하셨다. 우리 무리는 모두 관을 쓰고 띠를 두른 무리로 생각하지 않고 두려워하지 않으랴.

무릇 성인의 도는 담담하여 맛이 적으니, 처음 배우는 자는 좋아하지 않

는다. 그러나 몇 년이 되어 본 바가 넓어지고 익힌 바가 많아진 연후에는 마음이 열리고 뜻이 밝아져서 알지 못하고 깨닫지 못하는 중에 홀연히 진경에 들어갈 수 있다.

그러므로 학문이 사람을 물들이는 것이 단청보다 심하다. 단청은 오래되면 퇴색하는 것을 보았지만, 오래된 학문이 퇴색하는 것을 보지 못했다. 무릇 공인이 물건을 물들일 때에 먼저 그 바탕을 닦은 후에 그 색을 일삼으니 바탕이 닦이고 색이 쌓이면, 이에 물들이는 일이 끝난 것이다. 학문도 또한 바탕이 있으니, 효와 제와 충과 신이 이것이다.

군자는 안으로 그 마음을 바르게 하고 밖으로 그 행실을 닦아 행하고 남은 여가가 있으면 학문을 해야 한다. 문채와 바탕이 알맞게 갖추어진 연후에야 마침내 덕을 이룰 수 있다. 그러므로 배우는 자는 먼저 모름지기 뜻을 세우고 규칙을 세워야 한다.

一. 매양 새벽에 반드시 일어나 암송하고 옛것을 익히며, 글을 짓고 새로운 것을 알며, 세숫대야와 수건을 정리한다.

一. 아침 식사 후에는 붓대를 잡고 붓을 적셔 종이를 펴고 글씨를 쓰고, 조금 쉬고 다시 의관을 바르게 하여 책 가운데서 밝은 스승을 모시고, 오후의 일을 기다린다.

一. 점심 후에 오전의 예와 같이 하되, 다만 해가 기울면 전면의 책을 한 차례 강하고 물러난다.

一. 저녁 식사 후에는 글 한 대목을 논하고, 간혹 시를 읊고 글을 읽으며, 사오 경이 되면 비로소 잠자리에 든다.

이상 네 가지 조목은 동학자가 함께 서로 경계하고 이끌어 감히 뜻을 교만히 하며 행동을 마음대로 해서는 안 되니, 만약 선하지 못한 것을 보고도 금하게 하지 않은 자는 조목을 범한 자와 더불어 벌을 한 가지로 한다.

* 同硯(동연): 같은 스승 밑에서 함께 공부함. 또는 그 사람. 동접(同接).

287. 大門稧叙(대문중계 서문) 代作(대신해 짓다)

蘭亭之修契也에 記之以後之視今이 猶今之視昔이라하니 今吾門契之設도 亦視昔之意也라 而稱之以大門稧者는 何哉오 其志가 都在於敦睦上倫彛所致也라 退溪先生의 溫溪洞中族稧叙에 已矣盡矣라 惡可不據古酌今之宜하여 而爲之勸懲哉아 窃伏念컨대 惟我先祖通善府君이 避龍蛇之變하여 筮遯于南土之初也에 卜居是洞하니 此可謂自爲身謀요 非裕後之計也라 而先祖之餘蔭이 未滅하여 子子孫孫이 繼繼承承하여 共處一洞中하여 連門而居하고 接畔而耕하고 吉凶慶喪에 罔不與同하여 惡可以稧不契로 間於其間哉아 至於今也하여는 世衰道微하고 況且情猶盡焉이라 蘇老泉曰 親盡則情盡하고 情盡則喜不慶憂不弔하고 喜不慶憂不弔면 則塗人也라하니 噫라 彼親盡而如塗人은 遠居者는 猶或然矣어니와 若同居一洞하면 則雖親盡이나 固無塗人之義也라 然이나 每感伊川先生之言하니 凡人家法이 每月一會하여 以合族이라하니 今我諸族이 用是爲惧하여 其歡欣之情이 不可徒然이라 故로 幷相出義若干租하여 創設하되 有善則彰하고 有過則戒니 非但爲吾門之幸이라 豈不可有補於風化之萬一耶아 凡我諸族은 盖相勉旃하여 克免未不有初鮮克有終之訓가

立規條目

一 是稧之名을 以大門者는 其義가 亶在於爲先하니 無論先事之巨細하고 以待稧事之稍饒하여 臨時擔行事라

一 是稧之設은 不可先利而後義也라 吾族之敦睦이 非曰不篤이나 而自此稧成後로 倍加審愼하여 勿論遠近之族하고 視同一室하여 無或踈慮事라

一 以稧之義意로 輪告于諸族하여 但隨其誠之存否하고 惟其樂從者를 許入하고 不願者를 不可强勉而責苛니 若使其一室之親이 漏於稧案者면 其至情之誼는 則不可不篤이요 而至於契事一款하여는 不得干預事라

一 都約長副約長이 各一員으로 以齒德望重者로 薦任이요 其他幹事는 畧于員을 以能任者로 薦任하고 每講信日에 不可托故하고 期於參席事라

一 稧穀出納은 該有司가 專擔이라가 而講信之日에 不可以捧末捧으로 饒貸하고 斷當替徵事라

一 稧穀은 只許外人殖利하고 而不許諸族間犯用事라

一 講信은 每年一度式하되 以十月旣望으로 會講于宗垈하고 任員會는 每月度一式하되 以無礙日로 遵行事라

一 凡我同約之員은 各盡誠力하여 視若己事하여 以壽其傳事라

一 講信之日에 修契之餘에 撿察諸族平素之行하되 有善則推奬하고 有遇則戒勗하여 如有不順父母者와 兄弟相鬪者와 凌辱尊者와 蔑圯貧族者와 趨時蔑義者와 患難力及坐視不救者와 先山傜役無故圖免者와 遠族之來에 視若塗人者와 吉凶慶弔에 無故遇時者와 門會晩到와 紊坐失儀者와 乘酒喧爭者를 一一隨皆論罰하되 若爭辨不服하여 一向不悛者를 割籍黜座事라

난정의 계를 닦을 때에 기록하기를, 후세에 지금 세상을 보는 것은 지금 세상에서 옛날을 보는 것과 같다 하였으니, 지금 우리 문중의 계를 만드는 것도 또한 옛날을 보는 뜻이다. 대문계라고 칭하는 것은 무엇 때문인가. 그 뜻이 모두 돈목하고자 하는 윤리의 소치에 있다. 퇴계 선생의 온계동 족계서에 이미 다 말했다.

어찌 옛날에 의거하고 현재의 적의함을 짐작하여 권하고 징계하지 않으랴. 살며시 엎드려 생각하건대 우리 선조 통선 부군이 임진왜란을 피하여 남녘으로 피신해 오기로 정한 초기에 이 마을에 자리를 잡아 살았으니, 이것은 스스로 몸을 위한 계책이라 할 수 있고, 후손에게 복 주자는 계책은 아니었다. 그러나 선조의 남은 음덕이 아직 없어지지 아니하여 자자손손이

계계승승하여 함께 한 마을 가운데 살면서 문을 연해 살고 논두렁을 접해 경작하고 길흉경상에 함께 하지 않음이 없었으니, 어찌 계를 맺고 계를 맺지 않는 것으로 그 사이에 틈이 있겠는가. 오늘에 이르러서는 세상이 쇠약해지고 도가 미약해졌으며, 하물며 또 정도 여전히 다하고 있다.

소순이 말하길, 친이 다하면 정이 다하고, 정이 다하면 기쁨에 축하하지 않고 근심에 위로하지 않는다 하고, 기쁨에 축하하지 않고 근심에 위로하지 않으면 남이라 하였다. 아, 저가 친이 다하여 남과 같이 되는 것은 멀리 사는 사람은 오히려 혹 그럴 수 있거니와, 만약 한 마을에 함께 산다면 비록 친이 다했다 하더라도 참으로 남이 되는 의리는 없다.

그러나 매번 이천 선생의 말에 감동을 느끼나니, 모든 사람의 가법은 매월 한번 모여 족을 합해야 한다고 했다. 이제 우리 모든 종족은 이것으로써 두려움을 삼아 기뻐하고 반가워하는 정이 그저 그럴 수는 없다. 그러므로 아울러 서로 의리로 약간의 몫을 내어 창설하되 착함이 있으면 드러내고 허물이 있으면 경계를 할 것이니, 단지 우리 문중의 행복이 될 뿐만이 아니라, 어찌 풍화에 만에 하나라도 도움이 있지 않겠는가. 우리 모든 종족은 어찌 서로 힘써서 처음은 있지 않은 것은 아니나 마침은 있기 드물다는 교훈을 면해야 되지 않겠는가.

입규조목

一. 이 계의 이름을 '대문'으로 하는 것은 그 뜻이 진실로 위선을 하는데 있으니, 선사의 크고 작음을 논하지 말고, 계의 일이 조금 넉넉해지기를 기다려 때에 임해 일을 담당한다.

一. 이 계의 설립은 이익을 앞세워 의리를 뒤로하지 않는다. 우리 족친의 돈목함이 독실치 않다고는 말하지 않지만, 이 계가 이루어진 후로는 배나 더 살피고 조심하여 원근의 족친을 논하지 말고, 보기를 한 집과 같이 하여 혹시라도 소홀히 하는 일이 없도록 한다.

一. 계의 의미를 여러 족친에게 두루 알려 다만 그 성의의 있고 없는 것만을 따르고, 오직 즐거이 따르는 자에게는 들어오기를 허락하고, 원하지 않는 자에게는 억지로 가혹함을 책하지 않을 것이다. 만약 한 집안같이 친한 이가 계의 계획에 빠졌다면 지극한 정의 마땅함으로 본다면 돈독하게 하지 않을 수 없다. 그러나 계사의 한 가지 일에 대해서는 간여하지 못하게 하여야 한다.

一. 도약장과 부약장은 각 한 명으로 나이와 덕과 명망이 중한 자로 천거해서 맡길 것이며, 기타 간사는 약간 명을 임무에 능한 자로 천거해 맡기고 매번 강신일에 연고가 있다고 핑계대지 말고 꼭 참석해야 한다.

一. 계곡의 출납은 해당 유사가 전담하고 강신일에 내고 못 낸 것으로써 봐주지 말고 결단코 대납해야 한다.

一. 계의 곡식은 다만 외인에게 식리하는 것을 허락하고, 여러 족친간에는 함부로 쓰는 것을 허락하지 않는다.

一. 강신은 매년 한번 하되 시월 십육 일에 종가에서 하고, 임원회는 매월 한번 거리낌이 없는 날로 준행한다.

一. 무릇 우리 약속을 함께 하는 구성원은 각기 성력을 다해 보기를 자기 일과 같이 하여 전해가기를 오래가도록 해야 한다.

一. 강신일에 계를 닦고 나서 여러 족친의 평소의 행실을 살피고 살피되, 선한 것이 있으면 칭찬을 해주고 잘못이 있으면 경계해야 한다. 만일 부모에게 순종하지 않는 자와 형제끼리 서로 싸우는 자와 어른을 욕보이는 자와 가난한 일가를 멸시한 자와 시속을 따라 의리를 멸시한 자와 어려운 때에 힘이 미치는 데도 앉아서 보고 구해주지 않는 자와 선산의 일에 까닭

없이 면하기를 도모하는 자와 먼 일가가 왔는데 보기를 남과 같이 하는 자와 길흉경조에 까닭 없이 때를 넘긴 자와 문중회에 늦게 오는 자와 문란하게 앉고 예의를 잃은 자와 술기운을 이용해 시끄럽게 다투는 자가 있다면 낱낱이 따라서 벌을 논하되, 만약 다투어 변명하고 복종하지 않고 한결같이 고치지 않는 자는 서류에서 빼고 자리에서 내쫓는다.

* 倫彝(윤이): 사람이 지켜야 할 윤리. 旃(전): '之'와 '焉'의 합음이며 구 끝에 사용된다.

附錄

1. 挽松臯(송고를 만하다)

友人(우인) 晉陽(진양) 鄭休直(정휴직)

儕輩之間立志高는　같은 동류 사이에 뜻 세우기를 높이 한 이는
看來晩節是松臯라　만절을 보니 송고로다.
在渠今日雖復活이나　그로서는 오늘날 비록 쾌활하겠으나
顧我晨星倍鬱陶라　우리가 새벽 별을 돌아보매 배나 울적하도다.

* 顧我晨星倍鬱陶(고아신성배울도): 우리가 새벽 별 같은 것을 돌아보매 배나 울적하네. 우리 유학자들이 새벽 별처럼 조금씩 사라져감을 안타까워하는 말임.

老去交情深少年하니　늙어가며 사귀는 정이 소년 때보다 깊어
恒時談論摠先天이라　평소의 담론이 모두 전생과 같네.
賢孫裕後將不墜하니　어진 자손이 뒤를 열어 떨추지 않겠으니
歸路翩翩莫悵然하라　가는 길 펄펄 가고 슬퍼하지 말지어다.

* 賢孫裕後(현손유후): 현손이 뒤를 넉넉히 하다.

2. 松皐處士權公諱寧玉之墓碣銘(송고처사 권공 휘 영옥의 묘갈명)

晋州(진주) 后人(후인) 鄭益煥(정익환)

夫士之讀書에 操行이 非止一端이라 有仕與不仕하나니 仕者는 遇其時하여 得其意하고 行其志氣者也요 不仕者는 不遇其時하여 而退休林藪하며 樂其志하고 而行孝悌者也라 茂松은 古稱士夫之淵藪나 而松皐權公이 庶乎不遇者哉인저 公의 莊嚴한 質과 純篤한 行은 自髫齡으로 超凡하여 卓行을 人이 不以幼로 幼之러니 就塾에 文藝가 夙達하여 經典을 無不旁通하다가 詣于勉菴崔先生門하사 日益勤篤하되 留意於書經하고 存心於性理하여 微辭奧旨라도 曉然貫通하사 深造黙契하여 一以古人으로 爲期待하고 學先爲己焉하다 遭兩艱하여 居喪之節과 哭泣之哀를 鄕隣이 莫不感歎하고 而比之於古孝子러라 每遇時節之物이면 輒不忍先口하고 必薦于祠하며 其奉祀之節을 極誠極敬하다 嘗敎子姪하되 曰 自卑尊人하여 好德而好生하라하고 必先小學하고 而次論孟타가 讀至顔淵死에 夫子가 哭之慟하여난 每以垂淚라 故로 門徒가 並廢右篇하니 盖傷親早世故也라 嗚呼라 戊午國恤에 登家後하여 掃地設壇하고 擧哀하되 如喪考妣하여 徹泉之淚와 徹天之聲이 晨夕不輟타가 翌年春에 陪智隱崔公하고 赴哭因山하여 號哭累絶而還하여 杜門謝世하고 與智隱으로 誓以復楚之計라가 竟不成志하니 嗚呼라 公은 古家之裔로 篤守先業하고 未得展其蘊而逝하셨으니 雖若可恨이나 餘蔭이 如此하니 可知有天餉矣라 公의 諱는 寧玉이요 字는 茂輿이며 號는 松皐라 安東氏가 以三重大匡亞父太師諱幸으로 爲始祖하고 累傳에 諱守洪은 左僕射이고 生諱子輿하니 兵部尙書이며 生諱頙하니 僉議評理이고

生諱漢功하니 僉議右政丞으로 封呂泉府院君이요 謚는 文坦이며 生諱中達하니 密直으로 封花原君하여 謚忠憲이니 是派祖也요 三傳에 諱繼福은 司馬이고 生諱鐵하니 亦司馬하시고 二傳에 諱準 號楸齋이니 通善郎으로 壬亂에 自京으로 始居茂長하니 是公의 十二世祖也라 高祖의 諱는 一賢이요 曾祖의 諱는 大杯이고 祖의 諱는 明奎이며 考의 諱는 希曾이니 具隱德하사 孝友로 爲政하였다 妣는 黃州邊氏 始基의 女다 高宗乙亥生으로 庚寅十一月二十八日에 卒하사 墓는 星松鶴天前嶝卯坐이다 配는 晋州鄭氏 孝源의 女로 克有壺範하니 庚午生으로 忌는 四月二十六日이고 墓는 祔左하였고 配에 金海金氏는 忌二月十日이며 墓는 鶴天前麓巽坐이다 有五男一女하니 長男五星은 鄭氏出이고 次男五錫五哲五龍五鳳과 光山金龍鎭妻는 金氏出이다 孫男에 赫仁은 星出이며 赫世는 錫出이며 赫守赫述은 哲出이며 龍은 無育하고 赫珪赫三은 鳳出也라 噫라 公은 孝友之資로 慷慨한 氣像이 望之면 嚴하기 秋霜같고 卽之면 和하기 春風같았다 嘗從事于吾先祖考龍塢公하여 每汲汲於身後之事할새 綣綣密通于先考하니 不佞이 亦累蒙承誨하여 耳根이 尙新키로 擧事行之概하여 以塞嗣孫赫仁之託하며 繼之銘曰 儒業之家에 克鮮世美라 恪守遺德은 莫若權氏라 我觀松翁하니 古之隱倫이라 操卓心眞하여 貌古德淳이라 學以廣才하고 禮以律身하사 孝友日崇하니 著述不頻하다 于以養心하고 于以進學이라 己重輕物하니 虛中理卓이라 其人雖遠이나 其德猶新이라 我書斯碣하여 以示後人하노라

光復四十六年庚午三春之淸明節 晋州后人 鄭益煥 謹撰而書

선비가 글을 읽으매 품성과 행실이 다만 한 가지만은 아닌지라 벼슬을 하는 사람과 하지 않는 사람이 있다. 벼슬하는 사람은 그 때를 만나 그 뜻을 얻고 뜻을 행한다. 그러나 벼슬하지 않는 자는 그 때를 만나지 못하여 산천에 물러나 쉬면서 그 뜻을 즐기고 효제를 행한다. 무장과 성송은 예로부터 선비의 고장이라고 하는데 송고 권공이 때를 만나지 못한 사람

에 가깝다.

공의 장엄한 바탕과 순수하고 독실한 행실은 어려서부터 범인을 초월하여 뛰어난 행실을 사람들이 어린이를 어린이로 대우하지 않았다. 학숙에 나아가자 문장과 재주가 일찍 통달하여 경전을 두루 통하지 않은 것이 없었다. 면암 최선생 문하에 나아가 날로 더욱 힘쓰고 독실히 하되 서경에 뜻을 두고 성리에 마음을 두어 은미한 말과 심오한 뜻이라도 분명하게 알았다. 깊이 연구하여 은연중 깨달아 한결같이 옛 사람으로 목표를 삼고 배울 때는 먼저 자신의 인격을 닦는 공부를 하였다.

부모님의 상을 당해 상중의 예절과 비통해 하는 슬픔을 고을과 이웃 사람들 중 감탄하지 않은 이가 없었고 옛 효자에 비유하였다. 매번 시절의 물건을 만나면 차마 먼저 입에 대지 못하고 반드시 사당에 올렸으며 제사를 받드는 절차에 성심을 다하고 공경을 다하였다. 일찍이 아들과 조카들을 가르쳐 말하였다. 자신을 낮추고 다른 사람을 높여 덕을 좋아하고 살아 있는 것을 좋아하라 하고, 반드시 소학을 먼저 하고 논어와 맹자를 다음으로 하다가 안연이 죽자 부자께서 심하게 곡했다는 데에 이르러서는 매번 눈물을 흘렸다. 그러므로 문도들이 모두 앞의 편을 읽지 않았는데 대저 어버이가 일찍 세상을 떠난 것을 슬퍼했기 때문이다.

오호라, 무오년 국상에는 집 뒷산으로 올라가 땅을 쓸고 단을 마련해 슬퍼하되 부모님 상을 당한 것같이 하였다. 샘에 사무치는 눈물과 하늘에 사무치는 소리가 아침저녁으로 그치지 않았다. 다음해 봄에 지은 최공을 모시고 인산에 달려가 곡을 하였다. 곡을 하다 잇달아 혼절하다가 돌아와서는 문을 닫고 세상과는 사절하고 지은공과 더불어 조국을 되찾으려는 계획을 맹세했다가 끝내 뜻을 이루지 못하였다.

슬프도다, 공은 예로부터 내려오는 가문의 후예로 선세의 가업을 독실히 지키다가 간직한 뜻을 펴지 못하고 돌아가셨다. 비록 한스러울 만하나 여음이 이와 같으니 천복이 있음을 알 수 있다. 공의 휘는 영옥이요, 자는 무홍이며 호는 송고이다. 안동 권씨가 삼중대광아보태사 휘 행으로 시조를 삼았다. 여러 대 전해 휘 수홍은 좌복야이다. 휘 자여를 낳으니 병부상서이다. 휘 책을 낳으니 첨의평리이다. 휘 한공을 낳으니 첨의우정승으로 여천부원군이요, 시호는 문탄이다. 휘 중달을 낳으니 밀직으로 화원군에 봉해졌으며 시호는 충헌이니, 이 분이 파조이다. 세 번 전해 휘 계복은 사마이다. 휘 철을 낳으니 또한 사마를 지냈다. 두 번 전해 휘 준은 호가 추재인데 통선랑으로 임란에 서울로부터 처음으로 무장에 거처하니 이는 공의 12세조이다. 고조의 휘는 일현이요, 증조의 휘는 대평이고, 조의 휘는 명규이다. 부친의 휘는 희증이니, 음덕을 갖추어 효우로 가정을 다스렸다. 모친은 황주 변씨 시기의 따님이다. 고종 을해생으로 경인년 11월 28일에 졸하시니 묘는 성송면 학천 앞 고개 묘좌이다. 부인은 진주 정씨 효원의 따님으로 부덕이 있었고, 경오생으로 제사일은 4월 26일이며 묘는 합장하였다. 부인 김해 김씨는 제사일이 2월 10일이며 묘는 학천 앞산 손좌이다. 5남 1녀를 두었는데 장남 오성은 정씨 소생이고, 차남 오석, 오철, 오룡, 오봉과 광산 김용진의 처는 김씨 소생이다. 손자에 혁인은 오성의 소생이며, 혁세는 오석의 소생이며, 혁수와 혁술은 오철의 소생이며, 오룡은 후손이 없고, 혁귀와 혁삼은 오봉의 소생이다.

슬프도다, 공은 효우의 바탕으로 강개한 기상이 바라보면 엄하기 추상 같고, 다가가면 부드럽기 봄바람 같았다. 일찍이 저의 조부 용오공과 교유하면서 매번 사후의 일에 근심하면서 은근하게 저의 부친에게 몰래 연락하였다. 내가 또한 거듭 가르침을 받아 귓가에 오히려 새로워 일의 대강을 열거하여 후손 혁인의 부탁에 보답하며 이어 명하노니,

유가의 가문에
후세의 아름다움이 드물도다.
그런데 공경히 유덕을 지키는 것은
권씨 만한 이가 없도다.
내가 송옹을 바라보니
옛날 은자의 무리로다.
조행은 탁월했고 마음씨는 진실하여
모습은 예스러웠고 덕은 순박하였도다.
학문으로 재주를 넓히고
예절로써 단속하여
효성과 우애가 날로 높아가니
저술이 많지 않았도다.
이에 마음을 기르고
이에 학문에 나아갔도다.
자신을 중히 여기고 물건을 가볍게 여기니
빈 마음에 이치는 탁월하였도다.
그 사람은 비록 멀리 갔으나
그 덕은 오히려 새롭도다.

내가 이 비문을 써서 후인에게 보이노라. 광복 46년 경오 삼촌 청명절에 진주 후인 정익환이 삼가 찬하고 쓰다.

3. 松皐 權寧玉 研究(송고 권영옥 연구)

권 순 열

1. 序言

권영옥(1875~1950)의 자는 무홍(茂興)이요, 호는 송고(松皐)이다. 전북 고창군 성송면 학천에서 부 희증(希曾)과 모 황주(黃州) 변씨(邊氏) 사이에 외아들로 태어났다. 송고는 조선조 말과 일제 강점기를 살아온 수구 지식인 중의 한 사람이다. 면암(勉菴) 최익현(崔益鉉, 1833~1906) 선생을 만나기까지 유년 시절의 교육과정에 대해서는 자세히 알려진 것이 없다. 다만 여러 정황으로 보아 추정(趨庭)과 인근 유학자들의 가르침을 통해 학문의 기초를 닦았을 것으로 보인다. 송고가 새로운 세계와의 만남을 갖게 된 것은 스승 면암을 만나면서 시작되었다. 송고에게 있어서 면암과의 만남은 새로운 빛이며 또한 어둠이기도 했다. 면암은 일본 대마도에서 일본의 음식을 먹으며 구차한 목숨을 부지하기보다 절명을 택한 인물이었다. 때문에 제자들에게 있어서 면암의 절명은 그것이 바로 가르침이며 생활의 지표이기도 했다. 그래서 송고는 스승 면암처럼 민족을 신앙의 대상으로 삼고 살면서 한편으로는 후학들의 교육을 통해 희망의 불씨를 지피고, 다른 한편으로는 자신의 고독과 비분을 시심(詩心)으로 꽃피우며 일생을 살았다.

송고의 유고집인 『송고집(松皐集)』은 필사본으로 전해오고 있다. 천(天)

· 지(地) · 인(人) 3권 3책으로 되어 있었다. 그러나 본고에서 연구 대상으로 한 것은 출판을 위해 한 권으로 편집한 『송고집』이다. 내용을 살펴보면 2백여 편의 시와 「송고재기(松皐齋記)」 등의 산문과 면암 선생과 종친들에게 보낸 편지 등으로 구성되어 있다. 그런데 아직 번역되지 않은 상태에 있고, 문학 작품도 완전하게 수집되어 있는 상황이 아니다. 그러므로 현존하고 있는 『송고집』과 그가 관여했던 시사(詩社)의 문집인 『삼구회시고(三九會詩稿)』 속에 있는 송고의 작품만을 연구 대상으로 할 수밖에 없는 실정이다.

송고에 대한 자료조사나 연구는 지금까지 전무한 상태이다. 『삼구회시고』에 시가 약간 소개되어 있기는 하지만 송고의 문집이 세상에 공개되지 않았고, 번역도 되지 않은 상태라 송고의 작품 세계는 세상에 거의 알려지지 않았다고 볼 수 있다. 그리고 송고의 작품이 완벽하게 수집된 상태가 아니기 때문에 그에 대한 본격적인 연구는 기대하기 어려운 상황이다. 그런데 요즘에 들어서 고전에 대한 관심이 증폭되고, 호남학(湖南學)의 열기가 고조됨에 따라 이 지방의 보수 문인들에 대한 연구가 상당히 진행되고 있으며 나름대로 소담한 결실을 거두고 있는 실정이다.

송고에 대한 연구는 이 시대에 시사하는 바가 많다. 송고는 일제 강점기에 학문을 위해 일본으로 유학을 가지도 않았고, 일제의 탄압을 피해 만주로 이주하지도 않았다. 소나무처럼 이 땅에 뿌리를 내리고 민족과 비원을 함께 하며 살았다. 송고의 삶을 통해 보수 지식인들이 질곡의 시대에 민족의 장래를 위해 어떻게 준비하며 어떻게 응전했는가를 살펴보고자 한다. 이러한 연구는 21세기 한국의 지성인상을 정립하는 데 한 지침이 될 수도 있을 것으로 보이기 때문이다.

2. 한정과 여유

1) 선운사 기행

송고는 경술년에 선운사 기행을 나섰다. 선운사는 전라북도 고창군 아산면 삼인리 도솔산 북쪽 기슭에 있는 절로 조계종 제24교구 본사이다. 송고의 거처인 성송면 학천 송고재에서 한나절 거리에 있다. 그리 먼 곳이라고 할 수는 없다. 그리고 선운사는 고창에서는 가장 유명한 사찰이고 경관이 매우 수려한 곳이다. 송고는 그 선운사 기행을 통해 3수의 시를 남겼다. 정확한 기행 일정은 알 수 없으나 계절은 봄으로 보인다.

나라는 망가지고 백성의 신세는 도탄에 빠져 있었어도 봄이 오면 들에는 꽃이 질펀하게 피고 가을이 밀려들면 산은 오색 단풍으로 곱게 단장했다. 그 아름다움은 예전보다 한결 더했다. 오히려 나라를 빼앗긴 산새들의 피멍이 이 강산을 더 붉게 물 드린 것처럼 조국의 산하는 더 아름답기만 했다. 일제가 국권을 빼앗아갔지만 계절이 일구어낸 산천의 경치는 어쩌지 못했다. 아름다운 산하를 둘러보는 것은 조국에 대한 또 다른 사랑이기도 했다.

一杖禪雲路에　한 줄기 선운사 길에
二三同志同이라　두세 동지와 함께 했네.
未了名區興하니　명산의 흥취가 다하지 않았는데
斜陽細雨中이라　석양에 가는 비가 오네.

'絶吟'1)

고창의 명찰인 선운사를 구경하고 지은 '절음(絶吟)'이라는 시 중 첫 번째

1) 權寧玉,『松皐集』, 五言絶句.

시이다. 선운사에는 유명한 것이 많다. 수많은 문화재급 보물, 수려한 경치, 뒤편에 있는 동백숲, 깎아지른 듯한 절벽, 추사 김정희의 백파선사비문, 피안화 등으로 특히 유명하다. 선운사 경내에 들어서면 입구에서부터 아름다운 경관이 관람객의 눈길을 이끈다. 하늘을 가리우고 있는 삼나무 숲, 여러 부도와 비석, 그리고 선운사 경내를 거쳐 진흥굴을 지나 도솔암까지 한 줄기 길이다. 참당암으로 들어가는 사잇길이나 아산면으로 넘어가는 갈림길이 없는 것은 아니지만 새끼줄을 늘어놓은 것 같은 길이다. 그래서 한 줄기라고 표현한 것이다. 그러나 이러한 묘사는 선운사 기행이 너무 단순화된 인상을 준다. 기행을 나선 동지들도 두세 명으로 단출하다. 구체적인 기록인 전혀 없어 누구누구와 함께 기행에 나섰는지는 알 수 없다. 송고와 교유가 가장 많았던 인물들은 면암을 따랐던 동도지인(同道之人)과 무장 향교의 유림, 그리고 삼구회(三九會)의 시우(詩友)이다. 그러므로 이때 선운사 기행을 함께 했던 사람들도 이의 범위를 크게 벗어나지는 않을 것으로 추정된다.

송고의 이번 기행은 빼앗긴 강산을 마음껏 구경하기엔 아직 이른 시기인 것 같다. 명산 기행을 다 마치지 않았고 시간도 여유가 있는 상황이다. 그리고 석양녘이라면 어쩌면 선운사의 진면목을 제대로 볼 수 있는 시간대에 이르렀다고 할 수 있다. 왜냐하면 선운사에는 서해안의 여러 섬들과 밀려드는 파도, 아름다운 노을을 볼 수 있는 낙조대라는 유명한 관망지가 있기 때문이다. 선운사의 가장 빼어난 경관 중의 하나이다. 이 서해안의 노을은 어느 때나 볼 수 있는 경관이 아니다. 오직 해질 무렵에만 허용된 경관인 것이다. 그런데 가랑비가 내리고 있는 것이다. 이 가랑비는 경우에 따라서는 무어라 말할 수 없는 많은 정감을 불러일으킬 수도 있다. 하지만 이 시에 있어서는 그런 기능을 하는 것 같지는 않다. 비는 인간사에서 필요 불가결

한 요소로 풍요와 다산, 생명력을 상징한다. 특히 봄비는 부드러운 물의 이미지를 지니고 있고, 만물에 활력을 부여하며 삶에 생동감을 불어넣는 원리로 작용한다. 그런데 이 시에서는 기행을 방해하는 장애자로 작용하고 있다. 이것은 송고의 내면 깊숙이 자리잡고 있는 의식과 연결되어 있다. 다시 말하면 이번 기행의 부정적 인상과 무관하지 않다. 조국은 망가지고 스승은 절해 고도에서 절명(絶命)한 상황에 지식인으로서 또한 제자로서 명산 대찰을 기행한다는 것은 있을 수 있는 일이기는 하지만 어딘지 마음 한 구석에 남아 있는 불안 심리를 반영한 것으로 보인다. 그래서 이 시에서의 봄비는 본래의 이미지와는 달리 고독감을 불러일으키고 있다. 봄비가 빚어낸 결과는 수채화처럼 아름다운 정경이면서 예견할 수 없는 불확실한 상황을 반영한 것이기도 하다. 그러나 선운사가 받은 인상은 아름다움과 신비함 그 자체였다.

小菴山腰臍요　작은 암자는 산허리의 배꼽 같고
怪石水中脣이라　괴이한 돌은 수중의 입술 같네.
步步奇形地에　기이한 지형을 걷고 걸으며
又聞好鳥春이라　또 아름다운 새의 봄 소리를 듣네.

'絶吟'[2)]

'절음'의 두 번째 시이다. 이 시도 물론 선운사를 기행하고 지은 것이다. 특히 이 시는 비유가 매우 특이하다. 작은 암자를 산허리의 배꼽에 비유하고, 계곡 밑바닥에 깔려 있는 돌들을 물 속의 입술 같다고 표현하고 있다. 여기서 말하는 작은 암자는 선운사의 도솔암을 지칭하는 것으로 보인다. 특

2) 權寧玉, 위의 책, 같은 곳.

히 선운사 도솔암은 산허리에 있어 이 시의 시상과 맞아떨어진다.

도솔암과 같은 작은 암자는 큰 사찰과는 달리 아담하면서도 정취가 있다. 큰 사찰에서 느끼는 소란스러움이 없다. 관람객을 압도하는 거부감은 더더욱 없다. 서민들이 살고 있는 집과 같이 작으면서도 선취(仙趣)가 있어 시인 묵객들이 즐겨 찾는 곳이기도 하다. 그래서 작은 암자는 시인 묵객의 고향이며 예술의 산실이기도 하다. 이 시에서 말하는 암자에 대한 배꼽의 비유는 시인의 직관적 인상을 넘어 깊숙한 내면을 드러내 보이고 있다. 배꼽은 인체의 중심부에 자리잡고 있으면서 탯줄을 통해 모태로부터 영양을 공급받았던 생명의 관이며 그 흔적이다. 이런 점에서 보면 배꼽은 생명의 근원이다. 때문에 힘과 창조의 원천이기도 하다. 작은 암자가 예술의 산실로서의 역할을 하는 것도 이런 맥락에 연결되어 있다.

2) 시우(詩友)들과의 교유(交遊)

송고는 비교적 폭넓은 교유를 했다. 교유의 내용을 살펴보면 무장 향교의 유림, 면암 문하의 동지, 안동 권문, 삼구회원 등 매우 다양한 인물을 만나고 있음을 알 수 있다. 인간의 모든 관계는 만남에서 비롯된다. 그것이 정신적이든 육체적이든 이 만남을 통해서 인간사가 잉태되기도 하고 해소되기도 한다. 어떤 만남은 그저 평범한 관계로 끝날 수도 있다. 그러나 어떤 만남은 그것이 비록 우연이었다 하더라도 큰 사건을 수반하고 엄청난 의미를 지닐 수도 있다.[3] 또 만남을 통해서 다양한 사건을 경험하게 된다. 이러한 만남과 경험은 인간의 학문과 사상에 직·간접으로 많은 영향을 미치게 된다. 송고의 경우도 예외는 아니었다. 특히 인재(忍齋) 김곤(金坤)과는 아주 특별한 교유를 하고 있다. 손자를 맡겨 교육을 부탁했고, 동도지인으로

3) 拙稿, 「學圃 梁彭孫의 義理精神과 文學世界」, 『古詩歌硏究』 8輯, 7쪽 參照.

서 평생 교유를 유지했다.

談笑我如愚요　담소하는 나는 어리석은 것 같은데
知君特百夫라　그대는 여러 사내 중에 특별했음을 알겠네.
世同三國鬪요　세상은 삼국이 싸울 때와 같고
身似一帆孤라　몸은 한 돛대와 같이 외로워라.
長天橫北斗하고 먼 하늘에는 북두성이 비껴 있고
明月滿西湖라　밝은 달은 서쪽 호수에 가득하네.
客廉減主弊하니 객이 청렴해 주인의 괴로움을 줄이려고
不向青帘沽라　술집을 향해 술을 사게 하지 않네.

'與忍齋和吟'[4)]

송고가 인재와 화답해 읊은 시이다. 인재와 수창을 하거나 그를 전송하기 위해 지은 시가 8수이다. 결코 적다고만 할 수 없을 것 같다. 수련(首聯)에서 보면 인재를 학덕이 높은 출중한 선비로 인정하고 있다. 송고가 직면한 시대는 난세요, 거느린 가정은 표류하고 있는 외로운 배와 같았다. 그런데 인재를 만나 그 외로움을 극복하고 있는 것이다. 경련(頸聯)의 북두성과 밝은 달은 인재를 비유한 것으로 보인다. 별과 달이 지니는 상징성이 너무 풍부하기 때문에 여기서의 북두성과 밝은 달이 지니는 상징성을 단정하기는 어렵다. 하지만 이들 존재가 가지는 유교적 측면을 고려한다면 북두성은 인재의 도의심(道義心)을 상징하고 밝은 달은 인재의 청정하고 은일(隱逸)한 군자의 덕을 상징한다고 볼 수 있다. 그리고 장천(長天)과 호해(西湖)는 북두성과 명월의 상징적 의미를 보다 선명하게 부각시키는 배경의 기능을 하

4) 權寧玉, 위의 책, 五言律詩.

고 있다.

그리고 송고가 구체적 집단을 이루고 시작 활동을 한 것은 삼구회에 가입해서다. 삼구회는 영광 유림인 육봉(六峯) 이종택(李鍾宅)에 의해서 이루어졌다. 구성원은 56명이다. 지역별로 보면 이 가운데 50명은 영광 출신이며, 6명은 고창 남부 지역인 대산과 성송 출신이다. 그러므로 이 삼구회는 영광 지역 출신을 중심으로 하고 고창의 일부 유림이 가입한 것으로 볼 수 있다. 모임의 명칭을 삼구회로 한 것은 일년 중 3월과 9월에 모임을 개최하기 때문에 그렇게 명명한 것이다. 물론 날짜로 보면 양의 기운이 왕성한 3월 삼일과 9월 9일에 개최했을 것이다. 결성된 시기는 정확히 알 수 없다. 그리고 삼구회 시집인 『삼구회시고』가 발간된 것은 정유(1957)년 9월이다. 그러므로 송고 사후 7년만에 발간된 것이다. 서문은 양천(陽泉) 정대수(丁大秀)가 쓰고, 발문은 성암(惺菴) 이찬신(李讚信)이 썼다.

송고가 이 모임에 가입하게 된 동기가 무엇인가는 알 수 없다. 다만 이 모임에 영광 대마 출신인 인재도 가입하고 있는 것으로 보아서 그와 관련이 있을 것으로 추정할 뿐이다. 그런데 이 삼구회의 기묘(1939)년 가을 모임이 학천 송고재에서 개최되었다. 참석자의 수가 몇 명인가는 알 수 없으나 이때의 작품에 박미산, 이농은 등 10명의 작품이 있는 것을 보면 10여 명 정도가 참석했을 것으로 추정된다. 56명의 회원 중 겨우 10여 명 정도가 참석했다면 이것은 그 동안 회원의 신상에 많은 변화가 있었다는 것을 말해 준다.

箕聖出吾東하니 기자 성인이 우리 동방에 나왔으니
文風鄒魯同이라 문화와 풍물이 추나라 노나라와 한가지네.
宜多天降瑞요 마땅히 하늘에서 내린 상서로움이 많고

何乏歲成功가　어찌 해가 공을 이룬 것이 없겠는가.
羣仙尋菊逕이요　여러 신선들이 국화의 길을 찾아오고
孤鶴下松風이라　외로운 학은 소나무 바람에 내리네.
此會雖爲美나　이 모임이 비록 아름다우나
却憂鮮克終이라　문득 끝을 마친 이가 적을까 걱정스럽네.

'己卯秋會'

송고가 기묘(1939)년 가을 모임 때 쓴 시이다. 수련에서는 우리 문화에 대한 유학자들의 보편적 견해를 대변하고 있다. 기자(箕子)가 동방으로 와서 기자조선(箕子朝鮮)을 개국하였으며, 우리나라를 소중화(小中華)로 보는 것이 그러하다. 문화적 수수 관계에서 보면 그런 측면도 있다. 하지만 이런 견해는 우리 문화에 대한 반성과 새로움의 추구가 미흡한 점에 있어서는 비판의 여지도 있다.

그리고 송고는 경련에서 이 날 모임에 참석한 인물들을 신선에 비유하고 있다. 물론 자신의 집에 방문한 손님들에 대한 예우의 표현으로 볼 수 있다. 그러나 여기에는 그런 측면만 있는 것은 아닌 것 같다. 신선과 국화 피어 있는 길은 매우 중요한 의미를 지니고 있다. 국화를 흔히 은군자(隱君子), 중양화(重陽花)라고도 한다. 국화 중에서 특히 바위 가의 국화는 상징성이 대단히 풍부하다. 매화, 난초, 국화, 대나무의 사군자 가운데 국화는 은둔하고 있는 선비를 상징한다. 그래서 국화를 꽃 가운데 은일자라고도 말한다. 도연명이 '귀거래사'를 짓고, 고향으로 돌아와 동쪽 울타리 아래 국화를 심고서, 남산을 바라보며 유유자적한 은둔 생활을 했던 것이 대표적인 예다. 그러나 국화의 상징성은 여기에만 그치는 것은 아니다. 국화의 원초적 상징은 문화적 상징과는 약간 다르다. 민속에서는 국화를 장수(長壽)와 번영의 선약(仙藥), 다시 말하면 신비의 영약(靈藥)으로 보고 있다. 환갑이나 진갑에 국화를 헌화로 사용하는 것도 이런 맥락에서다. 장수를 상징하는 국화에 다른 상징성이 보강되면 보다 강한 상징성을 지닌다. 바위 가의 국화가 바로 그러한 예이다.[5] 이 경련에서 신선이 국화와 결합하여 보다 강렬한 이미지를 형성하고 있는 것이다. 그리고 이 경련에 등장하는 학(鶴)은 송고 자신을 비유한 것으로 보아야 한다. 왜냐하면 손님들을 이미 신선으로 비유했으므로 학은 손님이 아닌 다른 사람에 대한 비유로 보아야 하기 때문이다. 그 학의 이미지에 가장 적합한 인물이 바로 송고 자신이라고 할 수 있다. 소나무 바람에 내리는 외로운 학은 송고의 외모나 인격적 측면과도 관련이 있겠지만, 여기에는 또 다른 측면이 있다. 이 문제를 해결하기 위해 먼저 '송고(松皐)'라는 호와 '학천(鶴天)'이라는 지명을 고려해 볼 필요가 있다. 학천은 지형이 학의 모습을 지녔다고 해서 붙여진 것이다. 그리고 학천에는 두 그루의 아름드리 소나무가 있다. 이런 점을 고려한다면 소나무 바람에 내리는 외로운 학은 바로 송고 자신을 비유한 것이라는 것을 알 수 있다.

3. 궁핍한 시대의 노래

1) 송고재(松皐齋)에서의 고음(苦吟)

송고는 여러 시와 서간(書簡)을 통해서 자신의 사상을 토로하고 현실을 증언하고 있다. 그러나 무엇보다도 송고를 가장 잘 드러낸 것은 그의 자(字)와 호(號)라고 할 수 있다. 자와 호는 마을이나 주변의 산과 강, 또는

---

5) 拙著, 『松川 梁應鼎의 詩文學 硏究』(월인, 2002), 184쪽 參照.

바위 등에서 이름을 빌리는 경우도 있지만 자신의 삶의 좌표가 될 수 이상적인 말로 정하는 경우가 많다. 송고의 경우도 마찬가지라고 할 수 있다. 자인 '무흥(茂興)'은 '무장(茂長) 고을을 흥기시킨다'는 말이다. 이것은 그가 자신의 고장 문화를 흥기시키는 일로 그의 사명을 삼고 있음을 알 수 있다. 송고가 살고 있는 성송면(星松面)은 옛 무장현(茂長縣)의 일부이고 이 고장의 유림들은 무장 향교에 출입하고 있었다. 그리고 그의 호인 '송고(松皐)'는 소나무가 서 있는 언덕이라는 의미이다. 이것은 마을의 정경을 잘 반영하고 있다. 송고재의 맞은 편 언덕 송고에는 수령이 오백 년이 넘은 아름드리 나무가 몇 그루 있다. 그중에 마을에서 당산나무로 숭배하고 있는 두 그루의 소나무가 있다. 하나는 할아버지 당산나무요, 또 하나는 할머니 당산나무이다. 할아버지 당산나무는 기상이 넘치고 준수하며, 허리가 굽은 듯한 할머니 당산나무는 분재형의 매우 아름다운 모습을 지니고 있다. 송고는 바로 하늘을 찌를 듯한 기상을 지닌 할아버지 당산나무와 관련이 있다. 송고의 외모도 구척 장신의 기골이 넘치는 인물이었다고 한다. 송고는 언제나 푸름을 지니고 있으면서도 하늘을 떠받들고 있는 듯한 이 소나무를 보면서 기상을 키웠을 것이다. 하지만 조국이라고 하는 어머니를 잃어버린 강점기하의 송고는 언제나 가난과 절망 앞에 설 수밖에 없었다. 이런 안타까운 실정이 송고에게만 비껴갈 수 있는 상황이 아니었다.

복을 입고 있는 아우는 궁벽한 마을에 엎드려 있는데, 공과금의 징발과 사채의 독촉 두 가지가 적지 아니하여 날마다 맞이하고 때마다 보내어 마치 실 같은 남은 목숨이 개천에 굴러 죽는 분수를 달게 여기니 또한 운명인 것 같습니다. 말을 하자면, 한갓 남의 뜻만 심란하게 할 따름입니다. …… 염치없음을 무릅쓰고 다시 생각한 바를 진술하여 우러러 높은 안목을 번거롭게 하니, 그대 뜻의 가부가 어디에 거할지 알지 못하겠습니다. 누가 이르기를 젖 먹는 어린애가 울면서 밥을 구한다고 하는데, 나의 오늘날의 형편을 미리 말한 것이 되었습니다. 은혜의 표시를 간절히 바라고 간절히 바랄 뿐입니다.[6]

송고가 신미(1931)년 정월 초이렛날 복재(復齋) 이종택(李鍾澤)에게 보낸 편지이다. 새해가 되면 누구나 지난해의 아픔을 털고 희망 속에 새로운 계획도 세우기 마련이다. 그러나 송고는 정월초부터 지인(知人)에게 도움을 부탁하고 있다. 공과금과 빚 독촉은 연일 계속되는 일상사였다. 이것을 극복할 대책도 없고 힘도 없었다. 이미 나이는 들어 57세였다. 때문에 이런 고통을 견딜 수 없어 개천에 굴러 떨어져 죽는 자신의 처지를 달게 여기며 운명으로 받아들이고 있다. 가난은 경제적 고통이 아니라 생활이었고 주위를 맴도는 그림자였다. 그나마 탈출구는 또 다른 빚을 얻어 기존의 빚을 갚는 것이었다. 사실 이것은 가난을 극복하는 대책이 아니라 가정 경제를 더욱 어렵게 하는 질곡이었다. 송고도 이 점을 잘 알고 있었다. 하지만 그 앞에 놓인 선택은 이미 결정되어 있었다. 그래서 하는 수 없이 지인에게 도움을 청하고 있는 것이다. 그러나 내용을 자세히 살펴보면 도움을 간청하는 차원을 넘어 거의 구걸에 가깝다는 것을 알 수 있다. 그만큼 송고의 생활은 궁핍했고 대책도 없었던 것이다. 송고의 주위를 맴도는 통한의 슬픔은 단지 이것만은 아니었다.

寂寞松窓下에　　적막한 소나무 창 아래
屼然獨坐何오　　높이 홀로 앉아 있으니 어이하리오.

6) 服弟蟄伏窮巷 公徵私督 兩不少 日迎時送 如縷殘喘 分甘溝壑 亦命也 說之 徒亂人意耳 …… 冒沒廉訪 更煩所懷 仰瀆尊鑑 未知賢意之可否何居也 誰云乳下之孩兒啼而求飽者 準備我今日事勢也 惠諒之示 切企切企耳. 權寧玉, 「與復齋李鍾澤書」, 앞의 책, 書.

空谷跫音絶이요 빈 골짜기에는 발자국 소리 그치고
風聲欺我何오 바람 소리가 나를 속이니 어이하리오.
不惜今宵盡이요 오늘 밤이 다한 것을 아까워하지 않으니
千愁萬念何오 일천 수심과 일만 생각을 어이하리오.
哀哉蟣蝨物이 슬프다 서캐와 이 같은 물건이
病且老之何오 병들고 늙은 것을 어이하리오.
殿屎未到符하고 신음하고 있는 중에 아직 병부만 오지 않았는데
費送光陰何오 세월을 허비해 보냈으니 어이하리오.
雖云添一齒나 비록 한 살을 더한다고 하더라도
咀嚼益難何오 씹어 먹기가 더욱 어려우니 어이하리오.
歲去憂難去요 해는 가지만 근심은 가기 어려운데
星星白髮何오 성성한 백발을 어이하리오.
春來喜不至요 봄은 왔어도 기쁨은 이르지 아니하고
觸目傷心何오 눈에 부딪치는 것마다 속을 상하게 하니 어이하리오.
老妻索命哭하니 늙은 아내는 살려 달라 곡을 하니
不忍聞之何오 차마 들을 수 없는 것을 어이하리오.
女孫呼父恨하니 손녀는 아비를 부르며 한탄하니
一去覓之何오 한번 가매 찾은들 어이하리오.
用夷變夏世하니 오랑캐의 풍속으로 중국의 세상을 바꾸려 하니
敎子義方何오 자식을 옳은 방향으로 가르치기를 어이하리오.
門前督債者를 문전의 빚을 독촉하는 자들을
無策答之何오 대책이 없으니 대답을 어이하리오.
十餘人口活을 십여 식구의 살길을
借款問誰何리오 빚을 내자니 누구에게 묻기를 어이하리오.

恩讐兩難事요	은혜와 원수 둘 섬기기가 어렵고
此生未報何오	이 세상에서 갚지 못하니 어이하리오.
明朝應有賢이나	내일 아침 응당 현인이 있을 것이나
無酒待之何오	술이 없으니 대접하기를 어이하리오.
思家無棹船이요	집안을 생각하매 노 없는 배요
泛泛中流何오	중류에 표류하고 있으니 어이하리오.
庭前梅含態하니	뜰 앞 매화나무가 자태를 머금고
爲報春信何오	봄소식을 알려주는데 어이하리오.
歲月忘之久하니	세월을 잊은 지 오래 되었으니
去不去將何오	간들 아니 간들 장차 어이하리오.
碌碌人間業이	능력 없는 사람의 일이
西疇耕作何오	서쪽 밭의 경작을 어이하리오.
蒼生魚肉慘이요	백성들은 짐승처럼 비참한데
濟世經綸何오	세상을 건질 경륜을 어이하리오.
黑漆虎狼輩가	검은 칠을 한 호랑이 같은 무리가
莫敢有誰何오	감히 어떻다고 말하는 이 없는 것을 어이하리오.
晩將橫鶩志나	늦게나마 치달리는 뜻을 가졌으나
家事付之何오	집안 일 맡기기를 어이하리오.
瞻彼彼西窟하니	저 피서굴을 바라보니
其於維持何오	그 유지를 어이하리오.
吾師遠大慮하니	우리 스승은 멀리 크게 생각하였으니
國讐報之何오	나라의 원수를 갚기를 어이하리오.
曲阜今生變하니	곡부도 이제 변이 생겼으니
至寃極痛何오	지극히 분하고 억울함을 어이하리오.

願聞泗上叟하니 듣기를 원하노니 사수가의 늙은이가
體節近如何오 안부가 요즘은 어떠한고.
吾聖君先祖니 우리 성인이 그대의 선조니
至靈慰所何오 지극한 분을 위안할 곳이 어디리오.
翻然天下事가 뒤집어진 천하의 일은
無復可爲何오 다시 할 수 없으니 어이하리오.
蜩蜎心內事를 꾸물거리는 마음속의 일을
一笑一盃何오 한번 웃고 한 잔 하니 어이하리오.
遠村鷄一唱하니 먼 곳의 닭이 한번 우니
送舊迎新何오 옛 해를 보내고 새해를 맞이함을 어이하리오.

'庚午除夕'[7)]

송고가 지인에게 구차한 도움을 청하기 전인 경오(1930)년 재석(除夕)에 쓴 하자운(何字韻) 삼십구(三十句)이다. 당시 송고의 처지와 심정을 가장 극명하게 드러낸 시이다. 당시 자신이 처한 형편과 소회를 일일이 소상하게 기록하고 있어 정보적 기능이 매우 강한 시이기도 하다.

집안이 가난하게 되고 뜻을 잃게 되니 자연 찾아오는 지인들의 발걸음도 줄어들었다. 그래서 소나무 창 아래 홀로 앉아 있는 것이다. 그러나 아직 유자(儒者)로서의 자세는 잃지 않고 있다. 높이 앉아 있는 모습에서 그것을 엿볼 수 있다. 그렇다고 해서 그런 기품을 계속 유지할 수 있는 상황은 아니었다. 섣달 그믐인지라 만감이 교착할 것인데 주위 환경이 어렵다 보니 더 고통스러울 수밖에 없었던 것이다. 오직 그에게 다가오는 것은 하루하루 의미 없는 삶에 병마뿐이었다. 그러므로 살아 있어도 살아 있는 것이 아닌

7) 權寧玉, 앞의 책, 古詩.

것이다. 단지 저승에서 사자(使者)가 이르지 않았을 뿐이다.

아내는 병들어 신음하며 살려달라 울부짖고 손녀는 돌아가신 아버지를 부르며 한탄하는 것이다. 아비를 찾는 손녀의 울부짖음은 곧 송고의 아들 오성(五聖, 1899~1930)의 죽음을 암시한다. 송고의 장자 오성의 자는 복경(復卿)이며 호는 학천(鶴天)이다. 마을 이름으로 호를 삼은 것이다. 외모는 부친을 닮아 기골이 장대하고 준수한 얼굴에 기상이 뛰어났었다. 인품은 호쾌하고 주위 사람들과 매우 친화적이었다. 그런데 32세의 젊은 나이에 질병으로 운명한 것이다. 송고는 장자의 죽음으로 가문의 위기를 맞게 되고, 자신의 학문을 계승할 제자를 잃게 되었다. 집안을 이끌 아들이 없으니 집안은 노 없는 배와 같이 중류에 표류하고, 가산이 기울어 찾아오는 현인이 있다 할지라도 대접할 술이 없었다.

궁핍한 시대에 시인의 아픔이 물질적 고통으로만 끝나는 것은 아니었다. 어느 시대나 은혜와 원수 둘을 같이 섬기기는 어려운 법이다. 더구나 검은 칠을 한 호랑이 같은 무리(黑漆虎狼輩)와 하늘을 함께 이고 산다는 것 자체가 견딜 수 없는 치욕이었다. 그러나 그들이 어떻다고 말할 수 있는 처지도 아니었다. 당시 세상 풍속은 진나라 정치보다 가혹해 어떻게 살아갈 길이 없었다. 또한 백성들은 짐승처럼 비참한데 세상을 건질 경륜이 없었다. 스승 최면암은 대마도에서 절명으로 자신의 뜻을 밝히고 제자들에게 앞일을 부탁했다. 하지만 스승의 유지를 받들어 나라의 원수를 갚을 수 있는 상황도 아니었다. 그저 해는 가지만 근심은 가기 어려운데 성성한 백발을 더하는 상황이었다. 그런데도 세월은 가 어둠이 거치고 먼 곳에서 닭의 울음소리가 들려온 것이다. 이것은 송고가 절망에만 자신을 내던진 것은 아님을 말한다. '경오제석(庚午除夕)' 마지막 부분에 자신의 실낱같은 희망을 노래하고 있는 것이다. 닭은 태양의 새로서 어둠과 밝음을 경계(境界)짓는 새벽의 존재이다. 그래서 닭은 울음으로써 새벽을 알린다. 닭의 외침은 어둠의 시대가 끝나고 빛의 시대가 도래했음을 상징한다. 송고는 장자가 죽은 후 어린 손자 후송(後松) 공을 통해서 아직 가문에 희망이 있음을 느낀 것이다. 후송 공은 송고의 손자로 이름은 혁인(赫仁)이며, 그때 나이 10세였다. 송고의 벗인 인재 김곤의 제자이기도 하다. 송고가 가장 신뢰하는 학자에게 자신의 가문을 이를 손자를 맡긴 것이다. 그 손자가 호를 '후송(後松)'이라고 한 것은 송고(松皐)의 뒤를 잇겠다는 뜻을 담고 있다. 이것은 평소 조부의 기대가 무엇이며 어디에 머물러 있는지를 잘 알고 있었음을 보이는 대목이다.

2) 은자(隱者)의 꿈

송고는 평소 스승 면암을 신앙처럼 우러르며 살았다. 그러므로 송고의 삶을 보면 그 스승에 그 제자라는 것을 알 수 있다. 청년 송고는 스승의 유지를 받들고, 그가 함께 한 시대와 그가 속한 집단을 위해 무엇인가 도리를 다하고자 하는 뜻을 가졌다. 어쩌면 이것은 지식인으로서 당연한 의무이며 스승의 유지를 받드는 일이기도 했다. 더구나 천지가 한꺼번에 엄동이 되어버린 상황에 누군가는 어둠을 밝힐 홋불을 잡지 않으면 안 되었기 때문이다.

能令淑季免寥寥하니　숙계로 하여금 적막함을 면하게 하니
不信試看來去潮하라　믿지 못하겠거든 오고가는 조수를 보라.
採薇須隱首陽峀요　고사리를 뜯으며 모름지기 수양산 봉우리에 숨고
仗義當思善竹橋라　정의로써 일을 행하며 마땅히 선죽교를 생각했네.
交結英雄長策振이요　영웅들과 사귀어 긴 지팡이를 떨치고

掃淸塵穢宿憂消라　　티끌과 먼지를 씻어 깨끗이 하고 묵은 근심을 없앴네.

嗟我同遊二三子아　　아 우리 함께 노는 그대들이여

傾肝吐膽意挑挑라　　간을 기울고 쓸개를 토해내어 뜻을 돋고 돋우세.

'丁未春偶吟'[8]

송고가 정미(1907)년 봄 그의 나이 23세에 읊은 시이다. 송고는 함련에서 백이숙제(伯夷叔齊)와 포은의 고사를 들어 자신의 절의를 표현하고 있다. 이제는 굶주림 속에서도 지조를 잃지 않은 현인으로 존경을 받고 있는 존재며, 포은은 목숨을 위협하는 폭력 앞에서도 절의를 지킨 만고충신으로 추앙 받고 있는 존재들이다. 이들을 통해 자신의 의지를 극명하게 보인 것이다. 그리고 경련에 등장하는 영웅들은 무너져 가는 조국을 붙들기 위해 일어선 의병들을 말한다. 송고는 이들과의 결의를 통해 스승의 유지를 받들고자 한 것이다. 미련에서 송고는 동지들에게 자신의 결의를 보이고 의기를 고취시키고 있다. 그리고 다음해에 쓴 '무신상원우음(戊申上元偶吟)'에서는 원수와 하늘을 함께 하지 않을 것을 내 이미 맹세했다[9]고 자신의 결의를 밝히고 있다.

그러나 집안 일을 누구에게 맡길 수 있는 상황이 아니었다. 아내는 죽음 앞에 허덕이며 울부짖고 아들은 이미 세상을 떠난 상황이었다. 미래의 희망인 손자는 겨우 열 살이었으니 집안 일을 자신이 직접하지 않으면 안 되었다. 송고는 스승의 유지를 받들기 위해 독립운동에 나설 것인가, 아니면 조부로서 어린 손자를 지키고 교육해야 할 것인가 하는 기로에 처해 있었다. 송고는 이 문제로 만년에 끊임없이 갈등을 겪어야 했다.

---

8) 權寧玉, 앞의 책, 七言律詩.

9) 將無淨地君安適가 共讐天我已盟이라. 權寧玉, '戊申上元偶吟', 앞의 책, 七言律詩 參照.

鳥止誰家屋고　새는 누구 집 지붕에 머무는고
鴈來故國聲이라　기러기가 고국에 돌아오는 소리가 나네.
晩生仙李世하여　늦게 조선 왕조의 세상에 태어나니
義重泰山輕이라　의는 중하고 태산은 가볍네.

'奉和萬齋族弟瓊章'10)

족제(族弟) 만재(萬齋)의 시에 화답한 시이다. 만재의 이름은 재춘(載春)이며 영남 사람이다. 그와 왕래한 서신이 십여 차례가 있었던 것으로 보아 평소 친분이 두터웠던 것 같다. 서신의 내용을 살펴보면 가끔 개인적 소회를 밝힌 것도 있기는 하지만 주로 종중사였다. 이것은 당시 유림 관심사의 한 측면을 반영하고 있다. 어쩌면 조국을 잃어버린 유림의 입장에서 보면 가문의 문제는 마지막 남은 자신들의 존립의 근거였는지도 모른다. 때문에 조상의 사당, 선산, 위답(位畓) 등이 유림의 큰 관심사가 될 수밖에 없었다. 그러므로 양인의 교유도 종중사를 통해 이루어졌고, 그 과정에서 서로에 대한 신의가 쌓였다.

'봉화만재족제경장(奉和萬齋族弟瓊章)'에 등장하는 기러기는 가을에 남하하였다가 봄에 돌아가는 겨울새로 먼 곳에 소식을 전하는 전령사를 상징한다. 그래서 기러기를 신조(信鳥)라고도 한다. 여기서는 만재의 방문을 말하는 것으로 보인다. 이때 만재는 단순히 종중사만을 논의하기 위해서 온 것 같지는 않다. 전구와 결구에 이어지는 '늦게 조선 왕조의 세상에 태어나니, 의는 중하고 태산은 가볍다.'는 것은 시대적 의무감을 반영하고 있다. 여기서 '선리(仙李)'라고 하는 것은 조선 왕조에 대한 미칭(美稱)이다. 나라를 망친 왕조와 임금에 대해서도 변치 않는 애정과 무거운 의무감을 느끼고 있

10) 權寧玉, 앞의 책, 五言絶句.

었음을 알 수 있다.

송고는 공과금과 빚으로 인한 궁핍과 스승의 유지를 받들지 못한 자괴감 속에서도 머지않아 오게 될 새로운 시대를 차근차근 준비하고 있었다. 송고재에 서당을 열어 인근의 자제와 마을 아이들을 가르쳤다. 기존의 교과과정을 개편하고 새로운 교본도 만들었다. 그렇다고 해서 신식 학교와 같은 제도는 아니었다. 교본에 수식(數式)과 새로운 문명 용어를 도입한 것을 보면 전통 서당과 신식 학교의 중간 형태를 취했던 것 같다. 손자의 교육은 자신이 직접 가르치기도 했지만 친구인 인재에게 많이 맡겼다. 손자의 교육에 대해서는 더욱 각별한 관심을 가졌음을 알 수 있다. 추정(趨庭)의 방법도 큰 성과를 거둘 수 있다고 생각했지만 전통적 방법인 역자교지(易子敎之)를 더 중요하게 여긴 것이다. 송고에게 있어서의 교육은 유자로서의 도리이기도 했지만 새로운 시대에 대한 준비를 통해서 스승의 유지를 받들려고 하는 깊은 뜻이 담겨 있었다.

洞闢鶴天傳世基요	마을을 학천에 열어 대대로의 터전을 전해왔는데
松盤皐疊一般奇라	솔은 서리고 언덕은 첩첩한 것이 한가지로 기이하네.
道士羽衣翩擧日이요	도사의 날개옷이 펄럭이는 날
高人石枕夢爛時라	은자의 돌베개에 꿈이 무르녹으리.
風淸虛檻琴乎韻이요	바람 시원한 빈 난간에 거문고는 소리를 내고
雲出荒園嘯也詩라	구름이 황량한 동산에서 나오니 휘파람 불며 시를 짓네.
自遨自樂雖居此나	스스로 노닐고 스스로 즐기면서 비록 여기에 거처하나
這箇寬心莫我知라	이 편한 마음 나를 아는 이가 없네.

'吟松皐'11)

11) 權寧玉, 앞의 책, 七言律詩.

송고의 조상 준(準)이 학천(鶴天)에 터전을 닦은 것은 임진왜란 때부터였다. 그러므로 시간적으로 보면 약 400년이며, 인물로 보면 13대이다. 한 집터에서 약 400년에 걸쳐 13대가 살아온 것이다. 수련에서 말하는 솔이 서려있다는 것은 앞에서 말한 할머니 당산나무를 말한다. 그곳에는 반송(盤松) 외에도 느티나무 등 몇 그루의 우람한 나무들이 있어 수려한 풍광을 이루고 있다.

송고는 교육을 통해 미래를 준비하고 있었다. 그러면서 머지 않아 오게 될 새로운 지도자를 기다리고 있는 것이다. 그가 바로 도사(道士)다. 새로운 시대가 도래했음을 선포하기 위해 이 땅에 도사가 이르면 은자의 꿈은 이루어지는 것이다. 그렇게 되면 바람 시원한 빈 난간에 앉아 거문고를 연주하고 휘파람을 불며 시도 지을 것이다. 비록 누가 알아주지 않더라도 이렇게 자유롭게 노닐고 즐기는 생활을 송고는 꿈으로 생각했던 것이다.

4. 결어

송고 권영옥은 조선조 말과 일제 강점기를 살아온 수구 지식인 중의 한 사람이다. 송고는 스승 면암 최익현 선생을 신앙의 대상으로 숭배하며 살았다. 송고에게 있어서 면암과의 만남은 새로운 빛이며 또한 어둠이기도 했다. 송고는 스승의 유지를 받들기 위해 청년 시절에는 지사(志士)로 나섰다. 그러나 장자(長子)가 죽자 면암처럼 민족을 신앙의 대상으로 삼고 살면서 한편으로는 후학들의 교육을 통해 희망의 불씨를 지피고, 다른 한편으로는 자신의 고독과 비분을 詩心으로 꽃피우며 일생을 살았다.

송고의 유고집인 『송고집』은 필사본으로 전해오고 있다. 내용을 살펴보면

2백여 편의 시와 「송고재기」 등의 산문과 면암 선생과 종친들에게 보낸 편지 등으로 구성되어 있다. 그런데 아직 번역되지 않은 상태에 있고, 문학작품도 완전하게 수집되어 있는 상황이 아니다. 그러므로 현존하고 있는 『송고집』과 그가 관여했던 『삼구회시고』 속에 있는 송고의 작품만을 연구 대상으로 할 수밖에 없는 실정이다.

송고는 경술년 선운사 기행을 나섰다. 선운사 기행을 통해 송고는 3수의 시를 남겼다. 일제가 국권을 빼앗아갔지만 계절이 일구어낸 산천의 경치는 어쩌지 못했다. 아름다운 산하와 명산 대찰에 대한 기행은 송고의 조국에 대한 또 다른 사랑의 표현이었다.

송고는 비교적 폭넓은 교유를 했다. 특히 인재 김곤과는 아주 특별한 교유를 하고 있다. 송고가 인재를 북두성에 비유해 표현할 정도로 그는 학문과 덕망을 지닌 선비였다. 그래서 송고는 손자를 맡겨 교육을 부탁했고, 동도지인으로서 평생 교유를 유지했다. 그리고 송고는 삼구회에 가입하여 시작(詩作) 활동을 했다. 삼구회는 영광 지역 출신을 중심으로 하고 고창의 일부 유림이 가입한 모임이다. 이 삼구회의 기묘(1939)년 가을 모임이 학천 송고재에서 개최되었는데, 송고는 이날 모임에서 손님을 신선에 비유하고 자신은 학에 비유하는 '기묘추회(己卯秋會)'라는 시를 썼다.

조국을 잃은 송고는 언제나 가난과 절망 앞에 설 수밖에 없었다. 때문에 이런 고통을 견딜 수 없어 개천에 굴러 떨어져 죽는 자신의 처지를 달게 여기며 운명으로 받아들이고 있다. 가난은 경제적 고통이 아니라 생활이었고 주위를 맴도는 그림자였다. 그러한 상황을 극명하게 그려낸 시가 '경오제석(庚午除夕)'이다. 궁핍한 시대에 시인의 아픔이 물질적 고통으로만 끝나는 것은 아니었다. 어느 시대나 은혜와 원수 둘을 같이 섬기기는 어려운 법이다. 더구나 검은 칠을 한 호랑이 같은 무리(黑漆虎狼輩)와 하늘을 함께 이고 산다는 것 자체가 견딜 수 없는 치욕이었다.

송고는 그가 함께 한 시대와 그가 속한 집단을 위해 무엇인가 도리를 다하려는 뜻을 가졌다. 이것은 지식인으로서 당연한 의무이며 스승의 유지를 받드는 일이기도 했다. 그러한 의지를 드러낸 시가 '정미춘우음(丁未春偶吟)'이다. 이 시에서 송고는 백이숙제와 포은을 통해 자신의 결의를 밝혔다. 그리고 다음해에 쓴 '무신상원우음(戊申上元偶吟)'에서는 원수와 하늘을 함께 하지 않겠다고 맹세했다.

송고는 공과금과 빚으로 인한 궁핍과 스승의 유지를 받들지 못한 자괴감 속에서도 머지않아 오게 될 새로운 시대를 차근차근 준비하고 있었다. 송고재에 서당을 열어 인근의 자제와 마을 아이들을 가르쳤다. 기존의 교과과정을 개편하고 새로운 교본도 만들었다. 송고에게 있어서의 교육은 유자로서의 도리이기도 했지만 새로운 시대에 대한 준비를 하려는 깊은 뜻이 담겨 있었다. 다시 말하면 송고는 교육을 통해 머지 않아 오게 될 새로운 시대를 위한 지도자를 기다리고 있었다. 그를 통해 자신의 꿈을 이루고자 한 것이다.

參考文獻

1. 자료

權寧玉, 『松皐集』

金麟厚, 『河西集』

『三九會詩稿』

『安東權氏大同譜』

崔益鉉, 『勉菴集』

2. 著書

權純烈, 『松川 梁應鼎의 詩文學 연구』, 월인, 2002.

金禹昌, 『궁핍한 시대의 詩人』, 民音社, 1977.

C. 브루크스, 李永傑 역, 『숨은 神』, 三中堂, 1977.

M. 하이데거, 蘇光熙 역, 『詩와 哲學』, 博英社, 1974.

__________, 吳昞南 · 閔炯源 공역, 『藝術作品의 根源』, 經文社, 1982.

3. 論文

權純烈, 「學圃 梁彭孫의 義理精神과 文學世界」, 『古詩歌硏究』 第8輯, 韓國古詩歌文學會, 2001.

권순열
1950년 전북 고창 출생
조선대학교 문리대 국문학과 및 동 대학원
전남대학교 대학원 국문학과 문학박사
현재 조선대학교 인문대 한문학과 교수

논문
「당성수창시 연구」 외 여러 편

저서
『한문강독』(태학사, 1998) / 『교양한문』(태학사, 2001)
『송천 양응정의 시문학 연구』(월인, 2002)

번역서
『고죽집』(영암문화원, 2002) / 『영사정실기』(월인, 2004)

이 번역서는 2004년도 조선대학교 교내학술연구비의 지원을 받아 발간되었습니다.

송고집(松皐集)

초판 인쇄 • 2007년 9월 21일 / **초판 발행** • 2007년 10월 1일
저　자 • 권영옥 / **역　자** • 권순열 / **발행인** • 박성복
발행처 • 도서출판 **月印**
서울특별시 강북구 흰구름길 19-3(수유2동 252-9)
등록 • 제6-0364호 / **등록일** • 1998년 5월 4일
대표전화 • (02) 912-5000 / **팩스** • (02) 900-5036
http://www.worin.net

ISBN 978-89-8477-379-0 93810

값 30,000원